우리 사주학

증보판_
새롭게 풀어 쓴

우리
사주학

글쓴이 **전광** 동방명리학연구원 대표

동학사

나는 경북 문경에서 태어났다. 자그마한 산골 마을 출신이다. 그 곳에서 초등학교와 중학교를 다녔다. 내가 다닌 중학교는 우리 학년 전체 학생 수가 60명밖에 되지 않았다. 수업의 상당 시간은 학교의 좁은 운동장을 넓힌다고 흙을 파서 나르는 작업에 동원되었고, 학교의 여러 가지 농사일에도 자주 참여해야만 했다. 도회지의 일류 고등학교로 진학을 꿈꾼다는 것은 어려웠다. 그러나 나는 청운의 뜻을 품고 새벽 일찍 일어나 호롱불을 밝히고 이웃한 절의 종소리에 정신을 가다듬으며 열심히 공부하였다. 그 결과 부산의 경남고등학교에 거뜬히 합격할 수 있었다. 사람들은 나에게 경북 출신이 왜 부산까지 갔느냐고 묻는다. 그 당시 우리 집안 어른들은 부산으로 나가 기반을 잡고 사시는 분들이 많았기 때문이었다.

부모님께서는 장남인 나를 적극적으로 뒷받침해주셨다. 참으로 고마우신 부모님, 지금 돌이켜 생각해보면 정말로 눈물겹다. 편하라고 하숙까지 시켜주시고, 그것도 하숙비 찾으러 우체국에 가려면 공부하는 데 방해가 될까 봐 학교로 현금을 부쳐주시던 것을 어찌 잊을 수 있을까.

그 정성에 힘입어 제때에 서울대 법대를 무난하게 합격하였다. 그러나 법조계와는 인연이 없어서 기업체로 진출했다가 공직 계통인 공무원연금관리공단으로 자리를 옮겼다. 당시 공무원연금관리공단은 공무원 후생복지 시설로 수안보상록호텔을 운영하고 있었다.

수안보는 내 고향 문경과 이웃해 있다. 많은 문경 분들이 나를 찾아 들러주셨고, 나 역시 고향에 자주 들러 옛날의 정취를 흠뻑 느끼곤 하였다. 마침 그 무렵에 막내 동생이 사법시험에 합격한지라 나는 정신적으로 한결 여유가 생겼다. 수안보는 풍광이 수려하고 온천수가 솟아오르는 아름다운 고장이다. 그곳 사택에서 홀로 지내면서 독서와 염불삼매에 빠지는 시간이 많았다. 그야말로 신선이 따로 없는 생활이었다. 그렇게 지내길 10년. 이 세상은 그 어떤 신비스러움으로 가득 차 있다는 것을 조금씩 느끼게 되었다.

　　어느 날 내가 지내던 사택 안방에 걸어둔 아버님의 친필 족자의 뜻을 해석할 수 없어서 고심하다 고향에 들렀더니, 난데없이 바로 밑의 동생이 아버님께서 생전에 그 친필 족자에 대해 해석해두신 해설서를 내미는 것이 아닌가. 마치 돌아가신 아버님께서 그렇게 시키신 것 같았다. 그리고 사택에서 잠을 자다 꿈속에서 어떤 이상한 한문을 보았는데, 그 다음날 문경에 있는 아버님의 옛 서재에 들러 집안의 족보를 보다가 바로 그 한문이 가까운 직계 어른의 이름자임을 보고 깜짝 놀랐다. 아버님과 조상님들이 가까이 계심을 느꼈다.

　　대학교 재학 시절, 산사에서 성철 큰스님을 만나 뵙고 전생·금생·내생이 어떻게 다르냐고 여쭈었더니, 스님께서는 모든 것이 찰나에 불과하고 결국은 다 같은 것이라고 말씀하셨다. 그런데 성철 스님이 돌아가시던 날, 나는 수안보 사택에서 잠을 자다가 어떤 큰 어른이 돌아가셨다고 세상이 야단법석인 꿈을 꾸었으니 그것도 참 희한한 일이다.

　　그러한 순수한 시골생활의 바탕 위에서 나는 아버님께서 즐기시던 고전학문에 관심을 갖게 되었다. 아버님은 한시에도 능하셔서 이승만 전 대통령이 친서까지 보내올 정도였고, 주역·사주학(명리학)·관상학 등에도 상당한 경지를 지니고 계셨다. 더욱 놀라운 사실은 지금으로부터 50년 전인데도 아버님은 혼자 영어회화를 익히셔서 한국전쟁이 터져 미군들이 들이닥치자 그들과 유창하게 대화를 하시더라는 것이다. 그 외에도 일어·독어·불어 등을 접하고 계셨다. 아버님은 평소 당신이 어느 해를 넘기지 못할 것 같은데 만일 그 해를 넘기면 한참 더 살 것이라고 말씀하시더니, 말씀하신 그 해를 넘기지 못하셨다.

나는 오래도록 공사직(公私職)에서 근무하다가 퇴직한 후 1999년 서울 마포구 공덕동에 〈동방명리학연구원〉을 개설하였다. 퇴직이 가까울 무렵, 나의 아내는 나를 보고 내가 아버님의 뒤를 이어 그 분께서 친히 접하셨던 사주학을 계승 발전시키고, 여러 사람을 위한 카운슬러(counselor)로서 만년을 보내는 것이 오늘날의 개성시대에는 특색이 있지 않겠느냐고 하였다. 참으로 용기가 가상한 여성이다. 아내는 항상 나보다 생각이 앞선다. 사실 사주학이라는 좋은 학문이 발전하지 못한 것은 사회적인 인식과 지성인들이 앞장서지 않았기 때문이다. 그렇다면 내가 한번 앞장서 보자. 나는 드디어 연구원을 개설하였고 사회적인 반향 또한 아름다우니 참으로 잘된 일이다. 많은 분들이 나를 찾아오고 가족처럼 지내고 있다. 이 얼마나 즐거운 일인가.

나는 어려서부터 아버님의 영향을 받아 사주학과 친근하게 되었고, 산사에서 많은 생활을 하면서 이 세상 모든 것은 세세생생(世世生生) 함축된 인과의 귀결임을 깊게 느꼈다. 모래알 하나에도 우주의 신비가 깃들어 있다. 우리가 어느 특정한 시점에 이 세상과 인연을 맺고 태어났다는 사실은 그 자체가 부정할 수 없는 어떤 인과의 귀결이며 하늘의 명이다. 나는 사주학 공부를 해오면서 나의 사주부터 정밀하게 분석해보았다. 그리고 다른 사람의 사주를 보고 그의 과거와 미래를 추리해주었다. 그 결과 우리 선현들께서 이룩하신 사주학의 정확함에 경탄하였다. 예를 들어 친구의 사주를 간명하면서 "자네 모친께서는 자네의 부친 때문에 상심하여 눈이 멀어지셨겠다"고 했더니 깜짝 놀라는 것이 아닌가. 또 어떤 친구에게는 감옥에 갈 것 같다고 했더니 얼마 후에 그런 일이 벌어졌다. 그리하여 우선 사주 간명 체험기를 발간하여 이 학문에 대한 세상사람들의 관심을 불러일으키고 싶었다. 마침 나는 컴퓨터를 활용해서 사주명식을 보존하고 있고, 간명하면서 주요 사항들을 기록해놓은 차트까지 있으니 사례집을 만드는 것은 어려운 작업이 아니었다. 그렇게 해서 발간된 책이 『내가 보고 내가 바꾸는 DIY 사주』이다.

사주학 공부에는 체계적이고 심오한 저술서가 필요하다. '체계'적이란 무엇을 뜻하는가. 여러 내용을 조리 있게 정리하여 명쾌한 이론을 전개해 나가는 것이다. '체계'는 '논리'이다. 그러므로 예를 들어 여러 지장간의 활동기간을 이야기하면서 실제로 이를 정리하여 적용시키지 않는 것은 '체계'적인 것이 아니다. '심오'한이란 무엇을 뜻하는가. 왜 이러한 이론이 성립될 수 있는가 그 뿌리를 캐 나가는 것이다. 그러므로 예를 들어 甲과 己가 합하면 土로 화(化)한다고 이야기하면서 그 근거를 밝히지 않는 것은 '심오'한 것이 아니다.

위에서 두 가지 예를 들었지만 이 두 가지에 대해서만이라도 속 시원하게 기술해놓은 책이 거의 없다. 그러나 문제는 여기서 그치지 않는다. 사주학을 공부하다보면 여러 분야에 걸쳐 근본적인 의문이 구름처럼 피어오른다. 예를 들면 왜 천간은 10개이며 지지는 12개인가. 그리고 지지에서 다른 오행은 2개씩인데 왜 土만 4개나 되는가 등이다. 그러나 속 시원하게 기술해놓은 책이 거의 없다. 시중에 책은 넘쳐도 독자는 목이 마르다. 생각하건대 사주학은 철학이면서 과학이다. 그리고 문학이면서 논리학이다. 나아가 시대적인 사상의 표현이다. 이 책은 여러 면에서 산뜻하고도 새로운 경지를 추구하고 있다.

나는 사주학을 '수신학'으로 이해한다. 자신의 앞날을 아름답게 열어갈 수 있는 황금열쇠를 제공해주기 때문이다. 마침 뜻을 같이하는 동학사의 유재영 사장님을 만나 이 책을 발간하게 됨을 하늘의 은총이라 생각하며, 이 책이 독자들에게 작은 보탬이라도 되어 사랑을 받았으면 좋겠다.

2004년 5월 15일
석오(石梧) 전광(錢洸)

c o n t e n t s

활용편

연구편

🌿 이 책의 특징

1 필자가 자신의 일생을 돌이켜보면서 사주와 인생의 관계를 논한 실제적이고 뜻있는 책이다.

2 현세의 실증적인 자료를 바탕으로 하여 기존 이론이 가진 명(明)과 암(暗)을 분명하게 드러냈다.

3 귀성(貴星)을 밝혀서 초심자는 금방 『사주첩경(四柱捷徑)』의 경지로 나아갈 수 있도록 하였다.

4 이론의 근원을 파헤쳐서 전문가는 광대무변(廣大無邊)의 세계로 더 나아갈 수 있도록 하였다.

5 사례마다 법륜도(法輪圖)를 그려놓아서 초심자는 물론, 전문가까지 사주의 형상을 한눈에 파악할 수 있도록 하였다.

6 컴퓨터의 활용에 대한 구체적이고도 상세한 설명을 곁들였다.

7 고전 격국론을 바로잡아 후학들이 바른 길로 나아갈 수 있도록 하였다.

8 사주학의 꽃이라 일컬어지는 행운(行運) 판단을 다양하고도 깊게 다루었다.

9 동양의 역사와 사상의 흐름을 사실적으로 고찰하여 사주학에 대한 이해를 높일 수 있도록 하였다.

10 능동적인 '역(易)'의 정신을 강조하여 사주학을 '수신학(修身學)'으로 부각시켰다.

PART **1**

기본편

사람의 한평생

나이가 들어서 지난 세월을 돌이켜보니 사람의 한평생이란 결국 푸른 하늘에 한 조각 흰 구름이 피어올랐다가 사라지는 것 같다는 느낌이 든다. 전해 내려오는 다음의 선시(禪詩) 한 수가 이러한 심정을 잘 대변해준다.

삶은 어디로부터 오며 〔生從何處來 생종하처래〕

죽음은 어디를 향해 가는가 〔死向何處去 사향하처거〕

삶이란 한 조각 구름이 피어난 것 〔生也一片浮雲起 생야일편부운기〕

죽음이란 한 조각 구름이 사라진 것 〔死也一片浮雲滅 사야일편부운멸〕

뜬구름 자체는 본래 실다움 없는 것 〔浮雲自體本無實 부운자체본무실〕

삶과 죽음 오고 감도 이 같으리니 〔生死去來亦如然 생사거래역여연〕

위의 시는 결코 인생의 허무함을 노래한 것이 아니다. 사람이 오고 가는 것, 즉 삶과 죽음이 삼라만상의 변화에서 비롯된 매우 자연스러운 현상이라는 것이다. 사실 삼라만상은 고정된 모습을 갖고 있지 않다. 현재의 겉모습은 가변적인 요소들의 일시적인 화합으로 연출된 환상 내지 허상에 불과하다. 거울 속에 비친 나이 든 자신의 모습을 보라. 어릴 때는 '네' 가 '나' 이더니 지금 보니 '내' 가 '너' 아닌가. 이처럼 자신을 비롯한 일체의 삼라만상이 환상 내지 허상이라면 실상이란 어떤 것인가. 장자(莊子) 또한 '호접몽(胡蝶夢)' 을 통하여 꿈과 현실, 허상과 실상에 대한 의문을 던진다.

어느 날 장자는 꿈에 나비가 되었다.
날개를 펄럭이며 꽃 사이를 즐겁게 날아다녔다.
너무도 기분이 좋아서 자신이 장자인지도 몰랐다.
그러다 불현듯 꿈에서 깨었다.
깨고 보니 자신은 나비가 아니라 장자가 아닌가?
장자는 생각에 잠겼다.
아까 꿈에 나비가 되었을 때는
나는 내가 장자인지 몰랐다.
지금 꿈에서 깨고 보니 나는 분명 장자가 아닌가?
그렇다면 지금의 나는 정말 장자인가,
아니면 나비가 꿈에서 장자가 된 것인가?
지금의 나는 과연 진정한 나인가?
아니면 나비가 나로 변한 것인가?

우리는 허(虛)와 실(實), 거짓[假]과 참[眞]이 서로 분별과 대립의 관계를 이루고 있다고 보기 쉽다. 그러나 절대적인 진리는 모든 것을 포용해야 하므로 허허실실(虛虛實實) 그 자체가 바로 진리가 되어야 한다. 누구든 깨달음을 얻기 전에는 분별과 대립의 관계에 선다. 불교에서는 사람을 지(地)·수(水)·화(火)·풍(風)의 일시적인 화합으로 연출된 가아(假我)의 존재로 보고, 이러한 거짓 나를 실다운 '나' 로 착각하면 외부의 경계 또한 실다운 것으로 착각하여 온갖 분별과 망상, 나아가 집착에 휩싸인 삶을 살게 된다고 말한다. 하지만 이러한 착각을 벗어난 경지에 이르면 착각에서 비롯된 환상 자체가 없기 때문에 따로 실상을 논의하지도 않으며, 삼라만상 시시각각의 모습들이 바로 진리 그 자체가 된다. 큰 스님의 시어(詩語)가 새삼 가슴에 와 닿는다.

보이는 만물은 관음이요
들리는 소리는 묘음이라
보고 듣는 것밖에 진리가 따로 없으니

산은 산이요 물은 물이로다

우리들은 우리 자신과 삼라만상이 영원하기를 바라는 잘못된 기대를 버려야 한다. 모든 것은 항상 변화하며, 고정된 실체란 없다는 것이 진리이기 때문이다. 우리들은 항상 자신의 본래 모습은 무엇이며 어디를 향하고 있는지, 그리고 죽음은 어떠한 변화를 가져오며 내생은 어떻게 전개되는지 알고 싶어한다. 그러나 실제로는 매일매일 욕망의 불꽃으로 자신을 불태우며 점점 진리의 세계와 멀어진다고 느끼며 산다. 석가세존은 중생들의 이런 안타까운 현실을 일깨우기 위해 다음과 같이 말했다.

> 모든 것은 타고 있다. 활활 타오르고 있다.
> 눈이 타고 있다. 그 대상을 향해 타오르고 있다.
> 귀도 타고 있다. 코도 타고 있다. 마음도 타고 있다.
> 모두 그 대상을 향해 활활 타오르고 있다.
> 그것들은 무엇으로 말미암아 타는 것이냐.
> 탐욕의 불꽃에 의해 타고,
> 노여움의 불꽃에 의해 타고,
> 어리석음의 불꽃에 의해 타고 있는 것이다.

탐욕의 불꽃, 노여움의 불꽃, 어리석음의 불꽃은 우리들의 눈을 멀게 한다. 특히 자신의 개체와 삼라만상이 영원하기를 열망할수록 그 결과는 반대로 나타나 더욱 슬퍼진다. 따라서 우리는 현재의 형상에 얽매이지 말고 진리의 큰 광명을 찾아야 한다. 진리의 큰 광명은 청정한 보름달과 같아서 시방세계(十方世界)를 두루 비춘다. 물이 청정하면 달이 본모습 그대로 나타나지만, 물이 탁하고 흔들리면 달이 광채를 잃는다. 물은 맑고 탁하며 동하고 고요함이 있지만, 달은 취하고 버리며 가고 오는 것이 없다. 만법의 참모습은 둥근 햇빛보다 더 밝고 푸른 허공보다 더 깨끗하여 항상 때 묻지 않는다. 우리가 늘 자평지심(子平之心)을 지니고 사계(四季)를 대하면 그 가운데 큰 즐거움이 있다. 자평지심은 명경지수와 같은 마음을 뜻한다.

봄에는 꽃 있고 가을에는 달이요
여름에는 맑은 바람 겨울 눈이라
그대 마음 바람 없이 흘러간다면
그야말로 인간세상 호시절이라

위의 시에서처럼 우리의 마음이 '바람 없이' 흘러가려면 우리의 마음이 조화로운 중도(中道)의 경지를 이루어야 한다. 이는 시비와 선악 같은 상대적인 대립을 벗어나 모순과 갈등이 서로 융합하는 절대의 경지를 말한다.

불교의 『반야심경』에서 말하는 '색즉시공 공즉시색(色卽是空 空卽是色)'의 의미는 색(色)인 유형(有形)은 공(空)인 무형(無形)과 서로 다르지 않다는 것이다. 바위가 즉 허공이요 허공이 즉 바위라는 말이다. 의문이 생길 수 있지만 이것이 바로 진리다. 생각해보라. 모든 물체는 분자 → 원자 → 원자핵 → 소립자로 분해되므로 결국 소립자의 뭉치와 다르지 않다. 그런데 그 소립자는 신비스런 형태로 충돌을 거듭하며 나타남과 사라짐을 반복하니 나타날 때는 색(色)이고 사라질 때는 공(空)이다. 유형에서 무형으로, 그리고 무형에서 유형으로 변화를 되풀이하여 '색즉시공 공즉시색(色卽是空 空卽是色)'을 이룬다. 인간의 육체 또한 이와 다르지 않다.

삼라만상은 이처럼 항상 변화하고 있으며, 불변하는 본래의 고정된 모습인 '나'라는 실체는 존재하지 않는다. 그래서 사람의 한평생이란 결국 불변의 개체인 나를 꿈꾸는 사람에게는 한낱 덧없는 꿈에 불과하지만, 개체사상을 벗어나 불이(不二)의 경지에 이른 사람에게는 불생불멸(不生不滅) 그 자체인 것이다.

동양의 역 사상

인간은 언제 지구에 나타났으며 본래 모습은 무엇일까. 이에 대한 해답은 아직도 찾기 어렵다. 이와 같은 의문은 동양의 역사에도 그대로 적용된다.

인류의 역사는 보통 전설과 설화로 시작된다. 사마천의 『사기(史記)』에 의하면 중국의 역사는 삼황오제(三皇五帝)에서 시작되어 하(夏)·은(殷)·주(周) 3대로 이어진다. 사마천은 삼황에 대해서는 언급하지 않았지만, 오제는 황제(黃帝)·전욱(顓頊)·제곡(帝嚳)·요(堯)·순(舜)이고, 순임금으로부터 왕위를 물려받은 우(禹)임금이 중국 최초의 하(夏)왕조를 열었다고 기록하였다.

우임금은 황하의 물길을 정비한 치수(治水) 전설로 유명한데, 이 우임금에서 시작된 하왕조는 삼황오제와 달리 『사기(史記)』 외에도 중국 고대의 기록에 많이 남아 있다. 그러나 여전히 전설상의 시대로 다루고 있는 실정이다. 앞으로 고고학 분야의 연구가 진행되면 그 실체가 충분히 밝혀질 것이다. 한편 최근에는 하왕조의 왕궁 터를 확인한 학자가 등장하였다.

은나라는 갑골문자(甲骨文字)의 연구 결과로 그 역사적인 실체가 밝혀졌다. 은나라 후기의 도읍지인 은허(殷墟)의 유적지에서 출토된 갑골문자를 연구한 결과 은나라가 실존했음이 역사적으로 증명된 것이다. 은나라는 600여 년간 지속된 것으로 추정하는데 B.C. 1122년경 주나라에 합병되었다. 도읍지인 상(商)을 그대로 나라 이름으로 썼기 때문에 은을 상(商)으로도 부른다.

동양의 역사에서 중국의 비중은 크다. 그러나 동양이란 중화사상이 뿌리

깊은 중국만을 가리키는 것은 아니다. 과거 몽골제국의 일부였던 시베리아, 중국, 만주 그리고 한반도 역시 동양의 역사를 이룬다. 비록 중국이 중원대륙을 터전으로 동양사의 핵을 이루어왔지만, 넓게 보면 커다란 동방세계의 일부분에 불과할 뿐이다. 중국의 전설을 보아도 중국이 위협을 느끼고 경계했던 치우천왕(고조선의 임금이라고 일컬어짐)이 존재하였던 것이다.

동양의 역사에서 실로 많은 민족이 나타나고 사라졌다. 그런데 이들과 한민족은 어떤 관계가 있을까. 선가(仙家)에서는 이들 모두가 우리 한민족과 뿌리가 같다고 본다. 여기서 선가의 입장은 한웅의 신시(神市)로부터 삼국시대의 국선도(國仙道)로 이어진 정통적인 낭가(郎家)의 입장을 말한다.

신라의 성인 안함(安含) 스님이 저술한 『삼성기(三聖記)』와 표훈(表訓) 대사가 저술한 『표훈천사(表訓天詞)』에 의하면, 한인 하느님이 홀로 시베리아 하늘 밑에서 자유자재로 있으면서 한국(桓國)을 열었고, 그 후 그의 아들 한웅을 지상에 내려 보내 신시(神市)를 열었다고 한다. 이에 따르면 한국(桓國)은 B.C. 7797년에 지금의 바이칼호 부근인 천산(天山) 아래 건국되었으므로 서기 2000년은 한기(桓記)로는 9797년이고, 신시(神市)로는 5898년이다. 또한 한웅의 아들 한임검은 태백산 아래에 '주신(珠神)'이라는 나라를 세우고 초대 단군이 되었는데, 이때를 기준으로 서기 2000년은 단기(檀記)로는 4333년이다.

선가에 따르면 동양의 인류 역사는 하느님의 한국(桓國)에서 신시(神市), 청구(靑丘), 주신(珠神), 대부여, 북부여(고구려)로 이어져 내려왔다. 그리고 한(漢)·한(韓)·한(汗)·간(干) 등은 모두 한인 하느님의 한국(桓國)에서 그 어원이 파생되었는데, 한(桓)은 하나·으뜸·가장 큰 것 등의 의미를 내포하고 우주만물을 주재하는 하느님이다. 한편 한(桓)을 '환'으로 발음하는 것은 조선 시대 사대주의자들이 제멋대로 만들어낸 것이라고 한다. 그리고 선가에서는 중국의 삼황에 속하는 복희가 신시 5대 태우의의 막내아들이라고 한다.

필자는 1983년 남미 일대를 여행하면서 페루의 마추픽추(Machu Picchu)에 들른 적이 있다. 마추픽추는 해발 3,000m가 넘는 안데스 산맥에 위치한 잉카 제국의 신비한 요새도시다. 관광을 마치고 기차로 돌아오는 중이었다. 해가 지고 약간 어두워질 무렵이었는데 차창 밖으로 외모가 동양인과 같은 원주민 부부가 소를 몰면서 귀가하는 모습을 보았다. 그들이 지나가는 길 옆엔 우리나라의 옛 초가집과 똑같은 집들이 있었고, 담장과 담장 안 마당 풍경까지도 우리에게 익숙한 풍경이었다. 더구나 종이 창문에는 호롱불 같은 것이 아른거리고 있어서 어릴 적 제사 지내러 산골 큰아버님 댁에 들렀을 때와 같은 묘한 느낌을 받았다. 역사학자들의 고증이 필요하겠지만, 필자는 잉카 제국의 후예들이 우리와 같은 핏줄이라는 확신을 가질 수 있었다. 이 세상 곳곳에 퍼져 있는 전설들이 때로는 고고학적 실증보다 훨씬 신빙성 있게 보일 때도 있다. 필자는 이러한 바탕 위에서 선가의 입장을 이해하고 있다.

동양에는 아득한 복희 시대로부터 천지인(天地人)에 바탕을 둔 역(易) 사상이 전해 내려온다. 천지인은 삼라만상의 대명사이고 역은 변화를 뜻한다. 따라서 천지인에 바탕을 둔 역 사상은 모든 것은 함께 어우러져 변화한다는 사상이다.

역학(易學)은 '역(易)', 즉 '변화'를 연구하는 학문이다. 역(易)을 일(日)과 월(月)의 합성어로 보아 낮[日]과 밤[月], 즉 '음양(陰陽)'으로 해석하는 이론이 있지만, 일(日)은 월(月)이 아닌 물(勿)과 합쳐졌기 때문에 설득력이 부족하다. 그러나 이 역(易)을 수시로 자신의 피부색을 바꾸는 도마뱀의 형상으로 보아 '변화'로 해석하는 이론은 상당히 설득력 있게 들린다.

역(易)의 뜻이 변화라면 그것은 수동적인 변화인가 아니면 능동적인 변화인가. 종래에는 역학을 인간에게 주어진 숙명(宿命)을 연구하는 학문으로 보아 역을 수동적인 것으로 이해하였다. 그러나 필자는 역학을 수신학(修身學)으로 보아 역을 능동적인 것으로 이해하고 싶다. 생각해보라. 역의 주체는 바로 자신(自身) 아닌가. 그런 의미에서 역은 '바꿀 역'인 동시에 '쉬울 이'인 것이다. 이렇게 보면 사람의 일생은 결국 스스로의 마음에 따라 얼마든지 달리 전개될 수 있다. 동양의 역(易) 사상은 우리를 자유인의 길로 안내한다.

역학의 전개

역(易) 사상은 일체의 삼라만상은 천지인(天地人)의 조화를 바탕으로 변화해 나간다는 것으로 그 시원이 복희 시대까지 거슬러 올라간다. 중국 고대의 전설상의 제왕인 복희는 천하(天河)에 나타난 용마(龍馬)의 등에 새겨진 하도(河圖)를 보고 복희 팔괘를 만들었다고 한다. 이 복희 팔괘는 후에 주나라 문왕이 만들었다는 문왕 팔괘와 더불어 대표적인 주역 팔괘로 유명하다.

복희 시대 이후 주(周)나라 이전에 은(殷)나라가 있었다. 은나라 때는 왕이 국가의 대사를 결정할 때 반드시 신에게 점으로 물어보는 신정정치(神政政治)가 행하여졌다. 점을 칠 때는 거북이의 등[甲]과 짐승의 뼈[骨], 즉 갑골(甲骨)에 점치는 내용을 문자로 새기고 열을 가해 갈라지는 형상에 따라 신의 뜻을 헤아렸다. 점괘를 판단하여 신의 뜻을 해석하는 것은 오직 왕 한 사람뿐이었다. 이후 갑골문자는 주나라의 고문자(古文字)와 진(秦)나라 때의 문자 통일로 이어졌으며, 한(漢)나라 때 한자(漢字)로 완성되었다.

갑골문에는 은나라의 천문과 역법이 많이 기록되어 있다. 당시 은나라 사람들은 일식과 월식의 예측은 물론 별을 주기적으로 관찰하여 상당한 천문 지식을 갖고 있었으며, 농업에 활용하기 위해 비교적 잘 정리된 역법을 사용하였다. 1년을 12개월로 나누어 큰달은 30일, 작은달은 29일로 정하고, 윤년에는 1개월을 더하였다. 그리고 날짜를 기록하기 위해 간지(干支)를 사용하였다. 간지는 십간(十干) 십이지(十二支)로 짜여져 있고, 갑자(甲子)에서 계해(癸亥)에 이르기까지 60진법을 채용하고 있는데, 이는 이후 동

양의 역법에 큰 영향을 주었다. 은대에 사용한 간지는 현재 사용하고 있는 간지와 같다.

주나라는 은나라가 멸망하기 전에 건국된 나라이다. 은나라 말기에 주나라 문왕(文王)은 50년간 재위에 있으면서 안으로는 선정을 베풀어 많은 제후들을 복속시키고, 밖으로는 주변의 여러 이민족들을 토벌하여 영토를 넓혀 주나라 발전의 기반을 마련하였다. 특히 문왕은 문왕 팔괘를 만들었다고 전해진다. 문왕이 죽자 그의 아들 무왕(武王)은 은나라의 마지막 왕을 죽이고 600여 년간 지속되어온 은나라를 멸망시켰다(B.C. 1122년경).

주나라가 은나라를 멸망시키고 서쪽 호경(鎬京)에 도읍을 정하였던 시대를 서주(B.C. 1122~B.C. 770), 동쪽 낙양(洛陽)으로 천도한 시대를 동주(B.C. 770~B.C. 221)라고 한다. 동주 시대는 시대상에 따라 다시 춘추 시대와 전국 시대로 나뉜다. 일반적으로 B.C. 403년을 춘추 시대가 끝나고 전국 시대가 시작되는 시기로 본다. 중원대륙은 동주 시대를 거쳐 진(秦)나라에 의해 통일되었다.

춘추 시대 말기에서 전국 시대에 걸쳐 독창적인 사상을 지닌 많은 학자들이 출현했는데 이들을 제자백가(諸子百家)라고 한다. 전국 시대에 영토국가가 출현하고 국가들이 서로 경쟁하면서 자연스럽게 부국강병(富國强兵)을 추진하였고, 이 때문에 능력 있는 학자를 우대하는 풍조가 나타났다. 제자(諸子)란 여러 스승님이란 뜻이다. 중국인은 위인의 이름을 함부로 부르지 않는 풍습이 주(周)대에서부터 시작되었으므로 공자(孔子), 맹자(孟子) 등 성(姓) 다음에 자(子)를 붙여 스승으로 존칭하였다. 백가(百家)는 일가를 이룬 여러 저술가를 의미한다. 제자백가는 중국 사상사는 물론 동양사상사에서도 중요한 위치를 차지한다. 노장 사상에서 발전한 도교와, 자연과 인간에 대한 음양오행적 인식론이 춘추전국 시대의 사상에 근거하여발전한 것을 감안할 때, 제자백가는 동아시아 문화사에서 매우 중요한 의미를 지닌다.

제자백가의 사상 중에서 중국은 물론 동아시아 문화에 가장 큰 영향을 미친 것이 유가(儒家)이다. 유가는 춘추 시대의 공자(孔子, B.C.551~B.C. 479)에 의해 창시되었고, 전국 시대의 맹자(孟子)와 순자(筍子)가 사상적인 체계를 정립하였다. 유가는 자신들의 학문과 사상에 중국의 전통 사상을 함축시키고 이를 체계적으로 정리하여 유교 경전을 성립시켰는데 그 중 하나가 『역경(易經)』, 즉 『주역(周易)』이다. 『주역』은 은나라 때의 음양학을 주나라에 와서 정리한 것으로 8괘와 64괘 중심으로 이루어져 있다. 이『주역』의 음양 사상에서 중국 최초의 자연철학이 비롯되었다.

한편 오행설(五行說)을 주장한 사람은 기원전 4세기 말의 제(齊)나라 학자인 추연(鄒衍)이다. 그는 오행설로 제왕의 운명을 가늠하고, 그것으로 왕조 교체의 원리와 인간의 길흉화복을 설명하였다.

이처럼 음양설과 오행설은 시작이 서로 다르지만 한(漢)나라 때부터 합쳐져 음양오행설로 발전하였고, 중국은 물론 동아시아 전반에 널리 퍼지게 되었다. 사주학은 이 음양오행설에 기초를 둔 학문 중의 하나이다.

■ 참고 1
춘추전국 시대에는 서로 다른 3가지 역법(曆法)이 있었다. 동지를 포함한 11월을 정월로 하는 주정(周正), 1월을 정월로 하는 은정(殷正), 2월을 정월로 하는 하정(夏正)이 그것이다. 이 중에서 하정이 사계절과 기후의 변화에 잘 들어맞아 농업 생산에 편리하였으므로 전국 시대에 널리 이용되었다. 오늘날의 사주학에서는 새로운 한 해의 출발점을 어떻게 정할지가 문제인데, 춘추전국 시대의 역법을 통해서 당시에도 동일한 문제로 고심했다는 것을 알 수 있다. 오늘날은 입춘이 들어오는 시각을 한 해의 출발 기준점으로 보는 것이 일반적이다.

■ 참고 2
전국 시대에는 천문학 역시 발전하여 유명한 점성가가 등장하였다. 감덕은 『천문성점(天文星占)』 8권을, 석신은 『천문(天文)』 8권을 지었다고 하는데, 이 책들은 황도 부근 120개 항성의 위치와 북극의 각도 등을 정밀하게 기록하였고, 목성·화성·토성·금성·수성의 운행 법칙을 관찰하였다. 역대 천문학자들이 사용한 별의 이름 중에서 이 두 사람이 정한 것이 많고, 이들이 측정한 항성의 기록은 세계에서 가장 오래 된 항성표(恒星表)이다.

수학은 토지를 측량하고 조세를 계산하며 상업을 경영하는 데 필요하고 과학의 기초를 이루기 때문에 일찍부터 발달하였다. 당시 이미 분수의 개념이 있었고, 넓이와 부피를 정확하게 계산하였다.

사주학은 인간 역시 하나의 소행성이라고 인식하고 이론을 전개하므로 천문학 및 수학과 밀접하게 관련되는데, 당시 그러한 기초들이 이미 이루어졌음을 알 수 있다.

■ 참고 3

　전국 시대의 유명한 의학서적인 『황제내경(黃帝內經)』은 진맥과 질병의 원인, 그리고 경락과 침구법 등을 설명하고 있다. 이 책은 중국 의학의 이론적인 기초를 완성한 현존하는 의학서이다. 당시의 명의인 편작(扁鵲)은 제(齊)나라 출신이다. 그는 보고, 듣고, 묻고, 진맥하는 4가지 방법을 잘 활용해 질병을 진단하였고, 내과를 비롯해 인체의 각 부분을 치료하는 데 정통하였다. 또한 의술이 매우 뛰어나 기사회생시키는 경우가 많았고, 여러 가지 난치병을 잘 치료하였다. 한의학은 음양오행학에 바탕을 두고 있으므로 당시 음양오행 이론이 이미 상당히 발전하였다고 추정할 수 있다.

■ 참고 4

　동양 사상을 이해하기 위해 번거롭지만 중원대륙의 역사를 간추려서 살펴볼 필요가 있다.

　진(秦)나라 시황제(始皇帝)는 춘추전국 시대 5백여 년의 분열 시대를 끝맺고 중국 최초의 통일 제국을 완성하였다(B.C. 221). 그러나 진나라는 시황제가 사망하자(B.C. 210) 곧바로 각지에서 벌어진 농민의 반란으로 멸망하였다(B.C. 206).

　이후 구귀족을 대표하는 초(楚)나라 귀족 항우(項羽)와 신흥세력을 규합한 농민 출신 유방(劉邦)이 맞서며 4년 동안(B.C. 206~B.C. 202) 한초전(漢楚戰)이 벌어졌다. 여기에서 승리한 한(漢)나라 고조(高祖) 유방은 진나라 수도 근방인 관중의 장안(長安)에 도읍을 정하고 제위에 올랐다(B.C. 202).

　약 4백년간 지속된 한나라는 화북지방에서 건국한 조비(曹丕, 조조의 아들)의 위(魏, 220~265년)나라에 멸망당했다(220년). 그리고 사천지방에서는 유비(劉備)가 촉(蜀, 221~264년)나라를, 강남지방에서는 손권(孫權)이 오(吳, 220~280년)나라를 세워 중국 천하는 위·촉·오의 삼국으로 나누어졌다.

　이러한 삼국의 분립은 반세기 만에 위나라에서 나온 진(晉, 265~316년)나라에 의하여 잠시 통일되었다(280년). 그 후 수(隋)나라와 당(唐)나라가 등장한다. 당나라는 20대 290년 만에 멸망하였다(907년). 당이 멸망하고 송(宋)나라가 들어서는(960년) 53년간은 5대(代) 10국(國) 시대라고 한다. 송 이후 중국 역사는 흐름이 굵고 뚜렷하므로 생략한다. 그리고 중국 역사의 변천과 역학(易學)의 관계에 대하여는 별도로 고찰한다.

음양오행 사상

동양에서는 복희 시대 이후 음양오행 사상을 연구 발전시켜 왔다. 음(陰)과 양(陽)은 서로 보완하면서 하나의 통일체를 이루는 존재이고, 오행(五行)은 음과 양의 운동을 세분화한 목(木)·화(火)·토(土)·금(金)·수(水)이다. 사주학(四柱學)은 바로 이러한 음양오행에 바탕을 둔 학문이다.

어느 시인은 사주학을 농부학(農夫學)이라고 비유한 바 있는데 참으로 시인다운 표현이다. 우선 농부에게는 하늘의 해[日]와 달[月]이 중요하다. 예로부터 동양에서는 달과 깊은 관련이 있는 음력을 사용했는데, 이 달과 해는 각각 음과 양에 해당하므로 농부는 우선 음양을 알아야 한다.

그리고 농부의 터전은 土이다. 이 土를 관리하는 데는 사계절의 기후가 중요하다. 그런데 木은 봄, 火는 여름, 金은 가을, 水는 겨울이다. 왜냐하면 木은 따뜻함, 火는 더움, 金은 서늘함, 水는 차가움이기 때문이다. 이 木·火·土·金·水가 바로 오행이다.

이처럼 농부는 음양오행을 알아야 하므로 농부학이 곧 음양오행학이 되는 것이다. 따라서 음양오행을 바탕으로 한 사주학을 농부학이라고 한 것은 매우 적절한 표현이라고 할 수 있다. 오늘날 동서양은 시간의 단위인 1주일을 이 음양오행의 7가지(日·月·木·火·土·金·水)로 구성하여 사용하고 있다.

그러나 동양의 음양오행 사상은 지극히 단순한 듯하면서도 파고들면 그

깊이가 끝이 없다. 태초에 음양이 나누어지면서 水가 생기고, 이것이 수소와 산소로 극한분열을 이루어 火가 형성된다. 이 과정에서 상승하는 木의 작용과 하강하는 金의 작용이 이루어진다. 그런데 이 모든 작용은 우주의 중심인 土에 의해 조정되기 때문에 천지만물은 태어나면서부터 구심점을 형성해서 빙글빙글 돌게 된다. 달은 지구 둘레를 돌고 지구는 태양 둘레를 돈다. 태양 또한 다른 별자리를 돈다. 이와 같이 모든 천체가 자미신궁(紫微神宮)을 중심으로 돌고 있다. 음양오행 사상은 이러한 우주의 신비를 말해주고, 인간도 하나의 소행성이니 우주의 질서 속에서 조화를 이루며 살아가라고 일러준다.

오늘날 널리 사용되는 컴퓨터는 0과 1을 기초로 하는데, 이것은 바로 음양철학과 같은 이론이다. 0은 음이요 1은 양이기 때문이다. 나아가 컴퓨터의 입력작용은 오행 중에서 木, 기억작용은 火, 제어작용은 土, 연산작용은 水, 출력작용은 金이라고 설명하는 견해도 있다.

'음양오행'이란 우주변화의 원리를 설명하기 위하여 우주에 충만한 기(氣)가 어떠한 형태로 파동(波動)을 이루어 나가는가를 요약해서 나타내는 동양 전래의 형이상학적인 용어이다. 기의 파동이란 水를 예로 들면 ①맑고 잔잔하던 명경지수가 ②갑자기 작용과 반작용을 일으켜서 갈라서며 ③이후 물결의 움직임을 이루는 것이다. ①은 음양이 나타나기 전의 상태이고, ②는 수평을 기준으로 내려감과 올라감 즉 음양이 나타난 상태이며, ③은 음양이 전환하면서 각각 확장(木)·분산(火)·조정(土)·수축(金)·통합(水)의 오행이 나타난 상태이다. 우리 민족에게 전해내려오는 『천부경(天符經)』에서 이르는 '삼극(三極)'이란 ①의 무극(無極), ②의 태극(太極), ③의 황극(皇極)을 가리키는 것으로 볼 수 있다. 사주학자에 따라서는 오행을 태양계에 속해 있는 목성·화성·토성·금성·수성과 연관지어 설명하기도 하지만, 그렇지 않고 오행이란 태극의 음양운동에서 발생하는 기의 세분화된 모습을 木·火·土·金·水로 나타낸 것이다.

사주학의 성립과 전개

사주학은 역학(易學)의 한 분야이다. 역학은 '모든 것은 바뀐다' 는 사상을 바탕으로 하여 변화의 이치를 연구하는 학문으로서 주역과 사주학이 그 대표적인 예이다. 다만 주역은 음양론에 기초하여 연구대상을 모든 사안으로 확대시켰지만, 사주학은 음양오행론에 기초하여 사람에 한정시킨 점이 다르다.

역학은 천(天)·지(地)·인(人)의 세 분야로 나누어 다른 학문의 형태로 살펴볼 수 있다. 예를 들면 천(天)은 자미두수, 지(地)는 기문둔갑, 인(人)은 사주학으로 살펴보는 것이다.

사주학에는 여러 학파가 있다. 당대(唐代)에 이허중(李虛中)이 오늘날까지 전해오는 당사주를 만들었다고 하는데, 태어난 해인 연주(年柱)의 간지(干支) 위주로 이론을 전개하기 때문에 추상적인 판단에 그치는 아쉬움이 있다.

사람의 출생 연월일시를 기초로 하여 체계적이고 종합적인 이론을 전개한 오늘날의 사주학, 즉 명리학(命理學)은 중국의 오대(五代) 시대에 이루어졌다. 오대는 한반도에서 신라가 멸망하기 전후의 시기로, 당나라가 망하고 송나라가 건국되는 53년간(907~960)으로서 5대(代) 10국(國) 시대라고도 한다. 이때 서자평(徐子平)이 종래의 연주(年柱) 위주의 사주 간명법에서 벗어나 일간(日干)을 위주로 하며 적중률이 높은 오늘날의 사주 간명법을 만들어냈다.

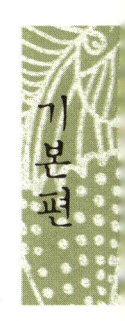

송대(宋代)에는 소강절(邵康節)과 서대승(徐大升)이 등장했는데, 특히 서대승은 서자평의 사주 간명법을 계승 발전시키고 『연해자평(淵海子平)』을 저술하였다. 그러나 이 책은 서대승 이후의 인물인 당금지가 기존의 『연해(淵海)』와 그 후의 비결집을 합본하여 만들었다는 주장도 있어서 저술인이 명확하지 않다.

명대(明代)에는 유백온(劉伯溫)·장남(張楠)·만육오(萬育吾) 등이 등장하였다. 유백온은 『적천수(滴天髓)』를, 장남은 『명리정종(命理正宗)』을 저술하였다. 장남 또는 만육오의 저서라고 하는 『삼명통회(三命通會)』가 전해진다.

청대(淸代)에는 사주학이 다른 어느 시대보다 그 꽃을 활짝 피웠다. 당시의 고증학이 영향을 미쳤다고 본다. 심효첨(沈孝瞻)·진소암(陳素菴)·임철초(任鐵樵) 등이 등장했는데, 심효첨은 『자평진전(子平眞詮)』, 진소암은 『명리약언(命理約言)』을 저술하였고, 임철초는 『적천수』에 주석을 달았다. 이 중에서 『자평진전』은 『적천수』·『궁통보감(窮通寶鑑)』과 함께 사주학의 3대 보서(寶書)로 꼽힌다. 『궁통보감』은 원래 이름이 『난강망(欄江網)』이라고 한다. 이 책은 오랫동안 묻혀 있다가 청대의 학자 여춘태(余春台)가 발견하였고, 지금은 『궁통보감』으로 불린다.

근대에는 서락오(徐樂吾)·원수산(袁樹珊)·위천리(韋千里)·아부태산(阿部泰山) 등이 등장하였다. 임철초가 『적천수』에 주석을 단 것을 서락오는 『적천수징의(滴天髓徵義)』로, 원수산은 『적천수천미(滴天髓闡微)』로 펴냈다.

우리나라에서 사주학의 대가로는 이석영(李錫暎) 선생과 박재완(朴在玩) 선생이 있다. 이석영 선생은 『사주첩경(四柱捷徑)』을, 박재완 선생은 『명리요강(命理要綱)』을 저술하였다.

학문이란 그 시대의 사상을 반영한다. 아득한 복희 시대에서부터 전해 내려온 역학 또한 마찬가지다. 하(夏)·은(殷)·주(周) 3대를 거치면서 춘추전국 시대 전 기간에 이르는 동안 역학에는 그 동안의 여러 사상들, 예를 들어 도가(道家)와 유가(儒家) 사상뿐만 아니라 천문학과 수학 등 학문적인 지식까지 자연스럽게 스며들었으며 불교가 전래되면서 불교의 사상도 용해되었다고 보인다. 사실 사주학에서는 이러한 사상의 영향을 모두 찾아볼 수 있다. 사주는 천간·지지·지장간으로 이루어진다는 천지인(天地人)의 삼신(三神) 사상은 도가에서, 사주 오행의 성격을 인의예지신(仁義禮智信)으로 파악하는 오상(五常) 사상은 유가에서 유래한 것으로 보인다. 아울러 사주 12운(運)의 생로병사 사상은 불교에서 유래했다고 보인다.

또한 사주학에는 당시의 다양한 지식이 담겨 있을 것이다. 예를 들어 B.C.104년 한(漢) 무제(武帝) 때 제작한 달력은 태양년 1년을 $365\frac{385}{1539}$ 일까지, 음력은 $29\frac{43}{81}$ 까지 정확하게 계산했는데, 이 또한 사주학의 기초를 이루는 요소가 되었을 것이다. 중국의 수학은 이미 주(周)대에 육예(六藝)의 한 과목으로 중시되었고 음양오행설과 함께 발전했는데, 기원전 1세기 무렵에는 이미 음수(陰數)의 개념과 음수·양수의 계산방법까지 나타났다.

송대에는 주자학(朱子學)이 등장했는데, 주돈이는 『태극도설(太極圖說)』을 저술하여 도가 사상과 한대 유학자의 음양오행설을 조화시켜 주자학의 개조(開祖)가 되었다. 원래 태극도설은 노자와 장자 계통의 학자들이 주창한 것으로 주돈이가 그 의미를 새롭게 재정리하였다. 태극도설에 의하면 태극에서 음양이 생기고 여기에서 다시 오행으로 진행되는데, 주자학의 우주론과 존재론의 기초가 여기에서 시작된다. 오늘날의 사주학에서 눈여겨볼 대목이다.

명대에는 양명학(陽明學), 청대에는 고증학(考證學)이 발달하였고 이 역시 사주학에 영향을 미쳤다고 본다. 특히 고증학은 송대와 명대의 주지주의적(主知主義的) 관념론과 달리 명확한 근거를 바탕으로 사실을 파악하는 실사구시(實事求是)의 실증주의적 연구방법을 택했기 때문에 사주의 고증을 통한 사주학의 성립 및 전개에 크게 공헌했다고 본다.

사주학의 재조명

　사주학은 사람의 한평생이 변화하는 이치를 연구하는 학문이다. 형이상학적인 역학의 한 분야인데, '명리학(命理學)' 또는 '자평학(子平學)' 등으로도 불린다. 이 중에서 명리학에는 하늘이 자신에게 부여한 사명을 깨닫고 스스로 자신의 앞날을 잘 다스려 나간다는 뜻이 있으므로 이는 곧 수신학(修身學)이라고 할 수 있다. 자평학의 의미 또한 이와 다르지 않다. 자(子)는 水, 즉 천지를 구성하는 가장 핵심적인 물질인데, 이 水는 항상 평(平)을 이루려는 성질이 있어서 결국에는 명경지수가 된다. 변화가 많은 현대인에게는 자평(子平), 즉 명경지수의 경지에 이르는 것이 목표이므로 자평학은 곧 수신학으로 이어지는 것이다.

　앞에서도 언급했다시피 사주학은 수신학인 동시에 자연의 이치를 담고 있는 '농부학'이다. 옛날 동양의 농경사회에서는 농부학이야말로 필수적인 학문이었다. 사실 사주학을 연구하다 보면 농부가 되어야 이 학문을 더 잘 이해할 수 있을 것 같다. 왜냐하면 인간 역시 태양계에 속하는 하나의 소행성으로서 우리가 살고 있는 지구와 같은 土의 존재이기 때문에, 이 土가 달·해·봄·여름·가을·겨울과의 관계에서 어떻게 변화하는가를 깊이 있고 정확하게 연구하는 데는 농부가 가장 적임자라고 생각되기 때문이다.

　사주학은 '우주학'이다. 농부학이 천문학, 우주학으로 이어지기 때문이다. 사주학의 이론을 발전시켜온 선현들은 인간도 하나의 소행성이라는 인식하에 천문학, 우주학에 근거를 두고 많은 이론을 전개했다. 생각해보자. 인간도 지구와 마찬가지로 태양계에서 태어나 태양 주위를 맴돌다 사라지는 하나의 소행성이 아닌가. 따라서 한 사람이 어느 해, 어느 달, 어느 날, 어느 시에 태어났는지는 태양과의 관계에서 매우 중요한 의미가 있다.

사주학에 조후(調候)라는 이론이 있다. 오늘날 더욱 각광받고 있는데, 이 이론을 공부하다 보면 그 정교함과 감미로움이 마치 멘델스존이나 파가니니의 바이올린 협주곡을 듣거나 별들의 속삭임을 엿듣는 것 같다. 이 이론은 기후의 조화를 강조한다. 예를 들어 겨울에 태어난 사람은 따뜻한 운이 좋고, 여름에 태어난 사람은 서늘한 운이 좋다는 것이다. 사람은 출생할 때의 기후를 타고 태어나는데 이것이 운명에 큰 영향을 미친다는 이론이다. 실제로 이를 사주 임상에 적용해보면 정확도가 무척 높다

사주학은 음양오행설에 근거를 두고 개인의 생년월일시를 기초로 생극화합(生剋化合)의 관계를 파악하여 조화와 순리의 관점에서 평생의 기상도(氣象圖)를 파악한다. 이때 특정 개인의 출생 시점을 네 기둥[四柱] 여덟 글자[八字]로 확정지어 이론을 전개한다. 모래알 하나에도 우주의 신비가 깃들어 있다. 사주학에서는 개인이 특정한 시점에 이 세상과 인연을 맺고 태어났다는 사실을 부정할 수 없는 인과의 귀결이며 하늘의 명(命)이라고 본다.

예를 들어 대포를 쏘면 각도, 화약과 포신의 크기 등에 따라 포탄의 운동곡선과 낙하지점 및 시점이 달라지듯이, 사주 또한 그 사람의 세세생생(世世生生) 함축된 인과를 나타내는 법륜(法輪) 즉 법의 수레바퀴라고 보는 것이다.

사주가 똑같은 사람들은 운명도 동일할까? 그렇지는 않다. 비록 개인의 출생 시점을 놓고 사주를 판단하지만, 출생 시점 자체는 시간의 나열에 불과하여 아무런 의미가 없고 주체인 개인과 결부되어야 비로소 의미를 갖기 때문이다.

예를 들어 서기 2000년 5월 15일 12시 정각에 태어난 나비·사슴·인간은 사주가 똑같지만 운명이 동일한 것은 아니다. 각각 나비·사슴·인간으로서 서로 다른 일생을 살지 않겠는가.

이러한 논리는 사주가 똑같은 사람들에게도 적용된다. 그러므로 사주는 주체가 되는 개인과 결부시켜 판단해야 한다. 개인마다의 현실적인 차이를 고려하지 않은 사주 판단은 추상적인 추리에 그치고 만다. 지금까지 살펴 본 것처럼 사주 판단에는 출생 시점인 사주와 사주의 주체인 개인이 밀접하게 관련되어 있지만, 사주 판단의 주체가 따로 존재한다는 것이 문제이다. 사주를 판단하는 사람의 안목과 식견에 따라서 사주 판단이 달라질 수 있는 것이다. 사주 판단은 사주와 사주의 주체, 그리고 사주를 판단하는 주체가 삼위일체를 형성하여 이루어진다.

안연(顔淵)은 공자(孔子)가 가장 아끼고 사랑하던 제자이다. 나이 29세에 세상을 뜨니 공자가 "아! 하늘이 나를 버리는구나! 하늘이 나를 버리는구나!" 하며 애통해 하였다. 그런데 안연은 주역의 같은 점괘도 사람에 따라 달리 풀이하였다.

어느 날 공자는 제자인 자공(子貢)에게 식량을 구해 오도록 먼 길을 보냈다. 돌아올 때가 되었는데도 도무지 소식이 없어서 여러 제자들이 함께 주역으로 점괘를 내보니 화풍정(☲)괘였다. 상괘인 ☲는 불[火]이고, 하괘인 ☴는 바람[風]이며, 정(鼎)은 솥이기 때문에 나무에 불을 붙여 솥에 밥을 할 수 있는 좋은 괘였다. 그러나 아래로부터 네 번째의 양효가 동(動)해 있어 솥이 다리가 잘린 형상으로 보아 흉괘로 풀이하였다. 모든 제자가 이제 굶어 죽게 되었다고 걱정하는데, 안연만은 달리 해석하여 오늘 미(未)시에 자공이 배에 식량을 싣고 돌아올 것이라고 하였다. 과연 안연의 말대로 되었는데 다른 제자들이 궁금해서 안연에게 어떻게 그런 풀이가 가능했느냐고 물었다. 이에 안연은, 자공은 대인(大人)이기 때문에 그 해석이 달라진 것이고, 대인은 비록 다리가 잘린 솥이라도 물에 띄워 배로 활용하는 슬기를 발휘한다고 대답하였다. 그리고 미(未)시라고 본 것은 아래로부터 네 번째의 양효가 상괘의 처음이므로 바로 오후의 첫 시간이 되기 때문이라고 하였다. 이 이야기에서 자공은 지혜가 있고 언변이 뛰어난 사람이므로 무사히 그 일을 해낼 것이라고 내다본 안연의 밝음이 돋보인다. 대인(大人)은 능히 운명을 바꿀 수 있다. 그것이 바로 역(易)의 참뜻이다. 역의 세계에서는 같은 괘상이라도 항상 고정된 뜻을 갖고 있는 것은 아니라는 사실을 알아야 한다.

이성계가 파자점(破字占)을 본 적이 있다. 점괘를 풀이하는 사람은 이성계가 선택한 '문(問)'이란 글자를 보고 "좌군우군(左君右君)하니 군자(君子)로다"라고 하였다. 그러나 똑같은 글자를 선택한 다른 사람에게는 "문(門)에 입[口]이 걸려 있으니 문전걸식하는 거지로다"라고 풀이하였다.

이와 마찬가지로 같은 사주라고 해도 사주의 주체에 따라 한 사람은 거지, 또 한 사람은 고승대덕(高僧大德), 나머지 한 사람은 교수가 된다고 다르게 풀이할 수 있다. 그렇다면 그 기준은 무엇인가? 그 기준은 개인마다의 현실적인 차이 즉 구체적인 인간의 모습이다. 구체적인 인간의 모습은 그 사람이 처한 환경과 지니고 있는 심상(心相) 등을 통하여 파악할 수 있다. 결국 사주학이란 구체적인 인간의 모습을 인(人)으로 보고 사주를 천지(天地)로 보아 천지인(天地人)의 조화를 살피는 학문이라고 할 수 있다. 따라서 사람의 심상에 따라 사주를 다르게 풀이할 수 있다. 늘 어두운 생각만 하는 사람에게 사주가 좋다는 이유로 밝은 앞날을 이야기해줄 수 있는가. 그런 사람한테는 사주의 밝은 운도 그만 어두운 운으로 바뀌어버린다. 하늘은 스스로 노력하는 자를 돕기 때문이다. 역(易)은 변화이며 노력하는 자의 것이다.

요즈음은 신생아가 좋은 사주로 태어나도록 미리 날짜와 시각을 잡아놓고 제왕절개수술을 하는 경향이 있다. 부모의 정성이 담긴 행위이니 이를 탓할 바는 아니다. 그러나 자연의 순리에 따르지 않으면 인체에 부작용이 일어날 수 있으므로 이를 장려할 바도 아니다. 어떻든 신생아가 좋은 사주를 부여받고 태어났다고 해서 만족할 수 있는 것은 아니다. 왜냐하면 사주가 똑같아도 구체적인 인간의 모습에 따라 운명이 달라지기 때문이다.

김영삼 전 대통령과 똑같은 사주를 지닌 한 남성은 양봉업자, 굳이 말하자면 벌을 다스리는 임금이었다는 TV 방송이 있었다. 또 쌍둥이 형제가 성장해서 같은 직장에 다닐 정도로 모든 면에서 똑같다는 신문기사가 있었다. 필자 역시 사주가 똑같은 두 여성과 자리를 함께한 적이 있다. 두 여성에게는 많은 공통점이 있었다(필자의 저서 『내가 보고 내가 바꾸는 DIY 사주』참고). 특이한 것은 둘 다 춤을 추면서 살아가는데 한 사람은 작두 위에서 칼춤을 추는 무당이었고, 또 한 사람은 고전무용을 전공하여 학원에서 춤을 추는 무용가였다. 그러나 사주가 똑같아도 운명의 공통점이 없는 경우도 있는데 이것은 바로 천지인의 조화에 따른 것이라고 이해해야 한다.

지금까지 살펴본 것처럼 사주가 똑같다고 해도 사주 당사자의 환경과 심상에 따라 다르게 풀이할 수 있다. 다시 말해 지구상의 모든 인류에 대해 각기 다른 사주풀이를 해줄 수 있다는 말이다.

참고로 전 세계 인류의 사주는 과연 몇 개가 될까? 다시 말해 사주는 몇 개나 이루어질 수 있을까. 연월일시마다 각각 60갑자가 있고 남녀의 경우가 다르므로 $60 \times 60 \times 60 \times 60 \times 2$로 계산하는데, 다시 1달을 초기(初期)·중기(中氣)·정기(正氣)로 나누면 그 3배인 77,760,000개가 나온다는 설명이 있다. 그러나 연은 60, 월은 12, 일은 30, 시는 12이고 남녀의 경우가 다르기 때문에 $60 \times 12 \times 30 \times 12 \times 2$로서 518,400개가 원칙이고, 1달을 3으로 나누면 그 3배가 된다는 계산이 옳다. 이러한 사주의 수는 인간의 혈액형보다 엄청나게 많다.

그런데 사람은 자신의 몸 속을 돌고 있는 피의 종류뿐만 아니라 자신의 환경과 심상을 다른 누구보다 더 잘 안다. 그러므로 자신의 사주는 스스로 보는 것이 바람직하다. 자신의 사주가 재물과는 인연이 없는데 본인이 이것을 깨닫지 못하고 재물을 탐하면 거지가 된다. 하지만 똑같은 사주라도 주체성이 강한 사람은 물욕을 버릴 경우에 고승대덕(高僧大德)이 될 수 있다. 또 재물에는 관심을 두지 않고 자신의 재능을 발휘하는 것은 길하므로 이런 경우에는 교수가 된다. 이처럼 사주학을 통해서 본인 스스로 갈고 닦을 수 있기 때문에 사주학은 수신학(修身學)이다. 사람마다 각기 유전자가 다르기 때문에 자신의 살아온 과정을 돌이켜보고, 그에 따라 사주학의 어느 이론이 자신에게 합당한지 살펴봐야 한다. 나아가 앞날을 추리하고 자신을 가다듬어 나가야 한다. 그래서 오늘날 사주학은 『명심보감』과 같은 수신학으로 재조명되는 것이다.

우리는 사주학에 깃들어 있는 천지인(天地人) 사상·조화 사상·순리 사상·역(易) 사상을 바탕으로 스스로를 갈고 닦아 보다 나은 내일을 창조해 나가야 한다.

필자는 사주학에 깃들어 있는 위의 여러 가지 사상들이 특히 우리의 『천부경』에 선명하게 나타나 있음을 지적하면서, 우리가 지구촌에서 태양과 같은 역할을 하는 동이족(東夷族)으로 다시 떠올라야 한다고 일깨워주고 싶다.

『천부경』에서 천일일(天一一)·지일이(地一二)·인일삼(人一三)은, 천(天)과 지(地)와 인(人)이 각각 개체인 1이며 천일(天一)이 지이(地二)로 이어지고 지이(地二)가 인삼(人三)으로 이어져 인과 지와 천이 서로 다르지 않은 까닭에 우주의 모든 개체가 원래부터 존엄하고 영원한 존재라는 뜻이다. 그리고 천이삼(天二三)·지이삼(地二三)·인이삼(人二三)은 천과 지와 인이 각각 음(ーー)과 양(ー)으로 갈라서면서 1에서 2로 변화하지만, 그 음과 양은 각각 '부분은 전체를 닮는다' 는 이른바 프랙탈(fractal) 이론을 실현시켜 다시 천지인(天地人) 즉 삼원(三元)을 구성하여 존재한다는 뜻이다.

『천부경』은 1에서 10까지의 숫자와 함축된 문장으로 우주의 원리를 설파하고 있다. 숫자 중 1은 0에서 시작한 통일수이고, 2는 1이 음과 양으로 갈라선 변화수이며, 3은 조화를 이룬 존재수로서 삼원(三元)의 수이고, 10은 0에서 9까지 순환하여 되돌아온 완성수이다. 문장 가운데 돋보이는 것은 '본심본태양앙명(本心本太陽昻明)' 인데, 이것은 인간 본래의 마음이 태양처럼 밝게 빛나고 있다는 뜻이다. 『천부경』의 81글자에는 밝고 생동감 넘치는 동이족의 사상이 찬란하게 빛나고 있다.

사주학과 컴퓨터의 활용

　필자는 사주 간명, 자료 관리, 추후 검증, 사례 연구 등 사주학의 전 분야에 걸쳐 컴퓨터를 적극 활용하고 있다. 컴퓨터 프로그램을 이용하면 우선 사주와 관련자료를 신속하고 정확하게 뽑을 수 있어서 좋다. 사실이 이러하니 필자에게는 컴퓨터 없이 사주를 보는 사람들이 신기하게 보일 정도이다. 우선 사주의 네 기둥을 뽑고 대운을 전개시키려면 복잡하고 혼란스러운 과정을 거쳐야 하는데, 만세력을 보고 수리 계산까지 해야 하므로 시간이 걸리고 틀리기 쉽다. 더구나 여러 사람의 사주를 한꺼번에 볼 경우에는 더욱 그렇다. 이런 일들을 컴퓨터 없이 척척 해내는 사람들을 보면 참으로 뛰어난 능력을 갖고 있다고 생각된다.

　뿐만 아니라 사주를 볼 때에는 네 기둥과 대운 이외에도 살펴볼 것들이 많다. 지장간, 통변성, 합(合)·충(沖)·형(刑)·해(害)·파(破), 조후, 명궁, 12운, 대운과 연운 및 월운에 관한 분석 등 해야할 일들이 한두 가지가 아니다. 하지만 컴퓨터 프로그램을 활용하면 이러한 문제는 바로 해결할 수 있다. 또한 사주를 볼 때에는 철저한 수리 계산이 뒷받침되어야 하기 때문에 컴퓨터가 더욱 필요하다. 대운이 바뀌는 시기를 판단해내는 것도 수리 계산에서 이루어진다.

　그러나 가장 중요한 것은, 예를 들어 같은 묘(卯)월에 태어났더라도 갑(甲)이 강한 시점인지 을(乙)이 강한 시점인지 분석해내는 것인데, 이를 위해서는 수리 계산이 절대적으로 필요하다. 이른바 초기(初氣)·중기(中氣)·정기(正氣)를 구분하는 문제로, 이때는 태어난 연월일시에서 절입 일시를 빼서 그 기간에 해당하는 기(氣)를 선택하면 된다. 그 중에서 가장 기가 센 것을 주권신(主權神)이라고 한다. 양력 1981년 3월 25일 12시 10분 출생이라면 절입 일시인 양력 3월 6일 01시 05분을 뺀 19일 11시간 05분이 월의 심천(深淺), 즉 절입 일시 경과시간이 되고 따라서 乙이 주권신이 된다. 사주의 네 기둥 모두에서 이와 같이 계산하려면 번거롭기 때문에 사람들은 대개 이를 생략해버리지만 컴퓨터를 활용하면 금방 해결할 수 있다. 사주 간명, 자료 관리, 추후 검증, 사례 연구 등 사주학에는 컴퓨터를 적극 활용하는 것이 필요하다.

컴퓨터는 사람의 명령대로 복잡한 일들을 빠르고 정확하게 분석 처리한다. 컴퓨터의 어원은 '컴퓨테어(computare)'로 '계산하다'라는 의미가 있다. 초기에 컴퓨터는 '계산을 수행하는 장치'라는 뜻이었다. 그러나 오늘날의 컴퓨터는 '계산하다'라는 산술적인 기능을 넘어서 문학, 예술 분야에까지 그 영역이 확장되어 비교 · 분석 · 판단 · 계측 등과 같은 인간의 지적 활동에 견줄 만한 기능을 해낸다.

컴퓨터의 가장 기본적인 정보전달 단위인 비트(bit)는 0과 1로 표현할 수 있다. 0과 1은 불이 꺼졌다 켜졌다 하는 것을 나타내는 아주 간단한 전기적인 신호를 표현하는 데 사용된다. 0이 음(陰)이면 1은 양(陽)으로 음양철학에 바탕을 두고 있다.

또한 컴퓨터의 기본적인 작동원리는 인간의 기본 구조와 매우 흡사하다. 예를 들어 우리가 수를 더할 때 해당 숫자를 보거나 듣고 그것을 기억하여 계산한 후 그 결과를 입으로 말하거나 종이에 적어 다른 사람에게 전달하듯이, 컴퓨터도 다음과 같은 5가지 기능을 가지고 작동한다. ①자료나 명령을 입력하는 입력기능, ②입력된 자료나 명령 등을 기억하는 기억기능, ③수치 계산과 논리적으로 비교하고 판단하는 연산기능, ④처리한 결과를 외부로 표시하는 출력기능, ⑤모든 동작을 명령 · 감독하는 제어기능이 그것이다. 이 5대 기능은 오행과 결부시켜 이해할 수 있다. 그래서 서양의 컴퓨터는 바로 동양의 음양오행 철학을 구체화시킨 것이라고 단정하는 견해까지 등장한다.

지금까지 살펴본 것처럼 컴퓨터는 음양 이론 나아가 오행 이론에까지 바탕을 두고 있다고 볼 수 있기 때문에 사주학에 컴퓨터를 적극 활용하는 것은 매우 당연한 일이다. 후학들은 컴퓨터를 활용해서 해야 할 일이 많다. 같은 사주를 지닌 사람들의 공통점은 무엇인가, 사주학은 그 존재가치를 인정받을 수 있는가 하는 문제 등인데, 컴퓨터의 활용이 보편화된 시대이므로 이에 대해 얼마든지 깊이 있는 고찰이 가능할 것이다. 그러나 이를 위해서는 좋은 컴퓨터 프로그램을 개발해야 한다.

필자는 컴퓨터 세대들에게 큰 기대를 걸고 있다. 우선 이들은 개성을 마음껏 펼칠 수 있는 시대를 살고 있으므로 사고(思考)가 유연하다. 겨울에 일부러 구멍 낸 바지를 입고도 뜨거운 정열로 이를 즐기는 세대이니 만큼 스스로 선택한 길에 자부심을 갖는다. 그래서 이들은 '사주쟁이'가 아닌 '사주학자'로 떳떳하게 활동한다. 사실 이래야 한다. 사주학이란 고전학문을 연구하여 활용하는 것은 자랑스러운 일이다. 사주학을 공부해보지도 않고 이를 미신으로 취급하는 것은 마치 서울 구경을 해보지도 않고 서울에 대해서 이야기하는 것과 같다. 그리고 젊은 세대들은 서로의 것을 공유할 줄 안다. 2002년 월드컵 때 이들은 어떻게 연락했는지 함께 모이고 하나 된 행동을 하여 기성세대들을 놀라게 하였다. 이들이 하고자 하는 마음만 있으면 같은 사주를 가진 사람들을 바로 파악하여 사주학을 한 차원 높게 발전시킬 수 있을 것이다.

이제는 사주학을 양지로 끌어내야 한다. 이제마는 사람의 체질을 음양으로 나누어 태음인·태양인·소음인·소양인의 4가지로 분류하였다. 그러나 사주의 종류는 518,400개의 3배수에 이른다. 의학도라면 이것을 토대로 사주 구성과 건강의 상관성을 연구하여 의학을 한 차원 높게 발전시킬 만하다. 서양의학도 동양의학과 접목되어야 꽃이 필 것이다. 의학 분야에만 사주학 연구가 필요한 것은 아니다. 적성과 심리 파악, 직업 선택, 시기 판단 등 광범위한 분야에 사주학을 접목시킬 수 있다. 이 역시 컴퓨터 세대인 후학들이 잘 해낼 수 있으리라고 기대한다. 사람은 겉으로 드러나 보이는 육체와, 그 육체를 움직이도록 지시하고 조종하는 정신이 있어야 한다. 이와 마찬가지로 컴퓨터는 인간의 육체에 해당하는 하드웨어와 인간의 정신에 해당하는 소프트웨어로 구분된다. 필자는 서양이 이룩한 컴퓨터는 하드웨어에 불과한 것으로서 동양의 사주학이 그것과 짝을 이루는 소프트웨어가 될 수 있다고 믿는다.

사주학과 컴퓨터의 활용과 관련하여 여러 가지 이야기를 하다 보니 지구의 북반구와 남반구 그리고 극지대와 적도지대에 관한 것까지 언급하지 않을 수 없다. 왜냐하면 사주풀이에 필요한 사주의 네 기둥을 확정짓기 위해서는 만세력이 필요한데, 지금의 만세력은 북반구 중심으로 이루어졌기 때문이다.

필자가 가을에 칠레의 수도인 산티아고(Santiago)에 들렀더니 유채꽃이 한창인 봄이었다. 그리고 한낮에 아르헨티나의 수도인 부에노스아이레스(Buenos Aires)에서 서울로 전화를 했더니 서울은 한밤이었다. 그러니 인간이 우주의 시각으로는 같은 때에 태어났더라도 그 출생지가 지구의 북반구이냐 남반구이냐에 따라 월(月)과 시(時) 등이 달라져 다른 사주가 될 것이다.

오늘날은 국제화시대이고 한국인이 호주나 뉴질랜드 등 남반구에 있는 국가에서 태어나는 경우가 많다. 이런 경우 북반구 중심의 만세력을 기준으로 사주를 작성해서 앞날의 운명을 추리하는 것이 과연 타당할까? 일반적으로 여름철에 태어난 사람한테는 水가 필요하고, 겨울철에 태어난 사람한테는 火가 필요하다. 그런데 남반구에서 겨울철에 태어난 사람한테 북반구 중심의 만세력을 기준으로 여름철에 태어난 사람이니 水가 필요하다고 하면 이는 마치 추위에 떨고 있는 사람을 차가운 물속으로 밀어 넣는 것과 마찬가지가 아닐까.

문제는 극지대와 적도지대에까지 확장될 수 있다. 컴퓨터 프로그램을 만들 때에는 이상에서 언급한 바를 염두에 두어야 할 것 같다. 북반구에 사는 사람은 북두칠성을 보고 북극성을 찾아서 하늘의 북극을 알아낸다. 그러나 남반구에 사는 사람은 북극성을 볼 수 없고 남십자성을 보고 그쪽에 하늘의 남극이 있다는 것을 알아낸다. 우리 은하의 중심은 남쪽 하늘에 위치한다. 그래서 남반구로 내려가면 별들이 훨씬 많이 보이고, 또 은하 중심부를 잘 볼 수 있다.

하도와 낙서

『주역』에 의하면, 복희 시대에 지금의 황하인 천하(天河)에 신령한 용마(龍馬)가 나타났는데, 그 용마의 등에 있는 여러 개의 점으로 이루어진 이상한 모양을 유심히 관찰해본 결과 그것에서 우주의 원리를 발견했다고 한다.

 **하도**

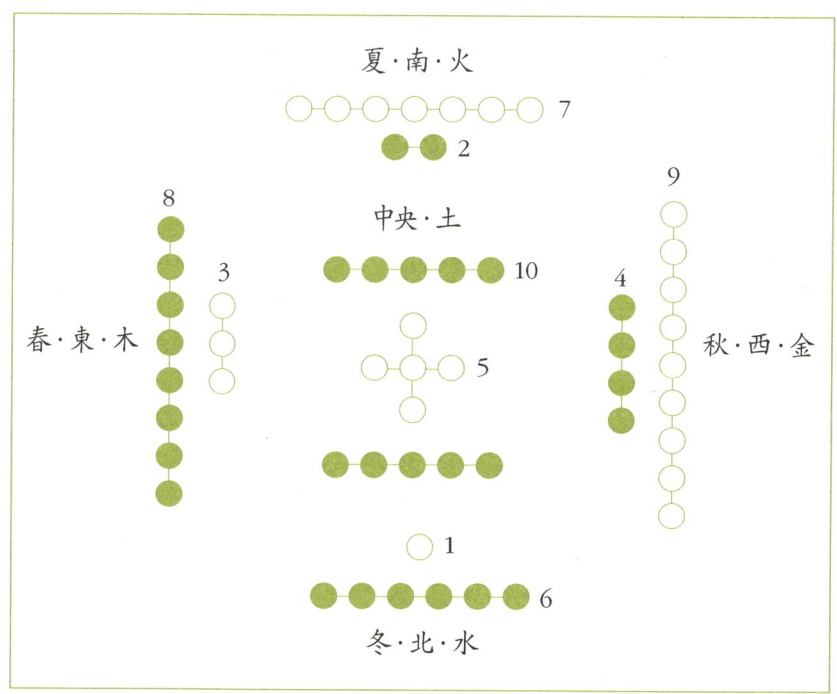

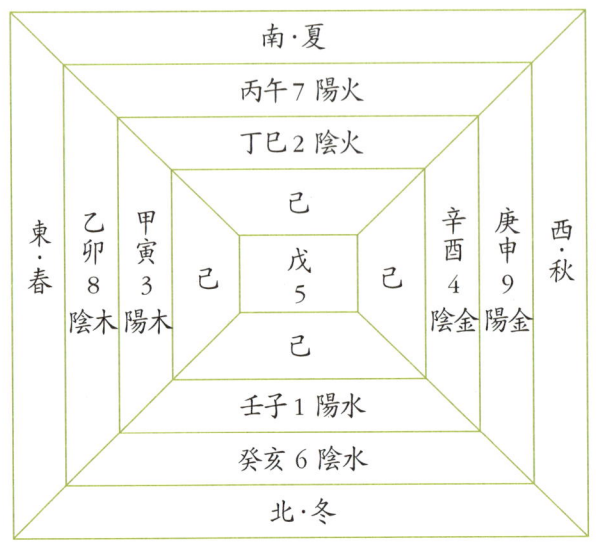

하도(河圖)는 용마의 등에 나타난 모양이고, 간지배열도는 그것을 간지를 사용해 설명한 것이다.

① 양(陽, 홀수) : 1·3·5·7·9(흰 점)
② 음(陰, 짝수) : 2·4·6·8·10(검은 점)
③ 중앙수 : 5(흰 점), 10(검은 점)

앞에서 잠깐 설명한 것처럼, 태초에 음양이 나누어지면서 1水가 생기고, 이것이 수소와 산소로 분열되면서 2火가 형성된다. 그 과정에서 상승 3木 작용과 하강 4金 작용이 이루어진다. 이 모든 작용은 우주의 중심인 5土의 조정작용을 받기 때문에 만물은 태어나면서부터 구심점을 형성해서 자전과 공전을 한다. 여기에서 木·火·土·金·水는 오행이다. 나아가 생수(生數)인 1·2·3·4·5는 각각 성수(成數)인 6·7·8·9·10과 어울려 홀수 짝수의 음양 배합을 이룬다. 예를 들어 1(물)과 6(육각수), 2(불)와 7(일곱 색깔 무지개) 등이 있다.

　　2火와 3木의 합은 5이고 1水와 4金의 합 역시 5로서 각각 중앙의 5土를 이룬다. 중앙의 5土는 상하좌우, 동서남북, 사계절을 모두 조정한다. 동서남북과 사계절에 속한 흰 점(1·3·7·9)의 합계와 검은 점(2·4·6·8)의 합계는 모두 20으로서 음양이 서로 균형을 이루고 있다.

① 동(東) : 흰 점 3(양)과 검은 점 8(음)로 이루어져 있으므로 3·8木이라고 하고 봄[春]을 나타낸다.

② 서(西) : 검은 점 4(음)와 흰 점 9(양)로 이루어져 있으므로 4·9金이라고 하고 가을[秋]을 나타낸다.

③ 남(南) : 검은 점 2(음)와 흰 점 7(양)로 이루어져 있으므로 2·7火라고 하고 여름[夏]을 나타낸다.

④ 북(北) : 흰 점 1(양)과 검은 점 6(음)으로 이루어져 있으므로 1·6水라고 하고 겨울[冬]을 나타낸다.

⑤ 중앙(中央) : 흰 점 5(양)와 검은 점 10(음)으로 이루어져 있으므로 5·10土라고 하고 환절기를 나타낸다.

　　동남(東南)에서는 밖의 8(음)이 안의 2(음)와 합하여 완성수 10을 이룬다. 그리고 밖의 7(양)은 안의 3(양)과 합하여 완성수 10을 이룬다. 음양이 서로 교차하여 구심점을 이루니 이것이 진사(辰巳)인 지호(地戶)이다.

　　서북(西北)에서는 밖의 9(양)가 안의 1(양)과 합하여 완성수 10을 이룬다. 그리고 밖의 6(음)이 안의 4(음)와 합하여 완성수 10을 이룬다. 음양이 서로 교차하여 구심점을 이루니 이것이 술해(戌亥)인 천문(天門)이다.

　　하도는 수생목(水生木), 목생화(木生火), 화생토(火生土), 토생금(土生金), 금생수(金生水)하여 오행이 서로 생(生)하는 작용을 나타낸다. 반면 이제 설명할 낙서(洛書)는 수극화(水剋火), 화극금(火剋金), 금극목(金剋木), 목극토(木剋土), 토극수(土剋水)하여 오행이 서로 극(剋)하는 작용을 나타낸다. 하도는 생명체를 낳아 길러주는 모성애를 뜻하고, 낙서는 욕망을 성취하려는 소유 본능을 뜻한다. 하도는 우주의 선천적인 체(體)가 되고 낙서는 후천적인 용(用)이 된다.

낙서의 유래는 다음과 같다. 하나라 우임금 때 낙수(洛水)라는 마을에서 치수(治水) 공사를 하던 중 신령스런 거북이 나타났는데, 그 거북의 등에 여러 개의 점들로 이루어진 이상한 모양이 있어서 이를 유심히 관찰해 본 결과 바로 여기서 하도와는 다른 상극(相剋)의 원리를 발견하였다고 한다.

❧ 낙서 ❧

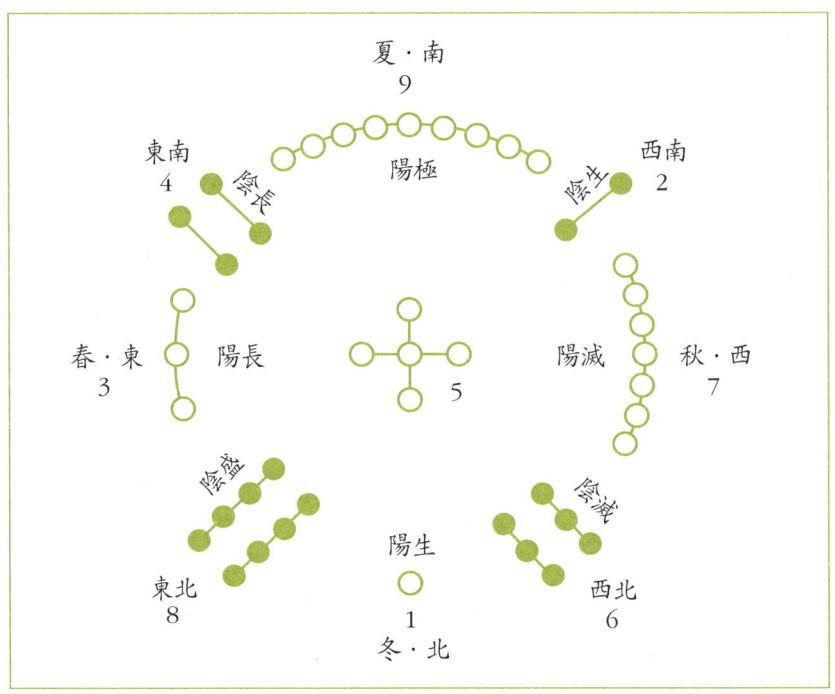

위의 그림은 바로 그 거북이의 등에 나타난 이상한 모양이다.

① 양(陽, 홀수) : 1 · 3 · 5 · 7 · 9 (흰 점)

② 음(陰, 짝수) : 2 · 4 · 6 · 8 (검은 점)

③ 중앙수 : 5 (흰 점)

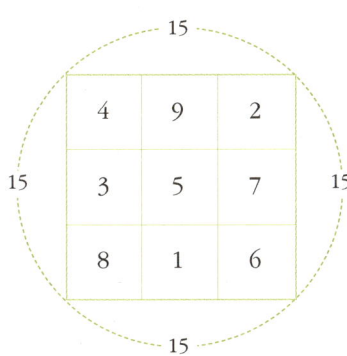

	15	
4	9	2
3	5	7
8	1	6

위의 그림에서 수치 표시는 앞의 낙서에서 가로·세로·대각선의 합이 모두 15가 된다는 것을 나타낸 것이다.

하도에서는 우회전하면서 수생목(水生木), 목생화(木生火), 화생토(火生土), 토생금(土生金), 금생수(金生水)를 하였다. 그러던 것이 낙서에서는 이와 반대로 좌회전하면서 수극화(水剋火), 화극금(火剋金), 금극목(金剋木), 목극토(木剋土), 토극수(土剋水)의 작용으로 바뀌었다. 이는 만물이 무한히 성장하는 것이 아니라 유한한 생명으로 살아가야 함을 뜻한다. 하도와 낙서에는 이러한 상생(相生)·상극(相剋)의 원리가 담겨 있다. 하도와 낙서를 연결하면 생중유극(生中有剋)이요 극중유생(剋中有生)이다.

하도는 상생작용을 나타내어 완성수 10이 있지만, 낙서는 상극작용을 나타내어 완성수 10이 사라져버렸다. 하도에서는 양의 수와 음의 수가 서로 합하여 동·서·남·북 네 곳에 자리를 잡고 있었지만, 낙서에서는 양의 수(1·3·7·9)가 일방적으로 동·서·남·북에 자리를 잡고 앉아 군주 노릇을 하고 음의 수(2·4·6·8)는 그 옆으로 밀려나 있으므로 신하의 형상이다. 하도의 체(體)는 음양의 수가 상호 교합(交合)하는 조직체를 뜻하고, 낙서의 용(用)은 양이 움직이기 시작하는 운동력을 뜻한다. 인간은 하도의 진리대로 본성이 착하다. 그러나 낙서의 진리에 의해 온갖 욕심이 생겨난다.

하도의 총수는 55이고 낙서의 총수는 45로 둘을 합하면 100이 된다. 하도에서는 천수(天數) 즉 1·3·5·7·9의 합이 25이고, 지수(地數) 즉 2·4·6·8·10의 합이 30이다. 하지만 낙서에서는 천수 즉 1·3·5·7·9의 합이 25이고, 지수 즉 2·4·6·8의 합이 20이다. 하도와 낙서를 통틀어 천수의 합이 50, 지수의 합이 50으로 균형을 이룬다.

한편 낙서에서 사라진 완성수 10은 하도와 낙서 전체의 수 100을 총괄하는 구심체로서 기토(己土)에 해당하고, 토중지토(土中之土)로서 우주의 중심을 이룬다. 기토(己土)는 사물 전체를 포용하는 형상(己)이다.

하도와 낙서에 관하여는 여러 가지 견해가 있을 수 있다. 그 가운데 천문학의 가설인 '홀(hole)' 이론을 적용한 다음의 견해가 무척 재미있다.

> 하도는 수축(◐)하는 우주를 나타낸 것이고, 낙서는 팽창(◑)하는 우주를 나타낸 것이다. 그런데 우주는 블랙 홀(black hole) → 웜 홀(worm hole) → 화이트 홀(white hole)로 이어지면서 수축과 팽창을 반복하는 다원우주이다. 하도의 우주는 블랙 홀로 빠져들어간다. 그 다음 블랙 홀과 화이트 홀의 연결고리인 웜 홀을 통과하게 되는데, 여기에서는 시간과 공간 등 모든 것이 사라지며 우주 구조의 코드 변화인 이른바 금화교역(金火交易, 하도의 서쪽金·남쪽火가 낙서의 서쪽火·남쪽金으로 金과 火가 서로 자리바꿈을 하는 것)이 일어난다. 그 결과 블랙 홀로 빠져들어간 하도의 시간과 공간 등 모든 것이 다시 분출되는 낙서의 우주가 전개된다.

위의 견해에 따르면 아득히 멀어져 간 옛 사랑이 화이트 홀에서 다시 살아나고 있으리라.

천간과 지지

1. 간지의 유래

은나라가 남긴 문화유산 가운데 가장 뛰어난 것이 거북이의 등[甲]과 짐승의 뼈[骨]에 점칠 내용으로 새겨서 쓰인 이른바 갑골문자이다. 현재까지 해독된 문자는 약 1,400여 자로 문자의 형성과 발달 과정에서 볼 때 한자의 구성원칙이 이미 갑골문자에 완비되어 있다. 자체(字體)도 한자체와 비슷한 글자가 많고, 서체는 조화를 이루어 예술성까지 갖추고 있다.

이 갑골문자로 기록된 갑골문(甲骨文)에는 은나라 당시의 천문과 역법에 관한 내용이 많이 기록되어 있다. 은나라 사람들은 일식과 월식을 예측하는 등 높은 수준의 천문지식을 가지고 있었고, 농업 생산의 필요에 의해 비교적 완비된 역법을 사용하였다. 그리고 날짜를 기록하기 위해 간지(干支)를 사용했는데, 간지는 10간(干)과 12지(支)로 짜여져 있었고, 갑자(甲子)에서 계해(癸亥)에 이르기까지 60일을 단위로 한 60진법을 채택하였다. 60진법의 채택은 오늘날 우리가 시계를 자오선에 맞춰놓고 1시간을 60분으로 헤아리는 것과 같다.

한편 하도(河圖)에 나타난 자연수는 생수(生數) 1·2·3·4·5와 성수(成數) 6·7·8·9·10으로 이루어지는데 10은 완성수이다. 天1, 地2, 天3, 地4, 天5, 地6, 天7, 地8, 天9, 地10이니 天이 5개, 地가 5개로 천간과 지지에 각각 5개의 오행이 자리 잡게 되고, 천수(天數)의 합이 25이고, 지수(地數)

의 합이 30으로 그 비율이 5 : 6, 즉 10 : 12의 관계이므로 10천간(天干)과 12 지지(地支)가 이루어진다. 또한 지수의 합이 30인데 그 중에서 土가 10으로 지수 전체의 1/3을 차지하므로 12개의 지지 중에서 4개는 土가 된다(5와 10이 모두 土이지만 5는 홀수로서 천(天)에 속해 있으므로 지수의 합에서 土의 비중을 계산할 때는 5를 제외한다).

2. 천간과 지지

천간은 하늘이고, 형체가 없으며, 기(氣)이다. 그냥 간(干)이라고도 한다. 천간에는 갑(甲)·을(乙)·병(丙)·정(丁)·무(戊)·기(己)·경(庚)·신(辛)·임(壬)·계(癸)의 10간이 있다.

지지는 땅이고, 형체가 있으며, 질(質)이다. 그냥 지(支)라고도 한다. 지지에는 자(子)·축(丑)·인(寅)·묘(卯)·진(辰)·사(巳)·오(午)·미(未)·신(申)·유(酉)·술(戌)·해(亥)의 12지가 있다. 천간과 지지를 합쳐 간지(干支)라고 한다.

10천간과 12지지를 순서대로 짝지어 나가면 60개의 간지가 되는데 이것을 육십갑자(六十甲子)라고 한다. 갑자(甲子), 을축(乙丑), 병인(丙寅), 정묘(丁卯) …… 순으로 짝지어 나가면 마지막은 계해(癸亥)가 된다.

10간과 12지를 조합하면 120개가 나오지만 은나라 사람들은 천간과 지지를 동시에 순차적으로 진행시켜 짝을 이루어 나가는 60진법을 채택하였다. 그래서 간지가 위 아래로 짝을 지을 때 양간(陽干)은 양지(陽支)와, 음간(陰干)은 음지(陰支)와 짝이 된다.

오늘날 사용하는 10간 12지의 문자는 하도에 나타난 오행별 특성을 상형문자화한 것으로, 시대에 따라 변화하며 지금의 형태로 확립되었다.

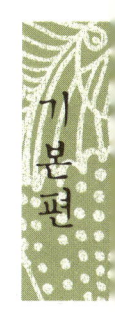
✑ 육십갑자 ✑

甲子	甲戌	甲申	甲午	甲辰	甲寅
乙丑	乙亥	乙酉	乙未	乙巳	乙卯
丙寅	丙子	丙戌	丙申	丙午	丙辰
丁卯	丁丑	丁亥	丁酉	丁未	丁巳
戊辰	戊寅	戊子	戊戌	戊申	戊午
己巳	己卯	己丑	己亥	己酉	己未
庚午	庚辰	庚寅	庚子	庚戌	庚申
辛未	辛巳	辛卯	辛丑	辛亥	辛酉
壬申	壬午	壬辰	壬寅	壬子	壬戌
癸酉	癸未	癸巳	癸卯	癸丑	癸亥

✑ 간지 성립도 ✑

水	金	土	火	木	오행 (五行)
					점상 (點象) 1
					점상 (點象) 2
					천운 (天運)
					지기 (地氣)

3. 간지와 오행

1) 木

木에는 천간에 甲과 乙, 지지에 寅과 卯가 있다. 甲은 하도에서 3(양)에 해당하고, 식물이 지표를 뚫고 상승하는 형상에서 이루어졌다. 乙은 하도에서 8(음)에 해당하고, 식물이 구부러지며 가지와 잎, 그리고 덩굴로 뻗어 나가는 형상에서 이루어졌다. 寅은 하도에서 3(양)에 해당하고, 식물의 새 싹이 흙에 뿌리를 내리고 정기가 퍼져 나가는 형상에서 이루어졌다. 卯는 하도에서 8(음)에 해당하고, 식물에서 잎이 나오며 둘로 갈라지는 형상에서 이루어졌다.

2) 火

火에는 천간에 丙과 丁, 지지에 午와 巳가 있다. 丙은 하도에서 7(양)에 해당하고, 이글이글 타오르는 태양의 불꽃 형상에서 이루어졌다. 丁은 하도에서 2(음)에 해당하고, 예리한 직사광선 형상에서 이루어졌다. 午는 하도에서 7(양)에 해당하지만, 火가 한계에 이르렀으므로 양이 음으로 바뀌어 천간의 丁과 같은 정신과 형상을 지니게 된다. 巳는 하도에서 2(음)에 해당하지만, 火가 치열해지는 상태로 천간의 丙과 같은 정신과 형상을 지니게 된다.

3) 土

土에는 천간에 戊와 己, 지지에 辰·戌·丑·未가 있다. 戊는 하도에서 5(양)에 해당하고, 상승과 하강(|)을 조정(戈)하는 형상에서 이루어졌다. 己는 하도에서 10(음)에 해당하고, 사물 전체를 포용하는 형상(己)에서 이루어졌다. 辰과 戌은 천간의 戊와 같은 정신과 형상을 지니고 있는데 辰은 물을 보존하고, 戌은 불을 보존한다. 丑과 未는 천간의 己와 같은 정신을 지니고 있는데 丑은 식물과 물을 중간에서 이어주고, 未는 木 위에 선(一)이 그어져 있어서 식물 성장의 한계를 나타낸다.

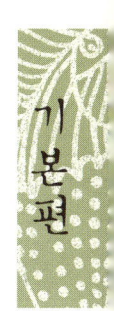

4) 金

金에는 천간에 庚과 辛, 지지에 申과 酉가 있다. 庚은 하도에서 9(양)에 해당하고, 결실을 거둬들이는 형상에서 이루어졌다. 辛은 하도에서 4(음)에 해당하고, 정기가 응고된 둥근 형상에서 이루어졌다. 申은 하도에서 9(양)에 해당하고, 응고와 수축의 형상에서 이루어졌다. 酉는 하도에서 4(음)에 해당하고, 정기가 결집된 둥근 형상에서 이루어졌다.

5) 水

水에는 천간에 壬과 癸, 지지에 子와 亥가 있다. 壬은 하도에서 1(양)에 해당하고, 중앙의 土에서 생겨난 한 방울의 물(·) 형상에서 이루어졌다. 癸는 하도에서 6(음)에 해당하고, 물이 응고한 형상에서 이루어졌다. 子는 하도에서 1(양)에 해당하지만, 水가 한계에 이르렀으므로 양이 음으로 바뀌어 천간의 癸와 같은 정신을 지니게 되며, 생명체의 씨앗 형상에서 이루어졌다. 亥는 하도에서 6(음)에 해당하지만, 水가 치열해지는 상태이므로 천간의 壬과 같은 정신을 지니게 되고, 둘이서 한 점의 생명체를 탄생시켜 떠받들고 있는 형상에서 이루어졌다.

庚申일은 천제(天帝)가 인간의 평소 소행을 조사하여 선악을 판별하고 길흉화복을 부여하는 날로 여겨졌다. 전날 己未일 밤에 몸 속의 제신(諸神)이 천계(天界)에 돌아가 천제에게 개인별 행상(行狀)을 보고하므로, 그날 밤 네거리에 경신당(庚申堂)을 세우고 불침번을 서 몸 속의 제신이 천계에 돌아가지 못하도록 기원하였다. 또 辛亥년은 천명(天命)에 의해 세상이 개혁되는 혁명의 해로 받아들였다. 이와 같이 간지에는 각각의 의미와 전설 또는 신앙이 깃들어 있다. 특히 甲寅·丙午·戊辰·庚申·壬子와 같이 간지가 양(陽)이고 오행이 동일한 경우는 그 역량이 강하다고 보았다. 그래서 丙午처럼 양화(陽火)가 상하 동일한 경우는 그 세력이 매우 강하여 무엇이라도 태워버린다고 보았으므로, 丙午년에 태어난 여성은 성격이 격렬하고 남편을 망치게 한다고 보아 반(半) 신앙적으로 꺼렸다.

❧ 십간의 성질 ❧

천간	음양	성질	오행	방위
甲	양	바르게 솟는 기상·선두주자·통치권자·큰 수목·재목	木	동
乙	음	성장의 발현·형질·초목·화초·덩굴식물·채소류·해조류		
丙	양	이상·큰 꿈·빛·광선·태양	火	남
丁	음	정열·도전·열·인공적인 불·등댓불		
戊	양	성취의 전개·중화지기(中和之氣)·조정·촉매·큰 산·제방	土	중앙
己	음	성취의 기쁨·중앙 토양·중용·포용성·평원옥토·논밭·화단		
庚	양	회고의 정·결실의 기운·마무리하는 기상(숙살지기·생사여탈의 권력)·고침·무쇠·바위·원광석	金	서
辛	음	마무리된 결실·열매·보석·바늘·우박·서리		
壬	양	정신적인 승화·잉태·외유내강·바다·호수	水	북
癸	음	법칙에의 순응·생동의 물결·비·이슬·눈·개울물		

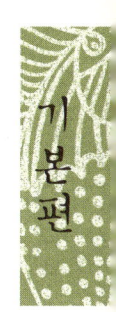

십이지지의 성질

지지	음양	음력달	성질	오행	방위
子	양	11월	한랭지수(寒冷之水). 水生木이 어렵지만 씨앗의 생기를 북돋우어준다. 水剋火를 잘한다. 본성은 양이지만 실제로 사용할 때는 지장간을 고려하여 음으로 쓴다.	水	북
丑	음	12월	동습토(冬濕土). 金을 잘 만들어주지만 나무는 잘 살지 못한다. 촉촉이 젖어 있는 흙이므로 물을 막아주지 못한다.	土	중앙
寅	양	1월	바짝 마른 조목(燥木). 木生火를 잘한다.	木	동
卯	음	2월	생목(生木). 습목. 木生火가 어렵다. 木剋土를 잘한다.	木	동
辰	양	3월	습토(濕土). 나무가 뿌리를 잘 내린다. 木의 입장에서는 辰土를 좋아한다.	土	중앙
巳	음	4월	광선. 햇빛. 본성은 음이지만 실제로 사용할 때는 지장간을 고려하여 양으로 쓴다.	火	남
午	양	5월	불꽃. 본성은 양이지만 실제로 사용할 때는 지장간을 고려하여 음으로 쓴다.	火	남
未	음	6월	건조토(乾燥土). 土生金이 어렵다. 土剋水는 잘한다.	土	중앙
申	양	7월	강금(剛金). 불을 만나 제련되는 것을 좋아한다.	金	서
酉	음	8월	세공된 금. 금은보석. 주옥(珠玉). 불을 두려워한다.	金	서
戌	양	9월	조열토(燥熱土). 土生金이 힘들다. 土剋水에는 뛰어나다.	土	중앙
亥	음	10월	생목지수(生木之水). 水生木과 水剋火를 잘한다. 본성은 음이지만 실제 사용할 때는 지장간을 고려하여 양으로 쓴다.	水	북

오기유행도(五氣流行圖)

방위	북	
계절	겨울	
오행	水	
음양	양	음
천간	壬	癸
지지	子	亥

방위	서	
계절	가을	
오행	金	
음양	양	음
천간	庚	辛
지지	申	酉

방위	중앙	
계절	사계절	
오행	土	
음양	양	음
천간	戊	己
지지	辰戌	丑未

방위	동	
계절	봄	
오행	木	
음양	양	음
천간	甲	乙
지지	寅	卯

방위	남	
계절	여름	
오행	火	
음양	양	음
천간	丙	丁
지지	午	巳

水火의 체용(體用) 변화

지지 \ 체용	체(體)	용(用)
子	水(양)	水(음)
亥	水(음)	水(양)
午	火(양)	火(음)
巳	火(음)	火(양)

1. 지장간의 의의

사주는 하늘과 땅으로 구성되는데, 하늘에는 10개의 천간이 있고 땅에는 12개의 지지가 있다. 이것들이 서로 섞여서 풍운조화를 일으킨다. 그 중에서도 땅 속의 일이 재미있다.

사주에서 4개의 지지 속에는 각각 2~3개의 기(氣)가 간직되어 있다. 이것은 하늘로부터 부여받아 간직된 것이다. 같은 달에 태어나도 어느 시점에 태어났는지에 따라 힘을 받는 기의 종류가 달라진다. 예를 들어 중국이 세계에서 인구가 가장 많지만, 세계의 역사를 움직인 것은 작은 섬나라인 영국이나 일본인 시기가 있었다. 이것은 시기마다 힘을 받는 기의 종류가 다르기 때문인데, 이로 인해 역사의 주인공이 달라진 것이다.

사주학에서는 이렇게 땅 속에 간직되어 있는 하늘의 기를 지장간(支藏干)이라고 하여 각각의 기가 가장 주된 역할을 하는 활동기간을 설정하였다. 이 지장간 이론은 『연해자평』에서 처음 다루었는데, 그 무렵은 사주학이 학문적으로 상당한 수준에 오른 때이다. 이 지장간의 이론은 매우 중요하다. 그런데 후세에 전해 내려오면서 그 중요성에도 불구하고 적용하기가 번거롭다는 이유로 단순히 사주의 월(月) 부분에서만 조금씩 다루는 등 지장간 이론이 경시되고 있는 실정이다.

이에 대해서 국내와 일본의 일부 학자들이 지장간 이론의 활용을 위하여 새로운 시도를 하였다. 1달을 초기(初氣) · 중기(中氣) · 정기(正氣)로 나누어 그 구분에 따라 4개의 지지 속에서 각각 힘을 받는 하늘의 기를 주권신(主權神)으로 채택하여 활용하자는 것이다. 대부분의 사람들이 1달 중 초순·중순·하순에 따라 태양열이 각각 달라진다는 점을 인식하고 월(月)을 초기·중기·정기로 구분하는 데는 공감하지만, 연(年)·일(日)·시(時)까지 구분하는 것에는 의문을 제기한다. 그러나 월을 초기·중기·정기로 구분하는 것은 월 자체만으로 가능하지 않고 연일시(年日時)가 모두 어우러져야 하므로 초기·중기·정기의 구분은 연월일시 모두에 공통적으로 적용되어야 한다. 후학들이 많은 임상을 통하여 이 지장간 이론을 더욱 체계화하기를 바란다.

2. 지장간의 구성

1) 정기

정기(正氣)는 해당 지지와 음양오행이 같은 천간을 쓴다. 예를 들어 寅월은 양목(陽木)이므로 천간의 甲을 쓰고, 卯월은 음목(陰木)이므로 천간의 乙을 쓴다. 정기는 그 달의 기가 무르익은 것이기 때문이다.

다만 亥子월과 巳午월은 예외이다. 亥는 하도에서 6(음)에 해당하지만 水가 치열해 천간의 壬과 같은 정신을 지니게 되고, 子는 1(양)에 해당하지만 水가 한계에 이르렀으므로 양이 음으로 바뀌어 천간의 癸와 같은 정신을 지니게 되기 때문이다. 또한 巳는 하도에서 2(음)에 해당하지만 火가 치열해 천간의 丙과 같은 정신을 지니게 되고, 午는 7(양)에 해당하지만 火가 한계에 이르렀으므로 양이 음으로 바뀌어 천간의 丁과 같은 정신을 지니게 되기 때문이다.

2) 초기

초기(初氣)는 여기(餘氣)라고도 하는데, 이는 전달의 기가 바로 사라지는 것이 아니라 다음달에도 남아서 영향을 미치기 때문이다. 그래서 초기는 전달의 정기를 그대로 쓴다. 예를 들어 子월은 亥월의 정기인 壬을 쓰고, 丑

월은 子월의 정기인 癸를 쓴다.

다만 寅월과 申월은 예외이다. 왜냐하면 寅申巳亥월은 각 계절의 중심과 방위의 정기향을 향해 치닫는 생동감 넘치는 달이므로 출발부터 양간(陽干)이 되어야 하기 때문이다. 한편 辰戌丑未월은 조정기인 환절기에 해당하므로 모두 음간(陰干)이 되고, 子午卯酉월은 제왕월(帝旺月)이므로 모두 양간(陽干)이 된다.

3) 중기

중기(中氣)는 초기와 정기의 중간에 해당하므로 해당 지지가 삼합(三合)하는 중앙의 제왕성인 子午卯酉와 오행이 같은 천간을 쓴다.

다만 초기에서와 같은 이유로 寅申巳亥월은 양간(陽干)을 쓰고, 辰戌丑未월은 음간(陰干)을 쓴다. 예를 들어 寅월은 寅午戌삼합의 제왕성인 午에 해당하는 火를 택하여 그 양간인 丙을 쓰고, 辰월은 申子辰삼합의 제왕성인 子에 해당하는 水를 택하여 그 음간인 癸를 쓴다.

다만 子午卯酉월은 예외이다. 子午卯酉월은 각 계절의 중심이고 방위의 정방향이기 때문에 안정되고 왕(旺)하여 같은 오행으로 정기와 초기만 있고 중기가 없다. 그러나 午월은 하도와 낙서 전체의 100수를 총괄하는 구심체인 己土의 조정작용을 받게 되어 중기가 己가 된다.

초기 · 중기 · 정기의 구분은 출생 연월일시에서 절입 일시를 뺀 경과시간을 기준으로 하여 연월일시 4개의 지지에서 각각 판단한다. 그래서 월지(月支)뿐만 아니라 연지(年支) · 일지(日支) · 시지(時支)에서도 각각 해당 천간(지장간)을 찾아 그것을 주권신으로 삼는다. 이 문제는 컴퓨터를 활용하면 금방 해결할 수 있다.

> 예 1981년 3월 25일 12시 10분 출생(양력)
> ―   3월 6일 01시 05분(절입 일시)
> ─────────────────────
>   19일 11시간 05분(월의 심천)

월별 지장간 및 활동기간

지지 기간	子	丑	寅	卯	辰	巳	午	未	申	酉	戌	亥
초기	壬 10일 1시간	癸 9일 3시간	戊 7일 2시간	甲 10일 3시간	乙 9일 3시간	戊 7일 2시간	丙 10일	丁 9일 3시간	戊 7일 2시간	庚 10일 3시간	辛 9일 3시간	戊 7일 2시간
중기		辛 3일 1시간	丙 7일 2시간		癸 3일 1시간	庚 7일 3시간	己 10일 1시간	乙 3일 1시간	壬 7일 2시간		丁 3일 1시간	甲 7일 1시간
정기	癸 20일 2시간	己 18일 6시간	甲 16일 5시간	乙 20일 6시간	戊 18일 6시간	丙 16일 5시간	丁 11일 2시간	己 18일 6시간	庚 16일 5시간	辛 20일 6시간	戊 18일 6시간	壬 16일 5시간

 예

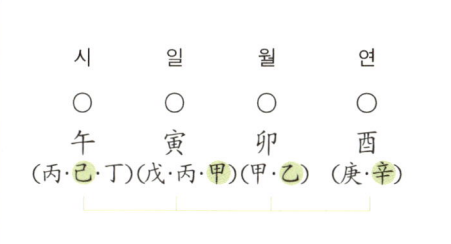

시	일	월	연
○	○	○	○
午	寅	卯	酉
(丙·乙·丁)	(戊·丙·甲)	(甲·乙)	(庚·辛)

위의 사주명식은 앞의 예를 계산한 결과로 연·월·일·시의 각 지지에서 찾은 주권신을 표시한 것이다. 즉 연지 酉에서는 辛, 월지 卯에서는 乙, 일지 寅에서는 甲, 시지 午에서는 己가 주권신이다.

그런데 월별 지장간의 활동기간은 어떻게 설정되었을까. 문헌상으로는 이에 대한 정확한 설명이 없지만, 辰戌丑未월의 지장간 중에서 정기의 활동기간은 다음과 같이 추리해볼 수 있다. 1년 365일을 오행별로 나누면 365÷5로 각각의 오행은 73일을 차지한다. 여기에 土는 사계(四季)에 왕(旺)하기 때문에 73÷4로 辰戌丑未월은 각각 18일 6시간을 차지하게 된다. 이렇게 해서 辰戌丑未월의 지장간 중에 정기의 활동기간은 각각 18일 6시간이 된다.

월별 지장간의 활동기간을 설정하는 방법은 전반적으로 신비에 싸여 있다. 사주학은 고도의 초능력을 지닌 선현들이 수천 년 동안 발전시켜온 차원 높은 학문이고, 게다가 지장간 이론은 사주학이 학문적으로 상당한 수준에 오른 때에 적용되었다. 이러한 점에 비추어 월별 지장간의 활동기간을 설정한 선현들의 지혜를 존중하고 따르되, 이에 대한 세심한 연구를 계속해야 할 것이다.

사주학을 농부학으로 볼 때, 농부가 되어야 사주를 가장 잘 깨달을 수 있다. 옛날 농경사회에서 농부는 터전인 土가 해[陽]와 달[陰], 그리고 봄(木), 여름(火), 가을(金), 겨울(水)과의 관계에서 어떻게 변화하는지를 매우 깊이 있고 정확하게 연구하였다. 즉, 동짓날 0시에 갈대를 태운 재를 생토(生土)에 묻어놓으면 15일 만에 재가 없어지므로 15일을 1절기(節氣)로 정하고,

1년은 12개월, 12개월은 24절기, 24절기는 72후(候), 1후는 5일로 하여 기(氣)가 5일마다 옮겨 가는 것으로 정하였다. 또한 동짓날 0시부터 양(陽)이 움직이기 시작해 하짓날에 절정을 이루며, 하짓날 0시에 음(陰)이 생기기 시작해 동짓날에 그 절정을 이루는 음양의 교체가 전개된다고 보았다.

우리는 기후의 변화와 관련해 선가(仙家)의 입장을 살펴볼 필요가 있다. 선가의 『천부경』에 있는 천이삼(天二三)·지이삼(地二三)·인이삼(人二三)에서 각각 2와 3을 더한 5가 1후이며, 천·지·인 삼신(三神)을 더한 수는 15가 된다. 이것을 통해 선가에서는 5일을 1후로 쳐서 3후가 모여야 15일의 1절기가 되고, 1절기는 천심(天心)·지심(地心)·인심(人心)의 삼심(三心)이 합해 일심(一心)을 이루는 15가 되기 때문에 기후의 변화가 온다고 이해하고 있음을 알 수 있다. 지장간 이론을 연구하는 사람들에게 많은 것을 암시하는 대목이다.

삼원(三元) 또는 삼재(三才)란 도가(道家)에서 이르는 하늘·땅·물이며, 또한 세상의 시작과 중간과 끝이다. 물리학상으로는 이것을 시간과 공간과 물질로 이해하여 시간은 과거·현재·미래로, 공간은 X·Y·Z 좌표로, 물질은 형상(image)·질량(quantity)·속성(quality)으로 이루어진다고 보는 것이 가능하다고 한다. 선가에서는 『천부경』을 통하여 삼원 사상을 일러주면서 도가에서 이르는 '물'을 '인(人)'으로 대체시켜 인(人)의 존재를 부각시키고 있다.

1. 총설

불란서 작가 베르나르 베르베르의 『타나토노트(Thanatonaute)』와 인도의 고승 파드마 삼바바의 『티벳 사자(死者)의 서(書)』에는 매우 흥미로운 장면들이 나온다. 천상인(天上人)들은 지상의 일을 과거·현재·미래에 걸쳐 모두 알고 있으며, 지상인(地上人)도 비록 소수이지만 평소 천상을 자유롭게 왕래하며 천상인들과 같은 능력을 지니고 있다는 것이다.

정신이 맑은 사람은 여실지견(如實知見), 즉 있는 그대로 바르게 본다. 전설에 따르면 석가모니가 태어났을 때 히말라야 산에서 아시타라는 선인(仙人)이 찾아와 "집에 있어 왕위를 계승하면 전 세계를 통일하는 전륜성왕(轉輪聖王)이 될 것이며, 만약 출가하면 반드시 불타가 될 것"이라고 예언하였다고 한다.

필자는 사주학의 체계를 이룩한 옛 선현들이 아시타 선인처럼 밝은 눈을 가졌다고 본다. 왜냐하면 사주학은 '변화의 진리'를 가르치고 있기 때문이다. 사주학은 음양오행학설에 근거를 두고, 개인의 생년월일시를 기초로 생극화합의 관계를 파악하여 절대 중화와 순리의 견지에서 평생의 운로(運路)를 파악하는 학문이다. 옛 선현들은 음양과 오행으로 천지만물의 형성과 순환상생의 흐름을 살폈다.

사주학은 명리학·자평학·추명학·사주명리학 등으로 불린다. 필자는 이 학문을 친근하게 느끼기 때문에 그냥 '사주학'이라고 즐겨 부른다. 오늘날 인류는 마음의 평안을 찾지 못하므로 여실지견(如實知見)을 이루지 못하고 있다. 그래서 '천상천하 유아독존(天上天下 唯我獨尊)'의 본래 뜻에서 벗어나 자만심으로 가득 차 있다. 또한 자신의 좁은 소견으로 이해할 수 없는 것은 무조건 비과학적이라고 배척한다. 사주학의 경우도 마찬가지다. 그러나 인간은 겸허해야 한다. 어느 노 교수의 이야기를 들어보자.

　　지구는 시속 107,460km라는 놀라운 속도로 태양 주위를 회전하는데도 궤도 이탈이 없는 이유는 무엇인가? 태양이 중력이라는 힘을 작용하여 지구의 원심력과 균형을 이루어주기 때문이다. 참으로 우주는 신비롭다. 지금까지 알려진 바에 의하면 이 넓은 우주 속에 오직 지구에만 생명이 존재한다. 그런데 '만물의 영장'인 인간의 능력은 어떠한가. 인간이 눈으로 볼 수 있는 가시광선 외에도 우리 주위에는 많은 빛이 존재한다. 병원에서 쓰는 X선도 빛의 일종이고, TV나 라디오, 그리고 휴대전화기에서 방출되는 전자파도 빛의 일종이다. 자연계에 존재하는 빛 중에서 인간이 눈으로 볼 수 있는 가시광선은 불과 5% 정도다. 나머지 95%는 아무리 눈이 좋은 사람도 결코 볼 수 없다. 이 세상에 존재하는 빛을 모두 보는 줄로 생각하는 사람은 착각 속에 살고 있는 것이다.

　　그러면 소리를 듣는 귀는 어떤가? 소리의 본질은 공기의 진동이고, 인간의 가청음역은 초당 20~2만 사이의 진동수를 내는 음파뿐이다. 이 영역을 벗어나는 음파를 초음파라 하는데 일부 동물들은 인간이 못 듣는 초음파를 듣는다. 개는 진동수 3만 8천 헤르츠(Hz)까지 들을 수 있고, 박쥐는 9만 8천 헤르츠, 돌고래는 20만 헤르츠까지 들을 수 있다고 한다. 또 병원에서 쓰는 초음파 진단기는 수백만의 진동수를 내고 있으니 인간의 귀는 주변에 존재하는 음파의 1%도 못 듣는 셈이다.

　　또 '만물의 영장'인 인간의 판단력은 어떤가? 태양이 동쪽에서 떠서 서쪽으로 진다는 사실만 보고 인간은 무려 1,500년 동안 천동설을 믿어 온 어리석은 역사를 가지고 있다. 과학이 발달한 오늘에도 우주 구성의 65%를 차지하고 있는 진공에너지(dark energy)의 정체가 무엇인지 아무도 모르고 있다. 인간은 겸허해야 한다.

사주학은 한 사람이 어머니로부터 독립하여 이 세상과 첫 호흡의 인연을 맺은 시점을 기준으로 하여 그때의 종합된 기를 파악해서 평생의 운로를 추리하고 탐구한다. 따라서 사주학은 어느 시점에 태어났느냐를 문제 삼는다. 그 시점은 생년·생월·생일·생시의 4가지에 의해 구성된다.

사주학에서는 생년을 연기둥[年柱], 생월을 월기둥[月柱], 생일을 일기둥[日柱], 생시를 시기둥[時柱]이라 하고, 이 네 기둥을 사주(四柱)라고 한다. 예를 들어 1944년 8월 27일(양력) 16시에 태어났으면 1944년은 연기둥, 8월은 월기둥, 27일은 일기둥, 16시는 시기둥이 된다. 이 네 기둥을 세우는 방법은 뒤에 설명한다.

그러면 흔히 말하는 팔자(八字)란 무엇인가. 생년·생월·생일·생시의 네 기둥은 각각 두 글자로 이루어지므로 4×2=8로 여덟 글자, 즉 팔자(八字)가 된다. 따라서 앞에서 예를 든 1944년은 甲申년, 8월은 壬申월, 27일은 癸亥일, 16시는 庚申시이므로 이 여덟 글자가 팔자가 된다.

그런데 이 네 기둥과 여덟 글자는 사주학에서 어떤 의미를 갖는가. 사주학에서는 우리가 특정 시점에 이 세상과 인연을 맺고 태어났다는 사실을 부정할 수 없는 인과의 귀결이자 하늘의 명(命)으로 본다. 따라서 생년·생월·생일·생시로 구성되는 사주는 그 사람의 세세생생(世世生生) 함축된 인과를 표현하는 하나의 법륜(法輪), 즉 법의 수레바퀴인 것이다. 이런 법의 수레바퀴를 그림으로 나타낸 것을 법륜도(法輪圖)라고 한다.

2. 법륜도

법륜도에는 세상의 이치가 모두 담겨 있다. 법륜도를 보면 사주를 아주 쉽게 판단할 수 있다. 법륜도를 통해 파악할 수 있는 사항들은 다음과 같다.

1) 생

생(生)은 도와주고 일으켜 세워준다는 뜻이다. 오행에서 木은 火를, 火는 土를, 土는 金을, 金은 水를 생하고, 水는 木을 생한다. 즉 목생화(木生火),

화생토(火生土), 토생금(土生金), 금생수(金生水), 수생목(水生木)으로 이어지는 것이다.

$$木 \xrightarrow{生} 火 \xrightarrow{生} 土 \xrightarrow{生} 金 \xrightarrow{生} 水 \xrightarrow{生} 木$$

이 생의 이치를 보자. 나무[木]에서 꽃이 피면 꽃은 火요, 꽃이 지면 이것이 땅으로 떨어져 흙[土]이 되고, 흙은 자체적으로 광물질[金]을 형성하며, 광물질은 녹아서 물[水]이 된다. 물은 나무[木]를 생하여 순환상생을 거듭한다.

2) 극

극(剋)이란 제압하고 억제하며, 포옹하고 껴안는다는 뜻이다. 오행에서 木은 土를, 土는 水를, 水는 火를, 火는 金을, 金은 木을 극한다. 즉 목극토(木剋土), 토극수(土剋水), 수극화(水剋火), 화극금(火剋金), 금극목(金剋木)으로 이어지는 것이다.

$$木 \xrightarrow{剋} 土 \xrightarrow{剋} 水 \xrightarrow{剋} 火 \xrightarrow{剋} 金 \xrightarrow{剋} 木$$

이 극의 이치를 보자. 나무[木]는 흙[土]을 파고들고, 흙[土]은 물[水]의 흐름을 막으며, 물[水]은 불[火]을 꺼버리고, 불[火]은 쇠[金]를 녹이며, 쇠[金]는 나무[木]를 자른다.

3) 본인별

본인별(일간)이 목성·화성·토성·금성·수성 중에서 어디에 해당하는지 알려면 만세력에서 본인이 태어난 날의 일진(日辰)을 보아야 한다. 일진은 두 글자로 되어 있는데 첫 글자가 甲이나 乙이면 목성이고, 丙이나 丁이면 화성이며, 戊나 己면 토성이고, 庚이나 辛이면 금성이며, 壬이나 癸이면 수성이다. 다시 말해 본인별이란 태어난 날의 천간이다. 본인별은 천간으로 표시할 수도 있고, 그 오행을 따라 목성·화성·토성·금성·수성으

로 나타낼 수도 있다.

법륜도에서 본인별은 1번 비견 위에 배치한다.

4) 비견

비견(比肩)은 일간(본인별)과 음양 및 오행이 같은 것이다. 구체적으로 甲과 甲, 乙과 乙, 丙과 丙, 丁과 丁, 戊와 戊, 己와 己, 庚과 庚, 辛과 辛, 壬과 壬, 癸와 癸의 관계에서 앞의 것이 일간이면 뒤의 것은 비견이다.

비견은 일간, 즉 나와 어깨를 나란히 하는 성별이 같은 형제·동료를 뜻한다. 다시 말해 내가 남성이면 남자 형제나 남성 동료가 비견이 된다. 엄밀하게 말해 나 자신인 일간은 이들과 구별되지만, 법륜도에서는 세력의 균형을 표시하기 위해 이들 속에 포함시켜 배치할 수 있다.

비견이 너무 적으면 형제나 동료가 부족한 형상이므로 사주 당사자인 나는 외롭고 약하다. 반대로 지나치게 많으면 나에게 부담이 된다.

비견은 독립심과 자존심을 나타내며, 직업으로는 독립적인 사업이나 큰 조직체의 구성원이 적합하다.

5) 겁재

겁재(劫財)는 일간과 오행이 같되 음양이 다른 것이다. 구체적으로 甲과 乙, 乙과 甲, 丙과 丁, 丁과 丙, 戊와 己, 己와 戊, 庚과 辛, 辛과 庚, 壬과 癸, 癸와 壬의 관계에서 앞의 것이 일간이면 뒤의 것은 겁재이다. 비견과 겁재를 합쳐 비겁(比劫)이라고 한다.

겁재는 형제나 동료이지만 나와는 성별이 다르다. 예를 들어 여성에게는 남자 형제나 남성 동료가 겁재에 해당한다.

겁재가 너무 적으면 사주 당사자인 나는 외롭고 약하지만, 많아도 손해가 된다. 겁재는 재물을 빼앗는다는 뜻이다. 이성친구가 있으면 당연히 돈 쓸 일이 많지 않겠는가.

겁재는 자만심과 자기중심적인 성향을 나타내며, 직업으로는 비견과 마찬가지로 독립적인 사업이나 큰 조직체의 구성원이 적합하다.

6) 식신

식신(食神)은 일간이 생하는 오행으로 음양이 같은 것이다. 구체적으로 甲과 丙, 乙과 丁, 丙과 戊, 丁과 己, 戊와 庚, 己와 辛, 庚과 壬, 辛과 癸, 壬과 甲, 癸와 乙의 관계에서 앞의 것이 일간이면 뒤의 것은 식신이다.

식신은 나의 기를 적당하게 발휘한 결과이다. 남녀 모두 재능 발휘에 해당하고, 여성에게는 자식이 된다.

식신이 너무 적으면 재능을 발휘하기 힘들므로 재물이 따르지 않고, 반대로 지나치게 많으면 정력을 과다하게 소모하는 것이므로 건강이 나빠진다.

식신은 명랑함과 온후함을 나타내며, 직업으로는 학문·예술·기술·의식주에 관한 사업이 적합하다.

7) 상관

상관(傷官)은 일간이 생하는 오행으로 음양이 다른 것이다. 구체적으로 甲과 丁, 乙과 丙, 丙과 己, 丁과 戊, 戊와 辛, 己와 庚, 庚과 癸, 辛과 壬, 壬과 乙, 癸와 甲의 관계에서 앞의 것이 일간이면 뒤의 것은 상관이다. 식신과 상관을 합쳐 식상(食傷)이라고 한다.

상관은 나의 기를 심하게 발휘한 결과이다. 남녀 모두 전문적인 재능 발휘에 해당하고, 식신처럼 여성에게는 자식이 된다.

상관이 미약하면 전문적인 재능을 발휘하기 어려우므로 재물이 따르지 않는다. 그러나 지나치게 많으면 일간인 내가 식신의 경우보다 더 약해진다.

상관은 총명하고 비밀이 없음을 나타내며, 직업은 전문직이 적합하다.

8) 편재

편재(偏財)는 일간이 극하는 오행으로 음양이 같은 것이다. 구체적으로 甲과 戊, 乙과 己, 丙과 庚, 丁과 辛, 戊와 壬, 己와 癸, 庚과 甲, 辛과 乙, 壬과 丙, 癸와 丁의 관계에서 앞의 것이 일간이면 뒤의 것은 편재이다.

편재는 내가 거느리고 소유하기에는 다소 부담스러운 것이다. 남녀 모두 재산과 아버지에 해당하고, 남성에게는 편처 즉 아내 몰래 정을 통하는 여

성이 된다.

편재가 없으면 무리하게 재물을 탐하지 않지만, 많은 경우에는 내가 재물을 소유할 수 없다.

편재는 활발한 대인관계를 나타내며, 직업은 사업가나 큰 조직에서 일하는 것이 적합하다.

9) 정재

정재(正財)는 일간이 극하는 오행으로 음양이 다른 것이다. 구체적으로 甲과 己, 乙과 戊, 丙과 辛, 丁과 庚, 戊와 癸, 己와 壬, 庚과 乙, 辛과 甲, 壬과 丁, 癸와 丙의 관계에서 앞의 것이 일간이면 뒤의 것은 정재이다. 정재와 편재를 합쳐 재성(財星)이라고 한다.

정재는 내가 자연스럽게 거느리고 소유할 수 있는 것이다. 남녀 모두 재산에 해당하고, 남성에게는 아내가 된다.

정재가 너무 적으면 재산이 부족하고, 지나치게 많으면 내가 소유할 수 없으므로 재산이 남의 것이 된다.

정재는 정직과 성실을 나타내며, 직업으로는 봉급생활자나 기업을 경영하는 것이 적합하다.

10) 편관

편관(偏官)은 일간을 극하는 오행으로 음양이 같은 것이다. 구체적으로 甲과 庚, 乙과 辛, 丙과 壬, 丁과 癸, 戊와 甲, 己와 乙, 庚과 丙, 辛과 丁, 壬과 戊, 癸와 己의 관계에서 앞의 것이 일간이면 뒤의 것은 편관이다. 편관을 살(殺)이라고도 하는데 신살(神殺)과는 관련이 없다.

편관은 나를 구속하는 정도가 매우 강한 것을 말한다. 남녀 모두 직업에 해당하고, 남성에게는 자식, 여성에게는 편부 즉 남편 몰래 정을 통하는 남성이 된다.

편관이 없으면 모험을 하지 않고, 많으면 큰 피해를 입는다.

편관은 모험심과 특이성을 나타내며, 직업은 남보다 다소 강한 분야를 선택하게 된다.

11) 정관

정관(正官)은 일간을 극하는 오행으로 음양이 다른 것이다. 구체적으로 甲과 辛, 乙과 庚, 丙과 癸, 丁과 壬, 戊와 乙, 己와 甲, 庚과 丁, 辛과 丙, 壬과 己, 癸와 戊의 관계에서 앞의 것이 일간이면 뒤의 것은 정관이다. 정관과 편관을 합쳐 관성(官星) 또는 관살(官殺)이라고 한다.

정관은 나를 적당하게 구속하면서 명예를 부여하는 것을 말한다. 남녀 모두 직장에 해당하고, 남성에게는 자식, 여성에게는 남편이 된다.

정관이 없으면 직장운이나 명예운이 약하고, 많으면 이것이 오히려 나를 구속하고 해를 준다.

정관은 정직과 온후함을 나타내며, 직업은 명예직이나 고위직이 적합하다.

12) 편인

편인(偏印)은 일간을 생하는 오행으로 음양이 같은 것이다. 구체적으로 甲과 壬, 乙과 癸, 丙과 甲, 丁과 乙, 戊와 丙, 己와 丁, 庚과 戊, 辛과 己, 壬과 庚, 癸와 辛의 관계에서 앞의 것이 일간이면 뒤의 것은 편인이다.

편인은 나를 도와주기는 하지만 따뜻한 정이 결여되어 부담스러운 것이다. 외국과 연관된 것에 해당한다.

편인은 때로는 필요하지만, 많으면 눈치만 빨라진다.

편인은 요령을 나타내며, 직업은 활인업(活人業)이나 기예(技藝) 방면이 적합하다.

13) 인수

인수(印綬)는 일간을 생하는 오행으로 음양이 다른 것이다. 구체적으로 甲과 癸, 乙과 壬, 丙과 乙, 丁과 甲, 戊와 丁, 己와 丙, 庚과 己, 辛과 戊, 壬과 辛, 癸와 庚의 관계에서 앞의 것이 일간이면 뒤의 것은 인수이다. 인수는 정인(正印)이라고도 한다. 인수와 편인을 합쳐 인성(印星)이라고 한다.

인수는 나를 따뜻한 정으로 도와주는 것으로 남녀 모두 어머니에 해당한다. 또한 결재권을 뜻하는 인장을 상징하므로 권위로도 본다.

인수가 없으면 자신의 힘으로 살고, 많으면 나약해진다.

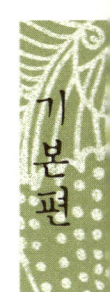

인수는 성품이 어진 사람이나 덕이 많음을 나타내며, 직업은 학문을 바탕으로 한 지적인 분야에 적합하다.

❧ 법륜도 ❧

본인·형제·동료·독립심·자만심·손재

• 본인별 : 수성

| 1 | 비견 |
| 2 | 겁재 | !(칼) |

학문·예술·권위·활인·외국·어머니

| 3 | 식신 |
| 4 | 상관 |

의식주·재능·언변·미모·여성의 자식

| 9 | 편인 |
| 10 | 인수 |

| 7 | 편관 |
| 8 | 정관 |

| 5 | 편재 |
| 6 | 정재 |

水 木 火 土 金
생 극

명예·직장·남편·남성의 자식

재산·아버지·아내·시어머니

위의 법륜도는 사주에서 일간이 癸인 사람의 음양오행과 상생·상극 관계를 나타낸 것이다. 이 그림에서 오행의 생극관계를 표시한 것을 중심으로 하여 1번 비견·2번 겁재는 위에, 3번 식신·4번 상관, 그리고 9번 편인·10번 인수는 옆에, 5번 편재·6번 정재, 그리고 7번 편관·8번 정관은 아래에 사주에서 이들 10가지가 상징하는 내용을 적어놓았다.

이상과 같이 법륜도에는 사주 내의 상생·상극 관계가 나타나는데, 사람의 삶은 단순히 타고난 대로 전개되지 않고 그때그때의 운을 맞이하여 다양하게 변화한다. 이 운에는 10년 단위로 관찰한 대운(大運)과 그 대운 내에서의 연운(年運)이 있다.

한편 법륜도에서 2번 겁재 옆에 있는 '!'는 양인(羊刃)을 나타낸 것인데 칼로 해석하면 된다. 이 칼은 잘 쓰면 보도(寶刀)가 되지만 잘못 쓰면 흉검(凶劍)이 된다.

3. 사주팔자

사주(四柱)는 출생 연월일시에 해당하는 간지, 즉 태어난 해의 간지인 연주(年柱), 태어난 달의 간지인 월주(月柱), 태어난 날의 간지인 일주(日柱), 태어난 시각의 간지인 시주(時柱)의 네 기둥을 말한다. 사주를 해석하기 위해서 연월일시를 간지로 바꾸어 놓은 것이 명식(命式)인데 오른쪽에서 왼쪽의 순서로 연월일시의 간지를 적는다. 남자의 사주는 건명(乾命), 여자의 사주는 곤명(坤命)으로 표시한다.

각각의 기둥[柱]은 천간과 지지로 구성된다. 한편 팔자(八字)는 태어난 연월일시의 간지를 모두 합하면 여덟 글자가 되므로 붙여졌다. 사주 간명을 잘 하려면 사주팔자의 간지를 정확하게 뽑는 것이 우선이다.

예를 들어 1954년 7월 21일(음력) 오후 4시 30분 출생이면 다음과 같이 사주가 구성된다.

① 연주 : 甲午. 생년(生年)의 간지로 연간은 甲, 연지는 午

② 월주 : 壬申. 생월(生月)의 간지로 월간은 壬, 월지는 申

③ 일주 : 丁未. 생일(生日)의 간지로 일간은 丁, 일지는 未

④ 시주 : 戊申. 생시(生時)의 간지로 시간은 戊, 시지는 申

사주가 좋으니 나쁘니 하는 것은 간지 구성이 잘 되었는지 잘못되었는지를 따지는 것이다. 사주를 볼 때 각 기둥에서 판단하는 것은 다음과 같다.

① 연주 : 근(根). 유년기 · 조상 · 조부모

② 월주 : 묘(苗). 청소년기 · 부모 · 형제

③ 일주 : 화(花). 장년기 · 자신 · 배우자

④ 시주 : 실(實). 노년기 · 자식

위 내용은 절대적인 것은 아니므로 참고하는 정도로 한다. 육친(六親, 부모 · 형제 · 배우자 · 자식)과 운한(運限)에 대해서는 이 밖의 여러 가지 원칙을 종합해서 판단한다.

4. 사주 구성법

연주 · 월주 · 일주는 만세력에 나타나 있다. 이를 구체화시키기 위한 기준은 다음에 소개하는 이론에 따른다. 한편 시주는 만세력에 나타나 있지 않다. 그리고 이를 구체화시키기 위한 기준은 다소 복합적이다. 이제부터 사주를 구성하는 방법을 하나하나 살펴보자.

1) 연주 세우는 방법

연주를 정할 때는 입춘 절입일(節入日)을 기준으로 한다. 달력을 기준으로 할 때 1년의 기준은 1월 1일부터 12월 말까지이지만, 사주학에서는 그해의 입춘 절입 시각부터 그 다음해의 입춘 전까지로 본다. 즉 12월생이라도 입춘이 들어왔다면 새해에 출생한 것으로 보고, 1월생이라도 입춘이 들어오지 않았으면 전년에 출생한 것으로 본다. 입춘을 기준으로 하는 이유는 사주학이 실제적인 기후 변화를 중요시하기 때문이다.

예를 들어 1980년은 양력 2월 5일이 입춘인데 음력으로는 12월 19일이다. 달력상으로는 음력 12월 19일부터 음력 12월 29일까지 11일간은 庚申년이 아니라 己未년이지만, 사주를 판단할 때는 입춘이 지났기 때문에 庚申을 그 해의 태세(太歲)로 한다. 다시 말해 음력 1월 1일이 되지 않았어도 입춘만 지나면 다음해의 태세를 쓰는 것이다.

반면 1982년은 양력 2월 4일이 입춘인데 음력으로는 1월 11일이다. 이경우에 음력 1월 1일부터 11일까지는 해가 바뀌었어도 입춘이 지나지 않았기 때문에 전년도의 태세인 辛酉를 쓴다.

이처럼 연(年)을 구분할 때는 음력으로 12월이나 1월에 관계없이 입춘을 기준으로 정한다.

2) 월주 세우는 방법

월(月)은 음력 1일을 기준으로 하여 말일까지를 1개월로 보는 것이 아니라 12절기의 절입 일시를 기준으로 한다. 12절기는 각각 입춘·경칩·청명·입하·망종·소서·입추·백로·한로·입동·대설·소한이다.

예를 들어 입춘 절입 일시부터 寅월생, 경칩 절입 일시부터 卯월생, 청명 절입 일시부터 辰월생이 된다. 이는 절기를 기준으로 하는 것이 기후 변화를 정확하게 반영하기 때문이다.

3) 일주 세우는 방법

일주는 만세력에서 태어난 당일의 일진을 찾아 그대로 기록하면 되는데, 00시 01초부터 일(日)이 바뀌는 것이 원칙이다. 예를 들어 양력 1944년 8월 27일이면 일진이 癸亥이므로 일주는 癸亥가 된다.

그러나 시각은 표준시의 기준에 따라 달라지고, 각 지방마다 일(日)의 한계가 조금씩 다르다.

• 일진이 바뀌는 기준

예를 들어 어제가 甲子일이었다면 오늘은 乙丑일, 내일은 丙寅일이다. 그런데 甲子에서 乙丑으로 바뀌고 다시 乙丑에서 丙寅으로 바뀌는 시점에 대해서는 두 가지 견해가 있다. 하나는 子시 초에 다음날 일진으로 넘어간다는 이론이고, 또 하나는 子시의 중간 시점인 자정(子正)에 다음날 일진으로 넘어간다는 이론이다. 그러나 기후 변화를 중시하는 사주학에서는 태양이 가장 먼 거리에 있는 때가 자정이고, 따라서 기후 변화를 가장 잘 반영하기 때문에 자정설이 타당하다고 본다.

4) 시주 세우는 방법

지구는 서쪽에서 동쪽으로 자전하면서 동시에 태양 주위를 도는 공전을 한다. 지구의 자전주기 즉 360도 회전하는 데는 24시간이 걸리므로 1도 움직이는데 4분이 걸린다는 계산이 나온다. 따라서 시간을 정하는 기준점에서 서쪽으로 1도 떨어진 곳은 4분이 늦어지고, 동쪽으로 1도 떨어진 곳은 4분이 빨라지게 된다. 이로 인해 지역마다 다른 시계를 이용하는 것이 불편하므로 0도를 기준으로 하여 경도 차이 15도마다 지역에서의 평균태양시(태양이 남중하는 시각)를 표준시로 사용한다.

한편 우리나라의 표준시는 1961년 8월 10일 이후 동경 135도를 기준으로 한다. 따라서 우리나라가 위치한 동경 127도 30분은 동경 135도일 때의 시각에서 30분을 빼야 한다. 예를 들어 동경 135도에서 00시 30분이면 동경 127도 30분에서는 00시가 된다.

하지만 동경 135도와 동경 127도 30분의 시간 차이인 '30분'이 절대적인 것은 아니다. 우리나라 안에서도 경도상의 차이 때문에 각 지역마다 차이가 생기는 것이다. 예를 들어 대전은 30분 19초, 서울은 32분 05초, 독도는 12분 21초, 백령도는 40분 26초로 위치마다 차이가 있다(동학사의 『보기 쉬운 사주만세력』 참고).

서머타임(summer time)은 영국에서 처음 실시한 제도로, 하절기의 긴 낮시간을 효과적으로 활용하기 위하여 시간을 1시간 앞당긴 것을 말한다. 따라서 서머타임이 적용된 기간에 태어난 사람의 출생시가 12시 10분이라면 1시간을 늦춘 11시 10분으로 정해야 한다. 또한 표준시의 기준이 동경 127도 30분이고 서머타임을 실시한 경우 출생시가 11시 40분이면 현재 사용중인 동경 135도를 기준으로 한 시각은 30분을 늦춘 11시 10분으로 해야 한다. (참고로 우리나라는 양력 1954년 3월 21부터 1961년 8월 9일까지는 동경 127도 30분을 기준으로 표준시를 정하였다.)

한편 조자시(朝子時)와 야자시(夜子時)를 구분해서 적용할 때는 두 가지가 다르다(조자시는 0시 30분~1시 30분이고, 야자시는 23시 30분~0시 30분이다). 첫째, 전날 야자시와 당일 조자시는 시(時)는 같지만 일(日)이 달라진다. 둘째, 당일의 조자시와 당일의 야자시는 일(日)은 같고 시(時)의 간(干)이 달라진다. 일진이 바뀌는 기준을 자정으로 보면 조자시와 야자시로 구분하는 것이 타당하다.

시주(時柱)

생시 \ 일간		甲己	乙庚	丙辛	丁壬	戊癸
朝子時	0시 30분 1시 30분	甲子	丙子	戊子	庚子	壬子
丑	1시 30분 3시 30분	乙丑	丁丑	己丑	辛丑	癸丑
寅	3시 30분 5시 30분	丙寅	戊寅	庚寅	壬寅	甲寅
卯	5시 30분 7시 30분	丁卯	己卯	辛卯	癸卯	乙卯
辰	7시 30분 9시 30분	戊辰	庚辰	壬辰	甲辰	丙辰
巳	9시 30분 11시 30분	己巳	辛巳	癸巳	乙巳	丁巳
午	11시 30분 13시 30분	庚午	壬午	甲午	丙午	戊午
未	13시 30분 15시 30분	辛未	癸未	乙未	丁未	己未
申	15시 30분 17시 30분	壬申	甲申	丙申	戊申	庚申
酉	17시 30분 19시 30분	癸酉	乙酉	丁酉	己酉	辛酉
戌	19시 30분 21시 30분	甲戌	丙戌	戊戌	庚戌	壬戌
亥	21시 30분 23시 30분	乙亥	丁亥	己亥	辛亥	癸亥
夜子時	23시 30분 0시 30분	丙子	戊子	庚子	壬子	甲子

① 일간이 甲이나 己에 해당하고 생시가 0시 30분~1시 30분인 조자시이
면 시주는 甲子가 된다.

② 일간이 丙이나 辛에 해당하고 생시가 11시 30분~13시 30분이면 시주
    는 甲午가 된다.

③ 일간이 戊나 癸에 해당하고 생시가 23시 30분~0시 30분인 야자시이
    면 시주는 甲子가 된다.

5) 대운

대운(大運)은 사람의 운명을 10년씩 지배한다. 사주는 부귀빈천과 어느
때 좋고 나쁜가를 주로 따지기 때문에 반드시 대운을 감안하여 동적(動的)
으로 파악해야 한다.

월주의 간지가 대운의 간지를 정하는 기준이 되고, 이것이 적용되는 기
간을 입운(入運)이라고 한다. 입운 다음으로 1운, 2운, 3운, 4운, 5운, 6운,
7운 등으로 진행된다. 사주에서 대운을 찾는 방법은 다음과 같다.

① 먼저 생년(生年)으로 음양을 구분한다. 생년이 甲·丙·戊·庚·壬에
    해당하면 양년생(陽年生)이라고 하고, 乙·丁·己·辛·癸에 해당하
    면 음년생(陰年生)이라고 한다.

② 甲·丙·戊·庚·壬년에 태어난 남성은 양남(陽男), 여성은 양녀(陽
    女)라고 한다.

③ 乙·丁·己·辛·癸년에 태어난 남성은 음남(陰男), 여성은 음녀(陰
    女)라고 한다.

④ 양남음녀(陽男陰女)는 생월의 간지에서부터 순행(順行) 즉 미래로 갑
    자를 짚어나가고, 음남양녀(陰男陽女)는 역행(逆行) 즉 생월의 간지에
    서부터 과거로 갑자를 짚어나간다.

예   1944년 8월 27일(양력) 16시 출생 / 남성

시	일	월	연	(乾命)
庚	癸	壬	甲	
申	亥	申	申	

앞의 사주는 월주인 壬申이 입운이다. 생년이 甲이라서 양남(陽男)이기 때문에 壬申을 기준으로 순행하여 1운은 癸酉, 2운은 甲戌, 3운은 乙亥이다. 만일 여성이라면 양녀(陽女)이기 때문에 壬申을 기준으로 역행하여 1운은 辛未, 2운은 庚午, 3운은 己巳가 된다.

한편 사주에서 사람의 운의 주기가 바뀌는 기준 연령(만 나이)을 대운수(大運數)라고 한다. 만세력을 보면 대운수를 표시해놓았기 때문에 쉽고 간편하게 확인할 수 있다. 앞에서 예로 든 사주에서 대운수는 4이다. 따라서 우리 나이로 입운은 1~4세, 1운은 5~14세, 2운은 15~24세, 3운은 25~34세가 된다.대운수를 계산하는 방법은 다음과 같다.

① 양남음녀는 순행이므로 출생일로부터 다음달 절기까지의 날짜수와 시간을 모두 센다. 음남양녀는 역행이므로 출생일로부터 거꾸로 지난 달 절기까지의 날짜수와 시간을 모두 센다.

② 그 날짜수와 시간을 3으로 나눈다. 나머지가 1일 12시간 이상이 되면 1을 더하고, 나머지가 1일 12시간 미만이면 나머지를 버린다. 예를 들어 7일 13시간을 3으로 나누면 2에 나머지가 1일 13시간이므로 그에 1을 더하여 대운수가 3이 된다. 반대로 13일 10시간을 3으로 나누면 4에 나머지가 1일 10시간이므로 1일 10시간을 버리고 몫 4가 그대로 대운수가 된다.

이 방법대로 대운수를 계산해보자. 예를 들어 1981년 3월 25일(양력) 12시 10분에 출생한 남성의 경우에 辛酉년 출생이므로 대운은 역운(逆運)이다. 출생일인 3월 25일 12시 10분에서 역행하여 지나간 절입일인 3월 6일 01시 05분을 빼면 19일 11시간 05분이 된다. 이것을 3으로 나누면 몫이 6이고 나머지가 1일 11시간 05분이므로 대운수는 6이 된다. 이 남성은 약 6세 6개월이 운의 주기가 바뀌는 시기다.

또한 1981년 3월 25일(양력) 12시 10분에 출생한 여성의 경우에 똑같은 辛酉년 출생이지만 대운은 순운(順運)으로 달라진다. 다가오는 절입일인 4월 5일 06시 05분에서 출생일인 3월 25일 12시 10분을 빼면 10일 17시간

55분이 된다(이 경우 착오를 일으켜 11일 17시간 55분으로 계산하기 쉬우므로 주의해야 한다). 이것을 3으로 나누면 몫이 3이고 나머지가 1일 17시간 55분이므로 대운수는 4가 된다.

위의 두 경우에서 절기까지의 날짜수와 시간이 1일이라면 1을 3으로 나누기 때문에 대운수는 1이 된다.

대운수를 계산하는 방법에서 기본이 되는 것은 지구와 우주의 관계이다. 지구는 매달 기후가 바뀌고, 태양은 약 10년 주기로 흑점의 극대·극소화 현상이 일어난다. 또한 10년은 하도(河圖)에서 완성수 10을 이룬다. 그래서 10년이면 강산도 변한다고 한다. 지구의 1달(30일)과 태양의 10년을 연관지으면 지구의 3일은 태양의 1년이 된다. 그래서 사주에서 절기와 3일의 시간 차이가 있다면 그 사람의 대운수는 1이라고 보는 것이다.

사람의 대운을 10년씩으로 정한 것을 북극성과의 관계에서 설명하는 주장도 있다. 즉, 달·지구·태양이 한덩어리가 되어 북극성을 한 바퀴 공전하는 데 120년이 걸리고 지구가 태양을 공전하는 데 12개월이 걸리므로 지구의 1개월은 우주의 10년에 해당한다는 것이다.

6) 사주 구성·대운 간지·대운수 작성 예

> **예 1**   1955년 12월 27일(음력) 오후 4시 10분 출생/남성

시	일	월	연	(乾命)
甲	乙	庚	丙	
申	巳	寅	申	

(6운)	(5운)	(4운)	(3운)	(2운)	(1운)	(입운)
60~69	50~59	40~49	30~39	20~29	10~19	1~9
丙	乙	甲	癸	壬	辛	庚
申	未	午	巳	辰	卯	寅

앞의 사주에서 연주는 입춘이 지났기 때문에 乙未가 아니고 丙申이다. 1955년은 현재와 다른 표준시를 사용했으므로 출생시는 30분을 더하여 오후 4시 40분이 된다.

예2 1963년 1월 8일(음력) 오전 0시 15분 출생/여성

시	일	월	연	(坤命)
丙	甲	癸	壬	
子	戌	丑	寅	

(6운)	(5운)	(4운)	(3운)	(2운)	(1운)	(입운)
59~68	49~58	39~48	29~38	19~28	9~18	1~8
丁	戊	己	庚	辛	壬	癸
未	申	酉	戌	亥	子	丑

이 사주에서 연주는 입춘이 경과하기 전이므로 壬寅이다. 일주는 0시 30분을 경과하지 않았기 때문에 전(前)일이 되고, 시주는 전일 야자시인 丙子이다.

예3 1965년 1월 17일(음력) 오전 9시 10분 출생/남성

시	일	월	연	(乾命)
丙	癸	戊	乙	
辰	卯	寅	巳	

(6운)	(5운)	(4운)	(3운)	(2운)	(1운)	(입운)
56~65	46~55	36~45	26~35	16~25	6~15	1~5
壬	癸	甲	乙	丙	丁	戊
申	酉	戌	亥	子	丑	寅

🌿 **예4** 1957년 8월 15일(음력 윤달) 오후 10시 45분 출생 / 여성

시	일	월	연	(坤命)
癸	癸	庚	丁	
亥	丑	戌	酉	

(6운)	(5운)	(4운)	(3운)	(2운)	(1운)	(입운)
61~70	51~60	41~50	31~40	21~30	11~20	1~10
丙	乙	甲	癸	壬	辛	庚
辰	卯	寅	丑	子	亥	戌

이 사주에서 월주는 절입 일시인 22시 31분이 지났기 때문에 己酉가 아니고 庚戌이다. 그리고 출생시는 현재와 다른 표준시이므로 30분을 더한 오후 11시 15분이 된다.

🌿 **예5** 1990년 5월 15일(음력 윤달) 오후 7시 5분 출생 / 여성

시	일	월	연	(坤命)
辛	癸	癸	庚	
酉	酉	未	午	

(6운)	(5운)	(4운)	(3운)	(2운)	(1운)	(입운)
51~60	41~50	31~40	21~30	11~20	1~10	—
丁	戊	己	庚	辛	壬	癸
丑	寅	卯	辰	巳	午	未

이 사주에서 월주는 절입 일시인 18시 00분이 지났기 때문에 壬午가 아니고 癸未다.

7) 지장간과 통변성

사주를 정확하게 간명하려면 연지·월지·일지·시지에서 해당 주권신

을 선택하여 판단해야 한다. 월의 심천(深淺), 즉 절입 일시 경과시간은 연월일시가 모두 어우러져 결정되기 때문이다.

사주를 판단하기 위한 통변성(通變星)은 다음과 같이 결정한다. 일간(본인별)이 甲인 사람이 지장간 중에서 주권신 甲을 만나면 이것의 통변성은 비견이 되고, 乙을 만나면 겁재가 된다. 또한 일간이 乙인 사람이 지장간 중에서 주권신 乙을 만나면 비견이 되고, 甲을 만나면 겁재가 된다. 일간이 癸인 사람이 지장간 중에서 주권신 癸를 만나면 비견, 庚을 만나면 인수가 된다. 다른 경우도 이와 같이 일간과 지장간의 주권신이 어떤 관계인지를 보고 통변성을 적용하면 된다.

일간과 나머지 다른 천간을 대조할 때는 주권신이 없으므로 바로 해당 천간과의 관계를 따져 위와 같이 결정한다. 예를 들어 일간이 甲인 사람이 연간 甲을 만나면 이것의 통변성은 비견이 되고, 월간 庚을 만나면 편관이 되며, 시간 癸를 만나면 인수가 된다.

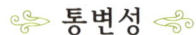

통변성

통변성 일간	비견	겁재	식신	상관	편재	정재	편관	정관	편인	인수
甲	甲	乙	丙	丁	戊	己	庚	辛	壬	癸
乙	乙	甲	丁	丙	己	戊	辛	庚	癸	壬
丙	丙	丁	戊	己	庚	辛	壬	癸	甲	乙
丁	丁	丙	己	戊	辛	庚	癸	壬	乙	甲
戊	戊	己	庚	辛	壬	癸	甲	乙	丙	丁
己	己	戊	辛	庚	癸	壬	乙	甲	丁	丙
庚	庚	辛	壬	癸	甲	乙	丙	丁	戊	己
辛	辛	庚	癸	壬	乙	甲	丁	丙	己	戊
壬	壬	癸	甲	乙	丙	丁	戊	己	庚	辛
癸	癸	壬	乙	甲	丁	丙	己	戊	辛	庚

오행의 성질과 작용

1. 오행의 성질

木은 수초목(樹草木)으로 자신을 희생하여 의식주를 제공하기 때문에 자비로움을 뜻하는 인(仁)이다. 火는 어둠을 밝혀 세상을 빛나게 하므로 예(禮)이고, 土는 만물이 자리 잡는 중심이 되므로 믿음을 뜻하는 신(信)이다. 金은 강한 금속으로 정의를 뜻하니 의(義)이고, 水는 명경지수(明鏡止水)가 되어 사물을 똑바로 비추기 때문에 지혜를 뜻하는 지(智)다.

색으로는 木은 푸른색, 火는 붉은색, 土는 누런색, 金은 하얀색, 水는 검은색을 나타낸다.

방향으로는 木은 동쪽, 火는 남쪽, 土는 중앙, 金은 서쪽, 水는 북쪽을 나타낸다.

계절로는 木은 봄, 火는 여름, 土는 계절의 변화를 조정하는 환절기, 金은 가을, 水는 겨울을 나타낸다.

2. 오행의 작용

일반적인 오행의 생극작용에 관하여는 앞에서 살펴보았다(65~66쪽 참고). 그러나 木·火·土·金·水가 지나치게 강할 때는 생극작용에 다음과 같은 영향을 미친다.

1) 水

① 수다목부(水多木浮) : 물이 많으면 나무가 뜬다.

② 수다화멸(水多火滅) : 물이 많으면 불이 꺼진다.

③ 수다토류(水多土流)·수다토산(水多土散) : 물이 많으면 흙이 떠내려 간다. 물이 많으면 흙이 흩어진다.

④ 수다금침(水多金沈) : 물이 많으면 금이 잠긴다.

2) 木

① 목다화식(木多火熄) : 나무가 많으면 불이 꺼진다.

② 목다토경(木多土傾) : 나무가 많으면 흙이 갈라진다.

③ 목다금결(木多金缺) : 나무가 많으면 쇠가 부러진다.

④ 목다수축(木多水縮) : 나무가 많으면 물이 줄어든다.

3) 火

① 화다목분(火多木焚) : 불이 많으면 나무가 불에 타 없어진다.

② 화다토초(火多土焦) : 불이 많으면 흙이 불타서 까맣게 변한다.

③ 화다금용(火多金熔) : 불이 많으면 쇠가 녹아버린다.

④ 화다수비(火多水沸)·화다수증(火多水烝) : 불이 많으면 물이 끓는다. 불이 많으면 물이 증발한다.

4) 土

① 토다목절(土多木折) : 흙이 많으면 나무가 부러진다.

② 토다화회(土多火晦) : 흙이 많으면 불이 어두워진다.

③ 토다금매(土多金埋) : 흙이 많으면 금이 묻혀버린다.

④ 토다수어(土多水淤) : 흙이 많으면 물이 말라버린다.

5) 金

① 금다목단(金多木斷) : 쇠가 많으면 나무가 잘린다.

② 금다화식(金多火熄) : 쇠가 많으면 불이 꺼진다.

③ 금다토변(金多土變) : 쇠가 많으면 흙이 변해버린다.

④ 금다수체(金多水滯)·금다수탁(金多水濁) : 쇠가 많으면 물이 막혀서 통하지 않는다. 쇠가 많으면 물이 탁해진다.

3. 생중유극 극중유생

생(生)은 정(正)으로 볼 수 있고, 극(剋)은 반(反)으로 볼 수 있기 때문에 흔히들 생은 좋고 극은 나쁘다고 한다. 그러나 정과 반의 참모습은 어떠한가. 소우주인 인간에게 정은 혈액의 순환과 같고, 반은 심장의 박동과 같아서 생중유극(生中有剋)이요 극중유생(剋中有生)이다. 극은 생으로 이어진다.

예를 들어 나무는 흙을 파고들어 목극토(木剋土)를 하는데 그 결과 민둥산을 홍수로부터 보호하니 목생토(木生土)를 이룬다. 이러한 이치는 다른 오행의 경우에도 마찬가지다. 그러므로 생과 극을 분리시켜 '생(生)'을 사랑하고 '극(剋)'을 미워하는 오류를 범하면 안 된다.

4. 오행의 작용과 육친 관계

본인별, 즉 일간이 甲인 남성의 경우를 예로 들어 오행의 생극작용과 육친 관계를 판단해보자.

甲을 생하고 돌보아주는 것은 인수 癸와 편인 壬이므로 둘 중에 하나가 어머니가 된다. 그러나 편인 壬은 甲을 도와주기는 하지만 따뜻한 정이 결여되어 있다(양과 양의 관계). 반면에 인수 癸는 甲을 따뜻한 정으로 도와준다(양과 음의 관계). 따라서 이 경우에는 인수 癸를 어머니로 본다. 甲이 여성일 때도 마찬가지다.

甲의 아버지는 어머니인 癸와 음양이 다르면서 癸를 극하는 土, 즉 양토(陽土)인 戊가 된다. 극이란 제압하고 억제하며, 포용하고 껴안는 관계이다.

그러나 음양이 다른 경우는 포용하고 껴안는 남녀 관계가 되어 유정(有情)하기 때문에 戊와 癸는 비록 극하는 관계이지만 천간합(天干合)을 이룬다. 甲에게 戊는 편재가 된다. 이처럼 사주에서 편재는 아버지가 된다. 甲이 여성일 때도 마찬가지다.

甲의 배우자는 甲이 극하면서 서로 음양이 다른 己土가 된다. 甲과 己는 비록 극하는 관계이지만 서로 유정한 천간합을 이룬다. 甲에게 己는 정재이다. 정재는 남성에게 배우자인 아내가 된다. 그러나 甲이 여성인 경우에는 이 甲을 극하는 성별, 즉 음양이 다른 辛金이 남편이 된다. 甲에게 辛은 정관이다. 이처럼 여성에게는 정관이 남편이 된다.

甲의 아들과 딸은 甲의 아내인 정재 己土가 생하는 정관과 편관이다. 그래서 남성에게 정관과 편관은 그의 자식이 된다. 반대로 甲이 여성인 경우에는 甲이 직접 생하는 식신과 상관이 자식이 된다.

甲의 형제는 甲과 오행이 같은 비견과 겁재이다. 甲이 여성인 경우도 마찬가지다.

❧ 통변성과 육친 ❧

구분	아버지	어머니	형제	배우자	자식	기타
남	편재	인수	비견 겁재	정재	정관 편관	·편인 : 유모, 계모 ·편재 : 첩 ·식신 : 장모 ·관살 : 사장 ·편재 : 종업원 ·비겁 : 동업자
여	편재	인수	비견 겁재	정관	식신 상관	·편인 : 유모, 계모 ·편관 : 편부 ·편재 : 시어머니 ·편관 : 시누이

이상의 육친 관계 판단은 그 시대의 사회상 및 관념에 따라 달라질 수 있다. 예를 들어 부계사회와 모계사회에서는 남녀의 역할이 각각 달라지기 때문에 그에 따라서 육친 관계의 해석도 달라질 수 있다.

그리고 관점에 따라서는 일간을 생하는 인수와 편인을 일간과의 성별을 따져 각각 아버지와 어머니로 볼 수도 있다.

1. 천간합

1) 천간합과 합화

　천간합(天干合)은 천간에서 이루어지는 합(合)으로서 남녀간의 사랑을 뜻한다. 한쪽이 다른 한쪽을 극하지만 서로의 음양이 다르기 때문에 유정(有情)하여 포옹하고 껴안는 관계이다. 그래서 천간합은 남녀가 서로 만나 사랑하는 것으로 파악한다. 그 종류는 다음과 같다.

① 갑기합화토(甲己合化土) : 甲木(양)과 己土(음)가 합해서 화(化)하면 土가 된다.
② 을경합화금(乙庚合化金) : 乙木(음)과 庚金(양)이 합해서 화(化)하면 金이 된다.
③ 병신합화수(丙辛合化水) : 丙火(양)와 辛金(음)이 합해서 화(化)하면 水가 된다.
④ 정임합화목(丁壬合化木) : 丁火(음)와 壬水(양)가 합해서 화(化)하면 木이 된다.
⑤ 무계합화화(戊癸合化火) : 戊土(양)와 癸水(음)가 합해서 화(化)하면 火가 된다.

　천간이 합(合)이 된다고 해서 바로 화(化)하는 것은 아니고 여건이 갖추어져야 비로소 화(化)에 이른다.

일단 천간이 합이 되면 해당 천간은 사랑에 빠져 자신의 본래 역할을 망각한다. 길성(吉星)은 길성대로, 흉성(凶星)은 흉성대로 자신이 하던 작용을 멈춘다. 이는 천간합이 이미 사주 내에서 이루어져 있을 경우는 물론이고 사주와 대운의 천간이 어우러져 합을 이루는 경우도 마찬가지다. 또 대운과 세운의 천간이 어우러져 합을 이루는 경우도 마찬가지다. 그리고 사주·대운·세운의 천간이 모두 어우러져 복잡한 형태의 합을 이루는 경우에는 사업이 부도를 맞거나 본인이 구속되는 등 여러 가지 흉한 일을 겪는 경우를 많이 볼 수 있다.

합은 일간이 포함된 합과 그렇지 않은 경우로 나눌 수 있다. 우선 일간과의 합은 원칙적으로 효력이 없다. 왜냐하면 일간은 함부로 쉽게 변하지 않는다고 보기 때문이다. 따라서 화하지 않는 일간과의 합은 큰 의미가 없다. 다만, 이 합이 사주 전체의 화(化)로 이어지므로 특수격인 화격(化格)으로 간명해야 하는 경우가 있다. 화격 사주를 가진 사람은 화기(化氣)를 극하거나 화기로부터 극을 받는 운이 아닌 이상 대부대귀(大富大貴)를 누린다. 일간이 포함된 합은 사주 전체의 천간과 지지가 화기(化氣)를 생조(生助)할 수 있는 매우 드문 경우에만 특수격인 화격으로 이어진다.

그러나 일간을 제외한 합은 두 천간이 서로 거리가 가깝고 그 지지가 화기(化氣)를 생조하기만 하면 쉽게 화(化)로 이어질 수 있다. 이 점이 일간이 포함된 합의 경우와 다르다.

합해서 좋은 경우도 있고 나쁜 경우도 있으며, 화해서 좋은 경우도 있고 나쁜 경우도 있다. 합화(合化)로 물이 형성되면 물이 필요한 사주에는 좋고 불이 필요한 사주에는 나쁘다. 구체적인 길흉은 사주 전체의 상황에 따라 결정된다.

한편 합이 이루어지지 않는 경우는 다음과 같다.

① 두 천간 사이에 합을 방해하는 극이 있는 경우

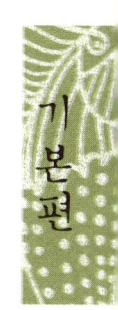

(甲 乙 己) (甲 庚 己)

② 합을 하고 있는데 합한 천간을 뒤에서 극하는 경우

(甲 己 乙) (庚 甲 己)

③ 두 천간 사이에 서로 생해주도록 하는 천간이 있는 경우

(甲 丁 己) (己 丁 甲)

화가 이루어지지 않는 경우는 다음과 같다.

① 천간에서는 합이 되었지만 지지에서 이를 생조하지 않는 경우
② 천간에서는 합이 되었지만 지지에 각자의 뿌리가 있는 경우

천간합의 이론은 매우 심오하다. 예를 들어 甲과 己는 합하여 土를 형성한다는 것이다. 이때 한쪽이 다른 한쪽을 극하지만 서로의 음양이 다르기 때문에 유정하여 포용하고 껴안는 남녀 사이로서 합이 된다는 것은 쉽게 이해할 수 있다. 그러나 왜 土가 형성될까.

하도와 낙서에서는 土가 우주의 중심이라고 되어 있다. 그런데 하도의 천문(天門)과 지호(地戶)는 하늘과 땅으로 통하는 문으로서 조화를 일으킨다. 하도의 동남쪽에서는 밖의 8(음)이 안의 2(음)와 합하여 완성수 10을 이루고, 밖의 7(양)은 안의 3(양)과 합하여 완성수 10을 이룬다. 음양이 서로 교차하여 구심점을 이루니 이것이 辰巳인 지호이다. 또한 하도의 서북에서는 밖의 9(양)가 안의 1(양)과 합하여 완성수 10을 이루고, 밖의 6(음)이 안의 4(음)와 합하여 완성수 10을 이룬다. 음양이 서로 교차하여 구심점을 이루니 이것이 戌亥인 천문이다. 甲과 己는 일심동체가 되어 60갑자를 달려가는데, 戌亥보다 앞서 오는 辰巳인 지호를 통해 우주의 중심인 土의 정기부터 받아서 그 후에 다른 오행을 차례대로 만들어 나간다. 따라서 60갑자의 辰巳 천간은 土부터 시작되는 것이다.

그러니까 戊년이나 癸년에는 하늘의 기운이 辰巳월, 즉 辰巳를 지날 때 붉은 기운을 띠게 되어 丙辰과 丁巳가 된다는 이야기와 통한다.

음력 \ 절기 \ 연간		甲 己	乙 庚	丙 辛	丁 壬	戊 癸
1 월	입 춘	丙 寅	戊 寅	庚 寅	壬 寅	甲 寅
2 월	경 칩	丁 卯	己 卯	辛 卯	癸 卯	乙 卯
3 월	청 명	戊 辰	庚 辰	壬 辰	甲 辰	丙 辰
4 월	입 하	己 巳	辛 巳	癸 巳	乙 巳	丁 巳

위의 표에 나타나 있는 바와 같이 甲년은 甲子월부터 시작하는 것이 아니라 丙寅월부터 시작한다. 따라서 육십갑자로 나타낸 인류 최초의 연월일시는 甲子년 丙寅월 甲子일 甲子시이지, 甲子년 甲子월 甲子일 甲子시가 아니다.

2) 쟁합과 투합

쟁합(爭合)은 한 여성을 두고 두 남성이 서로 쟁탈전을 벌이는 형상이다. 예를 들어 연간과 월간이 모두 甲이고 일간이 己인 경우에 2개의 木(양)이 하나의 土(음)를 차지하려고 싸움이 벌어진다. 이처럼 2개의 양간(陽干)이 1개의 음간(陰干)과 합하는 것을 쟁합이라고 한다.

쟁합이 되면 다투고 싸우는 현상이 벌어진다. 이때는 순수하지 않고 복잡한 관계가 형성되어 합화를 기대할 수 없다. 이런 경우는 사주·대운·세운의 관계를 세심하게 따져야 한다.

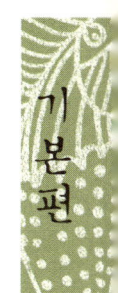

 예

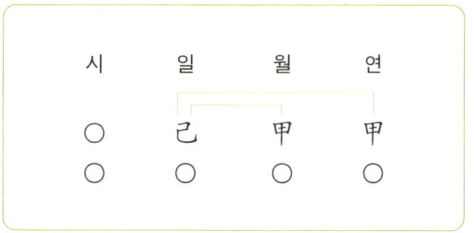

한편 투합(妬合)은 한 남성을 두고 두 여성이 서로 사랑싸움을 벌이는 형상이다. 예를 들어 월간과 시간이 모두 乙이고 일간이 庚인 경우에 2개의 木(음)이 하나의 金(양)을 차지하려고 싸움이 벌어진다. 이처럼 2개의 음간이 1개의 양간과 합하는 것을 투합이라고 한다.

투합이 되면 역시 다투고 싸우는 현상이 벌어진다. 순수하지 않고 복잡한 관계가 형성되어 합화는 기대할 수 없다. 이런 경우는 사주·대운·세운의 관계를 세심하게 따져야 한다.

 예

3) 천간합의 예

 예 1

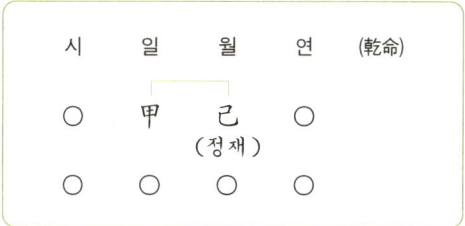

아내와 사이가 좋고 재운(財運)이 있다.

예 2

남편과 사이가 좋고 명예운이 있다.

 예 3

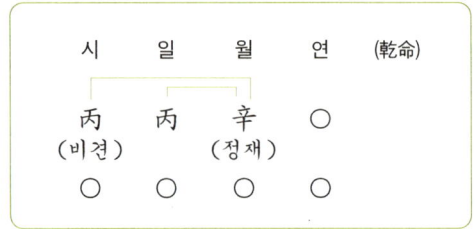

아내가 남편에 대해 두 가지 마음을 갖는다.

예 4

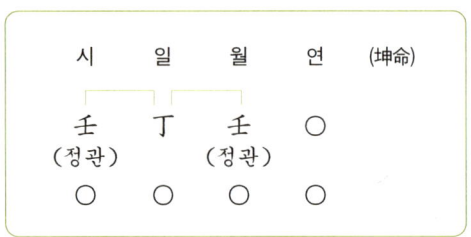

남편 이외의 남성이 생기게 된다.

예 5

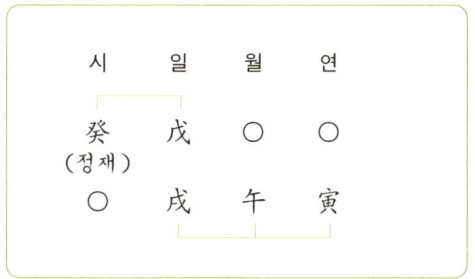

천간의 戊癸합이 지지의 寅午戌삼합(三合)과 어우러져 강력한 화기(火氣)를 형성한다.

예 6

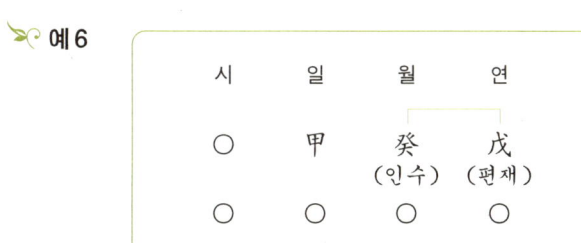

부모가 나와 뜻이 맞지 않는다.

예 7

甲과 己가 간합하여 土로 화하면 일간은 약해지고 월지는 강해진다.

예 8

시	일	월	연
辛	丙	己	甲
○	○	亥	○

丙과 辛이 간합하여 월지와 어우러져 강력한 수기(水氣)를 형성하지만, 甲과 己의 간합으로 인한 土의 극을 받는다.

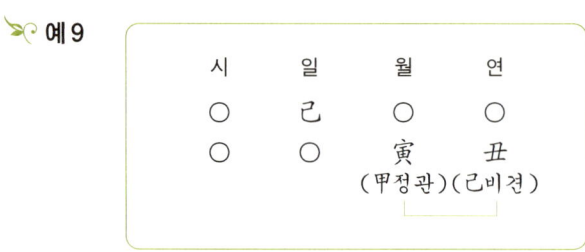

예 9

시	일	월	연
○	己	○	○
○	○	寅	丑
		(甲정관)	(己비견)

甲己합의 결과로 월지의 주권신인 정관 길성(吉星)이 본분을 망각한다.

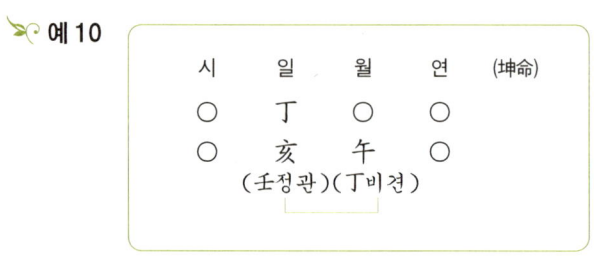

예 10

시	일	월	연	(坤命)
○	丁	○	○	
○	亥	午	○	
	(壬정관)	(丁비견)		

남편이 아내에 대해 두 가지 마음을 갖는다.

 예 11

시	일	월	연
○	庚	○	丁
○	○	亥	○
		(壬식신)	

연간 丁과 월지의 주권신인 壬은 합을 하기 어렵다.

 예 12

시	일	월	연
庚 (정관)	乙	○	庚 (정관)
子 (癸편인)	○	○	辰 (戊정재)

천간이 쟁합이지만 연간이 멀리 있으므로 그 효력이 약하다. 연지의 주권신인 戊와 시지의 주권신인 癸도 간합을 하지만 역시 멀리 떨어져 있어서 그 효력이 없다.

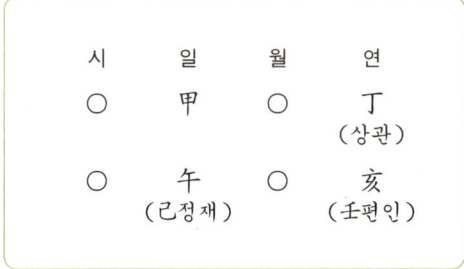 예 13

시	일	월	연
○	甲	○	丁 (상관)
○	午 (己정재)	○	亥 (壬편인)

같은 사주기둥에 있는 천간과 지장간은 간합이 힘들다. 다만 일주(日柱)의 경우에는 예외로 다루기도 한다.

예 14

미혼 남성은 혼기가 다가오는 운으로 본다. 기혼 남성은 아내와 금실이 두터워지는 운으로 보지만, 사주에 편재가 있는 경우에는 이성문제로 삼각관계가 발생하는 운으로 본다.

여성의 경우에 정관과 간합이 되면 미혼 여성은 혼기가 다가오는 운으로 보고, 기혼 여성은 남편과 금실이 두터워지는 운으로 본다. 예를 들어 乙 일간이고 庚 대운인 경우가 이에 해당한다. 다만 기혼 여성은 사주에 편관이 있는 경우에는 이성문제로 인한 삼각관계가 발생하는 운으로 본다.

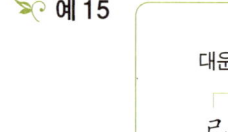

예 15

일간 甲과 대운 己가 간합하여 월지 丑과 어우러져 강한 토기(土氣)를 형성한다.

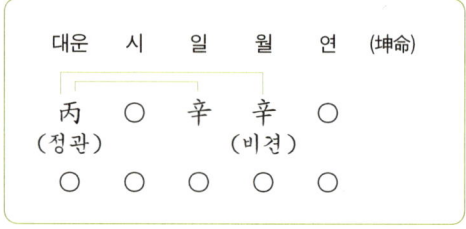

예 16

남편이 아내 이외의 다른 여성에게 정을 주는 가정불화의 운이다.

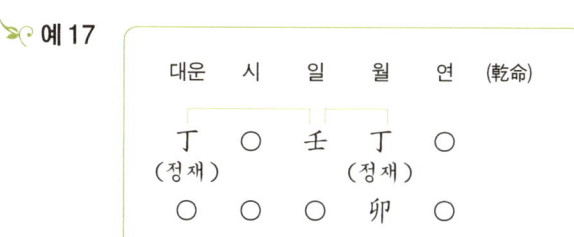
예 17

	대운	시	일	월	연	(乾命)
	丁 (정재)	○	壬	丁 (정재)	○	
	○	○	○	卯	○	

평소 아내와 금실이 좋았지만 이 기간에는 아내 이외의 다른 여성에게 정을 기울이는 운이다. 월지와 어우러져 순수하던 목기(木氣)는 대운 기간 중 탁해지므로 사주의 격(格)이 떨어지는 파격(破格)이다.

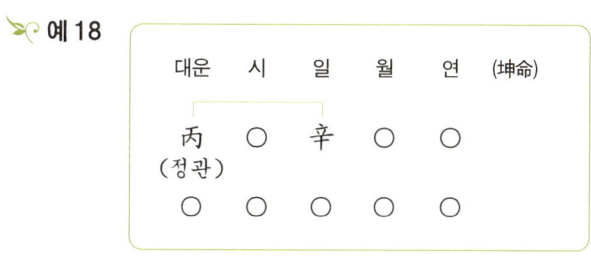
예 18

	대운	시	일	월	연	(坤命)
	丙 (정관)	○	辛	○	○	
	○	○	○	○	○	

미혼 여성은 혼기가 다가오는 운으로 본다. 기혼 여성은 많은 사람과 융화 · 협동 · 교제할 수 있는 운이다. 예 14를 참고한다.

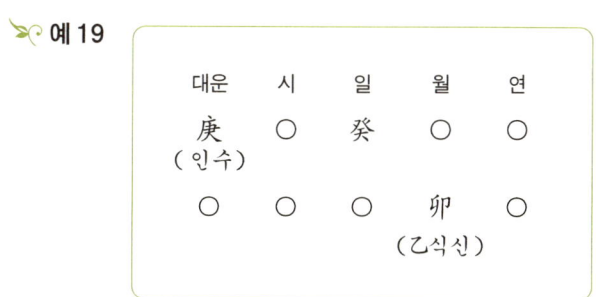
예 19

	대운	시	일	월	연
	庚 (인수)	○	癸	○	○
	○	○	○	卯 (乙식신)	○

대운의 천간인 庚과 월지의 주권신인 乙의 간합은 월지의 주권신이 길성

이면 길(吉) 작용을 망각하고, 흉성이면 흉(凶) 작용이 없어진다. 이 경우는 길성인 식신이 자신의 본분을 망각한다.

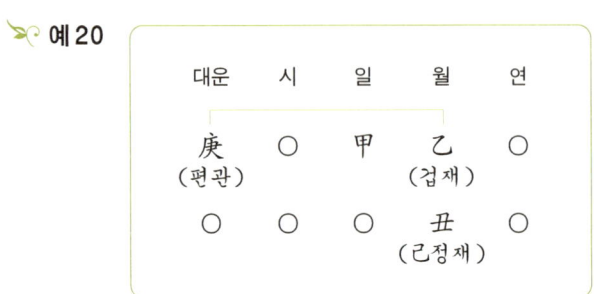

예20

대운	시	일	월	연
庚 (편관)	○	甲	乙 (겁재)	○
○	○	○	丑 (己정재)	○

월간 겁재 乙은 월지의 주권신인 정재 己를 극하고 있지만, 대운 庚과 간합하는 기간에는 흉 작용을 하지 않는다.

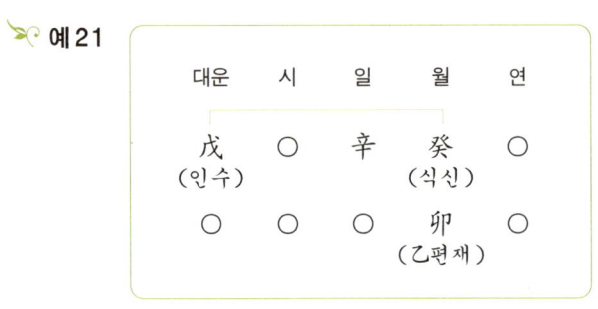

예21

대운	시	일	월	연
戊 (인수)	○	辛	癸 (식신)	○
○	○	○	卯 (乙편재)	○

월간 식신 癸는 월지의 주권신인 편재 乙을 생하고 있지만, 대운 戊와 간합하는 기간에는 길 작용을 하지 않는다. 한편 사주에서 본인의 세력이 약한 경우에 대운 인수의 도움이 기쁜데 이 경우에는 인수의 도움이 없다.

이와 비슷한 사례가 있어서 소개한다. 甲午년 丁丑월 庚寅일 丁亥시에 출생한 정기생(正氣生) 남성인데 아버지 없이 자란 유복자이다. 13세 때 己卯의 인수 대운을 맞이하니 연간 甲과 대운 己가 간합하여 어머니가 재혼하면서 떠나버렸다.

 예22

丙辛합이 월지와 어우러져 강한 수기(水氣)를 형성하고 있는데, 대운 甲을 맞아 시간 己가 甲己합을 이루어 이 강한 수기를 극한다.

 예23

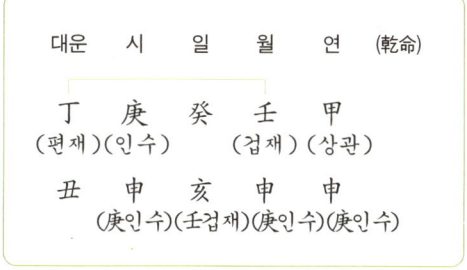

丁대운을 만나서 엄청난 재산 손실을 당했다.

 예24

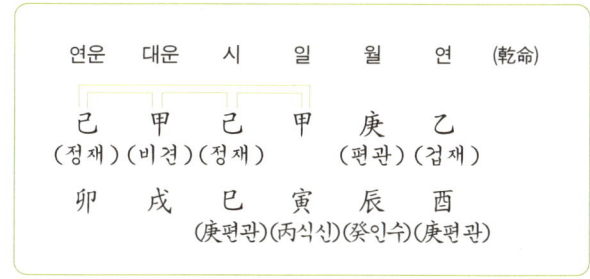

이 남성은 甲대운 己년에 사기죄로 감옥에 가서 다음해 庚년 중반까지 감옥살이를 했다.

2. 지지삼합

지지삼합은 삼합(三合), 삼합회국(三合會局)이라고도 한다. 지지삼합이란 3개의 지지가 하나로 뭉쳐 커다란 힘을 형성하는 것을 말한다. 그 종류는 다음과 같다.

① 해묘미(亥卯未) 합(合) 목국(木局) : 亥卯未는 합해 목국(木局)이 되어 乙로 변화한다.
② 인오술(寅午戌) 합(合) 화국(火局) : 寅午戌은 합해 화국(火局)이 되어 丙으로 변화한다.
③ 사유축(巳酉丑) 합(合) 금국(金局) : 巳酉丑은 합해 금국(金局)이 되어 辛으로 변화한다.
④ 신자진(申子辰) 합(合) 수국(水局) : 申子辰은 합해 수국(水局)이 되어 壬으로 변화한다.

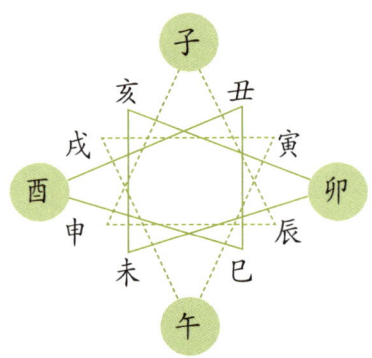

모래에 시멘트를 섞고 물을 부어 반죽하면 응집력이 커져서 콘크리트에 가까운 물질로 변화한다. 그래서 지지삼합을 이루는 3개의 지지는 각각 모래·시멘트·물로 비유할 수 있다. 이때 寅申巳亥나 辰戌丑未가 모래나 시멘트이면 子午卯酉는 물이다. 모래·시멘트·물 중에서 물의 역할이 가장 크므로 子午卯酉를 사정(四正) 또는 제왕성(帝旺星)이라고 한다. 그리고 지지삼합을 이루는 3개의 지지는 '12운(十二運)'에서 양간(陽干)인 甲丙戊庚

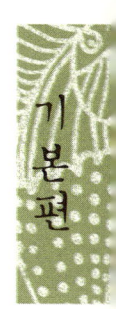

王의 장생(長生)·제왕(帝旺)·묘(墓)에 해당한다(147쪽 참고).

지지삼합이 이루어지면 각각 해당 제왕성과 같은 음양오행의 천간으로 변화한다. 예를 들어 亥卯未 목국(木局)에서는 卯가 木(음)이므로 천간의 木(음)인 乙로 변화한다. 지지삼합이 이루어지면 강력한 힘을 발휘하여 충(沖)·형(刑)·해(害)·파(破)·공망(空亡)을 해소시킨다. 이 충·형·해·파·공망은 별도로 다룬다.

지지끼리의 합에는 지지삼합 이외에 반합(半合)이 있다. 삼합은 3개의 지지가 모여서 된 것이고, 반합은 삼합을 이루는 지지 중에서 2개만 모여서 된 것이다. 예를 들어 亥卯·卯未·亥未는 반합이다.

반합은 결합하는 힘이 삼합보다 약하다. 그렇지만 반합에서도 제왕성이 포함되어 있는 경우, 예를 들어 亥卯·卯未는 제왕성이 포함되어 있지 않은 亥未보다 힘이 강하다.

1) 묘의 의미

지지삼합을 이루는 지지 중에서 未는 木의 묘(墓), 戌은 火의 묘, 丑은 金의 묘, 辰은 水의 묘이다. 그러면 이 '묘(墓)'의 의미는 무엇인가. 辰戌丑未는 土로서 일반적으로 창고의 의미로 사용되는데 다음의 3가지로 나누어 생각해볼 수 있다.

① 불교의 윤회사상을 반영한 사후묘(死後墓)로서의 무덤[墓]이다.
② 보관의 개념인 창고로서의 고(庫)이다.
③ 묘(墓)와 고(庫)를 함께 가리키는 묘고(墓庫)이다.

각각의 차이점을 살펴보자. 먼저 무덤[墓]으로 보면 왕성하던 기운이 사라져버린다는 쇠진의 의미가 되고, 고(庫)로 보면 오히려 부족한 기운을 공급받을 수 있는 생성의 의미가 된다. 필자의 견해로는 지지삼합이 12운을 기초로 하고 있으므로 ①의 의미가 강하다고 보는 것이 논리적이다. 다음의 예들을 살펴보자.

시	일	월	연	(坤命)
己	乙	庚	丙	
卯	丑	寅	子	
	(金의 묘)			

이 여성은 중년에 남편과 이혼한 후 여승이 되었다. 사주에서 金이 남편인데 丑이 金의 묘, 즉 무덤 역할을 하였다.

시	일	월	연	(坤命)
甲	丁	乙	戊	
辰	未	丑	子	
(水의 묘)				

이 여성은 결혼을 2번 실패했는데, 두 번째 남편을 상대로 친자확인소송까지 하였다. 水가 남편인데 辰이 水의 묘 역할을 하였다. 이 역시 무덤 역할이다.

시	일	월	연	(坤命)
乙	甲	辛	丁	
丑	子	亥	卯	
(金의 묘)				

이 여성은 결혼을 3번 실패하였다. 金이 남편인데 丑이 金의 묘 역할을 하였다. 무덤 역할이다.

예 4

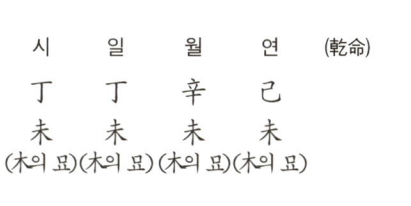

시	일	월	연	(乾命)
丁	丁	辛	己	
未	未	未	未	
(木의 묘)	(木의 묘)	(木의 묘)	(木의 묘)	

이 사주의 주인공은 조선의 멸망에 앞장섰던 이완용(李完用)으로 알려져 있다. 李 왕조는 글자에 오얏나무 木을 쓰는데, 이 사주에서 4개의 未가 모두 그 무덤 역할을 하였다. 이름 또한 李 왕조[李]를 완전히[完] 끝내는 데 쓰인다는[用] 의미다.

예 5

시	일	월	연	(乾命)
庚	癸	壬	甲	
申	亥	申	申	

왕신입묘(旺神入墓)는 사기(死期)다. 이 사주에서 왕신(旺神)인 金이 丑 대운을 만나 사기를 여러 번 겪었는데 丑이 金의 묘 역할을 하였다. 무덤 역할이다. 필자의 사주이다.

앞의 예1~예3처럼 여성의 사주에 남편의 무덤[墓]이 있으면 필연적으로 부부의 인연이 약할 수밖에 없는가. 그렇지는 않다. 지지삼합을 이루어 남편성(星)이 더욱 밝아지는 경우도 있다. 다음과 같은 예들을 통해 자세히 알아보자.

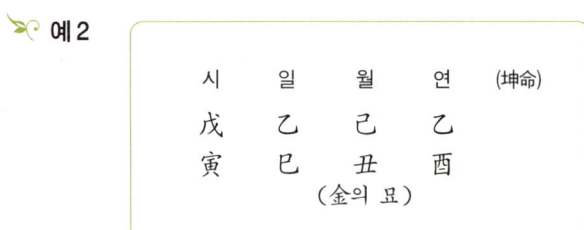

예 1

시	일	월	연	(坤命)
丙	庚	己	壬	
戌	寅	酉	午	
(火의 묘)				

火가 남편인데 戌이 火의 묘가 된다. 그러나 지지에서 寅午戌삼합을 이루어 火가 아름답게 피어나니 사회저명인사인 남편과 평생 좋은 금실을 유지하였다.

예 2

시	일	월	연	(坤命)
戊	乙	己	乙	
寅	巳	丑	酉	
		(金의 묘)		

이 사주의 주인공은 고위 공무원이다. 金이 남편인데 丑이 金의 묘가 된다. 그러나 지지에서 巳酉丑삼합을 이루어 金이 높이 솟아오르니 사회저명인사인 남편과 평생 좋은 금실을 유지하였다.

그러나 이러한 예들과 달리 辰戌丑未가 무덤이 아닌 창고[庫]의 역할을 하는 경우도 있다. 다음의 예들을 살펴보자.

 예 1

시	일	월	연	(乾命)
乙	甲	丙	癸	
丑	子	辰	未	
(官庫)				

앞의 사주에서 子와 丑은 지지육합(六合)을 이룬다. 이 남성은 평생 정부 산하 금융기관에서 일했다. 본인 甲木에게는 金이 관(官)으로서 직장이 되는데, 金이 丑土와 인연이 있다. 여기서 丑은 무덤이 아닌 창고의 역할을 하였고 본인과 합을 이룬다. 다만 자식의 성격문제 때문에 고민이 많다.

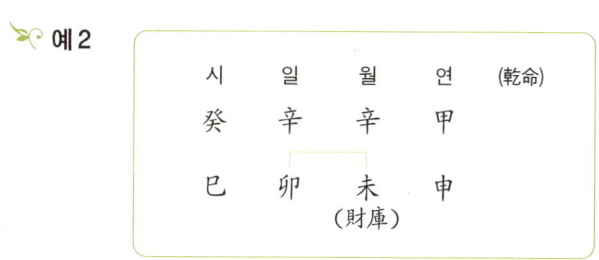

예 2

시	일	월	연	(乾命)
癸	辛	辛	甲	
巳	卯	未	申	
		(財庫)		

이 사주에서 卯未합은 지지반합(半合)이다. 이 남성은 호텔에 입사하여 줄곧 경리업무를 담당하다가 사장까지 지냈다. 본인 辛金에게는 木이 재(財)가 되는데, 卯木 이외에 未土가 있어서 본인과 합을 이룬다. 未는 木의 무덤이 아닌 창고의 역할을 하였다. 다만 이 사람은 부인의 건강문제 때문에 고민이 많다.

이제까지의 예들에서 辰戌丑未는 사람의 경우에는 무덤 역할을 하고, 물질의 경우에는 창고 역할을 한다. 사람의 경우에 여러 육친에까지 무리하게 적용하는 것은 바람직하지 않지만 다음 한 가지 예만 더 살펴보자.

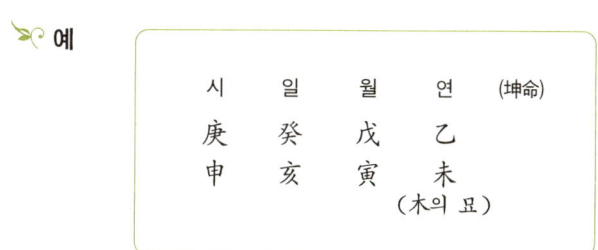

예

시	일	월	연	(坤命)
庚	癸	戊	乙	
申	亥	寅	未	
			(木의 묘)	

이 여성은 40대 중반이 넘도록 자식을 얻지 못했다. 유산을 2번 했는데 그 후 자식을 갖고 싶은 마음이 없어서 그냥 지내고 있다. 이 사주에서는

木이 자식으로 乙木과 寅木이 있지만, 未가 木의 묘로서 자식의 무덤 역할을 하였다.

지금까지 살펴본 바에 의하면 木·火·金·水는 각자의 묘를 가지고 있다. 그렇다면 土는 묘가 없을까? 특히 여성의 사주에서 일간이 水일 경우 土가 남편인데 土의 묘가 없으면 '남편의 무덤'으로부터 자유로운가?

이에 대해서는 여성의 일간이 水(壬·癸)이면 ① 辰이 土의 묘가 된다, ② 戌이 土의 묘가 된다, ③ 辰戌 모두 土의 묘가 된다는 주장이 있다.

모든 별들이 결국에는 우주의 심연 속으로 사라진다. 별들이 土로 이루어져 있으므로 土의 묘를 생각해볼 수 있지만, 이는 어쨌거나 우주의 신비와 관련된 문제이다.

2) 지지삼합과 천간의 관계

지지삼합을 이루는 3개의 지지 중에서 2개만 있고 나머지 지지와 동일한 오행이 천간에 있다고 가정하자. 이때 천간과 지지가 어울려 지지삼합과 동일한 효과를 나타낼까. 각각 다음과 같은 경우로 나누어 살펴보자.

① 지지에 寅戌이 모여 있고 천간에 丁火가 있는 경우, 지지에 申辰이 모여 있고 천간에 癸水가 있는 경우, 지지에 巳丑이 모여 있고 천간에 辛金이 있는 경우, 지지에 亥未가 모여 있고 천간에 乙木이 있는 경우에는 국(局)을 이룬다고 본다. 비록 지지 모두에서 제왕성이 빠져 있지만 천간의 丁은 곧 午, 癸는 子, 辛은 酉, 乙은 卯라고 볼 수 있기 때문이다.

예 목국(木局)을 형성하는 경우

시	일	월	연
戊	辛	乙	甲
子	未	亥	子

亥未가 모여 있고 천간에 乙木이 있어서 목국(木局)이 이루어졌다. 따라서 재(財), 즉 재성이 강해졌다고 본다.

② 그러나 예를 들어 卯未가 모여 있는데 천간에 壬水가 있는 경우는 壬水를 亥水에서 나온 것으로 보아 亥卯未의 목국(木局)을 이룬다고 볼 수는 없다. 왜냐하면 천간 壬水는 지지의 亥 중에 있는 甲木을 갖추고 있지 않기 때문이다.

예 목국(木局)을 형성하지 못하는 경우

시	일	월	연
○	壬	○	○
○	○	未	卯

亥 중 지장간에는 甲木이 있기 때문에 亥卯未의 목국(木局)이 이루어지지만, 이 경우는 천간의 壬水가 甲木을 가지고 있지 않으므로 목국을 이루지 못한다.

③ 卯未가 있고 亥가 없을 때 亥의 지장간에 해당하는 戊甲壬이 모두 천간에 나타나 있다면 목국이 이루어질까. 이 경우는 亥의 지장간이 모두 천간에 나타나 있지만 그 비율이 亥의 지장간 비율과 달라서 목국(木局)을 이루기 어렵다고 본다. 亥의 지장간 함량비율은 戊7, 甲7, 壬16 정도이다.

그런데 천간에 戊·甲·壬이 나타나고 지지에 卯未가 있는 사주 자체가 이루어질 수 없다. 왜냐하면 양간(陽干)은 양지(陽支)와 짝이 되고, 음간(陰干)은 음지(陰支)와 짝이 되기 때문이다.

지지삼합이 천간과 잘 어우러지면 화(化)한다. 예를 들어 지지에 亥卯未가 있으면 목국(木局)이 되는데, 천간에서 丁壬합이 이루어지거나 甲乙木

이 나타나 있으면 지지의 합을 도와주는 작용을 한다. 반대로 천간에 丁壬
합이 이루어질 경우에 지지에 寅卯木이나 亥卯未가 있으면 역시 천간의 합
을 도와주는 작용을 한다. 이렇게 천간과 지지는 서로 통한다.

3) 지지삼합과 여러 가지 변화

① 월지에 제왕성이 있는 경우

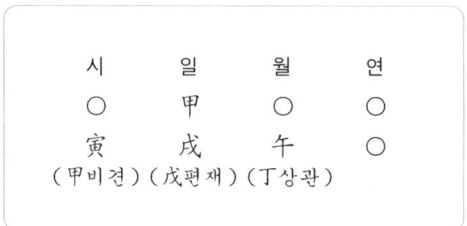

위의 경우는 정기생(正氣生)이다. 월지가 상관으로서 상관격(傷官格)이
지만, 제왕성인 午가 월지에 자리 잡고 寅午戌삼합으로 화국(火局)(丙)을
이루므로 강력한 식신국(食神局)이 된다.

② 월지에 제왕성이 없는 경우

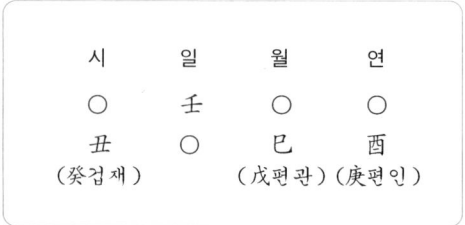

위의 경우는 초기생(初氣生)이다. 월지가 편관으로서 편관격(偏官格)이
지만, 巳酉丑삼합 금국(金局)(辛)이 되어 편관격이 인수국(印綬局)으로 변
화한다. 다만 여기서는 제왕성이 월지에 연결되지 않은 상태이므로 그 역
량은 조금 떨어진다.

③ 월지에 연결되지 않는 경우

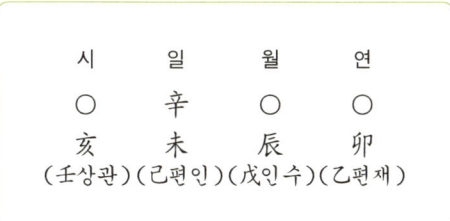

시	일	월	연
○	辛	○	○
亥	未	辰	卯
(壬상관)	(己편인)	(戊인수)	(乙편재)

위의 경우는 정기생(正氣生)이다. 월지가 인수인 인수격(印綬格)으로서
연·일·시가 亥卯未삼합을 이루지만 인수격은 변화하지 않고, 亥·卯·未
에서 각각 木의 역량이 강해질 뿐이라고 본다.

④ 사주에 반합이 있고 대운에서 연결되어 삼합이 되는 경우

✎예 1 월지에 제왕성이 연결되는 반합의 경우

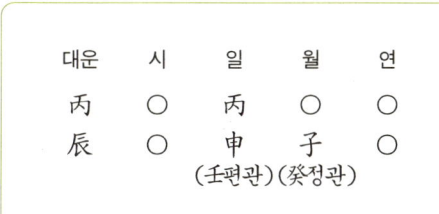

대운	시	일	월	연
丙	○	丙	○	○
辰	○	申	子	○
		(壬편관)	(癸정관)	

위의 경우는 중기생(中氣生)이다. 월지가 정관인 정관격(正官格)으로 보
지만, 丙辰대운 기간 중에는 정관격이 아닌 申子辰삼합 수국(水局)(壬)을
이루므로 강력한 편관국(偏官局)으로 본다.

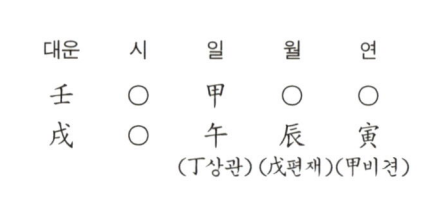

예2 월지에 연결되지 않는 반합의 경우

대운	시	일	월	연
壬	○	甲	○	○
戌	○	午	辰	寅
		(丁상관)	(戊편재)	(甲비견)

위의 경우는 정기생(正氣生)이다. 격의 변화로는 보지 않고 다만 강한 단결로 본다.

예3 월지에 제왕성이 연결되지 않는 반합의 경우

대운	시	일	월	연
乙	○	辛	○	○
未	○	卯	亥	○
			(乙편재)	(壬상관)

위의 경우는 정기생(正氣生)이다. 乙未대운 기간 중에는 상관격이 아닌 편재국(偏財局)으로 본다. 다만 역량은 조금 떨어진다.

4) 지지삼합과 행운(行運)

사주에서는 합에 필요한 지지가 다 갖추어지지 않아서 합을 이루지 못하더라도 운에서 빠진 지지가 들어오면 완전한 합을 이룬다. 예를 들어 사주명식에 寅과 戌이 있는데 午대운을 만나면 寅午戌 지지삼합이 이루어진다. 이를 넓게 해석하면 사주에 지지 하나만 있는데 부족한 지지가 대운에서 하나, 세운에서 하나가 들어오면 셋이 모여서 지지삼합을 이룬다고 볼 수도 있다.

행운에 의한 또 다른 변화도 예상할 수 있다. 예를 들어 사주명식에 寅午戌 지지삼합이 있는데 子대운을 만나면 子午충이 발생하여 동요가 일어난

다. 나아가 子대운 申년인 경우는 子午충과 寅申충이 겹쳐서 寅午戌 화국(火局)을 깨뜨릴 수 있다.

3. 지지방합

지지방합(方合)은 지지에서 같은 방향의 세 글자가 모인 방위의 합을 말한다. 지지삼합보다는 역량이 미흡한데, 그 이유는 삼합이 화학적인 변화를 일으키는 반면 방합은 화학적인 변화를 일으키지 않기 때문이다. 방합을 붕합(朋合)이라고도 하는데 이는 친구들이 모여 단결이 잘 되어 있다는 의미다. 방합의 종류는 다음과 같다.

① 인묘진(寅卯辰) 합(合) 목국(木局) : 봄
② 사오미(巳午未) 합(合) 화국(火局) : 여름
③ 신유술(申酉戌) 합(合) 금국(金局) : 가을
④ 해자축(亥子丑) 합(合) 수국(水局) : 겨울

지지방합은 단지 같은 세력이 모여 있는 것에 불과하고 화학적인 변화를 일으키지 않기 때문에 구태여 합이라고 할 필요가 없다는 견해도 있다. 이

와 반대로 방합은 동일한 사명감을 갖고 있는 친구들의 멋진 단결이므로 지지삼합보다 역량이 강하다는 견해도 있다. 방합이 이루어지면 충·형·해·파·공망을 해소시킬 수 있다고 본다.

예

시	일	월	연
丁	甲	甲	乙
卯	戌	申	酉
(乙)	(戊)	(庚)	(辛)

위 사주의 주인공은 사주명식 내에 방합이 이루어져 있는 남성으로 정기생(正氣生)이다. 이 사람은 어려운 가정에서 힘들게 자라 26세(壬午대운 庚戌년) 때 사법시험에 합격하였다. 그후로 줄곧 권력기관에서 일하다가 국회의원으로 진출하여 당선을 거듭하고 전국적으로 큰 명성을 얻고 있는데, 申酉戌 서방합(西方合)이 이루어져 있다.

4. 육합

육합(六合)은 지지에 있는 6가지의 합을 말한다. 이 육합 이론은 지구가 스스로 자전하면서 태양 둘레를 공전하는 과정에서 이루어지는 변화상태를 6가지로 나누어 파악한 것이다.

① 자축합화토(子丑合化土) : 子와 丑이 합하면 土가 된다.
② 인해합화목(寅亥合化木) : 寅과 亥가 합하면 木이 된다.
③ 묘술합화화(卯戌合化火) : 卯와 戌이 합하면 火가 된다.
④ 진유합화금(辰酉合化金) : 辰과 酉가 합하면 金이 된다.
⑤ 사신합화수(巳申合化水) : 巳와 申이 합하면 水가 된다.
⑥ 오미합무화(午未合無化) : 午와 未가 합하면 아무것도 이루지 않는다.

위와 같이 육합이 이루어지면 기세 단결이 강해져 충 · 형 · 해 · 파 · 공망을 해소시킨다고 본다. 그러나 종래의 육합 이론은 애매모호한 부분이 많아서 오늘날 재검토의 필요성이 있다. 이를 좀더 구체적으로 살펴보자.

① 자축합화토(子丑合化土)

子丑이 합하면 土가 된다는 설명이다. 그러나 子丑은 亥子丑 북방합(北方合)의 주요 구성요소로서 水의 성질이 강하다. 이는 子와 丑의 지장간을 보아도 알 수 있다. 그러므로 子와 丑의 합은 土가 되는 것이 아니라 水가 강해지는 것으로 보는 것이 옳다.

② 인해합화목(寅亥合化木)

이 경우는 수생목(水生木)의 관계이다. 寅과 亥의 지장간을 보아도 木이 강해진다. 합화라기보다는 생하는 관계로 보는 것이 옳다.

③ 묘술합화화(卯戌合化火)

이 경우는 일단 목극토(木剋土)의 관계이다. 그러나 戌은 土이면서 화고(火庫)이다. 따라서 변화가 있을 수 있다.

④ 진유합화금(辰酉合化金)

이 경우는 토생금(土生金)의 관계이다. 辰과 酉의 지장간을 보아도 습토가 金을 생해준다. 합화라기보다는 생해주는 관계로 보는 것이 옳다.

⑤ 사신합화수(巳申合化水)

이 경우는 일단 화극금(火剋金)의 관계이다. 그런데 巳와 申의 지장간을 보면 巳 중 丙火가 戊土를 생하고, 戊土는 庚金을 생하며, 申 중 戊土 또한 庚金을 생하여 이것들이 壬水를 생하기 때문에 巳申이 합하면 水가 된다고 볼 수 있다.

그렇다면 앞에서 다룬 子丑합의 경우에는 丑 중 己土가 辛金을 생하고, 辛金은 癸水를 생하는데, 이것이 子 중 壬水 및 癸水와 어울리기 때문에 子丑이 합하면 水가 된다고 볼 수 있다.

⑥ 오미합무화(午未合無化)

午未는 합은 하지만 화하지는 않는다는 설명이다. 그런데 이 설명은 子丑의 관계와 비교할 때 설득력이 부족하다. 午未는 巳午未 남방합(南方合)의 주요 구성요소로서 火의 성질이 강하다. 午와 未의 지장간을 보아도 그렇다. 혹시 午未를 지구의 적도선상으로 보아 이 지역은 1년 내내 기후 변화가 없다는 무화(無化) 이론이라면 육합 이론은 지구의 북극에서 적도까지만 다룬 이론이라고 할 수 있다.

5. 암합

암합(暗合)은 밖으로 드러나지 않는 은밀한 합을 말한다. 천간과 지지, 그리고 지지와 지지의 합으로 나누어 살펴볼 수 있다. 암합은 표현 그대로 명합(明合)과 달리 은밀한 작용을 한다. 암합에서는 합(合)만 고려하고 화(化)는 생각하지 않는 게 보통이다.

1) 천간과 지지의 암합

천간과 지지의 지장간이 만나 합을 이루는 경우로 다음 4가지가 있다.

① 丁亥 : 천간의 丁과 亥의 지장간 정기인 壬이 만나 丁壬합을 이룬다.
② 戊子 : 천간의 戊와 子의 지장간 정기인 癸가 만나 戊癸합을 이룬다.
③ 辛巳 : 천간의 辛과 巳의 지장간 정기인 丙이 만나 丙辛합을 이룬다.
④ 壬午 : 천간의 壬과 午의 지장간 정기인 丁이 만나 丁壬합을 이룬다.

위의 4가지 경우는 서로 은밀한 만남을 이루어 일단 정(情)이 통하는 것으로 본다. 다시 말해 유정(有情)한 것으로 본다. 이들의 합이 길흉에 미치는 영향은 사주 전체의 상황을 보고 판단해야 한다.

2) 지지와 지지의 암합

지지끼리의 암합에는 子戌·丑寅·卯申·午亥·寅未의 5가지가 있다. 이 중에서 子戌의 경우를 예로 들어보자. 子의 지장간에는 壬·癸가 있고 戌의 지장간에는 辛·丁·戊가 있어서 戊癸합과 丁壬합이 이루어진다.

삼합이나 반합은 명합(明合)에 속한다. 그런데 子辰과 巳酉처럼 이 명합이 암합과 겹쳐서 일어날 경우가 있다. 이런 경우에는 암합보다 명합이 강하다고 보아 명합에 속하는 삼합이나 반합을 위주로 하여 판단한다.

예를 들어 子辰을 보자. 子辰은 반합을 이룬다. 그러면서 子의 지장간에는 壬·癸가 있고, 辰의 지장간에는 乙·癸·戊가 있어서 戊癸의 암합이 이루어진다. 따라서 子辰은 반합과 암합이 겹치는데, 戊癸의 암합보다는 그냥 子辰의 반합, 즉 명합 위주로 보는 것이다.

3) 암합의 작용

암합은 명합과 달리 은밀한 정을 통하여 유정한 관계를 이룬다. 그야말로 드러나지 않고 은밀한 작용을 한다. 그러므로 특히 육친의 암합이 이루어져 있을 경우에는 사주 전체의 상황을 잘 따져볼 필요가 있다.

예 1

시	일	월	연	(乾命)
戊	乙	丙	己	
(정재)		(상관)	(편재)	
寅	未	寅	卯	
(甲겁재)	(乙편재)	(甲겁재)	(乙비견)	

이 남성은 정기생(正氣生)이다. 사주에서 일지는 배우자궁이다. 그런데 여기에 자리 잡은 己는 주권신인데 좌우의 甲과 암합을 이루어 혼란스러운 상태이다. 이렇게 배우자궁에 자리 잡고 있는 주권신이 혼란스럽다는 것이 반갑지 않다. 이 남성은 평소 아내의 행실을 의심하고 있었는데 결국은 이혼에까지 이르렀다. 이 남성은 아버지와도 큰 인연이 없었다.

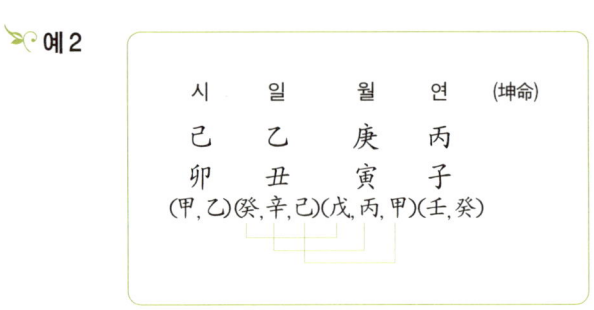

예 2

시	일	월	연	(坤命)
己	乙	庚	丙	
卯	丑	寅	子	
(甲,乙)	(癸,辛,己)	(戊,丙,甲)	(壬,癸)	

배우자궁인 일지에 자리 잡은 지장간 癸・辛・己 모두가 월지의 지장간과 암합을 이루고 있다. 즉 戊癸・丙辛・甲己의 암합이다. 보통의 사주는 아니라는 느낌이 든다. 실제로 이 여성은 부유한 집안에서 태어났지만 가세가 기우는 바람에 평소에는 상대하지도 않던 시골 총각과 결혼하였다. 그런데 남편이 아내와 너무 다른 환경에서 성장했기 때문에 의견이 맞지 않았고, 더구나 바람기가 심했다. 남편은 결국 외도를 했고 두 사람은 이혼하였다.

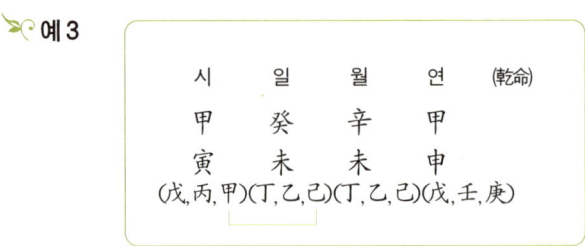

예 3

시	일	월	연	(乾命)
甲	癸	辛	甲	
寅	未	未	申	
(戊,丙,甲)	(丁,乙,己)	(丁,乙,己)	(戊,壬,庚)	

이 남성은 중기생(中氣生)이다. 배우자궁인 일지가 未인데 월지 또한 배우자궁과 같은 未다. 그래서인지 이 남성은 결혼을 2번 하였다. 그러나 문제

는 그것이 아니다. 사주에서 일지는 배우자궁인데 이는 일주(日柱) 전체가
내 몸이요, 나의 가정이란 뜻에서 비롯한 것이다. 부부는 결국 일심동체이
니 내 몸이요 나의 가정이 아닌가. 그런데 이 사주에서는 자식이 나를 뜻하
는 일주에서 벗어나 다른 곳에 정을 주고 있다. 일지의 지장간 己는 편관으
로서 이 남성의 자식이 되는데, 이 己가 시지 속의 甲과 암합을 이루는 것이
다. 실제로 이 남성은 전처와의 사이에 자식을 두었는데 그 자식이 어머니
와 함께 떠나버렸다. 이 남성의 사주에서 일지의 지장간에 암장된 관(官),
즉 관성이 인접한 지지의 지장간과 암합을 이루어 결국 이 남성은 대외적으
로 숨겨둔 자식이 있게 되었다.

예4

시	일	월	연	(乾命)
己	丙	癸	甲	
(상관)		(정관)	(편인)	
亥	申	酉	申	
(戊,甲,壬편관)	(戊,壬,庚편재)	(庚,辛정재)	(戊,壬,庚편재)	

이 남성은 정기생(正氣生)이다. 이 경우는 암합과는 관련이 없지만 지지
에 암장된 지장간을 고찰할 필요가 있다. 남성의 사주에 천간과 지지에 관
(官)이 나타나 있는데 일지의 지장간 속에 암장된 관(官)이 또 있으면 어떻
게 될까. 암장된 관은 숨겨진 자식을 의미한다. 이 남성은 월간과 시지에
관이 나타나 있어서 부인과의 사이에 자식이 있다. 그런데 일지 속에 나타
나 있지 않은 壬이 암장된 관이므로 다른 여성에게서 낳은 숨겨진 자식도
있다.

참고로 여성의 사주에서 관성이 극설(尅洩)되어 약한데 식신과 상관이
많으면 남편이 다른 여성과의 사이에서 자식을 낳고 몰래 숨겨둘 수 있다.

6. 육친과 합의 관계

암합을 포함해 사주 전체의 합 이론에서 육친과 합의 관계에 대해 몇 가지 경우로 나누어 간단히 살펴보자.

① 사주에 삼합이 있으면 남다른 특징을 갖게 된다. 그래서 이런 사주를 갖고 있는 사람은 용모가 수려하고, 총명하며, 정직하고, 원만한 인격자이다. 가정과 가문을 화목하게 이끌어 나가고 대인관계도 좋다. 여성의 경우에 삼합을 이루어 관성이 빛나면 대외적으로 신망이 두텁고, 창의력과 박력을 두루 갖춘 유능한 배우자를 만날 가능성이 크다. 방합을 이루는 경우에도 이와 같이 판단할 수 있다. 물론 사주 구성에 따라 판단은 달라질 수 있다.

② 특수하게 장모를 모시고 사는 사주가 있는데 다음과 같은 경우이다.
- 일지가 재성인데 이것과 식신, 상관이 합이 되는 경우는 나의 가정에 부인과 장모님이 함께 있는 형상이다.
- 일지가 식신이나 상관인데 이것과 재성이 합이 될 때. 이런 경우도 나의 가정에 부인과 장모님이 함께 있는 형상이 된다.
- 일지가 재성이 아니더라도 이것과 식신, 상관이 합이 될 때도 장모님을 모시고 사는 사주이다. 단 위의 경우들보다는 가능성이 약하다.
- 일지나 시지에 인수가 있고 이것이 도화(桃花)가 될 때. 도화는 '신살'에서 다루는데 '복숭아꽃'이란 뜻이다. 여기서는 예쁘다는 표현으로 알고 넘어가자. 이것은 일지나 시지에 있는 인수, 즉 장모가 예뻐서 사위가 모시는 것이라고 이해하면 쉽다. 평생 장모를 가까이 모시고 지내는 남성의 사주를 보았더니 시지의 인수가 도화였다(甲申년 庚午월 丙午일 辛卯시 출생).

③ 총각이 자식을 낳는 사주가 있는데 다음과 같다.
- 일지가 재성인데 이것과 관성이 합을 이룰 때. 남성의 사주에서 본인은 여성, 자식과 가까운 형상이기 때문이다.
- 일지가 관성인데 이것과 재성이 합이 될 때. 위의 경우와 마찬가지

형상이다.

④ 처녀가 자식을 낳는 사주가 있는데 다음과 같다.

- 일지가 관성인데 이것과 식신, 상관이 합이 될 때. 여성의 사주에서 본인은 남성, 자식과 가까운 형상이기 때문이다.
- 일지가 식신, 상관인데 이것과 관성이 합이 될 때. 위의 경우와 마찬 가지 형상이다.
- 일지가 식신, 상관인데 이것이 관성과 쟁합이나 투합을 이루면 자 신의 자식이 어느 남성의 혈육인지 알 수 없어서 문제가 될 수 있다.

 예

시	일	월	연	(坤命)
甲	甲	庚	丁	
戌	寅	戌	未	
(辛정관, 丁, 戊)	(戊, 丙식신, 甲)	(辛정관, 丁, 戊)	(丁상관, 乙, 己)	

1967년 10월 17일(양력) 20시 30분에 출생하였다.

이 여성은 전처 소생의 자식이 둘 있는 남성과 결혼하였는데, 결혼생활 중 남편과의 불화로 남편 이외의 남성과도 성관계를 맺어 임신하였다. 뱃 속의 아기가 누구의 혈육인지 몰라 고민하고 있다.

어느 날 아기의 이름을 지으러 아기의 아빠와 할아버지가 함께 필자를 찾 아왔다. 그런데 아기의 할아버지가 너무 젊어서 "도대체 나이가 몇 살인데 벌써 손자를 보셨습니까?"라고 했더니, 아기의 아빠를 가리키면서 "저 놈이 속도위반을 했어요"라고 하였다. 알고 보니 아기의 부모는 같은 대학교 3학 년에 재학중인데, 아직 결혼을 하지 않아서 총각이고 처녀였다. 총각은 甲子 년 丙寅월 辛巳일 癸巳시 출생이고, 처녀는 癸亥년 乙丑월 癸丑일 甲寅시 출 생이다. 주권신은 연월일시순으로 총각은 癸丙庚庚이고 처녀는 甲己己丙 이다.

충·형·해·파

1. 충

　충(沖)은 서로 충돌하여 둘 다 상처를 입는 것이다. 천간끼리의 충인 간충(干沖)과 지지끼리의 충인 지충(支沖)으로 나누어 살펴볼 수 있다. 충은 다툼·이동·파란 등의 현상을 초래하며, 공망을 해소시킨다. 공망이란 어느 지지가 힘이 약한 경우를 뜻하는데 자세한 내용은 별도로 다룬다.

　충이 무조건 다 나쁜 것은 아니다. 경우에 따라서는 대부대귀(大富大貴)해지는 전환의 계기가 될 수도 있다. 실제로 인성과 비겁이 많은 사주는 충이 좋은 역할을 할 때가 많다. 지나치게 자기 본위의 사고에 젖어 있다가 외부로부터 신선한 충격을 받고 혁신을 도모할 수 있는 형상이 되기 때문이다. 왕자충발(旺者沖發)이요, 쇠자충발(衰者沖拔)이다. 발(發)과 발(拔)은 서로 그 의미가 다르다. 왕(旺)한 세력이 충을 받으면 새로운 기세를 발한다[發]. 쇠약한 세력은 충을 받으면 그 뿌리가 뽑힌다[拔].

　합은 충으로 풀고 충은 합으로 푼다. 같은 충이라고 해도 연월·월일·일시에 가까울수록 그 작용이 강하다. 연과 일, 월과 시 등은 거리가 떨어져 있기 때문에 충의 작용이 약화된다. 중간에 생의 작용이 있으면 충의 작용이 해소될 수 있다.

1) 간충

　간충(干沖)은 천간에서 이루어지는 충이다. 일반적으로 간충 중에서 다음의 4가지를 천간의 사충(四沖)이라고 하여 중시하는데, 모두 충의 관계가 아니라 극의 관계로 보아야 한다.

① 갑경충(甲庚沖)
② 을신충(乙辛沖)
③ 병임충(丙壬沖)
④ 정계충(丁癸沖)

이 밖에 甲戊·乙己·丙庚·丁辛·戊壬·己癸의 관계 역시 간충으로 보는데, 모두가 극하는 관계이면서 서로 음양이 같기 때문이다.

그러나 엄밀한 의미에서 볼 때 천간의 사충을 포함하여 이들 모두는 충이 아니다. 충은 충돌하여 둘 다 상처를 입는데 이들의 경우에는 어느 한쪽만 상처를 입는다. 다른 쪽 역시 부담은 있지만 극의 관계이다. 그러므로 간충은 충이 아니고 극의 관계이다.

2) 지충

지충(支沖)은 지지에서 이루어지는 충이다. 극하는 관계이면서 서로 음양이 동일하다. 그 종류는 다음과 같다.

① 자오충(子午沖)
② 축미충(丑未沖)
③ 인신충(寅申沖)
④ 묘유충(卯酉沖)
⑤ 진술충(辰戌沖)
⑥ 사해충(巳亥沖)

丑未충이나 辰戌충은 같은 土끼리의 충이므로 붕충(朋沖)이라고 한다. 지충이 이루어지는 경우를 나누어 살펴보자.

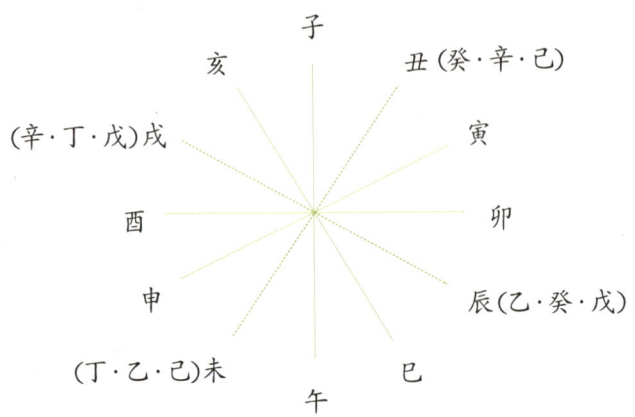

① 子午충

　일단은 子水가 午火를 이기는 것으로 볼 수 있다. 그러나 子水 역시 午火의 지장간인 己土 때문에 상처를 입는다.

② 丑未충

　丑의 지장간에는 癸·辛·己가 있고 未의 지장간에는 丁·乙·己가 있다. 지장간을 대조해보면 각각 서로를 극하는 형태를 이루어 서로가 상처를 입는다.

③ 寅申충

　寅의 지장간에는 戊·丙·甲이 있고 申의 지장간에는 戊·壬·庚이 있다. 지장간을 대조해보면 서로가 상처를 입는다.

④ 卯酉충

　卯의 지장간에는 甲·乙이 있고 酉의 지장간에는 庚·辛이 있다. 지장간을 대조해보면 酉金이 일방적으로 이긴다. 그러므로 이 경우는 금극목(金剋木)의 관계가 된다.

⑤ 辰戌충

　辰의 지장간에는 乙·癸·戊가 있고 戌의 지장간에는 辛·丁·戊가 있다. 지장간을 대조해보면 서로가 상처를 입는다.

⑥ 巳亥충

　巳의 지장간에는 戊·庚·丙이 있고 亥의 지장간에는 戊·甲·壬이

있다. 지장간을 대조해보면 서로가 상처를 입는다.

丑未충과 辰戌충은 같은 土끼리의 충이기 때문에 서로 상처가 그다지 크지 않다. 그런데 辰戌丑未는 고지(庫支)로서 충을 해야 열 수 있고, 그렇게 해야 그 안의 내용물을 꺼내어 쓸 수 있다는 견해가 있다. 예를 들어 未土는 목고(木庫)인데 이것을 열려면 丑土가 와서 丑未충이 되어야 木을 꺼내어 쓸 수 있다는 것이다.

그러나 필자의 견해는 다르다. 왜냐하면 丑未충이 되면 土끼리의 충이므로 土는 상처가 없겠지만, 未土의 지장간 중에서 乙木은 丑土의 지장간 중에 있는 辛金에 의해서 상처를 입기 때문이다. 목고(木庫)인 未土에서 木을 꺼내려면 차라리 卯가 와서 합을 하면 되고, 경우에 따라서는 乙木이 그 위에 있어도 된다.

다른 경우도 살펴보자. 만약 甲木이 辰土에 뿌리를 내리고 있는데 戌이 와서 辰을 충하면 어떻게 될까. 이 경우에 土 성분은 그대로 있겠지만 甲木이 도움을 받고 있던 辰 중 乙 · 癸는 상처를 입어 甲木 또한 형편이 어려워질 것이다. 그러므로 이런 경우도 충은 나쁜 역할을 한다. 참고로 천간이 자신과 오행이 동일한 지장간을 간직한 지지를 만날 때 뿌리를 내린다, 또는 통근(通根)이 된다고 표현한다. 卯酉충, 辰戌충, 巳亥충의 경우 천간의 金이 그대로 지지에 뿌리를 내릴 수 있을지에 대해서는 견해가 나누어질 수 있을 것이다.

3) 충과 합의 관계

① 충과 합이 같이 있는 경우

고서(古書)를 보면 연월일시 순서로 충과 합을 적용시켜 나가는 경우가 있다. 예를 들어 연과 월이 충을 하고 월과 일이 합을 이루는 경우에, 처음에는 충이 되었다가 다음에는 합을 하여 충이 사라진다는 것이다. 하지만 어디까지나 충은 충이고 합은 합이다. 다만 각각의 역량은 다소 완화될 것이다. 그러다가 충을 북돋우는 운이 가세하면 충의 작용이 커지고, 합을 북돋우는 운이 가세하면 합의 작용이 커질 것이다.

② 합을 푸는 충

충은 합을 깨뜨릴 수 있다. 그러므로 사주에서 어느 간지가 합을 기뻐할 때 합해 오는 간지를 충하면 나쁘다. 반대로 합을 싫어할 때 합해 오는 간지를 충하면 기쁘다.

③ 충을 푸는 합

합은 충을 깨뜨릴 수 있다. 그러므로 사주에서 어느 간지가 충을 기뻐할 때 충해 오는 간지를 합하면 나쁘다. 반대로 충을 싫어할 때 충해 오는 간지를 합하면 기쁘다.

충은 해당 통변성과 해당 궁에 상처를 입힌다. 예를 들어 인수가 충을 이루면 인수의 역할을 하기 어려워진다. 희신(喜神)은 충이 되면 기쁨이 사라지고, 흉신(凶神)은 충이 되면 슬픔이 사라진다. 연지와 월지가 충을 이루면 일찍 집을 떠나서 타향살이와 인연이 있다. 또한 월지와 일지가 충을 이루면 부모와 같이 살지 못하고 배우자와 부모 사이에 불화가 있다. 일지와 시지가 충을 하면 배우자와 자식복이 박하다.

2. 형

형(刑)이란 동기(同氣) 내지 상생(相生)의 조합으로 오행의 왕세(旺勢)가 극(極)에 이른 것이다. 극과 극의 현상이 가능하므로 다스림(통치)·파괴·형액(刑厄)·수술·사고·구설(口舌) 등이 발생할 수 있다. 그러므로 형이 길(吉) 작용을 하면 생사여탈권(生死與奪權)을 가진 직업에 종사하고, 반대로 흉(凶) 작용을 하면 오히려 감옥살이를 할 수 있다.

형의 종류에는 寅巳申 상호간의 삼형(三刑)과 丑戌未 상호간의 삼형, 그리고 子卯형과 辰辰·午午·酉酉·亥亥의 자형(自刑)이 있다.

다음의 표를 보면 각각의 형이 삼합과 방합의 각 간지를 처음·중간·마지막으로 구분하여 위와 아래로 배합시킨 것임을 알 수 있다. 삼합과 방합 모두 강하기 때문에 이것이 순서대로 만나 극과 극의 현상을 일으킨다. 각각의 경우대로 나누어서 살펴보자.

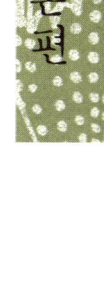

	목국			화국			금국			수국		
삼합	亥	卯	未	寅	午	戌	巳	酉	丑	申	子	辰
방합	亥	子	丑	巳	午	未	申	酉	戌	寅	卯	辰
	북쪽			남쪽			서쪽			동쪽		

① 寅巳형

寅巳는 목생화(木生火)의 관계이다. 따라서 생의 작용이 강하다. 다만 木이 火를 생해주는데 巳 중의 庚金이 은혜를 모르고 寅木을 극하니 그런 의미에서는 형이 된다.

② 巳申형

巳申은 형이면서 육합도 되기 때문에 형합(刑合)이라고도 한다. 그러나 巳申합의 경우도 근본적으로는 화극금(火剋金)의 관계이다.

③ 寅申형

寅申은 형이면서 충이 된다. 보통은 형의 작용보다 충의 작용이 더 크다고 본다.

④ 丑戌형

같은 土끼리의 형이므로 그 작용이 크지 않다.

⑤ 戌未형

이 역시 같은 土끼리의 형이므로 그 작용이 크지 않다. 戌은 조열토(燥熱土)이고 未는 건조토(乾燥土)이므로 메마른 형상이다.

⑥ 丑未형

丑未는 형이면서 충이 된다. 보통은 형의 작용보다 충의 작용이 더 크다고 본다.

⑦ 子卯형

子卯형은 무례지형(無禮之刑)이라고도 한다. 卯가 자기를 생해주는 어머니인 子를 형하기 때문이다. 그러나 근본적으로는 수생목(水生木)의 관계이다.

⑧ 자형(自刑)

辰辰·午午·酉酉·亥亥의 경우이다. 같은 것이 함께 나란히 있어 서로 밀어내기 때문에 그 결과 스스로 자기를 형하게 된다.

예 1

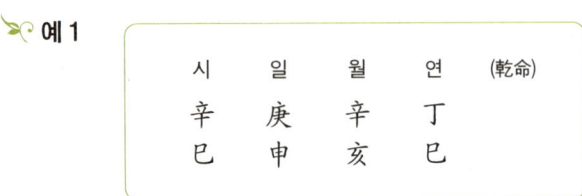

巳申형이 겹쳐 있다. 생전에 생사여탈권을 지녔던 박정희 전 대통령의 사주이다.

예 2

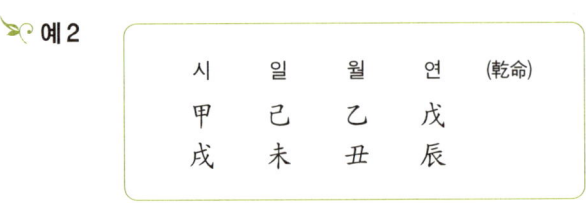

丑戌未삼형이 있다. 재임시 사정(司正)으로 전직 대통령들까지 법의 심판을 받게 했던 김영삼 전 대통령의 사주이다.

예 3

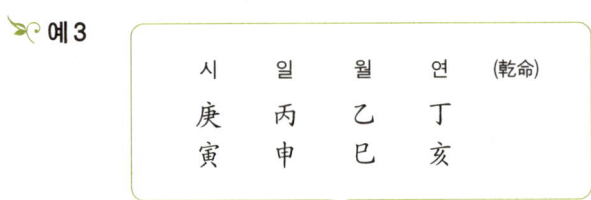

寅巳申삼형이 있다. 형권(刑權)을 쥐고 명성을 떨쳤던 어느 차장검사의 사주이다.

예4

시	일	월	연	(乾命)
己	甲	庚	乙	
巳	寅	辰	酉	

寅巳형이 있다. 사업 부도로 온갖 풍파를 겪다가 감옥살이까지 하였다.

3. 해

해(害)는 육합을 방해하는 것이다. 예를 들어 子와 丑이 합을 이루는데 未가 와서 丑을 충하면 子丑합이 방해를 받으므로 子에게는 未가 해가 된다. 이것이 子未해이다. 이 밖에 丑午해·寅巳해·卯辰해·申亥해·酉戌해가 있다.

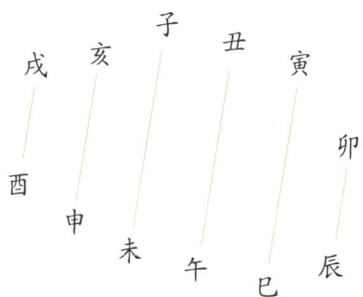

위의 설명에서 알 수 있듯이 해는 육합을 방해한다. 그러나 육합 이론 자체가 완전하다고 볼 수 없으므로 해에 큰 비중을 두지는 않는다. 어떻든 간에 화합하려는 합의 기운이 방해를 받게 되므로 특히 육친 관계, 즉 부모·형제·배우자·자식에 대한 따뜻한 정이 부족하여 문제가 일어날 수 있다고 본다. 이러한 추리는 육합 이론이 어느 면에서는 태양과의 관계에서 따뜻함을 취한 이론이기 때문이다.

시	일	월	연	(乾命)
庚	癸	壬	甲	
申	亥	申	申	

지지 전부가 申亥해의 관계이다. 평생을 육친과 떨어져 살다시피 했으며 서로 따뜻한 정을 나누지 못했다.

4. 파

파(破)는 육파(六破)라고도 하는데, 각각의 생지(生支)·왕지(旺支)·고지(庫支)에서 충이 일어나므로 그 결과 기둥이 흔들려서 파괴되는 작용이라고 한다. 당사주 계통의 이론으로서 논리적으로 이해하기 어려운 한계가 있다.

양지(陽支)는 자신으로부터 시계 반대 방향으로 네 번째 지지와, 음지(陰支)는 시계 방향으로 네 번째 지지와 만난다. 예를 들어 양지 子는 酉와 만나고, 음지 丑은 辰과 만난다. 이를 그림으로 나타내면 다음과 같다.

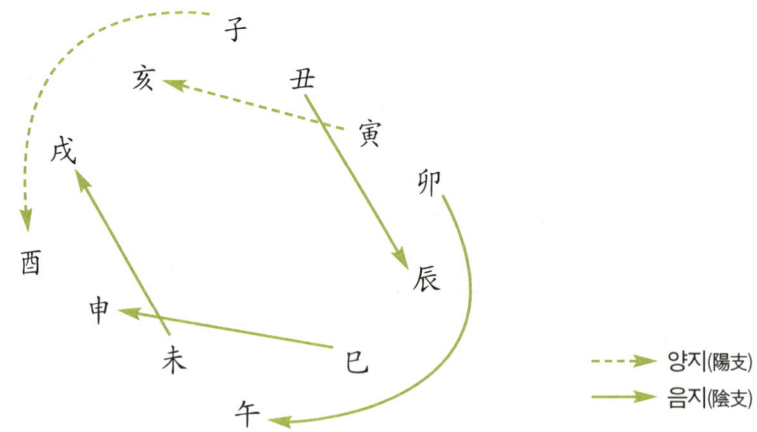

파는 충돌·파손·불화·육친박덕 등의 작용을 한다고 알려져 있지만 뚜렷한 근거는 없다. 종류별로 살펴보면 다음과 같다.

① 子酉파

　금생수(金生水)의 관계이다.

② 丑辰파

　같은 土끼리의 관계이다.

③ 寅亥파

　수생목(水生木)의 관계이고 寅亥합에도 해당한다.

④ 卯午파

　목생화(木生火)의 관계이다.

⑤ 巳申파

　巳申합도 되고 巳申형도 된다.

⑥ 未戌파

　같은 土끼리의 관계이다. 未戌형에도 해당한다.

사주학자에 따라서는 파와 해를 논하면서 파를 해보다 앞서 다루고 있다. 그러나 필자는 파가 해보다 미덥지 못하다고 보아 해 다음으로 파를 다루었다.

공망

10개의 천간과 12개의 지지가 서로 짝을 이루며 10개의 천간 단위로 1순(旬)을 구성해 나가며 육십갑자를 이룬다. 이때 각 순마다 2개의 지지가 밀려나가면서 짝을 이루지 못하니 이 2개의 지지를 그 순 중 공망(空亡)이라고 한다. 말하자면 공망은 天이 없는 地로서 짝이 없는 외톨이 신세이다. 한편 당사주 계통에서는 공망을 천중살(天中殺)이라고 한다.

1	甲子	乙丑	丙寅	丁卯	戊辰	己巳	庚午	辛未	壬申	癸酉	戌亥
2	甲戌	乙亥	丙子	丁丑	戊寅	己卯	庚辰	辛巳	壬午	癸未	申酉
3	甲申	乙酉	丙戌	丁亥	戊子	己丑	庚寅	辛卯	壬辰	癸巳	午未
4	甲午	乙未	丙申	丁酉	戊戌	己亥	庚子	辛丑	壬寅	癸卯	辰巳
5	甲辰	乙巳	丙午	丁未	戊申	己酉	庚戌	辛亥	壬子	癸丑	寅卯
6	甲寅	乙卯	丙辰	丁巳	戊午	己未	庚申	辛酉	壬戌	癸亥	子丑

위의 표 1번에서 甲子부터 癸酉까지는 甲子순인데 그 순에서 끝부분의 戌亥가 공망이다. 2번 甲戌부터 癸未까지는 甲戌순이고 그 순 중 공망은 끝부분의 申酉가 된다. 다른 순 역시 이와 같이 판단하면 된다.

공망은 주로 일주(日柱)를 기준으로 해서 판단한다. 일주가 같은 순에 속하면 공망도 동일하다. 예를 들어 甲子순에 속하는 甲子·乙丑·丙寅 일주 등은 모두 戌 또는 亥를 공망으로 한다.

그런데 사주에 이러한 공망 지지가 있을 경우에 어떠한 작용을 하는가. 길한 지지가 공망이 되면 길한 작용이 감소되고, 흉한 지지가 공망이 되면 흉한 작용이 감소된다. 이렇게 본 것은 같은 순 중의 지지는 같은 마을의 아낙들인지라 서로 유정하고, 공망인 지지는 다른 마을 아낙인지라 서로 무정하다고 보았기 때문이다.

공망은 진공(眞空)과 반공(半空)으로 나눌 수 있다.

① 진공

양일(甲丙戊庚壬)생은 양지(子寅辰午申戌)가 공망이 되고, 음일(乙丁己辛癸)생은 음지(丑卯巳未酉亥)가 공망이 되면 진공이다. 공망의 작용이 크다.

② 반공

양일생은 음지가 공망이 되고, 음일생은 양지가 공망이 되면 반공이다. 진공보다는 공망의 작용이 다소 약하다.

공망은 합·충·형 등에 의해서 해공(解空), 즉 공망이 해소된다. 또한 부정의 부정은 긍정이 되는 것처럼 운에서 동일한 공망이 오면 역시 공망이 해소된다.

육십갑자는 쉬지 않고 돌아가는 물레방아 같은 구조이기 때문에 공망은 형식적으로만 존재할 뿐 실질적으로는 별 의미가 없다고 보는 견해도 있다. 필자의 견해로는 공망을 너무 비중 있게 다룰 필요는 없다고 본다. 그러나 육십갑자에서 천간의 흐름이 10년을 주기로 하고, 이는 한 대운의 기간이 10년이라는 사실과 통하므로 동일한 순끼리의 유정함을 전혀 무시할 수 없다고 본다. 그래서 다음과 같이 생각해볼 수 있다.

공망인 지지는 같은 마을이 아닌 다른 마을의 존재이니 사주 당사자와는 거리가 있는 인연이다. 그래서 그 지지는 객지 또는 외국과 인연이 될 수 있다. 예를 들어 남성의 사주에서 관성이 공망인 경우에 그 사람의 자식은 자신과 함께 고국에서 살지 않고 외국으로 이민을 갈 수 있다는 것이다. 또한 그 지지가 속해 있는 궁(宮)은 사주 당사자와 거리가 있는 약한 인연일 것이다. 예를 들어 월지가 공망이면 사주 당사자는 부모궁과는 별 인연이 없는 것이니 일찍 부모 곁을 떠나 객지생활을 한다고 본다. 물론 이러한 추리는 실제 간명이 뒷받침되어야 한다.

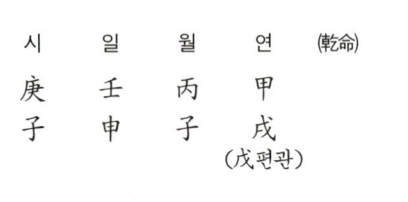

시	일	월	연	(乾命)
庚	壬	丙	甲	
子	申	子	戌	
			(戊편관)	

일주 壬申은 戌亥가 공망인데 연지 戌이 진공(眞空)이다. 그런데 연지의 주권신인 戊는 편관으로서 남성의 사주에서는 자식이 된다. 이 남성의 장남은 일찍 외국으로 이민을 가버렸다.

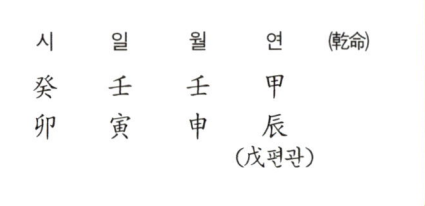

시	일	월	연	(乾命)
癸	壬	壬	甲	
卯	寅	申	辰	
			(戊편관)	

일주 壬寅은 辰巳가 공망인데 연지 辰이 진공이다. 조상궁인 연지가 공망이기 때문에 사주 당사자는 조상과 인연이 박하다. 이 사람은 위의 예1 남성의 장남인데 일찍 외국으로 이민을 가 이국 땅에서 조상의 제사를 지낸다.

예3

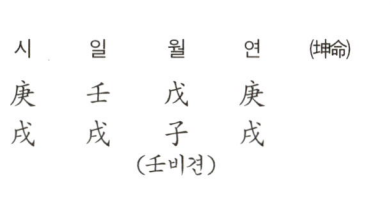

시	일	월	연	(坤命)
庚	壬	戊	庚	
戌	戌	子	戌	
		(壬비견)		

일주 壬戌은 子丑이 공망인데 월지 子가 진공이다. 부모궁과 형제궁인 월지가 공망이므로 사주 당사자와는 거리가 있다. 이 여성은 중문학을 전공한 후 일찍부터 중국과 일본에서 오랫동안 생활해왔다.

예4

시	일	월	연	(坤命)
甲	己	壬	戊	
子	巳	戌	申	
		(戊겁재)		

일주 己巳는 戌亥가 공망인데 월지 戌이 반공(半空)이다. 부모궁과 형제궁인 월지가 공망이니 사주 당사자와는 거리가 있다. 이 여성은 중국 여성인데 일찍부터 우리나라로 건너와 오랫동안 학원강사를 하고 있다.

조후

　모든 생명체는 사계절의 기후변화에 따라 성장 발육에 큰 영향을 받는다. 인간 역시 마찬가지여서 기후에 따라 정신적·육체적인 차이가 생기고 운명 또한 달라지게 된다. 그러므로 자신에게 필요한 좋은 기후를 만나야 하는데, 사주학에서는 자신의 성장 발육에 바람직한 기후와의 조화를 조후(調候)라고 하여 매우 중시한다.

　우선 사주가 조화를 이루기 위해서는 추우면 따뜻함이 필요하고, 더우면 서늘함이 필요하다. 건조하면 윤택함이 필요하고 습하면 밝음이 필요하다. 사람의 체온은 36.5도이니 水와 火의 균형이 중요하다. 이것을 좁은 의미의 조후라고 할 수 있다.

　여기서 나아가 오행이 고루 분포하고 서로 잘 어우러져 조화를 이룰 필요가 있다. 그러기 위해서는 사주의 각 별들이 서로 귀성(貴星)으로 이루어지면 좋다. 예를 들어 음력 3월(辰月)의 甲木은 木의 기가 극에 달했으니 일단 庚金이란 금도끼로 다듬어줄 필요가 있어 庚金이 귀성이 된다. 그러나 같은 달의 乙木은 유목(柔木)이기 때문에 庚金으로 다스리면 안 되고 오히려 봄비인 癸水가 내려야 생기가 돌아나므로 癸水가 귀성이 된다. 이것이 넓은 의미의 조후이다. 이렇게 넓은 의미의 조후 이론은 그 속에 억부(抑扶) 이론을 담고 있다.

　사주를 연구하다 보면 조후가 곧 억부이고 억부가 곧 조후라는 것을 깨닫게 된다. 그리고 나중에 설명하겠지만 병약용신·통관용신·종용신이 모두 이와 다르지 않다는 것을 깨닫게 된다. 어쨌든 사주는 하늘에 丙丁巳

누의 태양이 떠 있고, 땅에 壬癸亥子의 물이 있으며, 오행이 주류(周流)하고 각 별들이 서로 귀성으로 이루어져야 멋진 한 폭의 산수화가 된다. 이것이 조후의 정신이다.

사주명식에 조후용신이 있으면 봄철에 나무를 심은 것 같아 성장이 빠르고, 용신보좌만 있으면 여름이나 가을에 나무를 심은 것처럼 성장이 보통이고, 둘 다 없으면 겨울에 나무를 심은 것과 같아 성장이 부진하다. 사주명식에 조후용신이나 용신보좌가 없으면 그만큼 많은 어려움을 겪게 된다. 하지만 대운이나 연운에서 이것들이 갖추어지면 꽃이 피고 새가 노래하는 형상이 된다.

조후는 사주명식에서 일간과 출생월의 관계로 파악한다. 그러므로 귀성에 대한 판단은 일간과 출생월의 관계에 따라 달라진다.

1) 일간과 귀성의 관계

① 甲木 일간에게는 庚金과 丁火가 귀성이다. 甲木은 큰 수목이므로 庚金이란 금도끼로 다듬어야 한다. 그러나 庚金이 너무 거칠면 안 되니 丁火란 불로써 적당히 제련될 필요가 있다.

② 乙木 일간에게는 癸水와 丙火가 귀성이다. 乙木은 작은 수목이어서 성장이 필요하니 촉촉한 癸水의 비와 따스한 丙火의 태양이 필요하다.

③ 丙火 일간에게는 壬水가 귀성이다. 丙火 태양은 壬水 호수와 어우러질 때 그 빛이 반사되어 더욱 아름답고 찬란하다.

④ 丁火 일간에게는 甲木과 庚金이 귀성이다. 丁火는 유화(柔火)이므로 甲木으로 그 불길을 살려주어야 하는데, 甲木은 큰 수목이므로 庚金의 금도끼로 쪼개야 한다.

⑤ 戊土 일간에게는 癸水와 丙火와 甲木이 귀성이다. 戊土는 큰 산이므로 촉촉한 癸水의 비와 따스한 丙火의 태양, 그리고 甲木의 큰 수목이 필요하다.

⑥ 己土 일간에게도 癸水·丙火·甲木이 귀성이다. 己土는 평원옥토이므로 역시 촉촉한 癸水의 비와 따스한 丙火의 태양, 그리고 甲木의 큰 수

목이 필요하다.

⑦ 庚金 일간에게는 丁火와 甲木이 귀성이다. 庚金은 원광석이므로 丁火를 만나야 진짜 보석이 될 수 있는데, 丁火는 甲木의 도움을 받아야 그 불길이 생기를 얻는다.

⑧ 辛金 일간에게는 壬水가 귀성이지만 때로는 丙火도 귀성이 된다. 辛金은 보석이므로 壬水로 씻어주면 빛이 난다. 다만 추위가 극심할 때는 따스한 丙火로 빛내주어야 한다.

⑨ 壬水 일간에게는 戊土와 丙火가 귀성이다. 壬水는 큰물이므로 戊土의 큰 산과 丙火의 태양이 어우러지면 좋은 산수화가 된다.

⑩ 癸水 일간에게는 庚金이 귀성이지만 때로는 辛金도 귀성이 된다. 癸水는 작은 개울물이므로 庚金 또는 辛金의 수원(水源)이 필요하다.

2) 출생월과 귀성의 관계

① 寅월과 卯월은 초목이 생기를 얻는 때이므로 이를 뒷받침할 丙火의 태양과 癸水의 비가 필요하다.

② 辰월은 습토가 되어 나무가 뿌리를 잘 내리는 때이므로 甲木이 있어야 어울린다.

③ 巳午未월은 더운 여름철이므로 壬癸水가 필요하고, 丑의 동습토(凍濕土)와 辰의 습토를 만나도 좋다.

④ 申월과 酉월은 金의 기운이 강하여 한기(寒氣)가 있으므로 丁火와 丙火가 필요하다.

⑤ 戌월은 조열토(燥熱土)로서 土의 기운이 강하므로 甲木으로 다스려 적당히 부드럽게 해줄 필요가 있다.

⑥ 亥子丑월은 추운 겨울철이고 水의 기운이 강한 때이므로 따스한 丙火의 태양과 戊土의 제방이 필요하다. 그리고 未의 건조토와 戌의 조열토가 어울려도 좋다. 다만 丑월은 비록 동습토이지만 甲木이 있어야 土의 구실을 제대로 다 할 수 있다.

일반적으로 출생월과 귀성은 이상과 같이 인연을 맺는 경우가 많다. 그

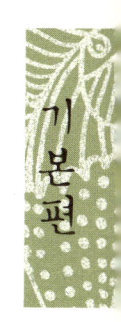

러나 辰戌丑未월에 대해서는 주의할 점이 있다. 辰戌丑未월은 土이므로 모두 甲木이 필요하다. 그러나 未월의 경우는 달리 보아야 한다. 왜냐하면 未월은 화기(火氣)가 왕성해서 甲木이 오면 목생화(木生火)를 하여 좋지 않으므로 甲木이 필요 없기 때문이다. 이것이 未월이 다른 土월과 다른 점이다.

일간·출생월(월지)에 따른 귀성을 표로 정리하면 다음과 같다.

일간	귀성
甲	庚·丁
乙	癸·丙
丙	壬
丁	甲·庚
戊	癸·丙·甲
己	癸·丙·甲
庚	丁·甲
辛	壬·(丙)
壬	戊·丙
癸	庚·(辛)

월지	귀성	
寅	丙·癸	
卯	丙·癸	
辰	甲	
巳	壬·癸	丑·辰
午	壬·癸	丑·辰
未	壬·癸	丑·辰
申	丁·丙	
酉	丁·丙	
戌	甲	
亥	丙·戊	未·戌
子	丙·戊	未·戌
丑	丙·戊·甲	未·戌

지금까지 전해 내려오는 조후 이론은 『궁통보감』 등에서 살펴볼 수 있듯이 일간과 출생월의 관계에서 획일적으로 조후용신과 용신보좌를 파악한다. 예를 들어 甲木 일간이 寅월에 태어나면 丙이 조후용신이고 癸가 용신보좌라는 것이다. 138쪽의 내용은 이러한 이론을 표로 정리한 것이다.

그러나 이러한 이론에 너무 얽매일 필요는 없다. 왜냐하면 이 조후용신표는 사주가 균형을 이룬 경우를 상정한 하나의 이상적인 모델에 불과할 뿐, 그 구체적인 적용은 현실적인 억부에 달려 있다고 봐야 하기 때문이다. 예를 들어 사주에 이미 조후용신을 충분히 갖추고 있다면 또 다시 조후용신표의 조후용신을 고집할 게 아니라 전체 상황을 종합적으로 고려하여 판

일간	월지	寅	卯	辰	巳	午	未	申	酉	戌	亥	子	丑
甲	조후용신	丙	庚	庚	癸	癸	癸	庚	庚	庚	庚	丁	丁
	용신보좌	癸	戊丙己丁	壬丁	庚丁	庚丁	庚丁	壬丁	丙丁	壬甲癸丁	戊丁丙	丙庚	丙庚
乙	조후용신	丙	丙	癸	癸	癸	癸	丙	癸	癸	丙	丙	丙
	용신보좌	癸	癸	戊丙		丙	丙	己癸	丁丙	辛	戊		
丙	조후용신	壬	壬	壬	壬	壬	壬	壬	壬	甲	甲	壬	壬
	용신보좌	庚	己	甲	癸庚	庚	庚	戊	癸	壬	庚戊壬	己戊	甲
丁	조후용신	甲	庚	甲	甲	壬	甲	甲	甲	甲	甲	甲	甲
	용신보좌	庚	甲	庚	庚	癸庚	壬庚	丙戊庚	丙戊庚	戊庚	庚	庚	庚
戊	조후용신	丙	丙	甲	甲	壬	癸	丙	丙	甲		丙	丙
	용신보좌	癸甲	癸甲	癸丙	癸丙	丙甲	丙甲	癸甲	癸丙	丙			甲
己	조후용신	丙	甲	丙	癸	癸	癸	丙	丙		丙	丙	丙
	용신보좌	甲庚	癸丙	癸甲	丙	丙	丙	癸庚	癸庚	癸丙	戊甲	戊甲	戊甲
庚	조후용신	戊	丁	甲	壬	壬	丁	丁	丁	甲	丁	丁	丙
	용신보좌	甲丁丙壬	甲丙庚	丁壬癸	戊丙丁	癸	甲	甲	丙甲	壬	丙	丙甲	丁甲
辛	조후용신	己	壬	壬	壬	壬	壬	壬	壬	壬	壬	丙	丙
	용신보좌	壬庚	甲	甲	癸甲	癸己	庚甲	戊甲	甲	甲	丙	戊甲壬	壬戊己
壬	조후용신	庚	戊	庚	壬	癸	辛	戊	甲	甲	戊	戊	丙
	용신보좌	戊丙	辛庚	庚	庚辛癸	辛庚	甲	丁	庚	丙	庚		丁甲
癸	조후용신	辛	庚	丙	辛	庚	庚	丁	辛	辛	庚	丙	丙
	용신보좌	丙	辛	辛甲	辛	壬辛癸	壬癸辛		丙	壬癸甲	辛戊丁	辛	丁

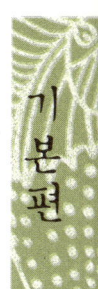

단해야 한다. 또한 북극곰이 추울 거라고 생각하여 무조건 불을 찾는다면 이 역시 위험한 발상이므로 이때는 그냥 추위에 따르도록 해야 한다. 조후는 이상이요 억부는 현실이다. 이상과 현실이 조화를 이루도록 해야 한다.

138쪽의 표를 보면 마치 밤하늘에 많은 별들이 빛나고 있는 것 같다. 고대의 천문관은 하늘의 중심에 있다고 생각되는 북극성을 황제별이라고 보았다. 그리고 북극성의 사방으로 서두사성, 동두오성, 남두육성, 북두칠성이 위치하면서 천체의 질서와 법칙을 주관하는데, 이 사방의 주체는 북두칠성이라고 보았다. 그래서 모든 생명체는 지구상에 태어날 때 북두칠성 7개의 별 중 어느 한 별을 통해서 나오고, 그 결과 모든 생명체는 자신이 나온 별의 영향을 받는다고 보았다.

예를 들어 원숭이띠인 申년생은 옥형(玉衡)별을 통해 지구상으로 나오게되고 죽을 때까지 이 별의 영향을 받는다고 보았다. 그래서 옛 선조들은 하늘에 소원을 빌 때 정화수를 떠 놓고 자신에게 영향을 미치는 칠성님께 정성을 다하여 빌었다. 우리나라의 경우는 1년에 6번 정도 북두칠성과 가까워지는 날이 있는데 이 날을 본명일(本命日)이라고 하며, 칠성님이 세상을 살피러 내려오시는 이 날에 정성을 다하여 빌면 쉽게 소원이 이루어진다고 보았다.

명궁

　　명궁(命宮)은 태어난 때에 태양이 머물고 있는 위치, 즉 지평궁(地平宮)을 말한다. 이 지평궁은 태양궁으로서 월지와 육합을 이루는데, 육임학(六壬學)에서는 월장(月將)이라고 하여 매우 중시한다. 그 구조는 다음과 같다.

월	寅	卯	辰	巳	午	未	申	酉	戌	亥	子	丑
궁	亥	戌	酉	申	未	午	巳	辰	卯	寅	丑	子

　　명궁이 출생 시점에 태양이 어느 궁에 위치하느냐를 문제 삼는 것에서 사주학이 천문학과 밀접한 관련이 있음을 알 수 있다. 특히 태양과의 관계는 매우 중요한 문제이다. 명궁 이론을 제대로 이해하기 위해서는 여기에 담긴 여러 가지 신비로움을 밝히려는 노력을 함께 기울여야 한다.

　　지금까지 알려진 명궁의 작용에 대해 정리하면 다음과 같다.

① 남성의 명궁이 子나 午이면 권세를 얻을 수 있고, 여성의 명궁이 巳나 亥이면 음탕하다.

② 명궁이 정재·정관·인수이면 복이 많다.

③ 사주에서 일간이 신약하더라도 명궁이 편인·인수·비견·겁재에 해당하여 도움을 받으면 큰 힘이 된다.

④ 남녀 궁합(동업·교우 관계 등 포함)에서 서로의 명궁이 같거나 합이 되면 다른 것에 결함이 있어도 이혼(헤어짐·마찰)하는 사례가

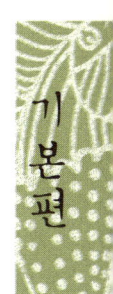

거의 없다.

이 중에서 ④가 특히 관심을 끈다. 왜냐하면 예를 들어 남녀의 명궁이 서로 같은 경우에 이는 부부가 머리를 같은 쪽으로 나란히 두고 동침했다가 함께 해돋이를 맞는 형상이어서 잉꼬부부의 궁합으로 생각되기 때문이다.

명궁에서 월(月)의 판단은 24절기(節氣) 중 절(節)이 아닌 기(氣)를 기준으로 한다. 따라서 예를 들어 정월의 경우에는 입춘이 아닌 우수 이후를 寅월로 보아 태양궁이 亥에 위치하는 것으로 본다(寅亥합). 우수가 되기 전에는 12월인 丑월로 보아 태양궁이 子에 위치하는 것으로 본다(子丑합).

월 절기	寅 (1)	卯 (2)	辰 (3)	巳 (4)	午 (5)	未 (6)	申 (7)	酉 (8)	戌 (9)	亥 (10)	子 (11)	丑 (12)
절	입춘	경칩	청명	입하	망종	소서	입추	백로	한로	입동	대설	소한
기	우수	춘분	곡우	소만	하지	대서	처서	추분	상강	소설	동지	대한

위와 같이 해당 월의 태양궁 위치를 파악하더라도 이를 다시 하루의 시간대별로 나누어서 살펴야 한다. 그러므로 명궁은 시(時)와 해당 월의 중간 기(氣)의 관계에 따라 다음의 표와 같이 나타낼 수 있다. 표에서 子시생이 정월의 우수 이후 춘분 전에 태어났으면 그 명궁은 寅이 된다. 여기서 寅은 해당 명궁의 지지가 된다.

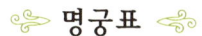

명궁표

월 시	우수	춘분	곡우	소만	하지	대서	처서	추분	상강	소설	동지	대한
子	寅	丑	子	亥	戌	酉	申	未	午	巳	辰	卯
丑	丑	子	亥	戌	酉	申	未	午	巳	辰	卯	寅
寅	子	亥	戌	酉	申	未	午	巳	辰	卯	寅	丑
卯	亥	戌	酉	申	未	午	巳	辰	卯	寅	丑	子

월\시	우수	춘분	곡우	소만	하지	대서	처서	추분	상강	소설	동지	대한
辰	戌	酉	申	未	午	巳	辰	卯	寅	丑	子	亥
巳	酉	申	未	午	巳	辰	卯	寅	丑	子	亥	戌
午	申	未	午	巳	辰	卯	寅	丑	子	亥	戌	酉
未	未	午	巳	辰	卯	寅	丑	子	亥	戌	酉	申
申	午	巳	辰	卯	寅	丑	子	亥	戌	酉	申	未
酉	巳	辰	卯	寅	丑	子	亥	戌	酉	申	未	午
戌	辰	卯	寅	丑	子	亥	戌	酉	申	未	午	巳
亥	卯	寅	丑	子	亥	戌	酉	申	未	午	巳	辰

다음은 명궁의 천간을 찾는 방법이다. 명궁의 천간은 생년(生年)을 기준으로 한다. 예를 들어 甲己년생이면 아래 표에서 甲己년을 찾아 그 해에 해당하는 12개의 육십갑자 중 명궁의 지지가 속해 있는 육십갑자의 천간을 명궁의 천간으로 한다. 그래서 명궁의 지지가 寅이면 丙을 명궁의 천간으로 한다. 그 결과 명궁은 丙寅이다.

생년	육십갑자
甲己년	丙寅・丁卯・戊辰・己巳・庚午・辛未・壬申・癸酉・甲戌・乙亥・丙子・丁丑
乙庚년	戊寅・己卯・庚辰・辛巳・壬午・癸未・甲申・乙酉・丙戌・丁亥・戊子・己丑
丙辛년	庚寅・辛卯・壬辰・癸巳・甲午・乙未・丙申・丁酉・戊戌・己亥・庚子・辛丑
丁壬년	壬寅・癸卯・甲辰・乙巳・丙午・丁未・戊申・己酉・庚戌・辛亥・壬子・癸丑
戊癸년	甲寅・乙卯・丙辰・丁巳・戊午・己未・庚申・辛酉・壬戌・癸亥・甲子・乙丑

다음의 연구사례를 통해서 명궁의 작용에 대해 더 잘 이해할 수 있을 것이다. 참고로 사주명식은 출생연월일 순서이며 모두 양력 기준이다.

연구사례

성별	신분	출생년월일	출생시	기(氣)		사주명식	명궁	통변성(명궁천간)
남	대통령	1929.1.14	戌	동지		戊辰, 乙丑, 己未, 甲戌	戊午	겁재
남	국무총리	1926.1.7	辰	동지		乙丑, 己丑, 丙申, 壬辰	戊子	식신
남	대법관	1944.2.21	午	우수		甲申, 丙寅, 乙卯, 壬午	壬申	인수
남	장관	1942.1.22	亥	대한		辛巳, 辛丑, 乙亥, 丁亥	壬辰	인수
남	국회의원	1945.9.2	卯	처서		乙酉, 甲申, 甲戌, 丁卯	辛巳	정관
남	국회의원	1945.6.30	丑	하지		乙酉, 壬午, 庚午, 丁丑	乙酉	정재
남	국회의원	1955.10.23	辰	추분		乙未, 丙戌, 丁巳, 甲辰	己卯	식신
남	국회의원	1944.9.29	亥	추분		甲申, 癸酉, 丙申, 己亥	壬申	편관
여	국회의원 부인	1945.4.18	卯	춘분		乙酉, 庚辰, 丁巳, 癸卯	丙戌	겁재
남	청와대 비서관	1945.3.30	卯	춘분		乙酉, 己卯, 戊戌, 乙卯	丙戌	편인
여	청와대 비서관부인	1949.10.22	巳	추분		己丑, 甲戌, 乙酉, 辛巳	丙寅	상관
남	차관	1945.3.10	申	우수		乙酉, 己卯, 戊寅, 庚申	壬午	편재
남	차관	1945.5.24	午	소만		乙酉, 辛巳, 癸巳, 戊午	辛巳	편인
남	육군중장	1944.1.22	未	대한		癸未, 乙丑, 乙酉, 癸未	庚申	정관
여	육군중장 부인	1947.1.9	丑	동지		丙戌, 辛丑, 戊子, 癸丑	辛卯	상관
남	판사	1940.6.14	戌	소만		庚辰, 壬午, 戊子, 壬戌	己丑	겁재
여	판사부인	1945.8.28	午	처서		乙酉, 甲申, 己巳, 庚午	戊寅	겁재
남	판사	1943.8.17	辰	대서		癸未, 庚申, 丁未, 甲辰	丁巳	비견
남	검사	1930.11.1	未	상강		庚午, 丙戌, 乙卯, 癸未	丁亥	식신
남	검사	1947.5.17	寅	곡우		丁亥, 乙巳, 丙申, 庚寅	庚戌	편재
남	대학교수	1955.2.7	申	대한		乙未, 戊寅, 己亥, 壬申	癸未	편재
남	의사	1958.4.8	子	춘분		戊戌, 丙辰, 乙卯, 戊子	乙丑	비견
남	의사	1956.8.23	辰	처서		丙申, 丙申, 壬戌, 甲辰	壬辰	비견
남	재벌총수	1915.11.25	丑	소설		乙卯, 丁亥, 庚申, 丁丑	庚辰	비견

성별	신분	출생년월일	출생시	기(氣)		사주명식	명궁	통변성(명궁천간)
남	은행회장	1937.2.3	戌	대한		丙子, 辛丑, 辛酉, 戊戌	癸巳	식신
여	은행회장부인	1936.9.8	酉	처서		丙子, 丁酉, 癸巳, 辛酉	己亥	편관
남	대기업사장	1937.12.24	卯	동지		丁丑, 壬子, 乙酉, 己卯	癸丑	편인
남	대기업사장	1942.3.12	丑	우수		壬午, 癸卯, 甲子, 乙丑	癸丑	인수
여	결혼 세번 실패	1927.11.26	丑	소설		丁卯, 辛亥, 甲子, 乙丑	甲辰	비견
여	결혼 두번 실패	1949.1.17	辰	동지		戊子, 乙丑, 丁未, 甲辰	甲子	인수
여	결혼 한번 실패	1946.6.29	卯	하지		丙戌, 甲午, 甲戌, 丁卯	乙未	겁재
여	평생외롭게 지냄	1925.5.13	戌	곡우		乙丑, 辛巳, 丁酉, 庚戌	戊寅	상관
여	정식남편이없음	1945.12.12	午	소설		乙酉, 戊子, 乙卯, 壬午	丁亥	식신
여	택시기사	1954.11.20	未	상강		甲午, 乙亥, 庚辰, 癸未	乙亥	정재
여	독신녀	1960.10.28	卯	상강		庚子, 丙戌, 己丑, 丁卯	己卯	비견
여	채소장수	1955.4.10	戌	춘분		乙未, 庚辰, 辛丑, 戊戌	己卯	편인
여	미용사	1954.6.22	未	하지		甲午, 庚午, 己酉, 辛未	丁卯	편인
남	생선장수	1955.6.12	卯	소만		乙未, 壬午, 甲辰, 丁卯	甲申	비견
여	정신지체	1981.2.17	辰	대한		辛酉, 庚寅, 丙寅, 壬辰	己亥	상관
남	정신지체	1966.9.3	子	처서		丙午, 丙申, 乙丑, 戊子	丙申	상관
남	승려	1945.4.18	午	춘분		乙酉, 庚辰, 丁巳, 丙午	癸未	편관
남	승려	1939.12.23	巳	동지		己卯, 丙子, 甲午, 己巳	乙亥	겁재
여	여승	1936.2.13	卯	대한		丙子, 庚寅, 乙丑, 己卯	庚子	정관
남	목사	1953.6.13	巳	소만		癸巳, 戊午, 乙未, 辛巳	戊午	정재
여	무당	1966.1.11	寅	동지		乙巳, 己丑, 庚午, 戊寅	戊寅	편인

※ 위에 표시한 신분은 특정 시점을 기준으로 한 것이므로 변화가 있을 수 있다. 예를 들어 차관(1945. 5. 24)은 후에 장관을 거쳐 2005년 현재 국회의원으로 있다.

성별	관계	출생년월일	출생시	기(氣)	사주명식	명궁	통변성(명궁천간)
남	잉꼬부부(1)	1960.3.29	亥	춘분	庚子, 己卯, 丙辰, 己亥	戊寅	식신
여		1966.7.9	子	하지	丙午, 乙未, 己巳, 甲子	戊戌	겁재
남	잉꼬부부(2)	1947.3.5	申	우수	丁亥, 壬寅, 癸未, 庚申	丙午	정재
여		1957.11.17	寅	상강	丁酉, 辛亥, 癸巳, 甲寅	甲辰	상관
남	잉꼬부부(3)	1938.12.10	戌	소설	戊寅, 甲子, 丙子, 戊戌	己未	상관
여		1952.6.1	卯	소만	壬辰, 乙巳, 戊寅, 乙卯	戊申	비견
남	잉꼬부부(4)	1940.6.14	戌	소만	庚辰, 壬午, 戊子, 壬戌	己丑	겁재
여		1945.8.28	午	처서	乙酉, 甲申, 己巳, 庚午	戊寅	겁재
남	잉꼬부부(5)	1945.3.30	卯	춘분	乙酉, 己卯, 戊戌, 乙卯	丙戌	편인
여		1949.10.22	巳	추분	己丑, 甲戌, 乙酉, 辛巳	丙寅	상관
남	잉꼬부부(6)	1945.4.4	辰	춘분	乙酉, 己卯, 癸卯, 丙辰	乙酉	식신
여		1951.12.4	戌	소설	辛卯, 己亥, 戊寅, 壬戌	乙未	정관
남	잉꼬부부(7)	1955.9.18	寅	처서	乙未, 乙酉, 壬午, 壬寅	壬午	비견
여		1958.9.13	午	처서	戊戌, 辛酉, 癸巳, 戊午	甲寅	상관
남	좋은 동업자(1)	1945.1.16	子	동지	甲申, 丁丑, 乙酉, 戊子	戊辰	정재
남		1944.12.9	申	소설	甲申, 丙子, 丁未, 戊申	癸酉	편관
남	좋은 동업자(2)	1944.8.27	申	처서	甲申, 壬申, 癸亥, 庚申	丙子	정재
남		1957.6.14	寅	소만	丁酉, 丙午, 丁巳, 壬寅	己酉	식신
여	좋은 친구	1942.10.4	戌	추분	壬午, 己酉, 庚寅, 丙戌	己酉	인수
여		1942.11.2	巳	상강	壬午, 庚戌, 己未, 己巳	癸丑	편재

성별	관계	출생년월일	출생시	기(氣)	사주명식	명궁	통변성(명궁천간)
남	이혼부부(1)	1939.2.27	寅	우수	己卯, 丙寅, 己未, 戊寅	丙子	상관
여		1946.6.29	卯	하지	丙戌, 甲午, 甲戌, 丁卯	乙未	겁재
남	이혼부부(2) 이혼후 재결합함. 현재 법적으로 이혼상태	1944.3.31	酉	춘분	甲申, 丁卯, 甲午, 癸酉	戊辰	편재
여		1946.1.12	辰	동지	乙酉, 己丑, 丙戌, 壬辰	戊子	식신
남	이혼직전인 부부	1952.5.18	辰	곡우	壬辰, 乙巳, 甲子, 戊辰	戊申	편재
여		1957.1.20	申	동지	丙申, 辛丑, 壬辰, 戊申	丙申	편재

12운

1. 12운의 의의

12운(運) 이론은 불교의 윤회사상을 반영한 것으로 인생에서 성장과 소멸의 전 과정을 12단계로 나누어 고찰하고, 그 흐름이 수레바퀴처럼 순환을 거듭한다는 의미를 담고 있다.

12운에서 각각의 의미는 다음과 같다.

장생(長生)은 모체로부터 태어나 세상과 인연을 맺는 것이고, 목욕(沐浴)은 다듬고 성장해 가는 것이다.

관대(冠帶)는 성인이 되어 사모관대(紗帽冠帶)를 착용하는 것이고, 건록(建祿)은 사회에 진출하여 자기의 직업에 충실하게 임하는 것이다.

제왕(帝旺)은 사회활동이 무르익어 황금기를 맞는 것이고, 쇠(衰)는 왕성하던 기운이 차츰 쇠락하는 것이다.

병(病)은 원기가 다 빠져 병이 드는 것이고, 사(死)는 병이 깊어 죽음을 맞이하는 것이다.

묘(墓)는 시신이 무덤에 들어가는 것이고, 절(絶)은 시신이 부패하고 영혼이 어디론가 떠나가는 것이다.

태(胎)는 윤회의 결과로 새롭게 모태와 인연을 맺는 것이고, 양(養)은 새로 인연을 맺은 모태에서 계속 자라남을 의미하는데 이것이 다시 장생(長生)으로 이어진다.

❧ 12운표 ❧

천간 12운	甲	乙	丙	丁	戊	己	庚	辛	壬	癸
장생	亥	午	寅	酉	寅	酉	巳	子	申	卯
목욕	子	巳	卯	申	卯	申	午	亥	酉	寅
관대	丑	辰	辰	未	辰	未	未	戌	戌	丑
건록	寅	卯	巳	午	巳	午	申	酉	亥	子
제왕	卯	寅	午	巳	午	巳	酉	申	子	亥
쇠	辰	丑	未	辰	未	辰	戌	未	丑	戌
병	巳	子	申	卯	申	卯	亥	午	寅	酉
사	午	亥	酉	寅	酉	寅	子	巳	卯	申
묘	未	戌	戌	丑	戌	丑	丑	辰	辰	未
절	申	酉	亥	子	亥	子	寅	卯	巳	午
태	酉	申	子	亥	子	亥	卯	寅	午	巳
양	戌	未	丑	戌	丑	戌	辰	丑	未	辰

12운 이론은 사후세계의 일까지 다루고 있다. 그러므로 이 이론은 엄밀하게 말해 사주학의 고찰 대상은 아니다. 사주학은 생(生)에서 사(死)에 이르기까지 현세의 일만을 다루기 때문이다. 그러나 언제부터인지 이 12운 이론이 사주학과 접목되어 종종 등장한다. 특히 일간을 기준으로 4개의 지지를 대조하여 12운을 찾는 것을 '봉(逢)하는 12운'이라 하여 일간의 강약을 판단하는 데 활용한다. 이에 따르면 다음과 같이 정리할 수 있다.

① 장생·관대·건록·제왕은 사왕(四旺)이라고 하여 강한 것으로 본다.
② 목욕·묘·태·양은 사평(四平)이라고 하여 보통으로 본다.
③ 쇠·병·사·절은 사쇠(四衰)라고 하여 약한 것으로 본다.

2. 12운 이론의 문제점

　12운 이론에서 甲木이 亥에서, 丙火가 寅에서, 壬水가 申에서 장생을 이룬다는 설명은 큰 문제가 없어 보인다. 그러나 戊土가 寅에서, 庚金이 巳에서 장생을 이룬다는 설명은 오행의 원리에 비추어 볼 때 쉽게 이해되지 않는다. 더구나 음장생설(陰長生說)의 경우에는 더욱 그러한데 그 내용을 자세히 따져보면 다음과 같은 문제점이 있다.

천간	장생지지
乙木	午火
丁火	酉金
己土	酉金
辛金	子水
癸水	卯木

① 乙木이 午火에서 장생을 이룬다고 할 때, 장생은 그야말로 생해준다는 의미이므로 午火가 乙木을 생해주는 것이 된다. 그렇게 되면 목생화(木生火)가 아니라 화생목(火生木)이 되어 오행의 원리에 어긋난다.

② 丁火와 己土가 모두 酉金에서 장생을 이룬다는 설명은 火와 土를 구별하지도 않고, 더구나 이 둘 모두 金에서 생을 받는다는 것이 이상하다.

③ 辛金이 子水에서 장생을 이룬다고 하는데, 이 역시 금생수(金生水)가 아닌 수생금(水生金)이 되어 오행의 원리에 어긋난다.

④ 癸水가 卯木에서 장생을 이룬다고 하는데, 이것도 수생목(水生木)이 아닌 목생수(木生水)가 되어 오행의 원리에 어긋난다.

　이상과 같이 음장생설은 오행의 원리에 어긋난 문제점을 갖고 있기 때문에 음장생설을 채용한 12운 이론까지 문제가 있다고 볼 수 있다. 그렇다면 이 12운 이론을 배척해야 하는가. 그러나 그렇게 단정할 수는 없다. 왜냐하면 이 12운 이론은 십이지지를 팔괘(八卦)에 배정하여 자연의 이치와 부합

시킨 것이라고 하는데, 다음에서 보는 것처럼 나름대로 논리가 상당히 설득력이 있어 보이기 때문이다.

　　양(陽)은 모여서 앞으로 나아가는 속성이 있으므로 주로 순행(順行)하고, 음(陰)은 흩어져 뒤로 물러나는 속성이 있으므로 주로 역행(逆行)하게 된다. 이것을 설명한 것이 바로 12운 이론이다. 양이 출생하는 곳에서 음이 사망하고 음양이 서로 교환되는 것은 자연의 이치다.

　　예를 들어 甲과 乙을 보자. 甲은 木 가운데의 양(陽)이므로 하늘의 생기(生氣)가 되는데 만목(萬木)에서 그 기가 흐른다. 그러므로 亥에서 생(生)하고 午에서 사(死)한다. 乙은 木 가운데의 음(陰)이므로 木의 지엽(枝葉)이 되는데 하늘의 생기를 받아들인다. 그러므로 午에서 생(生)하고 亥에서 사(死)한다. 무릇 나무는 亥월이 되면 잎이 지지만, 생기는 그 속에 저장되어 있다가 봄이 오면 다시 피어날 준비를 한다. 그 생기는 亥에서 생(生)하는 이치라고 할 수 있다.

　　한편 나무는 午월이 되면 잎이 무성해지는데 왜 甲이 사(死)한다고 보는가? 비록 겉으로는 잎이 무성하지만 그 속의 생기는 이미 밖으로 다 새어나가 기진맥진하기 때문이다. 그러므로 午에서 사(死)하는 것이다. 乙木은 이와 반대로 午월이 되면 잎이 무성하니, 곧 생(生)하는 것이다. 또한 亥월에는 잎이 지니, 곧 사(死)하는 것이다. 이것은 질(質)과 기(氣)의 다른 점을 따진 것이다. 甲乙을 예로 들었지만 나머지 천간도 이렇게 유추해볼 수 있다.

　　그런데 이 12운 이론은 木・火・土・金・水, 즉 오행의 12운을 다룬 것이지 10천간(양간・음간)의 12운을 다룬 것은 아니라는 견해가 있다. 예를 들어 甲과 乙은 하나의 木일뿐 결코 둘이 아니니 그 12운도 따로 구분할 수 없다는 것이다. 그 이유로 寅申巳亥는 오행이 장생하는 지지이고, 子午卯酉는 제왕, 辰戌丑未는 묘의 지지인데 이것은 모두 지지 속의 지장간 때문이니 음간(陰干)이 지장간 이론에 구속받지 않고 양간(陽干)과 별도로 12운이 있는 것은 이해할 수 없다는 것이다. 나아가 이 견해는 고서(古書)도 오양(五

陽)의 장생을 말했을 뿐 오음(五陰)의 장생은 말하지 않았다고 덧붙인다. 그렇다면 甲이 木 전체를 대표하는 것이고 乙은 이에 따라야 한다는 주장이다. 지장간의 이론에 비추어볼 때는 합당한 견해이다.

그렇다면 이 견해에는 무리가 없는 것일까? 이 견해는 오행이 비록 음과 양으로 나누어져 있지만 사실은 하나라는 입장인데, 이는 결국 10천간을 5천간으로 축소하여 오행만 내세우고 음양은 소홀히 다루고 있다. 음양은 그 성질이 서로 달라 운의 흐름 또한 별도로 진행되는데, 양을 내세워 음을 대표하는 것은 마치 인간세상에서 남성을 위주로 하고 여성을 소홀히 여기는 것과 같다.

사주학은 음양오행학이니 음양과 오행을 하나로 아우르는 이론을 내놓아야 한다. 이러한 입장에서 음장생설의 이론을 단순히 배척하지만 말고 음양차원에서 그 깊은 의미를 탐구해야 할 것이다. 만일 음장생설의 이론이 타당하다면 오늘날 아무런 의심 없이 받아들여지고 있는 지지삼합의 이론은 그 타당성이 절반으로 줄어들게 될 것이다. 왜냐하면 지지삼합의 이론은 양간(陽干)인 甲丙戊庚壬의 장생·제왕·묘를 바탕으로 이루어졌기 때문이다.

3. 삼재(三災)

사람들 사이에 삼재(三災) 또는 삼재살(三災殺)이 널리 알려져 있고, 실제로 많은 사람들이 삼재가 되는 운을 "3년간 재수가 없다" 하여 무척 꺼린다. 삼재란 천재(天災)·지재(地災)·인재(人災)의 3가지 재난을 가리키는데 이는 천지인(天地人)의 삼신(三神) 사상을 반영한 것으로 온갖 재난을 의미한다. 그러나 이 삼재는 사주 자체와는 상관 없이 특정한 띠인 사람이 어떤 해를 맞이했느냐와 관련이 있다.

삼재의 구성은 다음과 같다.

① 亥卯未 木년생에게는 巳년이 병(病), 午년이 사(死), 未년이 묘(墓)가 된다.
② 寅午戌 火년생에게는 申년이 병(病), 酉년이 사(死), 戌년이 묘(墓)가

된다.

③ 巳酉丑 金년생에게는 亥년이 병(病), 子년이 사(死), 丑년이 묘(墓)가
   된다.

④ 申子辰 水년생에게는 寅년이 병(病), 卯년이 사(死), 辰년이 묘(墓)가
   된다.

띠　　　삼재	들[入]삼재	잘[宿]삼재	날[出]삼재
亥卯未년생	巳년	午년	未년
寅午戌년생	申년	酉년	戌년
巳酉丑년생	亥년	子년	丑년
申子辰년생	寅년	卯년	辰년

지금까지 살펴본 것처럼 삼재는 결국 12운 가운데 병(病)·사(死)·묘
(墓)가 되는 해를 병들어 죽어서 무덤으로 가는 형상으로 여겨 불리하다고
본 것에 불과하다. 어쨌든 인류의 25%가 매년 삼재에 해당된다는 이 이론
은 그냥 흥미롭게 보아 넘기면 된다.

실제로 삼재를 검토해보면 지지삼합과 방합(계절합), 그리고 12운 이론
을 채용하고 있고, 특히 잘[宿]삼재는 제왕성에 해당함을 알 수 있어 무척
재미있다.

한편 악삼재(惡三災)에는 갖가지 재앙이 따르고 복삼재(福三災)에는 경
사가 세 겹으로 겹친다고 하는데, 악삼재와 복삼재를 구분할 수 있는 신통
한 묘수는 없다.

신살

1. 신살의 의의

　신살(神殺)은 길신(吉神)을 뜻하는 '신(神)'과 흉살(凶殺)을 뜻하는 '살(殺)'을 함께 부르는 말이다. 이 신살을 다루는 것이 신살론이다. 그런데 이 신살론은 사주학이 종합적인 학문으로 체계화되기 이전의 초기단계 때 이것저것 끌어다 대입해보는 과정에서 자연스럽게 등장한 것으로 보인다. 즉, 어느 한 곳에서 만들어진 게 아니라 여기저기에서 발생되어 통용되다가 나중에는 지금처럼 수많은 신살의 종류들이 나타나게 된 것 같다.

　이 신살론은, 예를 들어 甲일생이 사주 내에 丑이나 未가 있으면 천을귀인(天乙貴人)의 길신이 들었다고 하고, 申子辰년생이 연지·일지에 酉가 있으면 이 酉를 흉살로 보아 도화살(桃花殺) 또는 함지(咸池)가 들었다고 한다. 이러한 판단법에서 알 수 있듯이 신살론은 단식사주법(單式四柱法)이요, 단식판단법(單式判斷法)이다.

　그런데 사주는 종합적으로 판단해야 하므로 단식 판단은 결코 올바른 방법이 아니다. 단식 판단을 할 경우에는 사주의 종합적인 상황을 파악하지 못하고 크게 중요하지 않은 부분적인 문제를 부각시키는 어리석음을 범할 수 있다. 그렇다고 이 신살론을 아예 배척해야 하는가.

　생각해보면 통변성 자체가 일간을 기준으로 다른 대상을 본 일종의 신살이다. 그렇다면 일간뿐만 아니라 다른 여러 가지 기준을 가지고 사주의 이것 저것을 살펴보는 신살론이 무척 재미있기도 하려니와 나름대로 타당성

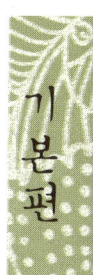

도 지니고 있지 않겠는가. 문제는 신살 하나하나를 단편적으로 활용할 것이 아니라 종합해서 판단하자는 것이다.

그 한 예로 양인(羊刃)은 신살의 하나이지만 사주 간명시 매우 중요하게 다루어진다. 이것이 편관과 어우러져 좋은 역할을 하는 보도(寶刀)도 되고, 때로는 충·형 등과 어울려 각종 재앙을 불러오는 흉검(凶劍)도 된다. 또한 사주에 역마(驛馬)·반안(攀鞍)·장성(將星)이 어우러지면 말 안장 위에 높이 앉아 있는 멋진 장수의 모습이 된다.

사실 오늘날의 사주학은 일간 위주로 모든 것을 판단하다시피 하는데 사주 전체가 내 자신이지 어찌 일간만이 내 자신이겠는가. 사주는 종합적으로 보아야 하고 그러한 의미에서 신살론도 필요하다. 다만 너무 잡다하면 안 되므로 필요하다고 생각하는 신살만을 채택해서 그것들을 종합적으로 판단하는 지혜를 가져야 한다.

2. 신살의 구성

1) 일간을 기준으로 한 신살

일간을 기준으로 한 신살은 비록 신살이긴 하지만 통변성과 다름이 없어 보인다. 왜냐하면 통변성은 일간을 기준으로 다른 천간과 지지를 대조한 것이기 때문이다. 다만 일간을 기준으로 한 신살은 주로 지지를 대상으로 한다. 예를 들어 다음과 같다.

① 일간이 甲인데 지지에서 子나 午를 만나면 子나 午는 대극귀인(대극귀신)이 된다.
② 일간이 乙인데 지지에서 申이나 子를 만나면 申이나 子는 천을귀인(천을귀신)이 된다.

그러므로 '신살'은 오늘날의 일간 이론이 확립되기 전에 통변을 하기 위한 자그마한 결실이라고 볼 수 있겠다.

신살\일간	대극귀신	천을귀신 양귀	천을귀신 음귀	복성귀신	천주귀신	천복귀신	천관귀신	문창귀신	절도귀신
甲	子午	未	丑	寅	巳	酉	未	巳	巳
乙	子午	申	子	丑亥	午	申	辰	午	未
丙	卯酉	酉	亥	子戌	子	子	巳	申	巳
丁	卯酉	亥	酉	酉	巳	亥	寅	酉	未
戊	辰丑戌未	丑	未	申	午	卯	卯	申	巳
己	辰丑戌未	子	申	未	申	寅	戌	酉	未
庚	寅亥	丑	未	午	寅	午	亥	亥	亥
辛	寅亥	寅	午	巳	午	巳	申	子	丑
壬	巳申	卯	巳	辰	酉	丑未	酉	寅	亥
癸	巳申	巳	卯	卯	亥	辰戌	午	卯	丑

신살\일간	양인	비인	암록	금여록	관록	명위록	시록	홍염	협록	삼기귀인	
甲	卯	酉	亥	辰	寅	丙寅	亥	午	丑卯	천상(天上)	
乙	辰	戌	戌	巳	卯	丁卯	戌	申	寅辰	사주중	甲戊庚
丙	午	子	申	未	巳		申	寅	辰午		
丁	未	丑	未	申	午		未	未	巳未	지하(地下)	
戊	午	子	申	未	巳		申	辰	辰午	사주	乙丙
己	未	丑	未	申	午		未	辰	巳未		

신살 \ 일간	양인	비인	암록	금여록	관록	명위록	시록	홍염	협록	삼기귀인	
庚	酉	卯	巳	戌	申	壬午	巳	戌	未酉	중	丁
辛	戌	辰	辰	亥	酉	癸酉	辰	酉	申戌	인중(人中)	
壬	子	午	寅	丑	亥		寅	子	戌子	사주중	辛 壬 癸
癸	丑	未	丑	寅	子		丑	申	亥丑		

① 일간이 甲인데 연주·월주·시주 가운데 丙寅의 주(柱)를 만나면 그 丙寅은 명위록이 된다.

② 일간을 포함하여 사주의 천간에 甲·戊·庚 3가지가 모두 있으면 천상삼기가 된다. 천상삼기는 천상귀인(天上貴人)이라고도 한다.

2) 월지를 기준으로 한 신살

길신 \ 월지	천덕귀인	월덕귀인	천덕합	월덕합	화개
寅	丁	丙	壬	辛	戌
卯	申	甲	巳	己	未
辰	壬	壬	丁	丁	辰
巳	辛	庚	丙	乙	丑
午	亥	丙	寅	辛	戌
未	甲	甲	己	己	未
申	癸	壬	戊	丁	辰
酉	寅	庚	亥	乙	丑

월지＼길신	천덕귀인	월덕귀인	천덕합	월덕합	화개
戌	丙	丙	辛	辛	戌
亥	乙	甲	庚	己	未
子	巳	壬	申	丁	辰
丑	庚	庚	乙	乙	丑

3) 연지·일지를 기준으로 한 신살

연·일지＼신살	역마	함지	월살	망신	장성	반안	천살	지살	재살	겁살	상문	조객	혈인
子	寅	酉	戌	亥	子	丑	未	申	午	巳	寅	戌	戌
丑	亥	午	未	申	酉	戌	辰	巳	卯	寅	卯	亥	酉
寅	申	卯	辰	巳	午	未	丑	子	亥	辰	子	申	申
卯	巳	子	丑	寅	卯	辰	戌	亥	酉	申	巳	丑	未
辰	寅	酉	戌	亥	子	丑	未	申	午	巳	午	寅	午
巳	亥	午	未	申	酉	戌	辰	巳	卯	寅	未	卯	巳
午	申	卯	辰	巳	午	未	丑	子	亥	申	辰	辰	辰
未	巳	子	丑	寅	卯	辰	戌	亥	酉	申	戌	巳	卯
申	寅	酉	戌	亥	子	丑	未	申	午	巳	戌	午	寅
酉	亥	午	未	申	酉	戌	辰	巳	卯	寅	亥	未	丑
戌	申	卯	辰	巳	午	未	丑	子	亥	子	申	子	子
亥	巳	子	丑	寅	卯	辰	戌	亥	酉	申	丑	酉	亥

4) 연지를 기준으로 한 신살

신살 \ 연지	子	丑	寅	卯	辰	巳	午	未	申	酉	戌	亥
고신	寅	寅	巳	巳	巳	申	申	申	亥	亥	亥	寅
과숙	戌	戌	丑	丑	丑	辰	辰	辰	未	未	未	戌
원진(남성)	未	午	酉	申	亥	戌	丑	子	卯	寅	巳	辰
원진(여성)	巳	申	未	戌	酉	子	亥	寅	丑	辰	卯	午

① 연지가 子인데 다른 지지에서 寅을 만나면 그 寅은 고신이 된다.

② 연지가 丑인데 다른 지지에서 戌을 만나면 그 戌은 과숙이 된다.

③ 남성의 연지가 子인데 다른 지지에서 未를 만나면 그 未는 원진이 된다. 또한 여성의 연지가 丑인데 다른 지지에서 申을 만나면 그 申은 원진이 된다.

원진(元辰)은 원진살(怨嗔殺)이라고도 하는데 충(沖) 전후의 상태를 취한 것으로서 궁합을 볼 때 자주 언급된다. 예를 들어 子未는 원진이니 쥐띠 여성과 양띠 남성은 배우자로서 서로 인연이 없다는 것이다. 子未뿐만 아니라 丑午, 寅酉, 卯申, 辰亥, 巳戌 역시 원진으로 본다.

그러나 이처럼 띠를 기준으로 ○띠와 ○띠는 원진이 되니까 궁합이 좋지 않다고 하는 것은 그 범위가 너무 넓어서 우선 설득력이 없고, 연지를 기준으로 한 단편적인 고찰에 불과해서 일면성만 띠게 될 것이다. 따라서 원진이 이루어진다는 이유만으로 궁합이 나쁘다고 단정하는 것은 경솔하다.

다만 본인의 성격에 대해서는 한번 돌이켜봐야 한다. 충 전후의 흥분된 상태이기 때문에 거칠고 이성이 결여되어 자기중심적으로 행동할 가능성이 많기 때문이다. 특히 일주에 원진이 있으면 여러 모로 성찰이 필요하다.

이제까지 다룬 원진은 그 범위가 너무 넓으므로, 다음과 같이 좀 더 합리적인 이론 구성을 해보자.

첫째, 남성 양년(甲丙戊庚壬)생과 여성 음년(乙丁己辛癸)생은 연지와 충이 되는 지지의 바로 다음 지지가 원진이고, 천간의 경우 역시 연간의 바로 다음 천간이 원진이다. 예를 들어 남성 丙寅년생이면 연지 寅과 충이 되는 지지인 申의 바로 다음 지지 酉를 택하고, 천간은 연간 丙의 바로 다음 천간 丁을 택하여 丁酉를 원진으로 한다. 여성 丁卯년생은 戊戌이 원진이다.

둘째, 남성 음년(乙丁己辛癸)생과 여성 양년(甲丙戊庚壬)생은 연지와 충이 되는 지지의 바로 앞 지지를 택하고, 그 천간 역시 연간의 바로 앞 천간을 택한다. 예를 들어 남성 辛卯년생이면 연지 卯와 충이 되는 지지인 酉의 바로 앞 지지인 申을 택하고, 그 천간은 연간 辛의 바로 앞 천간인 庚을 택하여 庚申을 원진으로 한다. 여성 壬戌년생은 辛卯가 원진이다

이상에서 살펴본 것처럼 원진은 충 전후의 상태를 취한 것이므로 둘의 사이가 좋지 않을 것이다. 싸움 전후에 당사자들의 얼굴 표정이 어떨지 상상해보라. 새파랗게 질려 있거나 벌겋게 상기되어 있지 않겠는가.

그러므로 대운 또는 연운 등 운에서 원진이 이루어지면 여러 가지 어려운 일이 발생하여 마음에 상처를 입고, 건강을 해치며, 자유를 구속당할 수 있다.

5) 여러 가지를 기준으로 한 신살

괴강	壬辰·庚辰·庚戌·戊戌	일 기준
백호대살	戊辰·丁丑·丙戌·乙未·甲辰·癸丑·壬戌	연월일시 기준
탕화살	丑(午未戌)·寅(申巳)·午(丑辰午)	일시기준.( )안의 지(支)가 있으면 가중
십악대패	甲辰·乙巳·壬申·丙申·丁亥·庚辰·戊戌·辛巳·癸亥·己丑	일 기준

① 일주가 壬辰이면 괴강이 된다.
② 연주가 戊辰이면 백호대살이 된다. 월주·일주·시주의 경우도 마찬가지다.
③ 일지 또는 시지가 丑·寅·午가 되면 탕화살이 된다. 그러나 丑은 다른 지지의 午·未·戌을 만나면 탕화살이 가중된다.
④ 일주가 甲辰이면 십악대패가 된다.

3. 신살의 종류 및 내용

1) 역마(驛馬)와 지살(地殺)

역마는 정거장과 말을 일컬으니 이동·변동·여행·분주함과 인연이 있다. 이를 더 세분하면 이동·변동·변화·이사·떠돌아다님·국내외여행·이민·운수·무역·교통·관광·호텔·운동경기·신문방송·선전보도·우편통신·전화전보·출판·현대적인 정보통신·외교사업·바쁜사람 등과의 인연을 의미한다. 역마에 해당하는 지지인 寅申巳亥는 모두생지(生支)다. 그래서 변화와 분주함을 일으킨다.

역마를 충하는 것이 지살이다. 역(驛)에 비상사태를 선포하고 말[馬]에채찍을 가하는 것을 일컬으니 역마보다 강하고 외국과 인연이 있다. 좀더세분하면 이곳저곳 타향살이·외국여행·외국이민·가정내 풍파 등과의인연이다.

사주에 巳나 寅이 있고 이것이 역마나 지살에 해당하며 아울러 관성이될 때에는 항공계와 인연이 있다. 왜냐하면 巳나 寅은 지장간에 불[火]이 있으면서 역마와 지살인 차에 해당되어 화차(火車), 즉 하늘을 나는 비행기가되고, 이것이 관성이어서 직업으로 연결되기 때문이다.

역마나 지살이 충·형과 어우러져 있을 때는 우선 본인 스스로 교통사고등을 조심해야 하고, 해당 통변성이 어느 육친에 해당하는지도 살펴보아야한다. 특히 역마나 지살이 일지와 충·형을 이룰 경우는 부부가 동승한 교통사고를 조심해야 한다.

역마나 지살이 비겁·식상·재성·관성·인성과 어떻게 어울리는지에따라 여러 가지 추리가 가능하다. 예를 들어 역마나 지살이 식신에 해당하면 해외에서 사업을 일으키고, 상관에 해당하면 외국어에 능통하며, 인수에 해당하면 외국유학과 인연이 있다.

다른 신살과 종합하여 판단할 수도 있다. 예를 들어 사주에 역마·반안·장성이 모두 있으면 말(역마) 안장(반안) 위에 높이 앉아 있는 멋진 장수(장성)의 형상이 되어 무관(武官)으로 크게 출세한다고 본다.

시	일	월	연	(坤命)
庚	乙	甲	丙	
辰	巳	午	午	
(乙)	(庚정관)	(丙)	(丙)	
	(지살)			

일지 巳가 지살이 되어 화차(火車), 즉 비행기가 되었다. 이것이 직업(정관)이다. 이 여성은 스튜어디스로 근무하였다.

시	일	월	연	(坤命)
庚	辛	丁	甲	
寅	酉	丑	寅	
(丙정관)	(庚)	(癸)	(丙정관)	
(지살)			(지살)	

연지와 시지의 寅이 지살이고 정관이다. 寅의 지장간에 火가 있다. 3개 국어에 능통하고 항공회사와 인연을 맺었다.

시	일	월	연	(乾命)
丁	戊	甲	乙	
巳	辰	申	酉	
(丙편인)	(戊)	(庚식신)	(辛)	
(지살)		(지살)		

申이 지살이고 식신이다. 대우그룹의 경영자로 근무하면서 해외에서 자동차사업을 일으켰다. 또한 巳가 지살이고 편인이다. 역마나 지살이 편인

또는 겁재이면 동분서주하고 고생이 많다. 대우그룹 말기에 해외지사장으로 근무하면서 뒷수습에 정신이 없었다.

 예 4

시	일	월	연	(乾命)
壬	己	甲	甲	
申	巳	戌	申	
(庚상관)	(丙인수)	(戊)	(庚상관)	
(지살)	(지살)		(지살)	

2개의 申이 지살이고 상관이다. 영어에 능통해서 고교시절부터 영어웅변으로 이름을 날렸다. 일지 巳가 지살이고 인수인데 외국유학을 했는지는 미처 확인하지 못했다. 그러나 대기업 경영자로 근무하면서 회장의 해외출장시에 자신이 도맡아서 수행하는 것을 보면 그 자체가 바로 외국유학이라고 볼 수 있다.

예 5

시	일	월	연	(乾命)
丁	甲	甲	乙	
卯	戌	申	酉	
(乙)	(戊)	(庚)	(辛)	
(양인)	(반안)	(역마)	(장성)	

사주에 역마·반안·장성이 모두 있어서 말 안장 위의 멋진 장수인데 여기에 금상첨화로 칼(양인)까지 들고 있는 형상이다. 검찰 및 국가의 최고 권력기관에서 이름을 날리다가 국회의원에 거듭 당선되었고 계속해서 그 명성이 자자하다.

예6

시	일	월	연	(乾命)
戊	丙	辛	丁	
戌	午	亥	丑	
(辛)	(丙)	(甲)	(癸)	
(반안)	(장성)	(역마)		
	(양인)			

亥가 역마, 戌이 반안, 午가 장성이며 양인이다. 사주에 역마·반안·장성이 모두 있는데 칼(양인)까지 있다. 경찰청장을 거쳐 국회의원에 계속 당선되어 이름을 날리고 있다.

한편 역마나 지살이 되는 행운에는 변화와 분주함이 예상된다. 이사·직장이동·해외출입 등의 징조가 있다. 역마나 지살이 합이 되는 운에는 승진 등 좋은 변화의 가능성이 있다.

2) 도화(桃花)

일명 함지(咸池) 또는 연살(年殺)이라고도 한다. 도화는 복숭아꽃을 일컬으니 아름다운 용모나 주색(酒色)과 인연이 있다. 사주명식이 양호할 경우에는 용모가 아름답고 다정다감하며 인정을 나타낸다고 볼 수 있지만, 불량할 경우에는 음탕함·주색·도박·환락으로 볼 수 있다

도화는 요염한 꽃이기 때문에 남녀 모두에게 이성(異性)을 의미하고, 이것이 사주명식에 따라 길 작용도 하고 흉 작용도 한다. 도화가 정관이면 이성(자신의 배우자 포함)으로 인해 벼슬을 얻고 재성이면 이성(자신의 배우자 포함)으로 인해 부자가 되지만, 편관이면 간통을 하다가 봉변을 당한다고 본다. 그러나 사주명식과 연관하여 종합적으로 판단해야 한다. 예를 들어 도화가 재성일 경우 부자가 되기는커녕 이성 때문에 재산을 탕진할 수도 있다.

도화가 편관·양인·충이 되면 색정으로 인한 흉액을 조심해야 하고, 배우자성(星)인 관성 또는 재성이 도화나 목욕이면 배우자의 다른 마음이 염려된다. 일지나 시지에 인수가 있고 이것이 도화이면 장모와 함께 산다고

본다. 배우자성인 관성 또는 재성이 강하고, 합이 많으며, 도화와 목욕이 있으면서 십악대패일에 태어난 사람은 색정으로 인해 법적인 문제가 발생할 수 있다.

🌿 예 1

시	일	월	연	(乾命)
丙	丁	庚	辛	
午	酉	子	卯	

子午卯酉는 도화가 된다. 사주에 子午卯酉가 모두 있는 것을 편야도화(遍野桃花)라고 하며 흉 작용이 심하다고 본다. 이 사주에는 子午卯酉가 모두 있다. 바람둥이 남성의 사주이다.

🌿 예 2

시	일	월	연	(坤命)
壬	乙	戊	乙	
午	卯	子	酉	

사주에 子午卯酉가 모두 있다. 위의 예처럼 편야도화이다. 이런 사주는 이성문제로 인해 아픔을 겪게 된다. 이 여성은 여고를 졸업하고 꿈 많던 처녀시절에 한 남성을 만나 사랑을 나누고 장래를 약속하였다. 그러나 상대 남성은 부모의 권유를 뿌리칠 수 없어 평소에 신세를 많이 진 집안의 딸과 결혼하였다. 그러나 두 사람은 서로를 잊을 수 없었고 결국은 딸 하나를 낳게 되었다. 이 여성은 60세가 다 된 지금까지 그 딸 하나만을 바라보며 살고 있다.

3) 양인(羊刃)

양인은 사주 간명시 매우 중요하게 다룬다. 양인은 극왕(極旺)을 뜻하는데, 이는 일간에서 보아 양인이 12운의 건록(建祿) 바로 전후가 되기 때문이다. 양일생(陽日生)은 건록 바로 다음인 제왕(帝旺)을 택하고, 음일생(陰日生)은 건록 바로 앞인 관대(冠帶)를 택한다.

구체적으로 일간 甲에게는 卯, 乙에게는 辰, 丙에게는 午, 丁에게는 未, 戊에게는 午, 己에게는 未, 庚에게는 酉, 辛에게는 戌, 壬에게는 子, 癸에게는 丑이 양인이 된다.

자세히 살펴보면 양인은 일간에서 보아 그 지장간이 비견과 겁재에 해당한다. 앞에서 예를 들었듯이 甲 일간에게는 卯가 양인이 되는데 卯의 지장간에는 비견 甲과 겁재 乙이 들어 있다. 또한 乙 일간에게는 辰이 양인이 되는데 辰의 지장간에는 비견 乙이 들어 있다. 그러므로 양인은 지나치게 왕성한 상태가 될 수 있고, 특히 일간과 직결되어 있으므로 그 작용이 빠르게 나타날 수 있다. 겁재와 비슷한 작용을 하지만 그보다 더 심할 수 있다.

양인은 일간이 강한 사람에게는 흉 작용을 하지만 일간이 약한 사람에게는 길 작용을 한다. 양인이 흉 작용만 하는 것은 아니다. 사주를 간명하다 보면 생사여탈권을 쥐고 권세와 위엄을 지닌 사람 중에 이 양인이 편관과 잘 어우러져 있는 경우가 많다.

❦ 예 1

시	일	월	연	(坤命)
庚	乙	丙	壬	
辰	巳	午	辰	
(양인)			(양인)	

일간 乙에게는 辰이 양인인데 이것이 사주에 2개나 있다. 약한 일간에게는 양인이 길 작용을 하지만 너무 많으면 좋지 않다. 이 여성은 평소 성격이 매우 강한 편이었는데, 49세인 庚辰년에 또 辰을 맞이하여 사소한 일로 감정이 폭발하여 남편과 이혼하게 되었다.

 예2

일간 甲에게는 卯가 양인이다. 그런데 월지 申은 주권신이 편관이면서 연지 酉, 일지 戌과 申酉戌 서방합을 이루어 金의 기운을 북돋우어주고 있으므로 관성의 기세가 강하다. 그러나 양인이 있어서 편관과 잘 어우러진 형상이다. 26세 때 사법고시에 합격하고 검사로 일하다가 국가 최고 권력기관으로 자리를 옮겨 명성을 날리고, 그 후 국회의원에 거듭 당선되어 권세와 위엄이 당당하다.

앞의 두 예에서 살펴본 것처럼 양인은 흉검(凶劍)도 되고 보도(寶刀)도 된다. 양인이 흉 작용을 할 때는 불화·실패·이별·손재·극부(剋父)·극처(剋妻)·사고·수술·병난(病難)·박해 등 여러 가지 재앙을 불러온다. 반대로 길 작용을 할 때는 일간을 도와 건강·재산·명예 등 여러 가지 경사를 누리게 한다. 때로는 이성(異性) 형제와 동료의 도움을 받는데 이것은 양인이 겁재로서 길 작용을 하기 때문이다.

 예3

<table>
<tr><td>시</td><td>일</td><td>월</td><td>연</td><td>(坤命)</td></tr>
<tr><td>庚</td><td>丁</td><td>戊</td><td>乙</td><td></td></tr>
<tr><td>子</td><td>未
(양인)</td><td>寅</td><td>未
(양인)</td><td></td></tr>
</table>

일간 丁에게는 未가 양인인데 사주에 이것이 2개나 있다. 이 여성은 남에게 돈을 빌려주기만 하면 받지 못해서 평생 엄청난 손재를 당했다. 주권신은 연지가 乙, 월지가 丙, 일지가 乙, 시지가 癸이다.

시	일	월	연	(乾命)
庚	壬	甲	甲	
子	午	戌	戌	
(양인)		(戌편관)	(戌편관)	

이 남성은 정기생(正氣生)으로서 일간은 약하고 편관은 강하다. 일간 壬에게는 子가 양인인데 이것이 일간을 도와주니 다행스럽다. 이 남성은 여동생의 도움이 없었다면 꼼짝없이 억울하게 감옥살이를 할 뻔했다. 이 사주는 적장이 나를 치려고 덤벼들다가 내 누이동생과 눈이 맞아 매부가 되어 오히려 나를 도와주는 형상이다(子의 주권신은 癸인데 편관 戌와 합이 된다).

양인은 칼이요, 편관은 장수이다. 양인만 있고 편관이 없으면 칼은 있지만 그 칼의 주인 되는 장수가 없는 형상이요, 편관만 있고 양인이 없으면 칼이 없는 장수의 형상이다. 양인과 편관이 함께 있어야 어우러진다. 여기에 인성이 추가되면 인자한 덕장(德將)이 되어 그 명성이 더욱 높아질 것이다.

양인은 칼과 같아서 해악을 미칠 수도 있는데 이것이 어느 궁에 위치하느냐에 따라 해석이 달라질 수 있다. 양인이 연지에 있으면 조상과의 인연이 박할 수 있고, 양인이 월지에 있으면 부모나 형제의 갑작스런 사고나 흉사가 있을 수 있다. 또한 일지의 양인은 배우자의 건강에 문제가 생기는 등 배우자와의 좋은 인연에 해가 될 수 있으며, 시지의 양인은 자식운에 불리하고 노년의 재난을 뜻할 수 있다.

양인이 충·형·합을 만나면 칼이 움직이는 형상이 되어 흉해(凶害)가 발동할 수 있다. 양인운일 때 사주 내의 지지와 충·형·합 중 어느 것도 이루지 않으면 단지 겁재운과 같은 정도로 해석한다. 그러나 충·형·합이 이루어지면 불화·실패·이별·손재·극부(剋父)·극처(剋妻)·사고·수술·병난(病難)·박해 등 여러 가지 재앙을 당할 수 있으므로 평소 신중하게 행동해야 한다.

 예 5

세운	대운	시	일	월	연
丙	壬	○	丙	○	○
子	午	○	午	○	○
	(양인)		(양인)		

丙午일생이 대운 壬午를 맞아 대운의 壬이 일간 丙을 극하고, 일지의 양인 午와 대운의 양인 午가 서로 형을 이룬다. 또한 세운 丙子를 맞아 대운의 천간 壬은 세운의 천간 丙을 극하고, 세운의 子와 대운의 午는 충이 된다. 무슨 큰일이 벌어질 징조이다.

4) 괴강(魁罡)

괴강이란 하늘의 우두머리 별을 일컬으니 사주에 이것이 있으면 극과 극을 치닫게 된다. 일주가 壬辰·庚辰·庚戌·戊戌이면 괴강이다. 모두 일간이 일지의 도움을 받아 버티고 서 있으니 본인이 강해서 무섭게 돌진할 수 있는 형상이다. 극부극귀(極富極貴)가 아니면 그 반대가 된다고 본다.

사주에 괴강이 있으면 성격이 강하고 주관이 뚜렷하여 권세와 위엄을 지닐 수 있다. 총명하고, 용감·과단·괴벽·결백성이 특징이며, 대중을 제압하는 통솔력이 뛰어나다. 대권을 잡을 수 있고 충신열사나 애국지사가 될 수도 있다.

반면 괴강이 충·형이 되는 등 사주명식이 불량할 경우에는 형액이나 질병이 많으며 빈한하다. 특히 여성의 사주에 괴강이 있으면 자신이 강하여 직장생활이나 사업을 경영하면서 남편에 대해 주도권을 갖거나, 남편에게 여러 가지 좋지 않은 일이 발생하여 자신이 고독해질 수 있다. 그러나 현대 사회에서는 여성의 사주에 괴강이 있어야 더욱 활기찬 가정을 꾸려나간다고 생각할 수 있다. 사주의 해석도 인생관이나 시대관에 따라 달라질 수 있는 것이다.

사주에 괴강이 있는 사람 중에 명성이 높고 문장력이 뛰어난 경우가 많다고 하는데, 이 또한 자신이 강함에서 비롯한 특성 중의 하나이다.

  예 1

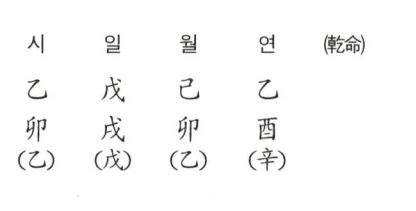

시	일	월	연	(乾命)
乙	戊	己	乙	
卯	戌	卯	酉	
(乙)	(戊)	(乙)	(辛)	

일주 戊戌이 괴강이다. 검사를 거쳐 청와대에서 권력의 핵심 인사로 일하면서 군건한 의지로 각종 비리를 척결하여 전 국민으로부터 우레와 같은 박수를 받았다.

  예 2

시	일	월	연	(坤命)
丁	庚	戊	戊	
亥	辰	午	子	
(壬)	(戊)	(己)	(癸)	

일주 庚辰이 괴강이다. 맹렬 여성으로서 건강이 약한 남편과 딸 네 명 모두를 뒷바라지하면서 자신은 훌륭한 음악가로 성장하였다.

  예 3

시	일	월	연	(坤命)
癸	戊	戊	甲	
亥	戌	辰	寅	
(壬)	(戊)	(戊)	(甲)	

일주 戊戌이 괴강이다. 학창시절 내내 전체 수석을 놓치지 않은 노력가인데 약사이다. 대학교 입학 후 얼마 되지 않아 유럽의 수많은 나라를 혼자

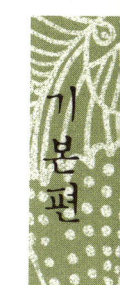

서 여행하더니, 대학원 졸업 후에는 자신의 노력만으로 박사 공부를 하기 위해 장기간 독일로 유학을 떠났다.

 예4

시	일	월	연	(坤命)
癸	庚	乙	甲	
未	辰	亥	午	
(己)	(戊)	(甲)	(己)	

일주 庚辰이 괴강이다. 남부러울 것 없이 성장했으나 30대 후반부터 운세가 기울어 집안이 몰락하였다. 결혼했지만 남편과 이혼하고 자식도 없다. 영업용 택시를 운전하면서 살아가고 있다.

5) 화개(華蓋)

사주에 화개가 있으면 총명하며 학문이나 기예(技藝) 방면에 소질이 있고 종교심이 있다.

6) 문창귀인(文昌貴人) 또는 문창귀신(文昌貴神)

인격이 높고 총명하며, 학문이나 예술 방면에 재능이 뛰어나다.

7) 학당(學堂)

학당은 일간에서 보아 12운이 장생(長生)이 되는 지지를 말한다. 예를 들어 甲의 학당은 亥, 乙의 학당은 午이다. 세상사람들을 가르침을 일컬으니 교수·학자·연구자가 된다.

8) 장성(將星)

장성은 우두머리를 뜻하니 무리에서 장(長)이 된다.

9) 반안(攀鞍)

반안은 말 안장을 뜻하므로 사주에 역마·반안·장성이 모두 있으면 말 (역마) 안장(반안) 위에 높이 앉아 있는 멋진 장수(장성)의 형상이 되어 크게 출세할 수 있다.

10) 금여록(金輿祿)

금여록은 금수레에 태워주는 것을 일컬으니 부와 귀를 동시에 누릴 수 있고, 좋은 배우자를 만난다.

11) 명위록(名位祿)

명성과 지위를 일컬으니 매스컴에 등장하는 사람이 된다.

12) 천을귀인(天乙貴人) 또는 천을귀신(天乙貴神)

최고의 길신으로서 인격이 뛰어나고, 총명하며 지혜가 있고, 공명하고 현달하여 많은 사람들로부터 추앙받는다. 행운에서 오면 개운(開運) 발달하여 명리가 향상되어 매사가 순조롭게 잘 풀린다. 양귀인(陽貴人)과 음귀인(陰貴人, 일명 玉堂)이 있다.

13) 천덕귀인(天德貴人)과 월덕귀인(月德貴人)

하늘의 은총이 있어서 길한 일은 더욱 길하게 되고, 흉함은 해소되거나 감소된다. 그러므로 평생 관재(官災)나 도난 등 각종 재앙이 침범하지 않는다.

14) 천덕합(天德合)과 월덕합(月德合)

이 둘의 작용력은 천덕귀인, 월덕귀인과 거의 비슷하다.

15) 복성귀인(福星貴人) 또는 복성귀신(福星貴神)

타고 난 복분(福分)이 후하고, 주위로부터 존경을 받으며, 윗사람으로부터 후원이 많다. 그러므로 평생 큰 어려움을 당하지 않고, 어려움이 생겨도 주위의 도움으로 잘 해결된다.

16) 천복귀인(天福貴人) 또는 천복귀신(天福貴神)

이 신살의 작용력은 복성귀인과 거의 비슷하다.

17) 천관귀인(天官貴人) 또는 천관귀신(天官貴神)

타고난 복이 후하고, 매사가 순조롭게 진행된다. 또한 윗사람의 도움을
받으며 경사스러운 일이 많다. 복록이 모이고 높은 지위에 오를 수 있다.

18) 천주귀인(天廚貴人) 또는 천주귀신(天廚貴神)

수복(壽福)의 신으로서 식신과 비슷하며, 의식주를 주관하고 평생 동안
흉한 일보다 길한 일이 많다.

19) 절도귀인(節度貴人) 또는 절도귀신(節度貴神)

품행이 반듯하여 다른 사람의 모범이 된다.

20) 대극귀인(大極貴人) 또는 대극귀신(大極貴神)

태극(太極)귀인 또는 태극귀신(太極貴神)이라고도 한다. 태극은 처음 시
작을 뜻하며 창조한다는 의미가 포함되어 있다. 연주(年柱)에 있는 것이 좋
다. 선천적인 복이 후하고, 처음과 끝이 일관성이 있으며, 주위의 후원을
많이 받는다. 입신양명하여 높은 지위에 오를 수 있는 복록이 있다.

21) 삼기귀인(三奇貴人)

인격자이고, 박학다능하며, 흉해를 당하지 않고 만약 당해도 쉽게 해결
된다. 천상삼기(天上三奇)는 천간에 甲·戊·庚 셋이 모두 있는 것이고, 지
하삼기(地下三奇)는 乙·丙·丁이, 인중삼기(人中三奇)는 辛·壬·癸가 모
두 있는 것이다.

22) 관록(官祿)

국가를 위한 봉사 즉, 국록(國祿)을 받는 업무에 종사하는 경우가 많다.

23) 관귀학관(官貴學館)

木일생은 巳, 火일생은 申, 土일생은 亥, 金일생은 寅, 水일생은 寅이 관귀학관이 된다. 관직에 있거나 직장생활을 하면 남보다 승진이 빨라 출세할 수 있다.

24) 협록(夾祿)

선천적으로 재물운을 타고난 명(命)으로서 주위의 도움을 받아 재물을 많이 모을 수 있다.

25) 암록(暗祿)

귀인(貴人)의 도움을 받고, 어려움에 처했을 때 주위의 음덕(陰德)으로 잘 해결할 수 있다.

26) 시록(時祿)

어려움에 처해도 시기적절한 도움을 받아 일이 잘 풀린다.

27) 홍염(紅艶)

도화와 비슷하다.

28) 월살(月殺)

고갈을 의미한다. 소아마비 · 각종 기능 마비 · 사업 부진 · 자금 고갈 · 종교적인 분쟁 · 소송 등이 발생한다. 교리에 대한 회의 때문에 개종(改宗)이나 이동 등의 변화가 생긴다.

29) 망신(亡神)

재산상의 손실 · 육친과의 생사이별 · 사업 실패 · 강간 · 구속 또는 비밀

이 노출되고 비행이 폭로되어 망신을 당한다. 망신이 역마나 지살이면 노상(路上) 망신 즉, 교통사고를 조심해야 한다.

30) 겁살(劫殺)

겁탈을 당한다는 의미가 강하다. 그러므로 도난 등 손재(損財)와 실패, 이산 등의 흉한 암시가 있다.

31) 재살(災殺)

일명 수옥살(囚獄殺)이라고도 하는데 감옥에 간다는 뜻이 있다. 그러므로 납치·감금·구속·소송·급성질환·교통사고 등의 재난이 있다. 그러나 관성과 어우러져 사주의 격(格)이 양호할 경우에는 권력기관에 종사하게 된다. 행운에서 재살이 이루어질 경우에는 특히 재난에 유의해야 한다.

32) 천살(天殺)

하늘이 내리는 천재지변의 재난이다. 물[水]·폭풍·가뭄·벼락 등으로 피해를 본다.

33) 상문(喪門)과 조객(弔客)

사주 안에 상문과 조객이 있는데 행운에서 또 만나면 그 해 또는 그 달에 상복사(喪服事)가 일어난다.

34) 혈인(血刃)

피를 보는 각종 재액이 일어나고, 여성의 경우에는 자궁출혈 등의 질병에 걸릴 우려가 있다.

35) 백호대살(白虎大殺)

백호대살은 간지로 이루어지는데, 해당 육친이 피를 본다는 흉살로서 주로 교통사고 등의 비명횡사를 당한다고 본다. 예를 들어 남성의 사주에 인수와 관성이 백호대살에 해당하면 어머니와 자식이 비명횡사한다.

36) 탕화살(湯火殺)

화상(불 · 뜨거운 물), 화재, 총탄에 의한 부상, 중독(식음료 · 약물 · 가스), 음독, 압사 등을 당한다고 본다.

37) 십악대패(十惡大敗)

일주가 속해 있는 순(旬) 중에서 건록이 공망이 되는 경우이다. 예를 들어 癸亥 일주한테는 子가 건록인데, 이것이 공망이 되므로 癸亥 일주는 십악대패가 된다. 매사에 남보다 힘이 든다는 것인데 천덕과 월덕의 도움이 있으면 양호해진다.

38) 비인(飛刃)

양인을 충하는 것이 비인이다. 甲일생의 양인은 卯이다. 이 卯를 충하는 酉가 甲일생에게 비인이 된다. 양인과 비슷한 점이 많지만 매사에 지속성이 없어 용두사미가 되고, 여성은 산액(産厄)을 조심해야 한다.

39) 고신(孤神)과 과숙(寡宿)

고신은 홀아비가 될 팔자이고, 과숙은 과부가 될 팔자이다. 그렇지 않으면 부부간에 공방수(空房數)가 있어서 정이 없다.

40) 원진(元辰)

원진에 관하여는 앞에서 별도로 다루었다(157~158쪽 참고). 그 이유는 대부분의 사주학 저서가 원진을 남녀의 구별 없이 그리고 천간을 붙이지 않은 채 다루고 있어서, 그와는 다른 점을 부각시키고 싶었기 때문이다. 대부분의 사주학 저서는, 예를 들어 남녀를 불문하고 범띠 즉 寅년생이면 甲寅 · 丙寅 · 戊寅 · 庚寅 · 壬寅 어느 경우나 무조건 酉가 원진이 된다고 한다. 그러나 앞서 다룬 바에 따르면 남성 丙寅년생은 丁酉가 원진이다. 마찬가지로 남성인 자신이 甲申년생이라면 乙卯가 원진이기 때문에, 乙卯대운 또는 乙卯연운 등 乙卯운이 이루어지면 여러 가지 어려운 일이 발생할 수 있으므로 특별히 조심해야 한다.

고신이나 과숙 그리고 원진은 연지를 기준으로 한 신살에 속한다. 그런데 오늘날 우리는 일간이나 일지 그리고 일주를 기준으로 하지 않은 것은 자신과는 상관이 없다고 보아 소홀하게 다룬다. 그러나 대가족제도 안에서는 조부모가 중심이고, 핵가족제도 안에서는 부부가 중심이다. 그러므로 옛날의 대가족제도 안에서 연지를 기준으로 한 신살이 등장한 것은 매우 당연하다. 이러한 시대적 배경을 무시하고 오늘날의 잣대로만 판단해서는 안 된다.

41) 현침살(懸針殺)

甲년 · 甲申 · 辛卯가 현침살에 해당한다. 甲 · 辛이 3개 이상 있어도 현침이 된다. 일주나 시주에 있는 것을 중시하는데 성격이 예리하다고 본다. 눈병과 형살의 피해를 입고, 직업은 의약 · 기술 · 침술 · 역술 등과 인연이 있다.

42) 귀문관살(鬼門關殺)

연지	子	丑	寅	卯	辰	巳	午	未	申	酉	戌	亥
시지	酉	午	未	申	亥	戌	丑	寅	卯	子	巳	辰

앞의 표에서 보는 것처럼 연지가 子인데 시지가 酉이면 귀문관살이 된다. 정신질환이나 신경쇠약증에 걸리기 쉽고, 변태성욕자가 될 수 있다고 본다. 배우자성이 귀문관살이면 그 배우자가 정신질환이나 신경쇠약증, 변태성욕자일 가능성이 높다.

일간의 강약

　사주에서는 일간(日干)을 본인으로 본다. 사주학의 초창기에는 연주(年柱)의 간지를 위주로 사주를 판단했는데 그 적중률이 많이 떨어졌다고 한다. 그러나 서기 907년 당나라가 멸망하고 960년 송나라가 들어서기까지 53년간의 이른바 오대(五代) 시대에 이르러 서자평(徐子平)이 일간 위주의 사주간명법을 확립했고, 이것이 오늘까지 이어지고 있다. 오대 시대는 한반도에서 신라가 멸망하기 전후의 시기에 해당한다.

　사실 사주의 주인공이 어느 달 어느 날에 태어났는지는 사주의 기후 구성과 관련하여 매우 중요한 문제이므로 이것이 사주의 축을 이루는 것은 당연하다. 그래서 월지를 특히 중시하고, 일간은 핵이라 하여 이것을 본인으로 보는 것은 매우 탁월한 발상이라고 여겨진다. 어떻든 오늘날의 사주학은 이러한 바탕 위에서 일간을 본인으로 삼는 것을 지극히 당연하게 받아들인다.

　일간의 강약은 신왕(身旺)·신약(身弱)으로 표현하는데, 이는 본인의 정신력이 강한지 약한지를 계량해보는 것이다. 다시 말해 정신적인 추진력의 강약을 살펴보는 것이지 직접적으로 육체적인 건강을 따지는 것은 아니다. 신왕한 사람은 어떤 어려움에도 굴하지 않는 투지와 인내, 끈기를 가진 사람이고, 신약한 사람은 매사에 소극적이고 어려움에 부딪치면 쉽게 좌절하는 사람이라고 볼 수 있다. 일간의 강약은 운에 따라서 변화될 수 있다.

　일간의 강약을 계량하는 데는 여러 가지 방법이 있다. 다음에 설명하는 방법들을 참고로 하여 실제 간명을 해보고 그 요령을 터득해야 한다. 다만

사주 전체의 구성과 합·충 등의 상태, 그리고 지장간 특히 주권신까지 고려하여 종합적으로 판단할 수 있도록 주의한다.

1. 비율 배정에 의한 단순 판단

천간	비율(%)	지지	비율(%)
연간	10	연지	10
월간	10	월지	30
일간	—	일지	20
시간	10	시지	10

이 방법은 사주 전체를 100으로 보았을 때 각각의 간지가 일간을 어느 정도 생조(生助)해줄 수 있는지를 표시한 것이다. 월지를 가장 중시하여 30으로 보고, 일지는 그 다음으로 20, 나머지는 모두 동일하게 10으로 본다. 일간은 제외된다.

편인과 인수는 일간을 생(生)하고, 비견과 겁재는 일간을 조(助)하므로 생조(生助)에 해당되면 각각 해당 비율을 점수로 부여한다. 그러나 생조에 해당되지 않으면 이를 부여하지 않는다. 따라서 만약 간지가 일간의 식신·상관·편재·정재·편관·정관이면 점수가 없다.

일간을 생조해주는 비율이 합계 60% 이상이면 일간은 강한 것으로 본다. 반대로 60% 미만은 약한 것으로 본다.

 예

시	일	월	연
庚	癸	壬	甲
申	亥	申	申

천간	통변성	비율(%)	지지	주권신	통변성	비율(%)
甲	상관		申	庚	인수	10
壬	겁재	10	申	庚	인수	30
癸	—	—	亥	壬	겁재	20
庚	인수	10	申	庚	인수	10

① 앞의 사주는 정기생(正氣生)의 것이다. 주권신으로 나타나 있다.

② 연간 甲은 상관으로서 일간 癸를 생조하지 않기 때문에 점수가 없다. 만약 생조한다면 10점을 얻었을 것이다.

③ 월간 壬은 겁재로서 일간 癸를 생조하므로 10점을 얻는다.

④ 시간 庚은 인수로서 일간 癸를 생조하므로 10점을 얻는다.

⑤ 연지 申은 정기생이므로 주권신이 庚이 되고 그 통변성은 인수가 된다. 일간 癸를 생조하므로 10점을 얻는다.

⑥ 월지 申의 주권신도 정기생이니 庚이 되고 역시 통변성이 인수가 된다. 일간 癸를 생조하니 월지에 배정된 30점을 얻는다. 월지는 월령(月令)이라고 하여 인간의 중추신경과 같고, 한 나라의 수도 서울과도 같으며, 군의 최고 사령부와도 같다. 다시 말해 인간의 운명은 월지에서 길흉의 열쇠를 쥐고 있는 것과 같다. 이러한 이유로 월지에 30점을 배정하였다.

⑦ 일지 亥의 주권신은 정기생이니 壬이고 그 통변성은 겁재가 된다. 일간 癸를 생조하므로 일지에 배정된 20점을 얻는다. 일지는 일간의 바로 밑자리여서 일간과 일심동체를 이루니 배정된 점수가 20점이다.

⑧ 시지 申의 주권신도 정기생이니 庚이 되고 그 통변성이 역시 인수가 된다. 일간 癸를 생조하므로 10점을 얻는다.

⑨ 결과적으로 이 사주의 일간은 100 중에서 90이나 되어 매우 강하고 신왕한 사주로 본다.

2. 득령 · 득세 · 득지에 의한 판단

1) 득령(得令)

월령(月令)을 얻는 것을 말한다. 월지가 비견 · 겁재 · 편인 · 인수에 해당하면 득령한 것이다. 물론 월지의 주권신을 사용한다.

2) 득세(得勢)

일간과 월지를 제외하고 다른 간지에서 편인 · 인수 · 비견 · 겁재의 세력을 3개 이상 얻으면 득세한 것이다. 지지의 경우에 주권신을 사용한다.

3) 득지(得地)

월지를 포함한 모든 지지에서 일간과 오행이 동일한 지장간을 3개 이상 얻으면 득지한 것이다. 오행이 동일한 지장간만 해당되므로 비견 · 겁재만 포함되고, 편인 · 인수는 제외된다. 이 경우는 주권신의 여부와 상관없다.

위에 설명한 득령 · 득세 · 득지 중 2가지 이상(득령과 득세, 득령과 득지, 득세와 득지)을 갖추면 신왕한 사주로 보고, 그렇지 못하면 신약한 사주로 본다. 이 방법으로 앞서 예로 든 甲申년 壬申월 癸亥일 庚申시 출생자의 일간 강약을 판단해보자.

① 득령 : 월지의 주권신이 인수이므로 득령하였다.
② 득세 : 일간과 월지를 제외하고 다른 간지에서 인수가 3개, 겁재가 2개이므로 득세하였다.
③ 득지 : 우선 월지를 포함하여 모든 지지의 지장간을 보면 다음과 같다.
- 연지 申(戊 · 壬 · 庚)
- 월지 申(戊 · 壬 · 庚)
- 일지 亥(戊 · 甲 · 壬)
- 시지 申(戊 · 壬 · 庚)

여기서 일간이 癸水이므로 水에 속하는 지장간을 찾으면 된다. 壬水가

4개 있으므로 득지하였다.

결과적으로 이 사주는 득령 · 득세 · 득지를 다 갖추었으므로 신왕한 사주로 본다.

3. 종합적인 판단

종합점수를 100점으로 하여 45점 이상이면 신왕한 사주로 보고, 그렇지 않으면 신약한 사주로 본다. 45점을 기준으로 한 것은 10개의 통변성 중에서 일간을 생조해주는 편인 · 인수 · 비견 · 겁재가 전체에서 차지하는 비중이 40%이므로 이보다 약간 높은 45%가 기준치로 적정하다고 판단했기 때문이다. 그 방법은 다음과 같다.

① 일간과 월지의 주권신을 대조한다. 월지의 주권신이 비견 · 겁재이면 30점을 부여하고, 편인 · 인수이면 15점을 부여한다. 비견과 겁재는 일간을 즉시 도와주는 관계이지만, 편인과 인수는 거리가 있어서 이렇게 점수를 다르게 부여한다. 월지의 주권신이 이러한 경우에 해당되지 않으면 점수가 없다.

② 그 다음으로는 일간을 기준으로 4개의 지지를 대조하여 12운을 살핀다. 4개의 지지에서 장생 · 관대 · 건록 · 제왕 중 3개 이상이 이루어지면 30점을 부여한다. 그러나 쇠 · 병 · 사 · 절 중 3개 이상이 이루어지면 그 점수가 0이다. 이상의 두 경우가 아니면 15점을 부여한다. 참고로 12운을 살필 때는 일간이 음간일 경우 이를 양간과 동일하게 보는 음장생 배척론과 그냥 음간 그대로 보는 음장생 수용론이 있다.

③ 그 다음으로는 일간과 월지를 제외한 6개 간지의 통변성을 살펴본다. 월지의 통변성은 이미 반영되었으므로 제외하는 것이다. 6개 간지의 통변성 중 비견 · 겁재 · 편인 · 인수가 3개 이상이면 30점을 부여하고, 2개이면 20점, 1개이면 10점을 부여한다. 월지는 그 작용이 강력

하므로 비견·겁재와 편인·인수를 구별해서 점수를 달리 부여했지만 이 경우는 같이 다루었다.

④ 끝으로 일간의 음양을 살펴본다. 남성이 양간(陽干)이면 10점을 부여하고, 여성은 남성과 반대로 음간(陰干)이면 10점을 부여한다. 양남음녀(陽男陰女)는 순행한다는 원리를 따른 것이다. 남성의 음간과 여성의 양간은 점수가 0이다.

⑤ 이와 같이 계산해서 합계가 45점 이상이면 신왕한 사주로 본다. 여기에 명궁·조후·양인 등의 상황을 고려해서 좀더 차원 높은 판단을 할 수도 있다. 이를 표로 나타내면 다음과 같다.

일간의 강약 판단			
1	월지의 주권신의 통변성	평가	점수
	비견·겁재	30	
	편인·인수	15	
	기타	0	
2	4개 지지의 12운		
	장생·관대·건록·제왕 중 3개 이상	30	
	쇠·병·사·절 중 3개 이상	0	
	기타	15	
3	일간과 월지를 제외한 6개 간지의 통변성		
	비견·겁재·편인·인수가 3개 이상	30	
	비견·겁재·편인·인수가 2개	20	
	비견·겁재·편인·인수가 1개	10	
4	일간의 음양		
	남성이 양간일 경우	10	
	여성이 음간일 경우	10	
	명궁·조후·양인		

이 방법을 통해 앞에서 예로 든 甲申년 壬申월 癸亥일 庚申시 출생자의 일간 강약을 판단해보자. 이 사주의 주인공은 남성이다.

① 월지 주권신의 통변성이 인수이다. 따라서 15점을 부여한다.

② 4개 지지의 12운을 살펴본다. 이 사람은 일간이 癸이므로 음간이다. 양간일 경우에는 아무 문제가 없지만 음간일 경우에는 음장생 배척론과 음장생 수용론이 문제가 된다. 음장생 배척론은 이 경우 일간을 水의 양간인 壬으로 보고, 음장생 수용론은 그냥 癸로 본다.

• 음장생 배척론을 따를 경우

이 이론에 의하면 위 사주에서는 일간을 癸가 아닌 壬으로 보아 4개의 지지를 대조하여 12운을 살핀다.

예

장생·관대·건록·제왕 중 3개 이상이 이루어지면 30점이다. 이 경우 장생이 3개, 건록이 1개이므로 30점을 부여한다.

• 음장생 수용론을 따를 경우

일간을 그냥 癸로 보아 4개의 지지를 대조하여 12운을 살핀다.

예

쇠·병·사·절 중 3개 이상이 이루어지면 0점이다. 이 경우 사가 3개이므로 그 점수가 0이다.

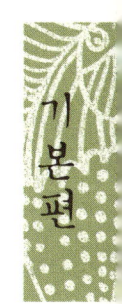

③ 일간과 월지를 제외한 6개 간지의 통변성을 살펴본다.

	시	일	월	연
	庚	癸	壬	甲
	(인수)	(一)	(겁재)	(상관)
	申	亥	申	申
	(庚인수)	(壬겁재)	(一)	(庚인수)

　　6개 간지의 통변성 중 비견·겁재·편인·인수가 3개 이상이면 30
점을 부여한다. 이 경우 겁재가 2개, 인수가 3개이므로 30점이다.
④ 남성이 양간일 경우 10점이다. 이 경우 음간이므로 0점이다.

　　이상을 종합해보면 ①에서 15점을 얻었고, ②에서 음장생 배척론을 따
르면 30점, 음장생 수용론을 따르면 0점이다. 또한 ③에서 30점을 얻었다.
④에서 0점이다.

　　결과적으로 음장생 배척론을 따르면 75점이고, 음장생 수용론을 따르면
45점이다. 어느 견해를 따르든지 45점 이상이면 신왕한 사주이므로 이 사
주의 주인공은 일간이 강하다고 할 수 있다.

　　참고로 이 사주의 주인공은 바로 필자이다. 필자 스스로 판단하기에 필
자의 정신력은 50점 정도이다. 그러나 이것이 필자의 주관적인 판단은 아
닐까 하여 수십 년을 함께 살아온 아내에게 물어보았더니, 아내 역시 필자
의 정신력은 50점 정도라고 한다. 그렇다면 음장생 수용론을 따르는 것과
비슷한 결과가 된다.

　　지금까지 일간의 강약을 계량하는 여러 가지 방법을 소개했지만 모두가
완전한 것은 아니다. 특히 수리계산을 동원하는 방법은 그야말로 하나의
방편이기 때문에 여기에 유혹을 느껴서는 안 된다. 일간의 강약, 즉 신강
(신왕)과 신약의 구별은 사주 전체를 보는 안목과 관련되어 있다. 그래서
신강(신왕)과 신약을 명쾌하게 구별할 수 있다면 사주학 공부는 이미 절반

은 끝난 셈이라고 한다.

일반적으로 수리계산을 동원하는 방법을 따르지 않고 다음과 같은 방법으로 신강(신왕)과 신약을 계량한다.

① 일간이 월지에서 비겁이나 인성을 얻어 득령하였는가.
② 일간이 자신의 지지, 즉 일지에 통근(通根)하여 득지하였는가.
③ 일간이 기타의 간지로부터 생부(生扶), 즉 인성과 비겁의 도움을 받아 득세하였는가.

사주학을 연구할 때는 자신이 스스로 해결해야 할 일들이 많다. '득지'나 '통근'의 개념을 정립하는 것도 바로 그러한 예에 속한다. '득지'의 경우 지지 전체를 문제 삼을 수도 있고 일지만을 문제 삼을 수도 있다. '통근'의 경우, 예를 들어 천간의 甲乙木은 寅卯木이나 亥水 이외에 辰未土에 뿌리를 내리고 있다고 볼 수도 있다. 그러므로 일간의 강약을 판단하는 구체적인 예시는 자칫하면 독자를 그릇된 길로 안내할 수 있는 위험성을 지니고 있다.

그러나 한 가지만 분명하게 밝혀두자. '통근'이란 비견·겁재인 지장간을 만나는 것이지 편인·인수인 지장간을 만나는 것과는 상관이 없다는 점이다. 나무[木]의 뿌리는 이른바 근(根)으로서 木이지 水가 아니다. 따라서 천간의 丙丁火는 午·巳·寅·未·戌, 戊己土는 午·巳·寅·未·戌, 庚辛金은 酉·申·巳·戌·丑, 壬癸水는 子·亥·申·丑·辰을 가지고 '통근'을 논한다.

1. 격국의 의의

격국(格局)이란 격(格)과 국(局)을 합친 말로 사주의 구조적 특징을 나타내기 위한 용어이다. 격은 성격(性格)·규격(規格)·품격(品格) 등을 의미하는데 사주의 어느 한 특징을 나타내기 위해서 사용한다. 사주에는 여러 가지 특징이 있으므로 그에 따라 많은 격이 등장할 수 있고, 심지어 한 사주가 여러 개의 격을 가질 수 있는 것이다. 국은 국세(局勢)·국면(局面)·형국(形局) 등을 의미하는데 사주의 중요한 형상을 나타내기 위해서 사용한다. 국은 격에 비해 좀더 큰 상황이라고 이해하면 된다. 예를 들어 사주에서 상관이 강하면 상관격(傷官格)이라고 하고, 그 정도가 좀더 큰 상황이면 상관국(傷官局)이라고 한다. 삼합과 방합은 국에 포함시킬 수 있다.

사주에서 격국을 논하는 이유는 격국이 용신(用神)을 잡는 데 하나의 기준이 될 수 있고, 또 격국이 사주의 품위를 다르게 할 수 있다고 보기 때문이다. 상관격에 일간이 약하면서 관살이 많으면 용신은 인성이 된다. 인성은 상관을 제어하고 관살의 기운을 흡수하여 일간을 도와주는 역할을 하기 때문이다. 만일 위의 경우에서 천간이 모두 똑같은 글자라면 사주의 모양새가 돋보이는 것이므로 사주의 주인공은 한결 더 고귀한 삶을 누릴 수 있다고 본다. 격국론은 사주의 틀을 논하는 것이고, 용신론은 사주의 핵을 논하는 것이다. 사주학을 깊이 있게 공부하려면 틀과 핵, 즉 모습과 정신을 모두 파악해야 한다.

2. 격국의 종류

고전 격국론에서는 사주의 구조적인 특징을 월지를 통해 파악하여 8격을 만들고 이것을 일반격이라고 하였다. 일반격을 내격(內格) 또는 정격(正格)이라고 하는데, 외격(外格) 또는 변격(變格)이라고 하는 특수격과 대비된다.

그런데 고전 격국론은 월지를 너무 중시했다는 문제점이 있고, 또 너무나 많은 특수격을 인정하였다. 종격(從格)이나 화격(化格)은 물론 비천록마격 같은 잡격(雜格)까지 나열하였기 때문에 고전 격국론에 등장하는 격국의 수는 매우 많다. 그것들을 체계적으로 정리하면 다음과 같다.

1) 일반격(내격 · 정격)
① 기준 : 월지를 따라 격을 정한다.
② 종류 : 월지가 비견이나 겁재인 경우를 제외하고 나머지 8개의 통변성을 따라 8격으로 한다. 식신격 · 상관격 · 정재격 · 편재격 · 정관격 · 편관격 · 인수격 · 편인격이 있다.
③ 용신 : 오행의 중화, 즉 상리(常理)를 기준으로 용신을 잡는다.

2) 특수격(외격 · 변격)
① 기준 : 거역할 수 없는 세력을 따라 격을 정한다.
② 종류 : 전왕격(종왕격) · 종강격 · 종식상격(종아격) · 종재격 · 종관살격 · 화기격(화격) · 건록격 · 양인격의 8격으로 한다. 일행득기격(곡직격 · 염상격 · 가색격 · 종혁격 · 윤하격)은 전왕격에 속한다. 양신성상격 중에서 일간이 생하는 격은 종식상격의 범주에 속하며, 일간을 생하는 격은 종강격의 범주에 속한다고 볼 수도 있으나 획일적인 판단을 내릴 수는 없다. 그 밖의 특수격은 잡격이라고 부른다. 예를 들어 비천록마격 같은 격이 잡격이다. 잡격은 이치에 맞지 않거나 논리적으로 부족한 경우가 많다.
③ 용신 : 오행의 기세를 따라서 용신을 잡는다.

3) 고전 격국론의 문제점

고전 격국론은 사주의 구조적 특징을 월지를 통해 파악하였다. 물론 사주에서 월지의 중요성을 강조하는 것은 당연하다. 그러나 사주는 전체적으로 파악해야 한다. 월지만 가지고 판단해서는 안 된다.

또한 앞에서 말한 8격은 그 판단이 간단하지 않다는 문제가 있다. 세부적으로 따져볼수록 판단하기 어려운 경우가 생기기 때문이다. 한 예로 월지의 지장간 중 정기의 지장간만으로 월지의 통변성을 결정하면 아주 간단할 것 같지만, 같은 달에 태어났어도 당령(當令)한 주권신이 무엇이냐에 따라 월지의 통변성이 달라진다. 그리고 주권신을 채택한 경우라도 그 주권신이 천간에 어떤 형태로 나타나 있는지가 영향을 미친다. 다음 예들을 살펴보자.

%o 예 1

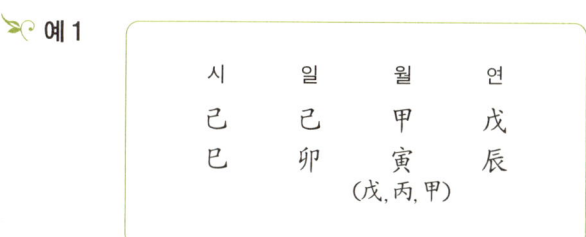

정기생(正氣生)이라면 寅 중 甲木이 주권신인데, 甲木이 천간에 투출(透出)되어 있으므로 누가 보아도 틀림없는 정관격이다. 이렇게만 되면 문제는 간단하다. 다만 정관격이라고 해서 정관이 바로 용신은 아니라는 점을 주의해야 한다. 정관이 곧 용신이라고 보는 견해도 있지만 정통 이론에서는 격과 용신을 별개로 다루고 있다.

그런데 만약 주권신이 戊土라면 어떻게 될까. 戊土가 천간에 투출되어 있기까지 하니 격을 정하는 데 문제가 된다. 그러나 이 경우에도 정기(正氣)에 미련을 두고 甲木을 위주로 한 정관격으로 보는 견해가 있을 것이다.

시	일	월	연
丙	己	壬	丁
寅	巳	寅	丑
		(戊,丙,甲)	

월지 寅의 지장간 戊·丙·甲 중에서 丙만이 천간에 투출되어 있으므로 이 경우는 인수격으로 볼 수 있다. 그러나 실제의 주권신이 무엇인지에 따라 다르게 볼 수 있다.

예 3

시	일	월	연
甲	己	丙	甲
子	丑	寅	子
		(戊,丙,甲)	

월지 寅의 지장간 중 甲木과 丙火가 모두 천간에 투출되어 있다. 둘을 한꺼번에 취해서 관인격(官印格)이라고 할 수도 있다. 이 사주는 관성과 인성이 모두 寅에 뿌리를 내려 둘 사이의 정이 가깝다. 한 어머니에게서 태어난 형제 사이다.

예 4

시	일	월	연
戊	己	壬	壬
辰	未	寅	辰
		(戊,丙,甲)	

월지 寅의 지장간 중 戊土만 천간에 투출되어 있으므로 겁재가 강하다. 그러나 주권신이 丙이나 甲이라면 격을 정하는 문제는 단순하지 않다.

지금까지 월지 寅을 들어 격국 판단이 어려운 경우를 살펴보았는데 고전 격국론에서는 이에 대하여 다음과 같이 설명한다.

① 월지의 정기가 천간으로 투출해 있으면 그것으로 격을 정한다. 그러나 일간과 같은 오행은 투출해도 격을 이루지 않는다고 보아 비견격이나 겁재격은 인정하지 않는다. 다만 월지가 일간의 건록이나 양인이면 건록격이나 양인격을 구성하지만 이 건록격과 양인격은 일반격이 아닌 특수격에 속하며, 따라서 이 둘은 독특한 용신 정하는 법이 있어서 그에 따라 용신을 정해야 한다.

② 월지의 정기가 아닌 다른 지장간이 천간에 투출해 있으면 그것을 가지고 격을 정한다. 이 경우 정기가 아닌 두 지장간이 동시에 천간으로 투출하였으면 둘 중에서 사주 전체의 상황을 따져볼 때 역량이 강한 것으로 격을 정한다.

③ 월지의 지장간 중 어느 것도 천간으로 투출하지 않은 경우는 월지 속의 지장간들과 사주 전체의 관계를 살펴 강약성쇠를 분간하고, 그 중에서 가장 역량이 강한 것으로 격을 정한다.

그러나 의문은 여전히 남는다. 예를 들어 寅월에 태어나고 당령한 주권신이 甲이라면 이것은 정기가 천간으로 투출한 것과 마찬가지인데, 천간에서는 戊나 丙의 세력이 강하다면 어느 것으로 격을 정해야 할지 문제가 되기 때문이다. 사주학은 한 개인의 출생시각을 놓고 이론을 전개하는 학문이다. 생각건대 출생시각을 제쳐두고 천간과 지지를 논하는 것은 공리공론에 불과하다.

고전 격국론에서는 비견격이나 겁재격을 인정하지 않는다. 그러면서도 건록격이나 양인격은 특수격으로 인정한다. 그 이유를 살펴보면 "월지가 일간의 비견·겁재·건록·양인인 경우에는 보통 격국 즉 일반격이 아니고 일간을 보강하는 역할을 할 뿐이다. 월지가 비견·겁재·건록·양인이면 사주 전체의 상황을 볼 때 대체로 신약하지 않으므로 용신을 정하고 희기(흉忌)를 밝히는 원칙이 보통 격국의 일반법칙과 다르기 때문에 보통 격국으로 보지 않는다"라는 논리다.

최근에는 고전 격국론에서 한 걸음 더 나아가 건록격이나 양인격을 일반격도 아니고 특수격도 아닌 별격으로 다루자는 주장이 있다. 그 이유를 살펴보면 "내격 즉 일반격의 경우에는 억부의 논리에 충실하여 일간이 강하면 강한 기운을 누출시키는 식상이나 제어하는 재관(財官)을 취용(取用)한다. 반대로 일간이 약하면 인성이나 비겁으로 조력하게 된다. 따라서 내격의 명식이 비겁과 식상을 모두 기뻐하거나 관살과 인성을 모두 기뻐하는 경우는 좀처럼 발견하기 어려우며, 원칙적으로 해당사항이 없다. 물론 사주학의 고급 단계인 십간론(十干論)에 이르면 그러한 경우도 많지만, 대부분 이것을 억부와 조후의 무분별한 혼용으로 무리하게 이해하여 논리적으로 매끄럽지 못한 경우가 많다. 그런데 녹인격(祿刃格)의 경우는 비겁과 식상을 모두 희신(喜神)으로 간주하는 사례가 잦다. 따라서 이러한 경우는 외격 즉 특수격에도 해당되지 않으므로 별격으로 간주해야 한다. 한 가지 더한 사례를 든다면, 비겁과 식상으로만 이루어진 사주에서 두 가지 오행의 세력이 대등하게 형성되었다면 이는 양신성상격이다. 이때 희신은 비겁과 식상으로, 이 역시 억부와 전왕(專旺, 한 가지의 기운으로 모여 있는 경우)의 적용사례가 되지 않는다. 따라서 별격으로 분류함이 타당하다"는 논리다.

필자의 견해로는 고전 격국론이 월지를 따라 일반격을 분류하면서 비견격과 겁재격을 제외시킨 것은 타당하지 않다. 형식논리상으로도 그렇고, 실질논리상으로도 비견이나 겁재는 일간과의 관계에서 이루어지는 통변성이지 일간 그 자체는 아니기 때문이다. 『적천수』에서 내격 8격을 언급했다고 해서 그대로 믿고 따르는 것은 바람직하지 않다. 고전 격국론은 비견격이나 겁재격은 인정하지 않는 반면, 건록격이나 양인격은 일반격이 아닌 특수격으로까지 격상시켜 다룬다. 건록이나 양인이 그만큼 대단한 위력을 지니고 있는가. 그렇지는 않다. 왜냐하면 본질적으로 건록은 비견이고 양인은 겁재이기 때문이다. 건록격이나 양인격을 특수격으로 다루는 이유에 대한 고전 격국론의 설명은, 신약하지 않기 때문에 용신을 정하고 희기를 밝히는 원칙이 일반격의 경우와는 다르다는 것이다. 무엇이 얼마만큼 다르다는 것인가. 건록격이나 양인격도 다른 간지가 월지에 동조해주지 않으면 신약한 것은 마찬가지다.

별격론은 녹인격의 경우에는 비겁과 식상을 모두 희신으로 간주하는 사례가 잦다고 설명하는데, 일반격에서도 이러한 사례는 흔하다. 예를 들어 편관격에서 식신으로 제살하는 경우에 식신이 용신이고 비겁이 희신이다. 별격론은 억부와 조후의 무분별한 혼용을 문제삼지만 깊게 보면 억부와 조후는 별개의 것이 아니다.

비겁과 식상의 관계를 파악하는 관점 역시 문제이다. 식상은 비겁의 기운을 누출시키기만 하는 존재는 아니다. 식상은 비겁의 자식으로서 관살을 제어하여 어버이 되는 비겁을 보호한다. 그러므로 비겁과 식상은 그야말로 '상생(相生)'의 관계이다. 때로는 식상이 조후의 역할까지 한다. 일반격에서도 비겁과 식상을 모두 기뻐하는 경우가 많은 것이다.

또한 고전 격국론에서는 특수격으로 종격과 화격을 다루고 있다. 이것은 오행의 중화, 즉 상리(常理)를 기준으로 하지 않고 오행의 기세를 따른 것이다. 이와 같은 태도는 타당한가. 모든 원칙에는 다 예외가 있는 법이니 그러한 의미에서 타당하다고 본다. 비유적으로 말해 인간의 혈액형도 일반격과 특수격이 있지 않은가. 그리고 고전 격국론이 종격과 화격에서 중화를 포기하고 순리를 따른 것은 자연의 이치에 비추어 지극히 당연한 태도라고 본다.

『적천수』는 순리를 따라 변(變)의 논리를 펼친다. 하지만 인류는 시대의 흐름에 따라 마음자세를 달리해 나간다. 필자의 생각으로『적천수』는 당시의 사상을 많이 반영하고 있다고 본다. 당시에는 종(從)과 화(化)가 절대적으로 필요했을 것이다. 그러나 오늘날 인류는 워낙 개성이 강해서 종과 화를 거부하는 경향이 강하다. 이러한 마음자세의 변화는 사주학 이론에서도 그대로 이어진다. 그러므로 오늘날은 옛날과 달리 종격과 화격의 적용을 축소시켜 예외적인 현상으로 다루어야 한다. 먼저 일반격인 정격을 적용해 보고, 그 다음에 특수격인 변격을 적용한다. 그러면 정격은 무엇을 기준으로 정하는가. 월지를 포함한 사주의 여덟 글자 중 가장 주도적인 세력을 따라 격을 정해야 한다. 그리고 격의 종류는 비견격과 겁재격을 추가한 내격 10격으로 하고, 건록격은 비견격에 포함시키며, 양인격은 겁재격에 포함시킨다. 요약하면 다음과 같다.

① 일반격에는 비견격(건록격)·겁재격(양인격)·식신격·상관격·정재격·편재격·정관격·편관격·인수격·편인격의 10격이 있다.
② 특수격에는 종격과 화격이 있다.
③ 먼저 일반격인 정격으로 간명하고, 어긋나면 특수격으로 간명한다.

3. 잡격의 허와 실

고전 격국론 중에서 잡격의 허와 실에 관하여 살펴보자. 고전에서 거론하는 잡격은 그 수가 매우 많은데도 불구하고 이치에 맞지 않거나 논리적으로 부족한 경우가 많다. 몇 가지만 예를 들어본다.

1) 비천록마격(飛天祿馬格)

녹(祿)은 관성이요 마(馬)는 재성을 뜻하는데, 사주 가운데 없는 재관(財官)을 허(虛)로 충출(沖出)한다고 해서 비천록마격이라고 한다. 이 격이 이루어지려면 다음과 같은 조건을 갖추어야 한다.

① 丙午일이 午가 많고 壬癸子未가 없어야 한다.
② 丁巳일이 巳가 많고 壬癸申亥가 없어야 한다.
③ 庚子일이 子가 많고 丙丁丑午가 없어야 한다.
④ 辛亥일이 亥가 많고 丙丁寅巳가 없어야 한다.
⑤ 壬子일이 子가 많고 戊己丑午가 없어야 한다.
⑥ 癸亥일이 亥가 많고 戊己寅巳가 없어야 한다.

이것을 자세하게 설명하면 다음과 같다.

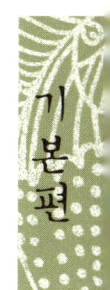

① 丙午일이 午가 많으면 子를 허충(虛沖)해서 子 중 癸水로 丙일의 정관을 삼는다. 壬癸가 있으면 관성이 실제로 존재하는 것이요, 子는 실충(實沖)이고, 未는 午未로 먼저 합하여 허충을 방해하므로 이 격이 이루어지지 못한다.

② 丁巳일이 巳가 많으면 亥를 허충해서 亥 중 壬水로 정관을 삼고 甲木으로 인수를 삼아 귀격이 된다. 壬癸가 있으면 관성이 실제로 존재하는 것이요, 亥는 실충이며, 申이 있으면 巳申으로 합해 허충을 방해하므로 이 격이 성립되지 않는다.

③ 庚子일이 子가 많으면 午를 허충해서 午 중 丁火로 관성을 삼고 己土로 인수를 삼아 귀격이 된다. 그러나 丙丁이 있으면 관성이 실제로 존재하는 것이요, 午는 실충이며, 丑이 있으면 子丑으로 먼저 합하여 허충을 방해하기 때문에 이 격이 이루어지지 못한다.

④ 辛亥일이 亥가 많으면 巳를 허충해서 巳 중 丙火로 관성을 삼고 戊土로 인수를 삼아 귀격이 된다. 그러나 丙丁이 있으면 관성이 실제로 존재하는 것이요, 巳는 巳亥로 실충이고, 寅이 있으면 寅亥로 합을 먼저 하여 허충을 방해하므로 이 격이 성립되지 않는다.

⑤ 壬子일이 子가 많으면 午를 허충해서 午 중 丁火로 재를 삼고 己土로 관성을 삼아 귀격이 된다. 그러나 戊己가 있으면 관성이 실제로 존재하는 것이요, 午는 子午로 실충이 되고, 丑은 子丑으로 먼저 합해서 허충을 방해하므로 이 격이 성립되지 않는다.

⑥ 癸亥일이 亥가 많으면 巳를 허충해서 巳 중 丙火로 재를 삼고 戊土로 관성을 삼아 귀격이 된다. 그러나 戊己가 있으면 관성이 실제로 존재하는 것이요, 巳는 실충이고, 寅이 있으면 寅亥로 먼저 합해서 허충을 방해하므로 이 격이 성립되지 않는다.

지금까지 살펴본 것처럼 비천록마격은 옛날의 녹마(祿馬) 중심의 사상을 나타내고 있으며, 실제의 상황은 무시한 채 없는 녹마를 불러오기 바빴다.

그러나 오늘날은 식상을 추구하는 시대로 볼 수 있으므로 비천록마격이 지닌 녹마의 의의는 상실되고, 식상이 용신이라는 실제 상황이 크게 부각될 것이다. 사실 비천록마격을 있는 그대로 이론적으로 파악해보면 식상이 용신일 경우가 많을 것이다.

2) 임기용배격(壬騎龍背格)

辰은 용(龍)인데 壬辰일생이 辰이 많으면 壬水가 용[辰] 위에 올라탄 형상이므로 임기용배격이라고 한다.

이 격이 이루어지려면 壬辰일이 辰이 많고 戌이 없어야 한다. 壬辰일생이 辰이 많고 戌이 없으면 辰은 戌을 허(虛)로 충출(沖出)하여 戌 중에 간직된 丁火로 재를 삼고, 戌土로 관성을 삼으며, 辛金으로 인수를 삼아 재관인(財官印)을 한꺼번에 얻어 귀격이 된다.

 예

시	일	월	연
壬	壬	甲	壬
寅	辰	辰	辰

국가의 재상이 되었다고 하는 사주이다. 土가 왕한 辰월에 태어났으므로 일간 壬水가 인성이나 비겁을 기뻐한다. 식신제살(食神制殺)의 형태도 띠고 있지만 신약하므로 그렇게 다루기에는 다소 무리가 따른다. 金水운에 발복했다고 하는데, 이것은 임기용배격이라는 특수격에서 비롯된 것이 아니고 정격의 이론이 그대로 적용된 경우이다.

3) 전인합록격(專印合祿格)

癸일생으로서 출생시가 庚申시이면 전인합록격이라고 한다. 이 격이 이루어지려면 丙·戊·己·巳·午·寅이 없어야 한다(충·극·형이 되기 때문이다). 이것은 사주를 일간과 시주만으로 본 단편적인 고찰에 불과하고, 종합적인 판단에서 벗어난 것이다.

4) 잡기재관격(雜氣財官格)

잡기(雜氣)란 土 속에 섞여 있는 여러 오행의 기를 말하는데 辰戌丑未 속의 여러 지장간을 뜻한다. 그 내용은 다음과 같다.

① 辰에는 乙癸戊의 장간이 있고 수고(水庫)이다.
② 戌에는 辛丁戊의 장간이 있고 화고(火庫)이다.
③ 丑에는 癸辛己의 장간이 있고 금고(金庫)이다.
④ 未에는 丁乙己의 장간이 있고 목고(木庫)이다.

고전 이론에서는 辰戌丑未월에 태어나고 고(庫)에 간직된 재성이나 관성에 해당하는 지장간이 천간에 투출되어 있지 않으면, 이것을 잡기재관격이라고 하여 충을 만나면 발복한다고 보았다. 예를 들어 甲木 일간이 丑월생이면 丑 중 辛金이 관성인데, 이 관성이 천간에 투출되어 있지 않으면 未土운을 만나 丑未충이 이루어지면 관성이 튀어나와 빛을 발한다는 것이다. 그리고 고(庫)를 열어주는 것은 충이니, 이 경우에 사주원국에 충이 있으면 이미 열린 것이므로 별도로 열릴 운을 기다릴 필요가 없다는 설명이다.

그러나 충이 이루어지면 土 속의 지장간은 파손되는데, 이것이 튀어나와 빛을 발한다는 설명은 충의 기본개념에서 벗어난 것이다. 이것의 부당성은 이미 『자평진전』에서도 잘 지적하고 있다. 그리고 사주원국에 이미 뚜렷하게 나타나서 훌륭한 용신이 될 수 있는 것이 존재함에도 불구하고 굳이 나타나 있지 않은 재성이나 관성에 관심을 갖는 것은 시대적인 사상의 반영에 불과하다. 오늘날은 다양한 재능이 빛을 발하는 시대이므로 재성이나 관성 특히 관성에 치우친 듯한 잡기재관격은 존재 이유가 희박해졌다고 본다.

5) 정란차격(井欄叉格)

정(井)은 우물이요 우물은 물이라 申子辰 수국(水局)을 가리키는데, 정란차격을 이루려면 다음과 같은 조건을 갖추어야 한다.

① 庚申일생이 子辰을 만나고 寅午戌이 없어야 한다.

② 庚子일생이 申辰을 만나고 寅午戌이 없어야 한다.
③ 庚辰일생이 申子를 만나고 寅午戌이 없어야 한다.

이것은 다시 말해 庚申·庚子·庚辰일생이 申子辰을 모두 갖추고 있고 寅午戌이 없는 경우에 申은 寅을, 子는 午를, 辰은 戌을 각각 허충하여 寅 중 甲木으로 庚일의 재성을 삼고, 午 중 丁火로 관성을 삼으며, 戌 중 戊土로 인성을 삼아 재관인(財官印)을 한꺼번에 얻어 귀격이 된다는 설명이다. 다음과 같은 사주가 모두 정란차격에 해당한다.

🌱 예 1

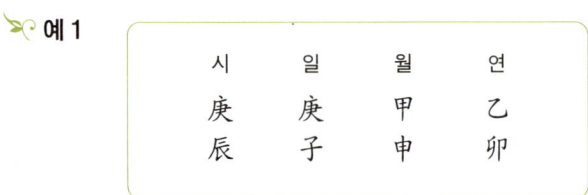

시	일	월	연
庚	庚	甲	乙
辰	子	申	卯

월지 申이 寅을 허충한다(寅 중 甲木이 재성이다). 일지 子는 午를 허충한다(午 중 丁火가 관성이다). 시지 辰이 戌을 허충한다(戌 중 戊土가 인성이다).

🌱 예 2

시	일	월	연
庚	庚	庚	辛
辰	申	子	亥

🌱 예 3

시	일	월	연
戊	庚	壬	辛
子	申	辰	丑

예4

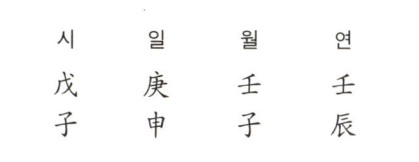

시	일	월	연
戊	庚	壬	壬
子	申	子	辰

이때 천간에 재성이나 관성이 없으면 더욱 좋고, 木운이 오면 부귀가 더하지만 火운이 오면 각종 재난이 일어난다고 본다.

그러나 이 정란차격은 허충(虛沖)이라는 방법으로 불러낸 재관인(財官印) 중에 특히 관성에 비중을 두고 설정된 이론이므로 허충이 설득력이 없고, 관성 위주의 사고방식이 오늘날에는 잘 맞지 않는다. 위의 예들은 금수상관격(金水傷官格)에 속하고, 정란차격이라고 하는 별도의 격을 설정할 필요가 없다.

지금까지 몇 가지 잡격들을 살펴보았는데 모두 설득력이 부족하다. 예로부터 전해지는 격국들 중에 이러한 것들이 대부분이다. 예를 들어 甲申일 甲戌시가 申과 戌 사이에 정관 酉를 가상적으로 끼고 있고 실제로 나타난 정관이 없으면 공귀격(拱貴格)이 이루어진다는 것 등이다.

4. 격국의 활용

고전 격국들 가운데 오늘날에도 충분히 활용할 만한 것들을 정리하면 다음과 같다.

1) 강왕격(强旺格)

일간이 비겁 위주로 지나치게 왕한 종왕격 또는 일간이 인성 위주로 지나치게 강한 종강격, 그리고 이 둘이 혼합되어 있는 경우가 강왕격이다. 이때는 강왕(强旺)한 세력을 따르는 것이 순리다.

강왕격은 부귀를 누릴 수 있지만 극과 극의 현상이 나타날 수 있다. 그래서 하루아침에 정상에서 밑바닥으로 굴러 떨어지는 등 운로(運路)가 계속 양호하게 이어지는 경우가 매우 드물고, 육친 관계에서 문제가 많다.

강왕격으로 보기에 약간 흠이 있는 경우가 가(假) 강왕격인데, 강왕격에 준해서 판단하면 된다. 가 강왕격의 예로는 통변성 중에서 재성이나 관살이 있어도 지지에 뿌리를 내리지 못해서 세력이 약한 경우가 있다.

2) 종아격(從兒格)

일간이 약하고 식상이 지나치게 왕한 경우가 종아격이다. 이때는 자식성인 식상을 따르는 것이 순리다. 재성운도 좋다. 그러나 강한 인성운은 매우 좋지 못하여 심지어는 죽을 수도 있다. 종아격이 잘 이루어지면 재물이 많다. 그러나 남성은 자식복이 박하고 여성은 남편복이 박하다.

3) 종재격(從財格)

일간이 약하고 재성이 지나치게 왕한 경우가 종재격이다. 재성을 따르는 것이 순리다. 식상운도 좋다. 그러나 인성운과 비겁운은 꺼린다. 종재격이 잘 이루어지면 큰 부자가 될 수 있다.

4) 종관격(從官格)

일간이 약하고 정관이 지나치게 왕한 경우가 종관격이다. 관성을 따르는 것이 순리다. 재성운도 좋다. 그러나 일간을 강하게 해주는 운은 최대의 흉운이고, 식상운도 매우 흉하다. 종관격이 잘 이루어지면 대귀(大貴)의 명이다.

5) 종살격(從殺格)

일간이 약하고 편관이 지나치게 왕한 경우가 종살격이다. 관성을 따르는 것이 순리다. 재성운도 좋다. 그러나 일간을 강하게 해주는 운은 최대의 흉운이고, 식상운도 매우 흉하다. 종살격이 잘 이루어지면 대귀(大貴)의 명이다.

정관과 편관이 섞여 있을 때 정관이 더 왕하면 종관격으로 보고 편관이 더 왕하면 종살격으로 판단하지만, 모두 관살혼잡(官殺混雜)이어서 순수한

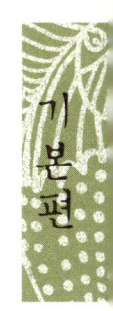
경우보다 격이 떨어진다.

6) 가종격(假從格)

일간이 약한 종아격·종재격·종관격·종살격을 진종격(眞從格)이라고
한다면, 일간이 이보다는 약간 힘이 있는 경우를 가종격(假從格)이라고 할
수 있다. 가종격은 진종격에 준해서 판단하지만 그보다 격이 떨어진다.

7) 곡직격(曲直格)

甲일 또는 乙일생으로서 지지에 삼합 목국(木局)이나 동방합이 있고 사
주에 金이 없는 경우가 곡직격이다. 천성이 인자하고 문화 및 교육 계통·
사회사업·木업 분야로 진출하면 명성을 크게 얻을 수 있다.

곡직격은 일간을 생조해주는 운은 좋고 극해주는 운은 나쁘다. 이는 일
간이 지나치게 강왕하기 때문에 일간을 따르는 것이 순리(順理)이고 거스
르는 것은 역리(逆理)이기 때문이다.

 예 1

8) 염상격(炎上格)

丙일 또는 丁일생으로서 지지에 삼합 화국(火局)이나 남방합이 있고 사주에 水가 없는 경우가 염상격이다. 성격이 급한 편이면서도 예의가 바르다. 정신문화 · 법무 계통 · 火업 분야로 진출하면 큰 명성을 얻을 수 있다.

염상격은 일간을 생조해주는 운은 좋고 극하는 운은 나쁘다.

예 1

시	일	월	연
己	丁	辛	甲
未	卯	巳	午

남방합

예 2

시	일	월	연
辛	丙	甲	戊
酉	戌	午	寅

삼합 화국

9) 가색격(稼穡格)

戊일 또는 己일생으로서 지지에 辰戌丑未 중 최소한 셋 이상이 위치하고, 그 중 하나는 반드시 월지에 있으며 사주에 木이 없는 경우가 가색격이다. 체격이 풍만하고 행동 역시 매우 무게가 있다. 종교가 · 법학자 · 부동산업 등으로 명성을 얻을 수 있다.

가색격은 일간을 생조해주는 운은 좋고 극하는 운은 나쁘다.

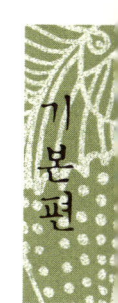

예 1

시	일	월	연
癸	戊	己	戊
丑	辰	未	戌

예 2

시	일	월	연
戊	己	己	戊
辰	未	未	辰

10) 종혁격(從革格)

庚일 또는 辛일생으로서 지지에 삼합 금국(金局)이나 서방합이 있고 사주에 火가 없는 경우가 종혁격이다. 통이 크고 의리를 중요하게 생각한다. 검찰 · 법관 · 군인 · 金업 분야로 진출하면 크게 명성을 얻을 수 있다.

종혁격은 일간을 생조해주는 운은 좋고 극하는 운은 나쁘다.

예 1

시	일	월	연
庚	辛	甲	己
戌	酉	申	亥

서방합

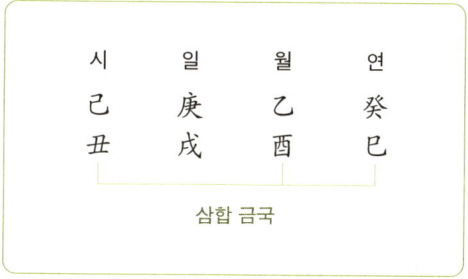예 2

시	일	월	연
己	庚	乙	癸
丑	戌	酉	巳

삼합 금국

11) 윤하격(潤下格)

壬일 또는 癸일생으로서 지지에 삼합 수국(水局)이나 북방합이 있고 사주에 土가 없을 경우가 윤하격이다. 지혜롭고 영리하다. 사람들에게 봉사하는 직업·농림수산업·水업 분야로 진출하면 크게 명성을 얻을 수 있다.

일간을 생조해주는 운은 좋고 극하는 운은 나쁘다.

🌿 예 1

시	일	월	연
丙	癸	壬	庚
辰	亥	子	申

삼합 수국

🌿 예 2

시	일	월	연
丁	壬	癸	甲
丑	子	亥	午

북방합

12) 양신성상격(兩神成象格)

사주명식이 두 가지의 오행으로 나뉘어져 있고 그 밖의 다른 오행의 기는 전혀 섞이지 않은 경우를 말한다.

① 상생오국(相生五局)

두 가지의 오행이 각각 네 개씩 나뉘어 있으면서 상생관계인 경우.

- 水木상생격은 水가 4개, 木이 4개로 구성된 것이다. 水·木·火 운은 길운이고 土·金 운은 흉운이다.
- 木火상생격은 木이 4개, 火가 4개로 구성된 것이다. 木·火·土 운

은 길운이고 金 · 水 운은 흉운이다.

- 火土상생격은 火가 4개, 土가 4개로 구성된 것이다. 火 · 土 · 金 운은 길운이고 水 · 木 운은 흉운이다.
- 土金상생격은 土가 4개, 金이 4개로 구성된 것이다. 土 · 金 · 水 운은 길운이고 木 · 火 운은 흉운이다.
- 金水상생격은 金이 4개, 水가 4개로 구성된 것이다. 金 · 水 · 木 운은 길운이고 火 · 土 운은 흉운이다.

상생오국은 일간에서 보아 비겁과 식상 또는 인성만으로 구성된 사주이다. 식상은 수기발로(秀氣發露)가 비상하고 재능이 샘물같이 솟아나므로 학문 · 예술 · 기술 방면에 우수한 재능이 있다. 인성 또한 학문 · 예술 · 기술 방면에 우수한 재능이 있다.

② 상성오국(相成五局)

두 가지의 오행이 각각 네 개씩 나뉘어 있으면서 상극관계인 경우.

- 木土상성격은 木이 4개, 土가 4개로 구성된 것이다. 火 · 水 · 土 운은 길운이고 金 · 木 운은 흉운이다.
- 土水상성격은 土가 4개, 水가 4개로 구성된 것이다. 火 · 金 · 水 운은 길운이고 木 · 土 운은 흉운이다.
- 水火상성격은 水가 4개, 火가 4개로 구성된 것이다. 木 · 火 · 金 운은 길운이고 土 · 水 운은 흉운이다.
- 火金상성격은 火가 4개, 金이 4개로 구성된 것이다. 木 · 土 · 金 운은 길운이고 水 · 火 운은 흉운이다.
- 金木상성격은 金이 4개, 木이 4개로 구성된 것이다. 木 · 土 · 水 운은 길운이고 火 · 金 운은 흉운이다.

상성오국은 일간에서 보아 비겁과 재성 또는 관살만으로 구성된 사주이다. 정재로 구성된 상성격은 정재와 관련된 업무로 크게 성공하고, 편재로 구성된 상성격은 편재와 관련된 업무로 크게 성공한다. 관살의 경우도 이와 마찬가지다.

지금까지 양신성상격에 대해서 살펴보았는데 이상의 설명은 원론적인 것으로 출생월이나 합충관계 등에 따라 차이가 발생할 수 있다. 그리고 양 신성상격이라고 해서 무조건 부귀를 누릴 수 있는 것도 아니다.

13) 화기격(化氣格)

이 격은 일간이 월간 또는 시간과 간합(干合)하고, 그 간합 화기(化氣) 오 행과 같은 오행이 월지에 있거나, 지지에 삼합 오행이 있어서 그것이 화기 오행과 같은 경우에 이루어진다. 다만 일간이 투합 또는 쟁합이 되거나 화 기 오행을 극하는 오행이 있으면 격이 이루어지지 않는다.

① 화목격(化木格)

일간은 丁이나 壬이고, 월지는 寅 또는 卯가 되거나 지지에 삼합 목국 (木局)이 있어야 한다. 다만 木을 극하는 金이 없어야 한다.

 예 1

 예 2

② 화화격(化火格)

　일간은 戊나 癸이고, 월지는 巳 또는 午이거나 지지에 삼합 화국(火局)이 있는 경우이다. 다만 火를 극하는 水가 없어야 한다. 다음 예에서 戊午일생은 癸水가 연간에 있기 때문에 합화(合化)의 능력이 약하다.

 예 1

시	일	월	연
火			
戊	癸	○	○
○	○	午	○

 예 2

시	일	월	연
	火		
○	戊	○	癸
寅	午	戌	○

삼합 화국

③ 화토격(化土格)

　일간은 甲이나 己이고, 월지는 辰戌丑未 중 어느 하나인 경우이다. 다만 土를 극하는 木이 없어야 한다.

예 1

 예 2

④ 화금격(化金格)

일간은 庚이나 乙이고, 월지는 申 또는 酉이거나 지지에 삼합 금국(金局)이 있는 경우이다. 다만 金을 극하는 火가 없어야 한다.

 예 1

 예 2

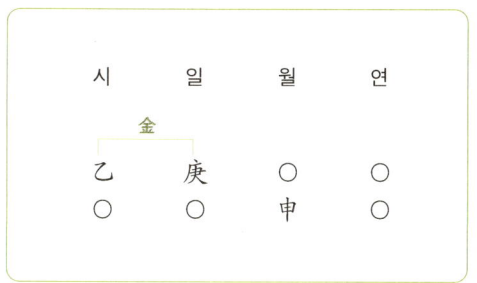

⑤ 화수격(化水格)

일간은 丙이나 辛이고, 월지는 亥 또는 子가 되거나 지지에 삼합 수국
(水局)이 있어야 한다. 단 水를 극하는 土가 없어야 한다.

 예 1

화기격이 잘 구성되고 운로(運路) 또한 좋으면 대부대귀(大富大貴)를 누
릴 수 있다. 화기(化氣)가 지나치게 왕하면 이를 적당히 설(洩)해주는 운이
기쁘고, 화기가 좀 모자라면 이를 적당히 생조해주는 운이 반갑다. 아울러

화기가 너무 건조하면 이를 적당히 윤택하게 해주는 운이 기쁘고, 화기가 냉한하면 이를 온난하게 해주는 운이 반갑다. 화기를 극하거나 화기가 극하는 운은 흉운이다.

14) 삼기격(三奇格)

정재·정관·인수가 완전하게 갖추어진 사주를 말한다. 귀성(貴星)들이 생해가면서 보호하는 관계로 일간을 향하여 달리고 있으므로 일품지귀(一品之貴)의 가능성을 크게 지니고 있는 형상이다.

15) 사위순전격(四位順全格)

사주에 사정(四正, 子午卯酉)·사생(四生, 寅申巳亥)·사묘(四墓, 辰戌丑未)가 있는 경우이다.

① 사정격(四正格)

지지에 子午卯酉가 모두 있는 경우이다. 통변성의 배치가 양호하면 크게 부귀해지는 명이다. 문학 방면에 소질이 있지만 주색에 탐닉하여 일신을 망칠 가능성이 많다. 특히 여성의 경우에는 이성문제로 인한 아픔을 겪을 수 있다.

② 사생격(四生格)

지지에 寅申巳亥가 모두 있는 경우이다. 통변성의 배치가 양호하면 비상한 발전을 이루어 최고의 지위에 오를 수 있다. 총명하고, 정치가나 무관이 되면 대권을 장악할 수 있다. 단, 발전이 빠르지만 쇠퇴함도 빠르다.

③ 사묘격(四墓格)

지지에 辰戌丑未가 모두 있는 경우이다. 통변성의 배치가 양호하면 크게 부귀해지는 명이다. 집착이 강하며, 남녀를 불문하고 자식복이 박하다.

사위순전격은 크게 부귀해지거나 아니면 빈천해지는 양면성이 있으며, 육친의 덕이 없다는 것이 큰 흠이다. 사주 자체에 충이 겹쳐 있어서 발달이 매우 빠르고 종말 또한 그렇다.

16) 간합지형격(干合支刑格)

일간은 간합을 이루고, 일지는 일간과 간합을 이루는 천간의 지지와 형을 이루는 경우이다.

합이 꿀처럼 달콤한 것이라면 형은 사람을 해치는 독과 같다. 그러므로 겉은 꿀처럼 달콤하게 꾸며놓았지만 속에는 독이 들어 있으니 아주 좋지 못하다. 이 격은 주색을 지나치게 탐하다가 일신을 망치는 형상이다.

 예 1

 예 2

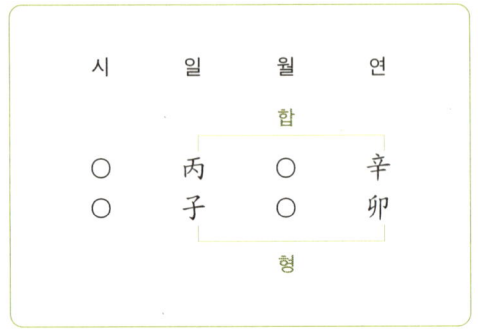

예 3

시	일	월	연
		합	
○	丙	○	辛
○	子	○	卯
		형	

17) 일기생성격(一氣生成格)

사주의 간지 4개가 모두 같은 것으로 이루어진 경우이다. 아래에서 예1
은 乙酉 일기생성격이고, 예2는 庚辰 일기생성격이다. 일기생성격은 모두
10가지가 있는데 사주의 모양새가 깨끗하여 귀격을 이룬 형상이다. 그러나
월의 심천에 따라 주권신이 달라지고 남녀에 따라 운로가 달라지므로 각
경우마다 나누어서 판단해야 한다.

예 1

시	일	월	연
乙	乙	乙	乙
酉	酉	酉	酉

예 2

시	일	월	연
庚	庚	庚	庚
辰	辰	辰	辰

18) 삼붕격(三朋格)

일간·월간·시간이 같은 경우이다. 단, 연간·월간·일간이 같은 경우
는 격이 떨어진다고 본다. 이 격은 일간이 매우 강해질 가능성이 많다. 부
귀를 누릴 가능성도 크지만 반대로 극빈해질 수도 있다. 삼붕격이라고 해

서 무조건 다 좋은 것은 아니다.

19) 양간부잡격(兩干不雜格)

연간 · 월간 · 일간 · 시간에서 같은 천간이 2개씩 나뉘어 이루어진 경우이다. 다음의 예에서 볼 수 있듯 사주의 모양새가 있어서 귀격을 이룬 경우이다. 그러나 양간부잡격이 무조건 귀격은 아니다. 사주 전체의 구성에 따라 상반되는 운명이 될 수 있다.

예 1

예 2

20) 천원일기격(天元一氣格)

4개의 천간이 똑같은 경우이다. 사주의 모양새가 있어서 귀격을 이룬다. 그러나 천원일기격이 무조건 귀격은 아니다. 사주 전체의 구성에 따라 상반되는 운명이 될 수 있다.

예 1

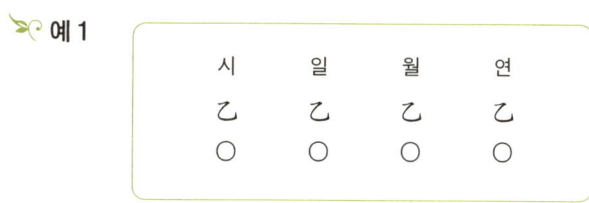

시	일	월	연
庚	庚	庚	庚
○	○	○	○

21) 간지쌍련격(干支雙連格)

사주에서 일부 간지가 순서대로 연결되어 있는 경우이다. 사주의 모양새가 순서를 지니고 있어서 귀격을 이룬 형상이다. 그러나 사주 전체의 구성에 따라 상반되는 운명이 될 수 있다.

 예 1

시	일	월	연
丙	乙	○	○
寅	丑	○	○

 예 2

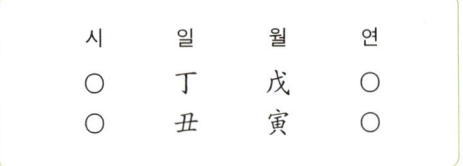

시	일	월	연
○	丁	戊	○
○	丑	寅	○

22) 천간연주격(天干連珠格)

연간을 기준으로 해서 천간이 순서대로 이루어진 경우이다. 이 격은 대체로 부모덕이 많다. 또한 사주의 구성이 양호하면 좋은 방향으로 명성을 얻고, 불량하면 나쁜 방향으로 이름이 높아진다.

 예 1

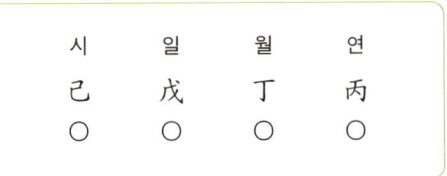

시	일	월	연
己	戊	丁	丙
○	○	○	○

예2

시	일	월	연
壬	辛	庚	己
○	○	○	○

예3

시	일	월	연
丁	丙	乙	甲
○	○	○	○

23) 지지연여격(地支連茹格)

4개의 지지가 십이지의 순서대로 구성되어 있거나 하나씩 건너뛰는 경우이다. 이 격은 대체로 인격이 높고 의지가 강하며, 부귀를 누릴 수 있는 명으로 본다.

예1

시	일	월	연
○	○	○	○
未	午	巳	辰

예2

시	일	월	연
○	○	○	○
午	辰	寅	子

24) 오행구족격(五行俱足格)

사주에 木·火·土·金·水의 오행이 다 갖추어져 있는 경우이다. 이 격은 오상(五常)인 인(仁)·의(義)·예(禮)·지(智)·신(信)을 갖추고 있으므로 인격이 원만하고 신체가 건강하며, 일생 동안 복덕이 많은 명이다. 물론 사주의 구성에 따라 많은 차이가 발생할 수 있다.

25) 지지일자격(地支一字格)

4개의 지지가 모두 같은 경우이다. 사주의 모양새가 단아하여 귀격을 이룬 형상이다. 그러나 사주 전체의 구성에 따라 상반되는 운명이 될 수 있다.

예 1

예 2

26) 천지덕합격(天地德合格)

일주가 월주나 시주와 천지덕합이 되는 경우이다. 성격이 명랑쾌활하고 사교적이어서 부귀를 누릴 수 있는 가능성이 크다.

예 1

예2

시	일	월	연
합			
乙	庚	○	○
亥	寅	○	○
	합		

27) 자오쌍포격(子午雙包格)

사주에 子가 둘 午가 둘이거나, 子가 둘 午가 하나, 子가 하나 午가 둘 있는 경우이다. 지지가 子午충이지만 사주명식이나 운에서 수화기제(水火旣濟)를 이루면 귀명(貴命)이 될 수 있다.

예1

시	일	월	연
○	○	○	○
午	子	午	子

예2

시	일	월	연
○	○	○	○
子	子	酉	午

예3

시	일	월	연
○	○	○	○
戌	午	子	午

1. 용신의 의의

　용신(用神)은 일간 이외의 것으로서 그 사주를 꽃 피울 수 있는 핵이 되는 간지(또는 천간이나 지장간)를 말한다. 이때 그 간지에 해당하는 통변성 또는 오행을 용신으로 부를 수 있다. 용신이란 용어는 '체(體)인 일간이 반드시 필요로 해서 용(用)하는 신(神)'이란 뜻에서 비롯되었다.

　용신이 훌륭하면 운로에 따라 멋진 꽃을 피울 수 있다. 그러나 용신이 약하거나 깨어져 있는 경우, 그리고 흠이 있는 경우에는 보잘 것 없는 꽃이 핀다.

　　용신은 객관적인 방법으로 주의해서 찾아내야 하므로 사주 간명자가 주관적으로 함부로 결정하면 안 된다. 전해 내려오는 용신 찾는 방법에 다음 다섯 가지가 있다.

1) 억부용신(抑扶用神)

　사주에서 강한 자는 억압을 해주고, 약한 자는 도와주어야 한다. 이렇게 조정해줄 수 있는 간지가 용신이 되는데 이것이 곧 억부용신으로, '강자의 억 약자의부(强者宜抑 弱者宜扶)'에서 비롯되었다.

2) 조후용신(調候用神)

　사주는 조화를 이루어야 한다. 추우면 따뜻함이 필요하고 더우면 서늘함

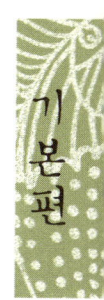

이 필요하다. 건조하면 윤택함이 필요하고 습하면 밝음이 필요하다. 나아가 각 별들이 서로 귀성(貴星)으로 이루어지면 좋다. 이렇게 조정해줄 수 있는 간지가 바로 조후용신이다.

3) 종용신(從用神)

사주에 특정 오행의 기운이 지나치게 강해서 도저히 다스릴 수 없는 경우에는 그대로 그 오행에 따르는 것이 좋다. 그 오행이 바로 종용신이다.

4) 통관용신(通關用神)

사주에서 두 세력이 서로 치고받고 다툴 때에는 이를 소통시켜줄 필요가 있다. 이렇게 해줄 수 있는 간지가 통관용신이다.

5) 병약용신(病藥用神)

병(病)이란 사주를 길격(吉格)으로 구성하는 데 방해되는 자(예를 들어 불필요하게 태왕한 자) 또는 용신에 해를 끼치는 자(예를 들어 용신을 극하는 자)로 전자를 사주의 병, 후자를 용신의 병이라고 한다. 반면 병을 다스릴 수 있는 자를 약(藥)이라고 한다. 약은 약신(藥神)으로서 이것이 병약용신이다.

이 병약 이론은 일반적인 억부 이론에서 그 정도가 지나친 경우를 특별히 다루기 위해 만들어낸 것으로 본다.

용신은 사주를 판단하는 기준이 된다. 그래서 남성의 경우에 용신이 인수이면 정재는 좋은 역할을 하지 못하기 때문에 아내로 인해 화를 당할 수 있다고 추리하고, 반대로 용신이 정재이면 아내의 큰 도움을 기대할 수 있다고 판단한다.

그러나 용신을 찾는 일은 결코 쉽지 않다. 사주에 용신이 없는 것처럼 보이는 경우가 있는가 하면, 용신이 2개 이상 있는 것처럼 보이는 경우도 나타나기 때문이다. 그러므로 용신을 지나치게 고집하다가는 정반대의 결론을 내릴 가능성이 있다. 용신이 확실하지 않을 경우에는 과거를 살펴보고,

이것이 어려울 경우에는 사주 전체의 구성과 운로를 보아 가며 몇 가지의 가능성을 상정하여 판단하는 것이 그릇된 판단을 줄이는 지름길이다.

그러면 지금까지 설명한 용신 찾는 방법 5가지를 좀더 자세히 예를 들어 가며 살펴보자. 소개하는 예들은 고금의 서적 중에서 가려낸 것들로 주권신의 관념이 없기 때문에 일반적인 방법으로 설명한다.

2. 억부용신

억부용신은 일간의 강약에 따라 달라진다. 일간이 강하면 극설(剋洩)해주는 방법을 택하고, 약하면 생조(生助)해주는 방법을 택한다. 일간이 비겁 위주로 강할 경우에는 신왕(身旺)이라 하고, 인성 위주로 강할 경우에는 신강(身强)이라고 하는데 넓은 의미로 둘을 합쳐 신왕 또는 신강이라고 한다.

1) 일간이 비겁 위주로 신왕한 경우

이 경우에는 관살 → 재성 → 식상의 순으로 용신을 찾는다. 왜냐하면 비겁이 강해서 이를 극해주는 관살이 가장 빠른 방법이고, 약한 관살을 도와주는 재성은 그 다음 방법이며, 비겁의 기운을 설해주는 식상은 마지막 방법이기 때문이다.

① 관살이 용신인 경우

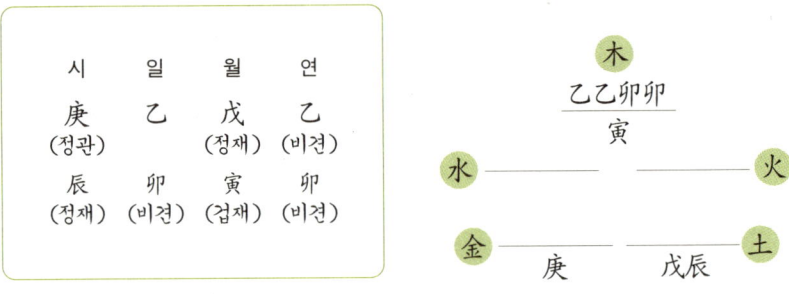

위에서 오른쪽 그림은 약식법륜도이다. 각각의 오행마다 선을 그어서 음

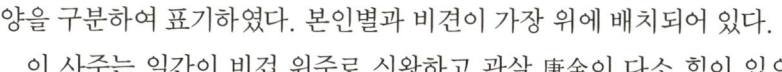

양을 구분하여 표기하였다. 본인별과 비견이 가장 위에 배치되어 있다.

이 사주는 일간이 비겁 위주로 신왕하고 관살 庚金이 다소 힘이 있으므로 庚金을 용신으로 본다.

② 재성이 용신인 경우

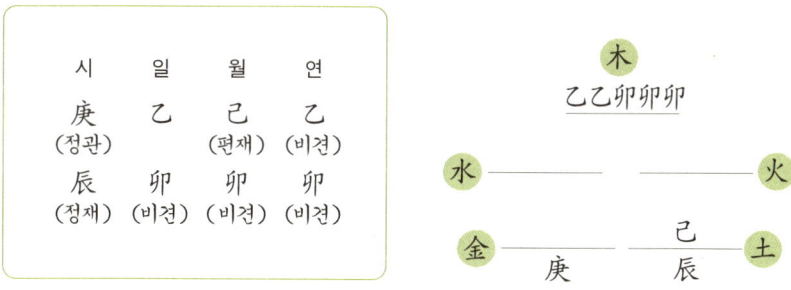

일간이 비겁 위주로 신왕한데, 앞의 예와 달리 관살 庚金이 다소 힘이 없어서 庚金을 도와주는 재성 辰土를 용신으로 본다. 앞의 예에서는 일간이 寅월의 乙木이지만, 이 경우는 제왕성인 卯월의 乙木이므로 木이 더 강하여 상대적으로 庚金이 약해졌다.

③ 식상이 용신인 경우

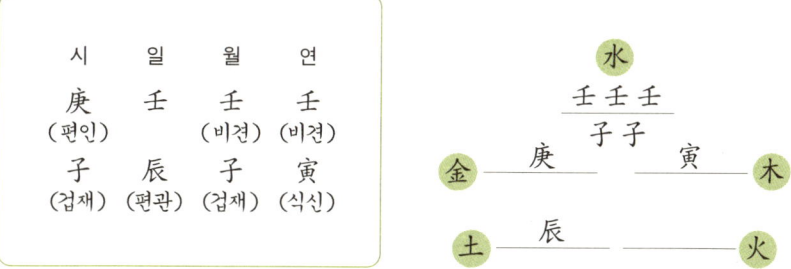

일간이 비겁 위주로 신왕한데 관살 辰土는 습토이기 때문에 거센 물살을 극할 능력이 없다. 寅木으로 설하는 것이 순리이므로 식상 寅木을 용신으로 본다.

2) 일간이 인성 위주로 신강한 경우

이 경우에는 재성→식상→비겁의 순으로 용신을 찾는다. 왜냐하면 인성이 강해서 이를 극해주는 재성이 가장 **빠른** 방법이고, 약한 재성을 도와주는 식상이 그 다음 방법이며, 인성의 기운을 설해주는 비겁이 마지막 방법이기 때문이다.

① 재성이 용신인 경우

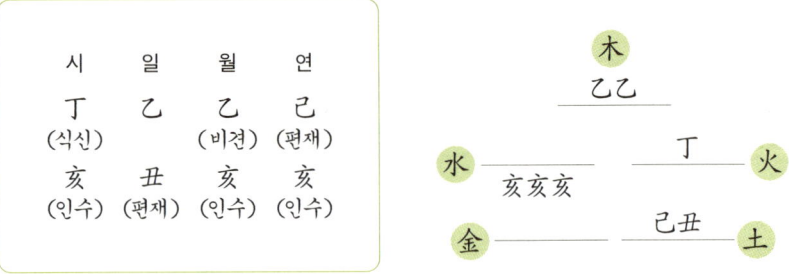

일간이 인성 위주로 신강하다. 특히 亥월이라서 水의 세력이 너무 강하여 乙木이 표류할 가능성이 있다. 재성인 土로 水를 극해주어야 하므로 재성인 土가 용신이다. 엄밀히 말하면 이 사주에서는 土가 약하므로 土와 火를 합쳐서 용신으로 볼 수 있다.

② 식상이 용신인 경우

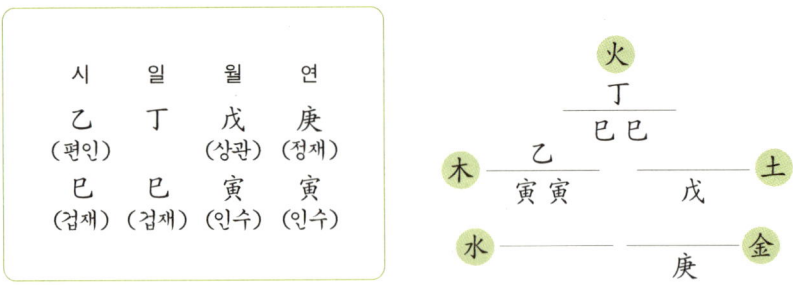

일간이 인성 위주로 신강하다. 직접 庚金으로 木을 극할 수 있으면 좋지만 그 자체로서는 힘이 약하다. 다행히 식상 戊土가 庚金을 도와주고 있으니 이 戊土가 용신이다. 엄밀히 말하면 이 사주에서는 土와 金을 합쳐서 용신으로 볼 수 있다.

③ 비겁이 용신인 경우

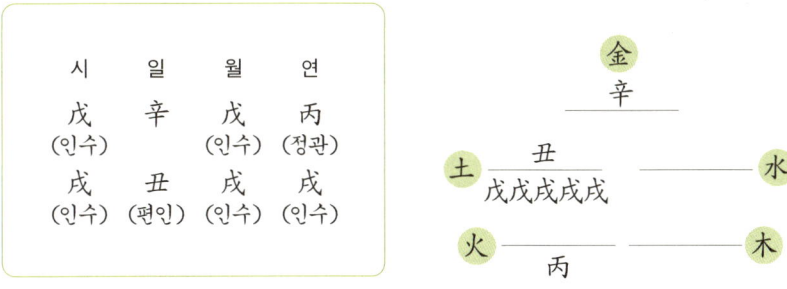

시	일	월	연
戊	辛	戊	丙
(인수)		(인수)	(정관)
戌	丑	戌	戌
(인수)	(편인)	(인수)	(인수)

일간이 인성 위주로 신강하다. 丙火 관성은 土에 둘러싸여 화생토(火生土)하므로 용신이 될 수 없다. 그러므로 인성 土의 강한 세력을 설해주는 비겁 金을 용신으로 본다. 이 사주에는 金이 지장간에 간직되어 있다.

3) 재성이 많아 일간이 신약한 경우

이 경우에는 비겁 → 인성 → 관살의 순서로 용신을 찾는다. 왜냐하면 재성이 강하므로 이 강한 재성을 극해주면서 일간을 도와주는 비겁이 가장 빠른 방법이고, 약한 일간을 도와주는 인성은 그 다음 방법이며, 재성의 기운을 설해주는 관살은 마지막 방법이기 때문이다.

① 비겁이 용신인 경우

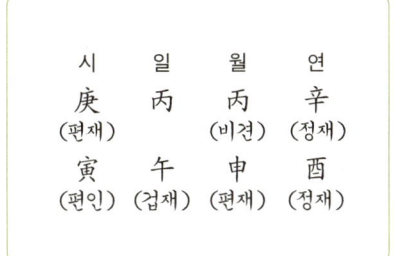

시	일	월	연
庚	丙	丙	辛
(편재)		(비견)	(정재)
寅	午	申	酉
(편인)	(겁재)	(편재)	(정재)

월지 申을 비롯해서 재성이 많기 때문에 일간이 상대적으로 신약하다. 비겁인 丙火·午火가 재성을 극해주면서 일간을 도와주므로 火가 용신이다. 특히 午火가 일지에 있어 반갑다.

② 인성이 용신인 경우

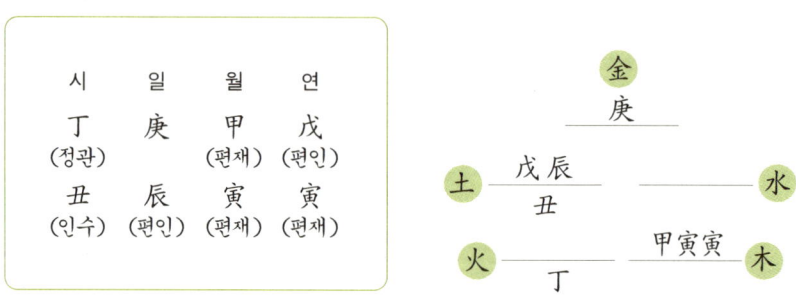

시	일	월	연
丁	庚	甲	戊
(정관)		(편재)	(편인)
丑	辰	寅	寅
(인수)	(편인)	(편재)	(편재)

월지 寅을 비롯해서 재성이 강하므로 일간이 상대적으로 신약하다. 재성 木과 인성 土가 똑같이 3개이지만 寅월이므로 木이 더 강하다. 그러나 土는 丁火의 생을 받아 일간을 도와주기 때문에 土가 용신이다. 특히 辰土가 일지에 있어 반갑다.

③ 관살이 용신인 경우

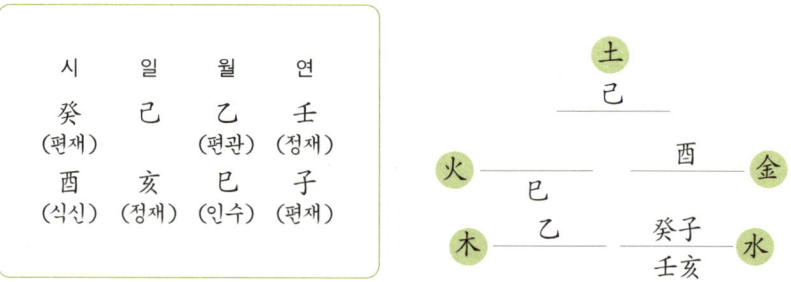

시	일	월	연
癸	己	乙	壬
(편재)		(편관)	(정재)
酉	亥	巳	子
(식신)	(정재)	(인수)	(편재)

재성이 많아 신약하다. 비겁은 없고 인성은 巳亥충을 하므로 용신이 될 수 없다. 그런데 乙木 관살이 亥의 지장간 甲木의 도움으로 힘을 얻어 왕한 재성의 기운을 설해주니 사주의 정기가 木으로 모였다. 그래서 乙木 관살이 용신이다.

4) 관살이 많아 일간이 신약한 경우

이 경우에는 인성 → 비겁 → 식상의 순서로 용신을 찾는다. 왜냐하면 관살이 강해서 이를 설해주면서 일간을 도와주는 인성이 가장 부드럽고 좋은 방법이고, 약한 일간을 보강하는 비겁은 그 다음 방법이며, 강한 관살과 맞서서 극하는 식상은 모험적인 방법이기 때문이다.

① 인성이 용신인 경우

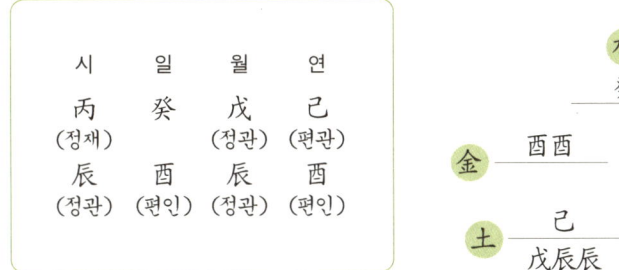

관살 土가 많아 신약하다. 그러나 관살 土의 강한 기세가 인성인 일지 酉金으로 집결되어 일간을 도와주므로 살인상생(殺印相生)이 되어 아름답다. 그래서 酉金 인성이 용신이다.

② 비겁이 용신인 경우

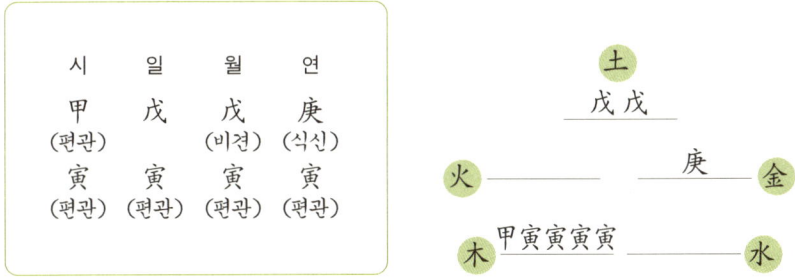

관살 木이 너무 많아 신약하다. 인성이 없으므로 비겁이나 식상 중에서 용신을 찾을 수밖에 없다. 월간 戊土가 일간을 가까이에서 보강하고 있기 때문에 戊土 비겁이 용신이다. 그러나 식상 庚金이 제살할 능력은 없다. 왜냐하면 월간 戊土로부터 적게나마 도움을 받을 수 있다고 하지만 그마저도 멀리 연간에 치우쳐 있기 때문이다. 이 사주에서는 戊土가 일간만이라도 보강해줄 수 있으면 다행이다.

③ 식상이 용신인 경우

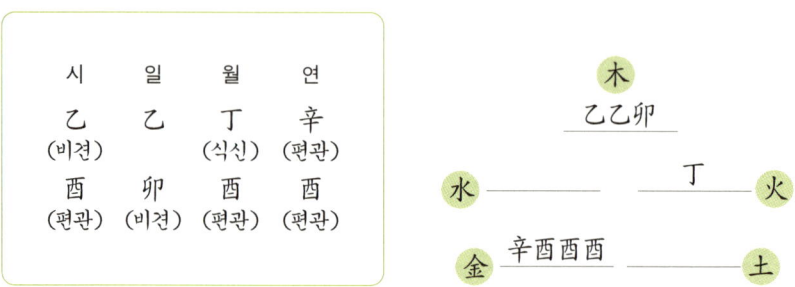

앞의 사주와 비슷한 형태이다. 그러나 이 사주에서는 식상 丁火가 핵이 된다. 왜냐하면 여러 木의 도움을 받을 수 있어 힘이 있고, 일간 가까이 있으면서 여러 관살을 다스려줄 수 있기 때문이다. 그래서 식상 丁火가 용신이다. 이 사주는 관살의 공격에 비겁으로 일간을 보강만 하고 있을 입장은 아니고, 식상으로 한바탕 모험을 해볼 수 있는 경우이다.

5) 식상이 많아 일간이 신약한 경우

이 경우에는 인성 → 비겁 → 재성의 순으로 용신을 찾는다. 왜냐하면 약한 일간을 도우면서 동시에 식상을 극해주는 인성이 가장 좋은 방법이고, 단순히 약한 일간을 보강해주는 비겁은 그 다음 방법이며, 식상의 많은 기운을 설해주는 재성은 마지막 방법이기 때문이다.

① 인성이 용신인 경우

시	일	월	연
辛	戊	丁	辛
(상관)		(인수)	(상관)
酉	寅	酉	酉
(상관)	(편관)	(상관)	(상관)

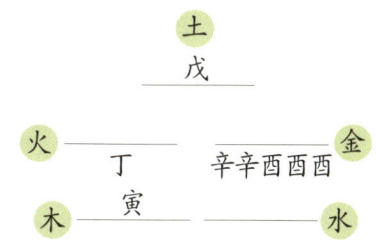

식상 金이 너무 많아 신약하다. 인성 丁火가 관성 寅木에 뿌리를 두고 일간을 도우면서 동시에 식상 金을 극해주고 있다. 더구나 일간 가까이 있으면서 여러 식상을 직접 다스려주니 아름답다. 그래서 丁火 인성이 용신이다.

② 비겁이 용신인 경우

시	일	월	연
癸	己	庚	戊
(편재)		(상관)	(겁재)
酉	酉	申	辰
(식신)	(식신)	(상관)	(겁재)

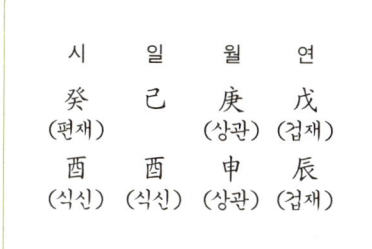

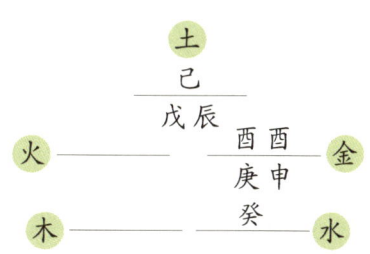

식상 金이 많아 신약하다. 인성이 있으면 가장 바람직한데 없다. 부득이 비겁 土에 의지하기 때문에 이것을 용신으로 본다. 그러나 인성을 용신으로 쓰는 경우보다 격이 떨어지고 미덥지 못하다. 특히 이 사주는 토생금(土生金) 금생수(金生水)의 관계를 이루어 사주의 정기가 水로 집결되므로 癸水를 용신으로 볼 수도 있다. 그렇지만 土와 金 일간은 세력을 따라 잘 종(從)하지 않는 성질을 지니고 있다는 견해가 있으므로 이를 감안하기로 하자.

③ 재성이 용신인 경우

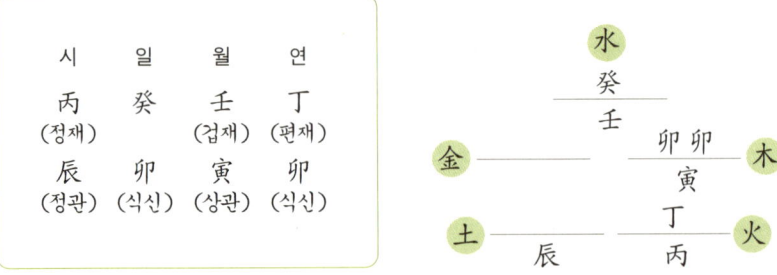

시	일	월	연
丙	癸	壬	丁
(정재)		(겁재)	(편재)
辰	卯	寅	卯
(정관)	(식신)	(상관)	(식신)

식상 木이 태왕하여 신약하다. 지지는 寅卯辰 동방 목국(木局)을 이루어 辰土는 木의 역할을 하게 되고, 천간의 丁火와 壬水도 합하여 지지와 어우러져 木으로 화하였다. 이렇게 태왕한 木의 기운을 정체시키지 않고 설하여 丙火로 꽃 피우니 아름답다. 사주에서 기의 흐름이 식상에 머문 단순한 종아격보다 격이 높다. 그래서 丙火 재성이 용신이다.

6) 기타의 경우

이 밖에 복합적인 몇 가지 경우를 더 살펴보자.

① 인성과 비겁이 섞여 있어서 강한 경우에는 식상을 용신으로 삼는 것이 좋다.
② 식상과 재성이 많아서 신약한 경우에는 인성과 비겁을 합쳐서 용신으로 삼는 것이 좋다.
③ 재성과 관살이 많아서 신약한 경우에는 인성과 비겁을 합쳐서 용신으로 삼는 것이 좋다.
④ 식상 · 재성 · 관살이 많아서 신약한 경우에는 인성과 비겁을 합쳐서 용신으로 삼는 것이 좋다.
⑤ 일간이 강하지도 약하지도 않은 경우에는 조후의 관점에서 용신을 찾는다.
⑥ 겨울철에 태어난 庚辛 일간은 약간 신약하더라도 조후의 관점에서 관살인 火를 용신으로 삼는 것이 좋다. 금수상관(金水傷官)이 되어 한랭

하기 때문이다. 물론 겨울 金이라도 사주에 이미 火가 강하게 나타나 있으면 그렇지 않다.

⑦ 여름철에 태어난 甲乙 일간은 별로 약하지 않음에도 불구하고 조후의 관점에서 인성인 水를 용신으로 삼는 것이 좋다. 목화상관(木火傷官) 이 되어 조열(燥熱)하기 때문이다.

10개의 천간은 나름대로의 독특한 특성을 지니고 있다. 따라서 이에 대한 연구를 깊이 있게 하여 살아서 움직이는 용신을 찾을 수 있도록 해야 한다.

3. 조후용신

사주는 억부와 조후의 이치를 조화롭게 적용해서 파악해야 한다. 억부는 현실이요, 조후는 이상이다. 현실을 떠난 이상은 있을 수 없고 이상을 떠난 현실은 무의미하다. 현실과 이상이 조화를 이루면 가장 바람직하다. 억부 위주로 생각하고 조후를 틀에 박힌 형식적인 것으로 파악하는 것은 얕은 소견이다. 조후를 깊이 있게 연구해보면 그 속에 우주의 원리가 들어 있다. 조후는 단순한 한난조습(寒暖燥濕)을 말하는 것이 아니다. 억부는 조후의 논리를 담고 있고 조후는 억부의 정신을 지니고 있다.

예 1

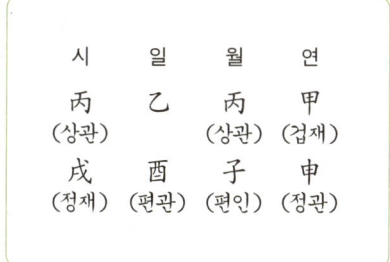
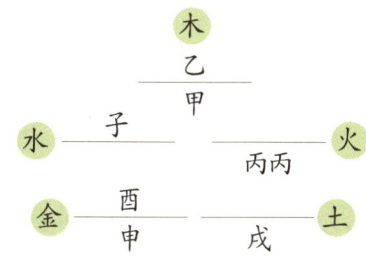

지지에 申酉戌 서방 금국(金局)을 이루어 관살의 기세가 험하다. 억부법

으로는 살인상생(殺印相生)으로 子水를 용신으로 삼고 싶다. 그러나 겨울철의 乙木에게는 水가 아름답지 못하다. 조후법으로 火를 찾게 되니 丙火가 용신이다. 火는 관살의 기세를 극하여 제살(制殺)까지 할 수 있으므로 억부의 정신과도 조화를 이룬다.

예 2

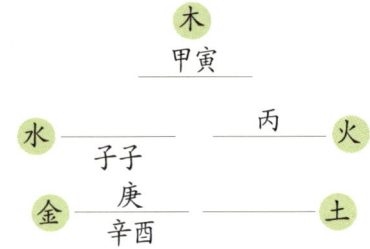

관살 金의 기세가 강하다. 억부법으로는 살인상생으로 子水를 용신으로 삼고 싶다. 그러나 겨울철의 甲木에게는 水가 아름답지 못하다. 조후법으로 火를 찾게 되니 丙火가 용신이다. 火는 관살의 기세를 극하여 제살까지 할 수 있으므로 억부의 정신과도 조화를 이루었다. 앞의 예와 비슷하다.

예 3

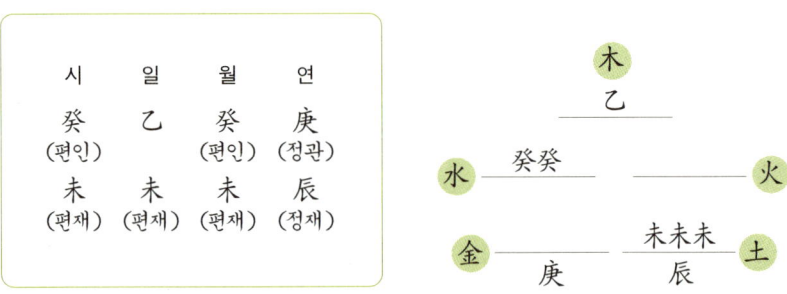

재성 土가 많아 재다신약(財多身弱)이다. 억부법으로는 비겁이 시급하다. 그러나 여름철의 乙木은 조후법으로 볼 때 水를 찾게 되므로 癸水가 용신이다. 癸水는 인성으로서 약한 일간을 도와주기 때문에 억부의 정신과도 조화를 이룬다.

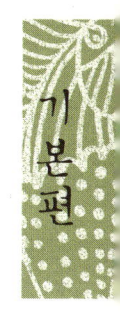

 예4

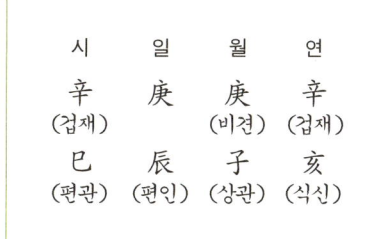

시	일	월	연
辛 (겁재)	庚	庚 (비견)	辛 (겁재)
巳 (편관)	辰 (편인)	子 (상관)	亥 (식신)

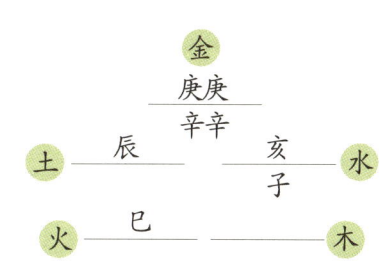

4金 1土라서 신왕해 보인다. 그러나 金이 모두 천간에 있고 亥와 子辰합이 있으므로 그렇지도 않다. 일간의 강약을 구분하기 어렵다. 이럴 때에는 우선 조후의 관점에서 용신을 찾는다. 金水가 많아 추운 사주이므로 巳 중 丙火를 용신으로 삼는 것이 좋다. 그러나 사주가 너무 한랭하므로 火가 제 역할을 할 수 있을지는 의문이다. 만약 이 사주가 조후를 필요로 하지 않는다면 극하는 火나 설하는 水 중에서 월령을 잡은 子水를 용신으로 삼을 수 있을 것이다.

4. 종용신

사주에 특정 오행의 기운이 지나치게 강해서 도저히 이를 다스릴 수 없을 때에는 그대로 그 오행에 따르는 것이 좋은데, 이 경우 그 오행이 바로 종용신(從用神)이다. 이런 상황은 특수한 경우이기 때문에 일반적인 내격(內格)이 아닌 외격(外格)으로 보아 격국론에서 다룬다. 종용신 사주에는 종격(從格)과 화격(化格)의 두 가지가 있다.

사주를 간명할 때는 종용신 사주라고 생각되더라도 일단 내격으로 다루어보고, 이와 전혀 다른 반대의 결론이 나올 경우에 외격으로 다룬다. 옛날에는 자신의 주체성을 버리고 타인에 종(從)해서 사는 경우가 많았지만, 오늘날은 대부분의 사람들이 나름대로의 재능을 발휘해서 독립적인 삶을 영위하기 때문이다.

1) 종격(從格)

① 종왕격(從旺格)

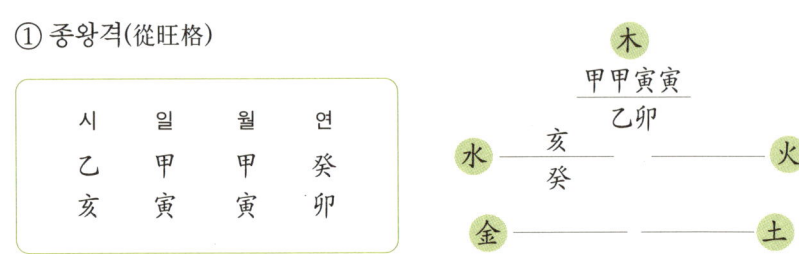

시	일	월	연
乙	甲	甲	癸
亥	寅	寅	卯

비겁 위주로 지나치게 왕하다. 木이 용신이다.

② 종강격(從强格)

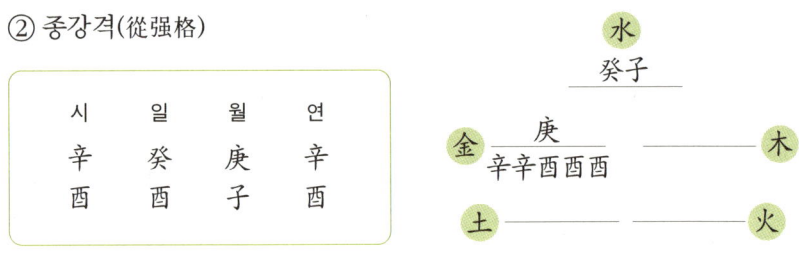

시	일	월	연
辛	癸	庚	辛
酉	酉	子	酉

인성 위주로 지나치게 강하다. 金이 용신이다.

③ 종아격(從兒格)

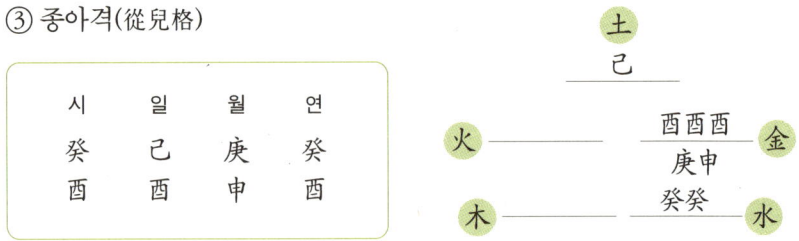

시	일	월	연
癸	己	庚	癸
酉	酉	申	酉

　많은 金의 세력에 따라야 하니 金이 용신이다. 그러나 사주의 기가 金水로 흘러 水를 용신으로 볼 수도 있는데, 그렇게 되면 격과 용신이 별개의

것이 된다.

④ 종재격(從財格)

시	일	월	연
丙	乙	丙	戊
戌	未	辰	戌

많은 土의 세력에 따라야 하니 土가 용신이다.

⑤ 종살격(從殺格)

시	일	월	연
辛	乙	辛	戊
巳	丑	酉	申

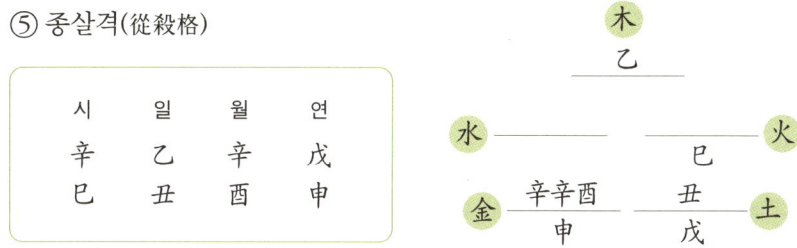

巳酉丑삼합까지 있어서 많은 金의 세력에 따라야 하므로 金이 용신이다.

⑥ 종세격(從勢格)

시	일	월	연
壬	丙	戊	壬
辰	申	申	戌

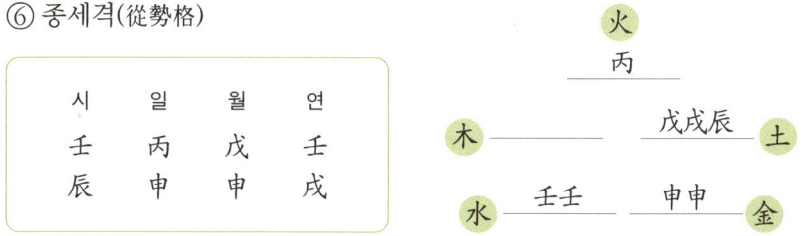

　식상·재성·관살의 세력이 비슷하고 일간이 약하다. 토생금(土生金) 금생수(金生水)로 흘러 水가 꽃이다. 종살격의 형태로 볼 수 있다. 왜냐하면 종세격의 경우에 대부분 기운이 모이는 곳은 관살이므로 종살격과 비슷하게 보는 것이다.

　종세격은 식상·재성·관살의 세력이 모두 엇비슷하고 일간은 버틸 능력이 없을 정도로 약한 경우에 이루어진다.

⑦ 가종(假從)

시	일	월	연
乙	壬	庚	丙
巳	午	寅	寅

木火의 세력을 따라 종해야 마땅한데 월간의 庚金이 문제가 된다. 이 庚金의 도움 여부에 따라 이 사주는 내격 즉 정격도 될 수 있고, 외격도 될 수 있기 때문이다. 일단 정격으로 보아 庚金을 용신으로 삼았다고 치자. 庚金은 천간에 홀로 떠 있고, 土의 뒷받침도 없는데다 丙火로부터 치명타를 맞아 비틀거리고 있다. 그러면서도 도와주겠다고 하니 미덥지 못하여 木火의 세력을 따라 종하는데, 그래도 庚金에 대한 미련이 남아서 100% 진실된 종을 못 하니 가종(假從)이다. 그러나 가종도 종이다. 金운을 만나면 감당하지도 못하면서 용만 쓰는 꼴이 되어 흉하다. 첫사랑을 다시 만나 현재의 가정에 파탄만 불러오는 형상이다. 이 사주는 金을 버리고 火를 따라가야 한다.

2) 화격(化格)

화격도 종격과 마찬가지로 지나치게 강한 오행을 따라 종용신(從用神)하는 경우인데, 다만 합화(合化)라는 절차를 거쳐 이루어진다. 화격은 화기격(化氣格)이라고도 하며 화격을 이루는 요건은 다음과 같다.

첫째 일간이 바로 인접해 있는 월간이나 시간과 합이 되어 있을 것,

둘째 합이 되어 형성하는 화기(化氣)를 다른 천간과 지지가 어우러져 적극 동조해줄 것,

셋째 일간이 투합되거나 쟁합되지 않고 화기를 극하는 오행이 없을 것 등이다.

① 화토격(化土格)

시	일	월	연
己	甲	壬	戊
巳	辰	戌	辰

甲과 己가 합해서 土로 화하였다고 볼 수 있다. 많은 土의 세력에 따라야 하므로 土가 용신이다.

② 화금격(化金格)

시	일	월	연
庚	乙	己	壬
辰	巳	酉	戌

乙과 庚이 합해서 金으로 화하였다고 볼 수 있다. 화기(化氣)를 극하는 巳火는 酉金과 합이 되어 방해하지 않는다. 金이 용신이다.

③ 화수격(化水格)

시	일	월	연
壬	丙	辛	壬
辰	子	丑	子

丙과 辛이 합해서 水로 화하였다고 볼 수 있다. 丑과 辰은 모두 土이지만 습토로서 子와 어우러져 水의 역할을 하게 된다. 水가 용신이다.

子丑은 육합이 되지만 육합은 믿을 바가 못 된다. 子辰은 申子辰반합으로서 水의 성질이 강하다.

④ 화목격(化木格)

```
시    일    월    연
甲    壬    丁    甲
辰    寅    卯    戌
```

壬과 丁이 합해서 木으로 화하였다고 볼 수 있다. 木이 용신이다. 지지의
寅卯辰은 동방합을 이루었다.

⑤ 화화격(化火格)

```
시    일    월    연
戊    癸    丁    癸
午    酉    巳    巳
```

고서(古書)에 화화격의 예로 나와 있는 사주이다. 이론적으로는 일간 癸
水가 일지 酉金의 적극적인 도움을 받고 있으므로 戊土와 합화를 이루기 어
렵고, 또한 연간에 화기(化氣)를 극하는 癸水가 있어 문제가 된다. 어떻든
이 사주는 癸와 戊가 합해서 火로 화하였다고 하니 火가 용신이다. 오늘날
이러한 사주를 만난다면 일단은 정격으로 다루어 酉金을 용신으로 삼고 관
찰해야 한다.

⑥ 가화(假化)
이론적으로는 가화(假化)를 생각할 수 있지만 화격의 성립요건이 까다로
워 실제로는 가화를 논하기가 어렵다.

3) 종용신 관련 문제
종용신과 관련한 몇 가지 문제를 살펴보자.

① 일간이 태왕한 경우

시	일	월	연
戊	甲	丁	甲
辰	子	卯	辰

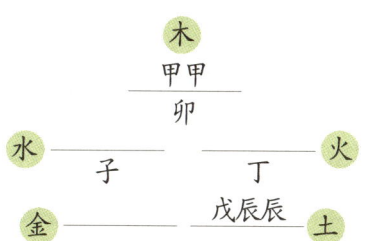

태왕(太旺)은 보통 이상으로 지나치게 왕한 경우를 말한다. 이럴 때는 극하는 것보다 설기(洩氣)시켜주는 것이 자연스러울 때가 많다. 연지 辰土는 木의 성질로 기울었고, 시지 辰土는 水의 성질로 기울었다. 이 사주에서는 木이 태왕하다. 火운을 기뻐한다.

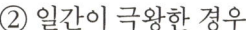
② 일간이 극왕한 경우

시	일	월	연
乙	甲	乙	癸
亥	寅	卯	卯

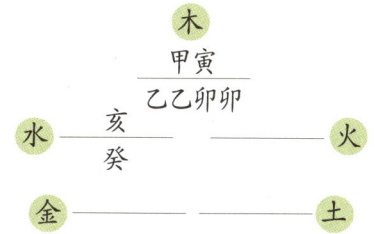

극왕(極旺)은 태왕보다 더욱 왕하여 그 정도가 극에 이르러 더 이상 왕할래야 왕할 수 없는 경우를 말한다. 이럴 때는 설기시켜주는 것보다 도와주는 것이 자연스러울 때가 많다. 이 사주에서는 木이 극왕하다. 水운을 기뻐한다.

③ 일간이 태쇠한 경우

시	일	월	연
甲	辛	庚	己
午	卯	午	卯

태쇠(太衰)는 보통 이상으로 지나치게 쇠한 경우를 말한다. 이럴 때는 보

(補)하는 것보다 차라리 더 극하여 종을 시키는 것이 자연스러울 때가 많다. 이 사주는 지지가 木火로 이루어져 있고 己土와 庚金이 무력해서 일간이 태쇠하다. 태쇠한 辛金에게는 생해주는 土가 좋을 것 같지만, 보통 이상으로 지나치게 쇠한 경우이므로 그렇게 하지 않고 차라리 더 극하여 종을 시키는 것이 자연스럽다. 火운을 기뻐한다. 정확하게는 木·火운이 매우 반갑다.

④ 일간이 극쇠한 경우

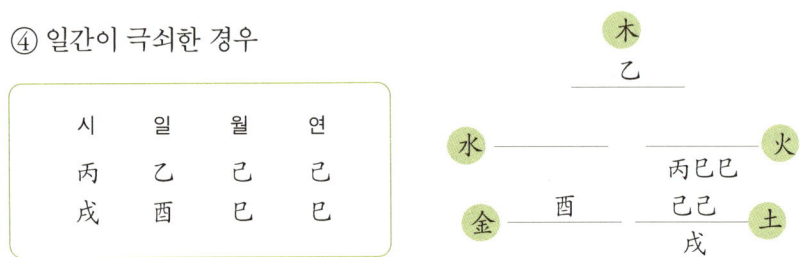

시	일	월	연
丙	乙	己	己
戌	酉	巳	巳

극쇠(極衰)는 태쇠보다 더욱 쇠하여 그 정도가 극에 이르러 더 이상 쇠할래야 쇠할 수 없는 경우를 말한다. 이럴 때는 극하여 힘을 빼는 것보다 설기시키는 것이 자연스러울 때가 많다. 이 사주에서는 木이 극쇠하다. 火운을 기뻐한다. 정확하게는 火·土 운이 매우 반갑다.

5. 통관용신

사주에서 두 세력이 서로 치고받고 있을 때 이를 소통시켜주는 것이 통관용신이다.

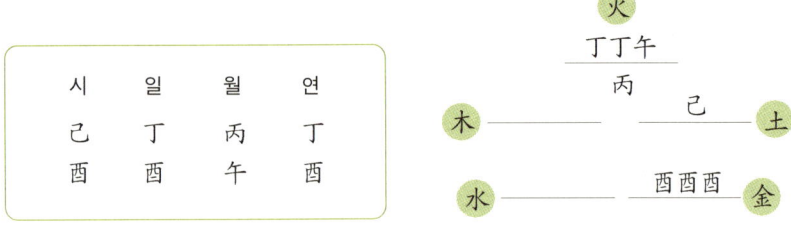

시	일	월	연
己	丁	丙	丁
酉	酉	午	酉

화극금(火剋金)의 관계로 이루어져 있는데 己土가 이를 소통시켜주니 己土가 통관용신이다. 통관이란 방법으로 억부를 부드럽게 조정해주는 경우이므로 넓은 의미에서 억부용신에 포함시킬 수 있다.

6. 병약용신

사주의 병과 용신의 병을 다스릴 수 있는 자가 약신(藥神)으로, 약신이 곧 병약용신이다. 병약용신은 일반적인 억부 이론에서 그 정도가 지나친 경우를 특별히 다루기 위한 것이기 때문에 넓은 의미에서 억부용신에 포함시킬 수 있다.

병약용신과 관련해서 전해 내려오는 다음과 같은 내용이 있다. "병이 있어도 약이 있으면 귀하게 될 것이다. 그러나 병만 있고 약이 없으면 흉하다고 할 수 있다. 병도 없고 약도 없으면 그저 평범한 사주일 뿐이다."

1) 사주의 병

사주를 길격(吉格)으로 구성하는 데 방해가 있는 경우이다. 태과(太過)와 불급(不及)이 사주의 병이다.

🌿 예 1

시	일	월	연
辛	壬	丙	辛
亥	申	申	酉

金이 너무 많아 水가 탁해졌으므로 금다(金多)가 병이다. 丙火로 다스릴 수 있다면 丙火가 병약용신이다. 그러나 丙火는 연간의 辛金과 합을 이루어 미덥지 못하다.

🌱 예 2

시	일	월	연
戊	辛	戊	己
戌	亥	辰	丑

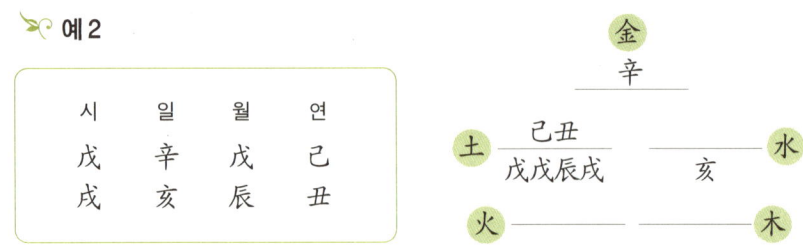

土가 너무 많아 金이 묻혀버렸으므로 토다(土多)가 병이다. 土를 걷어낼 수 있는 것이 木이므로 木이 약인데 이 사주에는 약이 없다.

🌱 예 3

시	일	월	연
癸	己	庚	戊
酉	酉	申	辰

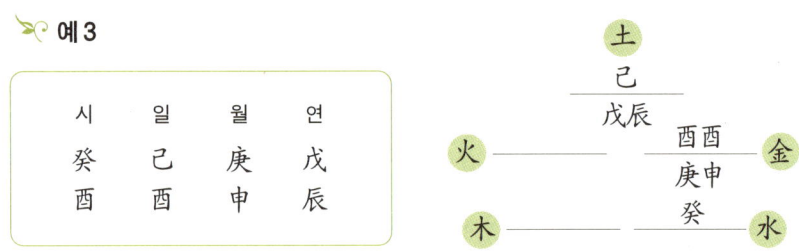

이 사주를 토생금(土生金) 금생수(金生水)의 순리대로 보지 않고 金이 너무 많아 신약한 것이 문제라고 본다면, 금다(金多)가 병이므로 火가 약인데 약이 없다. 다시 말해 종하는 사주가 아니라면 인성이 약인 것이다.

🌱 예 4

시	일	월	연
己	丙	戊	戊
丑	午	午	戌

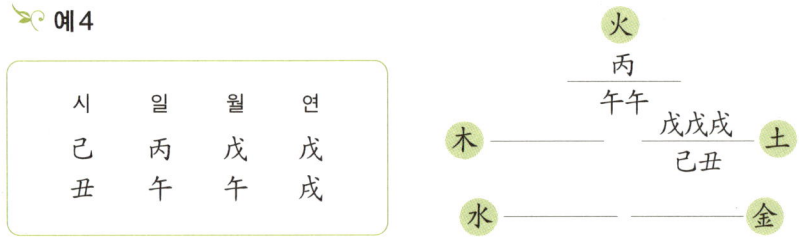

丙火 일간이 午월에 태어났고, 戊土는 午戌로 火의 기운을 돋우니 사주가 조열하다. 화다(火多)가 병이고 水가 약인데 약이 없다. 그런데 시주에 己土·丑土가 있어서 火의 기운을 설해주니 이 사주는 습토가 약이다. 하지만 戊土는 도움이 안 된다.

2) 용신의 병

용신에 해를 끼치는 경우로, 용신을 극 · 충하는 것이 용신의 병이다.

예

시	일	월	연
戊	甲	庚	戊
辰	寅	申	午

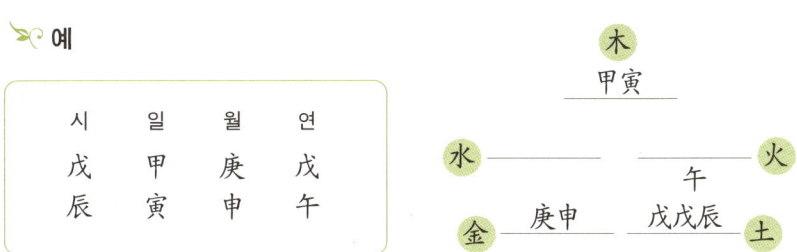

甲木 일간이 申월에 태어났으며 전체적으로 보아 신약하다. 그래서 일지 寅木이 용신이다. 그런데 월지 申金이 이를 충하므로 용신의 병이다. 다행히 연지 午火가 申金을 극해주니 약으로 사용할 수 있다. 그러나 만약 水가 월간에 나타나 있었더라면 金의 기운을 설해서 일간을 도와주는 일석이조의 좋은 역할을 했을 텐데 못내 아쉽다.

7. 용신불명

사주에서 어느 것이 용신인지 뚜렷하지 않은 경우, 즉 용신불명(用神不明)의 경우가 있으므로 용신 찾기에 너무 집착할 필요는 없다.

예 1

시	일	월	연
甲	甲	丙	壬
戌	午	午	申

사주에 火가 치열하다. 午월에 다시 午戌이 있고 丙火가 있다. 甲木 일간이 水를 갈망한다. 다행히 연간 壬水가 연지 申金의 도움을 받고 있어 기쁘

다. 그러나 연주 壬申은 일간으로부터 거리가 멀고 월주 丙午의 불기둥에 차단되어 증발될 지경이다. 월지 午火는 申金을 극하고 월간 丙火는 壬水를 가로막고 있다. 그래서 일간 甲木은 水의 도움을 받기가 어렵다. 그렇다고 종하는 사주도 아니니 이것도 저것도 아니다. 이 사람은 평생 하는 일마다 이루어지는 것이 없었고, 水운을 만나서도 발복하지 못하였다.

예2

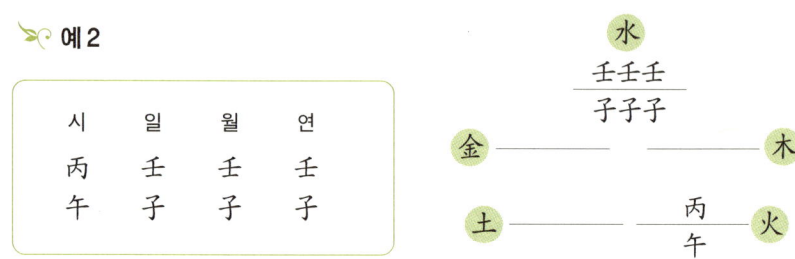

시	일	월	연
丙	壬	壬	壬
午	子	子	子

사주에 水의 세력이 엄청나게 거세다. 水를 제압해줄 수 있는 土도 없고 水를 설해줄 수 있는 木도 없다. 사주 중에 쓸 만한 것이 없다. 할 수 없이 추운 겨울철임을 감안하여 火를 용신으로 삼아본다. 그러나 丙火 · 午火는 水의 엄청나게 거센 세력을 도저히 감당할 수 없고, 子午충까지 이루어져 꺼져가는 등불 형국이다. 이 사주의 주인공은 걸인이었다.

예3

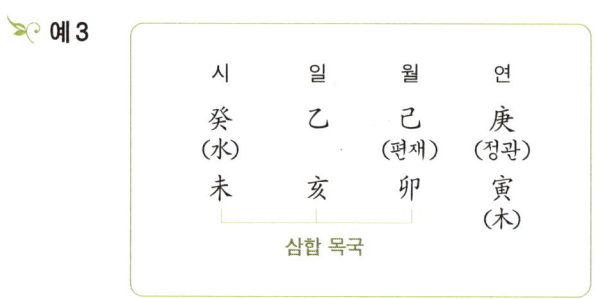

卯월로서 亥卯未 목국(木局)을 이룬데다 寅木이 寅卯로 유사 동방합까지 하고 있으며, 癸水까지 있어서 木의 세력이 엄청나다. 천간에 己土 재성과 庚金 관성이 있어 이것들을 용신으로 쓸 수 있는지 생각해볼 수 있다. 그러나 어림도 없다. 월간 己土는 월지의 卯木으로부터 얻어맞아 정신이 없고,

연간 庚金은 왕목(旺木)에 목다금결(木多金缺)이 되어 있다. 차라리 土와 金이 없다면 木의 세력으로 순수하게 이루어져 좋은 재목이 될 것이다. 이 사주는 재성을 용신으로 할 수도 없고 관성을 용신으로 할 수도 없다. 이 사주의 주인공은 평생 성취하는 일이 없었고, 가난에 시달리다가 나중에는 머리를 깎고 중이 되었다.

용신을 찾는 일이 필요하긴 하지만 용신을 찾겠다고 거기에 매달릴 필요는 없다. 어느 사주에나 용신이 다 나타나 있지는 않고 또 어느 것이 용신인지 분명하지 않은 경우도 있기 때문이다. 더구나 확실히 종(從)하는 것이냐, 화(化)하는 것이냐를 판단하는 것은 지극히 어려운 문제이다. 그리고 시대와 사상에 따라 용신이 달라질 수도 있다. 사주 간명은 간명자와 간명을 받는 사람이 함께 진솔한 대화를 할 때 잘 맞는다.

사주학에서는 용신 이외에 희신(喜神) · 기신(忌神) · 구신(仇神) · 한신(閑神) 등의 용어를 사용한다. 희신은 용신한테 길(吉) 작용을 하는 것이고, 기신은 용신한테 흉(凶) 작용을 하는 것이며, 구신은 희신한테 흉 작용을 하는 것이다. 그리고 한신은 그 자체로는 길흉 작용이 미약하지만, 경우에 따라서 합충극(合沖剋) 등을 이루어 제법 그 작용을 나타내는 것을 말한다.

예를 들어보자. 사주에서 丁火가 용신이면 木이 희신, 水가 기신, 金이 구신이라고 할 수 있다. 이때 사주에 있는 己土는 여러 작용 중에서 기신인 水를 극하는 길 작용과 구신인 金을 생하는 흉 작용을 함께 하여 그 자체로서는 길흉 작용이 미약하다. 그러나 癸운에는 己土가 癸水를 무찔러서 용신인 丁火를 살려내고, 甲운에는 己土가 희신인 甲木을 묶어버려 이랬다저랬다 하므로 이른바 한신이 된다.

그러나 용신과 희신을 명확하게 구별할 수 없는 경우가 많으므로 용신과 희신의 명확한 구별이 전제되어야 하는 기신 · 구신 · 한신 등의 용어에 너무 얽매일 필요는 없다. 사주는 예를 들어 木운이 좋다고 해도 천간으로 오는 甲木운과 乙木운이 다르고, 지지로 오는 寅木운과 卯木운이 다르기 때문에 어느 운이 자연스러운 것인지 판단할 수 있는 혜안(慧眼)을 가져야 한다.

사실 사주학을 연구하다 보면 사주 간명의 비결은 바로 여기에 있는 것 같다. 사주의 용신과 희신은 정적인 개념이므로 행운과 결부시켜 동적으로 파악할 필요가 있다. 사주의 용신과 희신은 절대적인 존재가 아니다. 기신·구신·한신 등도 마찬가지다.

사주명식 천간에 희용신이 있으면 이것이 통근할 수 있는 지지운이 매우 기쁘고, 사주명식 지장간에 희용신이 있으면 이것이 투출할 수 있는 천간운이 매우 기쁘다. 사주명식이 통근하여 투출한 희용신을 지니고 있으면 희용신운이 간지의 어디로 오든 기쁘다.

합이나 충을 이루는 운은 잘 살펴야 한다. 최소한 다음 3단계의 고찰이 필요하다.

① 합이나 충을 이루는 그 간지 자체에서는 어떠한 변화가 일어나는가. 예를 들어 甲己합, 申子辰합(申운과 사주명식에 있는 子辰의 합), 甲庚충, 寅申충 등의 경우 그 간지 자체에서는 어떠한 변화가 일어나는가.

② 합은 충을 풀고 충은 합을 푼다. 예를 들어 己운은 사주명식 천간에 있는 甲庚충을 풀고 申운은 사주명식 지지에 있는 寅亥합을 푼다. 이때 사주명식에 있는 충이나 합이 풀려서 어떠한 변화가 일어나는가.

③ 위의 ①과 ②로 말미암아 천간은 지지에 어떠한 영향을 미치며 지지는 천간에 어떠한 영향을 미치는가. 예를 들어 사주명식에 있는 천간의 甲이 己운을 맞이하여 甲己합을 이루면 甲의 지지인 辰에게는 어떠한 변화가 일어나며, 사주명식에 있는 지지의 寅이 申운을 맞이하여 寅申충을 이루면 寅의 천간인 甲에게는 어떠한 변화가 일어나는가. 특히 천간과 지지의 통근관계가 단절되면 큰 변화가 일어날 것이다.

사주는 반드시 행운과 결부시켜 동적으로 파악해야 한다. 잘 헤아려서 깊은 경지로 나아가기를 바란다.

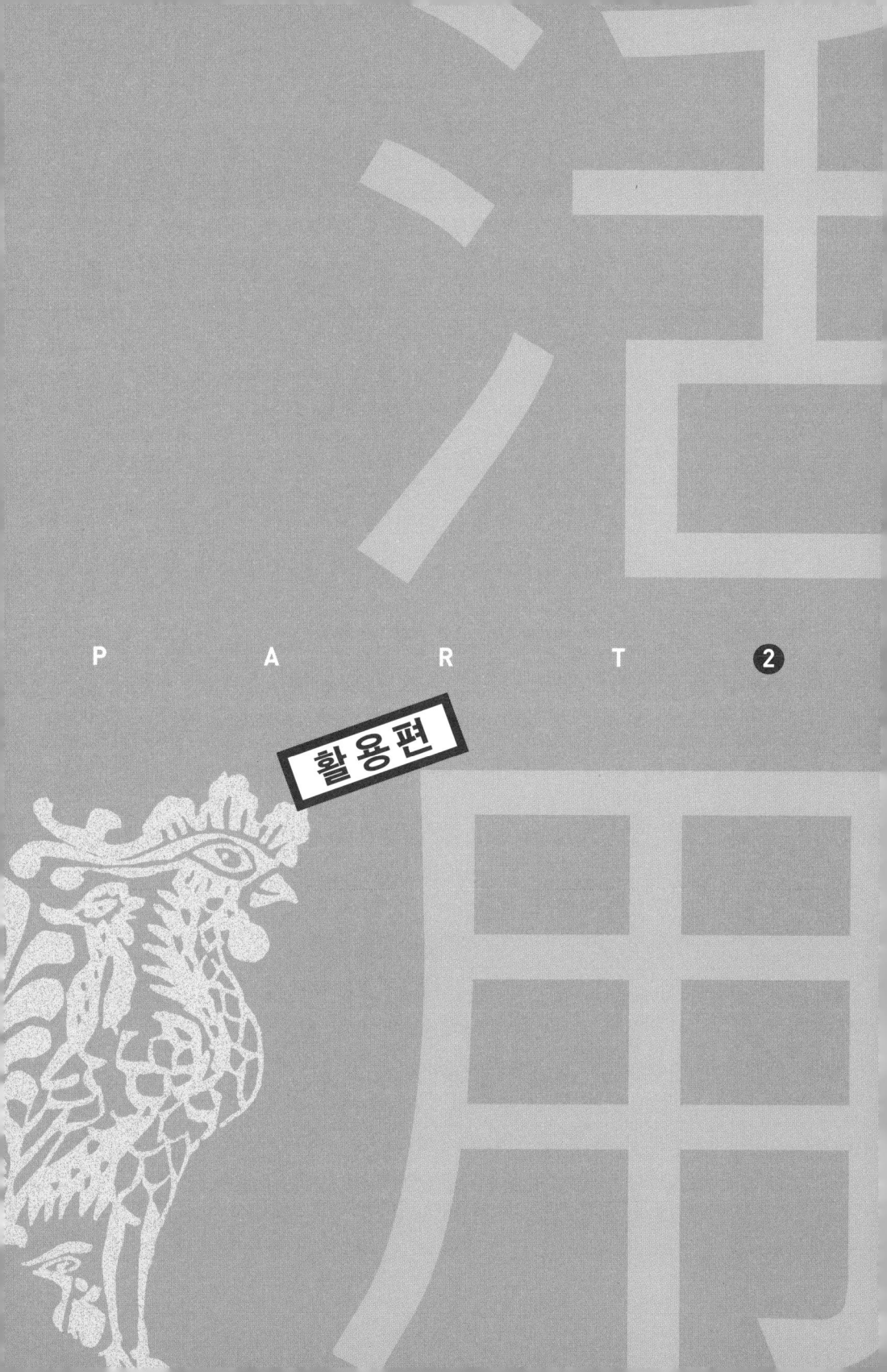

PART ② 활용편

사주 간명

1. 사주 간명의 의의

사주는 어느 누구의 것이든 하늘로부터 부여받은 독특한 사명을 지니고 있기 때문에 그 자체가 하나의 훌륭한 인격체이다. 그러므로 이를 '감정(鑑定)' 한다는 표현이 적절하지 않아서 '간명(看命)' 한다고 말한다. 즉, 사주 간명이란 '하늘이 어느 개인에게 사주를 통해서 부여한 명(命)을 조심스럽게 읽어본다' 는 뜻이다.

송나라 소강절(邵康節)은 「청야음(淸夜吟)」이란 시에서 다음과 같이 노래하였다.

> 월도천심처 풍래수면시(月到天心處 風來水面時)
> 일반청의미 요득소인지(一般淸意味 料得少人知)

달이 하늘의 중심 되는 곳에 이르고 바람이 수면 위에 잔잔할 때, 그 맑고 높은 풍정(風情)을 아는 이 드물다는 뜻이다.

그런데 이 시는 단순히 천지의 청고(淸高)한 풍광을 노래한 것이 아니라 명리(名利)를 떠난 도심(道心)의 청명(淸明)을 풍광에 비유하여 토로한 것으로 볼 수 있다. 청허한 심경과 자연의 아름다움이 잘 어우러져서 달인의 경지가 느껴진다.

필자가 「청야음」을 언급한 것은 사주 간명자의 자세란 달인의 경지에 올라야 한다고 생각하기 때문이다. 사주학은 자평학(子平學)이라고도 하는데, 바로 이 시가 자평, 즉 명경지수의 경지를 노래하며 사주 간명자가 지녀야 할 자세를 말해주는 듯하다.

사주학 공부를 아무리 많이 해도 다른 사람의 사주를 제대로 간명하기란 정말 어려운 일이다. 왜냐하면 사주학은 정확한 계량이 필요한 수리학(數理學), 그것도 1+1=2가 되는 단순수리학이 아니라 천기(天氣)와 지질(地質)을 종합하여 다루는 입체수리학이므로, 간명하는 사람은 그 마음이 자평처럼 맑고 고요해서 사주에 나타나는 운의 길흉을 잘 가늠할 줄 알아야 하기 때문이다.

2. 사주 간명시의 주의사항

사주 간명은 조리 있게 이루어져야 한다. 특히 사주 간명자는 간명할 내용을 순서에 맞게 체계화하고, 논리와 표현력을 갖추어 상대방에게 잘 전달할 수 있어야 한다. 총평(總評) · 성격 · 건강 · 육친 · 직업 · 운 · 주의사항 · 가능성 검토의 순서로 설명하면서 논리적으로 적절하게 표현해야 한다. 생활에 지쳐 있는 사람들에게는 다가올 좋은 운을 알려주어 희망을 갖게 하고, 자만에 가득 차 있는 사람들에게는 운세란 변화하는 것임을 경고해주며, 판단하기 어려운 부분에 대해서는 운의 양면성을 언급하여 정반대의 경우도 상정해볼 수 있도록 해야 한다.

예를 들어 총평을 할 때는 "봄 난초가 단비를 맞고 따사로운 태양 아래서 향기를 발하고 있는 형상이라" 등의 비유적인 표현을 쓰면 멋스러울 것이다. 또한 주의사항이나 가능성 검토 단계에서는 상대방이 부담스러워 하지 않는 범위 안에서 간명자의 판단 근거를 자유롭게 전달할 수 있다.

그렇다면 자신의 사주를 간명 받는 사람은 어떤 마음자세를 가져야 할까. 고요하고 진지한 태도로 마치 간명자의 「청야음」을 듣듯 간명자와 일심동체가 되어야 한다. "어디 얼마나 잘 알아맞히나 두고 보자" 하는 태도로 비협조적이라면 간명자의 기가 끊어져 좋은 간명을 할 수 없다. 묻는 말에 솔직하게 대답하고, 과거의 일에 대해서도 허심탄회하게 이야기하면 훨씬 정확하게 간명할 수 있다. 이는 마치 우리가 의사 앞에서 병력과 증상을 이야기하면서 앞으로의 대책을 함께 세우는 것과 마찬가지다.

사주 간명은 고전 학문을 활용하는 차원 높은 카운슬링(counseling)이다. 필자가 〈동방명리학연구원〉을 개설하였을 때 사람들은 무엇 때문에 서울대 법대까지 졸업한 사람이 이런 일을 시작했느냐고 물어왔지만, 그후 운영상황을 보면서 인식이 매우 긍정적으로 바뀌었다.

당나라 제일의 시인인 이태백(李太白)은 그의 「산중 답 속인(山中 答 俗人)」이라는 시에서, 자신은 푸른 산 속에 사니 그곳이 별천지이고 인간세상이 아니라고 노래하였다. 그러나 필자는 이곳 도심에서 사람들과 더불어 희로애락을 나누고 있으니, 처신은 비록 다르더라도 즐거운 심정은 이태백과 매한가지 아니겠는가. 이태백은 또 「월하독작(月下獨酌)」이라는 시에서, 달밤에 술을 마시며 자신과 달, 그리고 그림자의 외적인 삼합(三合)으로 이루어지는 즐거운 경지를 노래하였다. 필자 역시 〈동방명리학연구원〉을 개설하기 전부터도 그러했고, 연구원을 개설한 이후에도 달을 벗삼아 아파트 공원에서 홀로 술을 마시며 사주학에 대한 깊은 사색에 빠지는 시간이 많았다. 이태백이 달과 자신, 그리고 그림자의 외적인 삼합으로 달밤을 즐겼다면, 필자는 달과 필자 자신, 그리고 사색의 내적인 삼합으로 달밤을 더욱 황홀하게 보냈던 것이니, 비록 그 내외의 경지가 다르다고 하지만 그 달밤이 아름다운 것은 매한가지 아니겠는가. 이렇듯 사주 간명자에게는 카운슬러(counselor)로서의 즐거움과 철학적인 사색이 함께 스며들게 된다.

사주 간명은 사주학의 깊이 있는 연구에 바탕을 두어야 하고, 그것을 위해 비상한 노력을 기울여야 한다. 입산하여 홀로 몇십 년 동안 공부해서 높은 경지에 오를 수도 있지만, 그것은 현실적으로 어려울 뿐만 아니라 비상한 노력이라고 보기 어렵다. 비상한 노력이란 우선 단기간이라고 하더라도 정열을 집중시켜야 하고 좋은 스승을 만나야 가능하다. 또한 사주학은 실제로 이론을 적용했을 때 결과가 제대로 맞아야 한다. 이론을 위한 이론은 의미가 없다. 여러 서적들에 실린 이론 중에서 실제로 적용할 때 결과가 잘 맞는 이론을 위주로 정리할 필요가 있다.

사주 간명에는 간명자의 폭넓은 지식과 연륜 그리고 사주를 꿰뚫어보는 직관력이 필요하다. 이석영 선생의 『사주첩경』에 다음과 같은 이야기가 실려 있다.

> 己卯년 음력 7월 어느 날이었다. 나는 친구와 함께 그 당시 사주의 명인이라고 명성이 자자한 김선생님을 찾아갔다. 가서 보니 장님인지라 내심으로 '눈먼 사람이 보면 얼마나 잘 보겠느냐' 싶었다. 대뜸 친구가 "내 사주 한번 봐주시오" 하고 말을 건넸다. 그러니까 김선생님은 "사주를 불러보시오"라고 했다. 친구가 "丙辰 辛丑에 壬申 壬寅이외다"고 하니 김선생님은 "자세히 들어보시오" 하더니 "아버지는 절뚝발이이고 부인은 장님이라. 어찌 한집안에 병신이 둘이냐"고 하였다. 친구가 "아버지는 그렇지만 부인은 그렇지 않소이다" 하니 김선생님은 "辛巳년에 가 보시오"라고 하였다. 그후 과연 辛巳년에 장님이 되고 말았다. 내가 매형의 사주(戊申년 丁巳월 己卯일 庚午시)를 불러주었더니 "금년을 못 넘기고 죽을 사람의 사주라"며 더 이상 봐주지를 않다가 내 사주를 듣고는 "후일 남방으로 가서 사주로 이름을 날릴거요"라고 했는데 그후 예언이 모두 정확하게 맞았다.

필자는 사주를 그림의 형태로 형상화시켜 보기를 좋아한다. 어느 날 법무부장관을 지낸 친구의 사주(丙戌년 戊戌월 辛未일 辛卯시)를 간명하면서 "자네는 경상남북도와 좋은 인연이 많겠다"고 하였다. 친구의 이야기인즉, 22세 때 사법시험에 최연소자로 합격하여 검사로 지내오면서 부산과 대구에서 각 2번씩이나 근무했고, 그 곳에서 여러 가지 아름다운 인연을 쌓았다고 하였다. 사람에 따라서는 사주를 주역의 괘상으로 연결시켜 파악하기도 한다.

1. 총설

사주를 보면 그 사람의 성격을 추리해낼 수 있다. 그러므로 사주에 객관적으로 나타난 자신의 성격을 파악하여 수신(修身)에 힘써야 한다. 나아가 타인의 성격을 잘 헤아려서 처세에 도움이 되도록 활용할 수 있다.

성격 판단은 사주를 종합적으로 판단할 때 제대로 이루어진다. 사주팔자를 통해 선천적인 성격을 파악한 후, 운의 흐름에 따른 후천적인 성격을 추리한다. 사주에서 오행이 중화되고 순수하면 성격이 원만하고 온후하지만, 오행이 편중되고 혼탁하면 성격 역시 비뚤어지고 비굴하며 걸핏하면 성질을 부린다. 사주에 金·水의 기가 강하면 이성적이고 차가운 면이 많고, 반대로 木·火의 기가 강하면 감성적이고 들뜬 면이 많다. 신강한 사주는 독립형이고 신약한 사주는 의존형이니 대통령의 사주가 지나치게 신강하면 독재자가 될 것이고, 반대로 지나치게 신약하면 비서실장에게 많이 의지할 것이다. 만약 노사분쟁이 있는데 노조위원장의 사주가 종재격이라면 이 사람과 경영주의 단독회담은 미덥지 못하므로 노조의 대의원들이 동석하는 합동회담으로 사태를 해결해야 한다.

사주를 종합적으로 해석할 때는 모든 자료가 동원된다. 우선 음양의 분포도에 따라 음이 강하면 소극적인 면이 강하고, 양이 강하면 적극적인 면이 강하다.

오행 중에서 木은 인(仁), 火는 예(禮), 土는 신(信), 金은 의(義), 水는 지(智)인데 그 왕쇠강약에 따라 내용이 달라진다. 예를 들어 木이 중화를 이루고 있으면 어진 성품이 바르게 나타나지만, 태과(太過)이면 목다화식(木多火熄)·목다토경(木多土傾)·목다금결(木多金缺)·목다수축(木多水縮) 같은 부작용이 문제이며, 불급(不及)이면 너무 여린 형상이라 진취적으로 뻗어나가는 기상이 미약해서 문제가 된다. 다른 오행의 경우도 이와 같이 추리해 나가면 된다.

사주로 성격을 추리할 때 일간의 오행 하나만을 보는 경우가 있지만, 이렇게 일간 하나에 치우치면 나무 한 그루만 보고 숲을 보지 못하는 어리석음을 범할 수 있다. 합·충·형·해·파, 신살, 12운까지 살펴야 사주를 종합적으로 판단할 수 있다. 합다유정(合多有情)이면 지나친 사교성이 문제가 될 것이고, 충다유전(沖多有戰)이면 투쟁적인 성격으로 인해 좋은 의미로 보아도 운동선수로서 쉴 틈이 없을 것이라고 해석할 수 있다. 또한 양인이 지나치면 독한 성격일 것이고, 괴강이 이루어져 있으면 자립정신이 강할 것이다. 12운 중에서 목욕운에는 이성을 상대할 일이 많을 것이다. 그래서 그 해에 남성의 연운이 정재와 편재의 혼잡을 이루고, 여성의 연운이 정관과 편관의 혼잡을 이루면 남녀 모두 음란한 마음을 경계해야 하는데, 특히 합까지 이어지면 더욱 조심해야 한다.

필자가 신생아들의 작명을 위해 매일같이 그들의 사주를 접하면서 살펴보니, 사주란 바로 그들이 태어난 시점의 기후 그 자체였다. 그러므로 사주에서는 월지와 일간, 그리고 시지가 핵을 이룬다고 할 수 있다. 이것들이 기후를 거의 결정하기 때문이다. 사주를 하나의 계란에 비유하면 이것들이 바로 노른자위이다. 눈을 감고 생각해보라. 기후를 결정하는 것은 월간이 아닌 월지이고, 일지가 아닌 일간이며, 시간이 아닌 시지다. 그래서 사주로 사람의 주된 성격을 판단할 때에는 이것들의 중요성을 고려해야 한다. 특히 월지가 중요하므로 월지의 통변성을 가지고 성격을 판단해도 된다. 이 경우에는 월지의 정기에만 비중을 두지 말고 주권신을 찾아서 그것으로 판단하는 것이 더 정확하다는 것을 주의해야 한다. 필자는

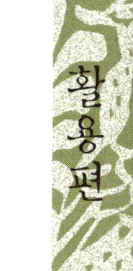

많은 실례에서 이를 깊이 체험하였다. 그러나 월지가 전부는 아니다. 월지가 연지와 일지로부터 강한 충을 당하고 사주 전체에 다른 강한 세력이 형성되었을 때에는 그에 따라 판단해야 한다. 하지만 그런 경우에도 월지의 통변성을 고려하여 판단해야 한다. 사람의 성격은 복합적일 수 있기 때문이다.

2. 성격 판단의 방법

사주 간명은 우선 사주 전체의 구조를 거시적인 안목으로 살핀 다음에 세부적인 사항으로 옮겨 가야 한다.

앞의 총설에서도 설명했지만 사주의 노른자위는 월지, 일간, 그리고 시지다. 그러므로 사주를 통해 사람의 성격을 판단할 때에는 월지·일간·시지의 중요성을 고려해야 한다. 특히 월지가 중요한데 이때는 주권신을 밝혀야 한다. 그러나 월지가 전부는 아니고, 사주 전체의 구성에서 월지와 별도로 다른 강한 세력이 형성될 수 있다. 예를 들어 월지 주권신의 통변성은 인수이지만, 사주 전체의 구성상 월지와는 별도로 정관이 강한 세력을 형성하는 경우이다. 이때에는 월지 인수와 강한 세력인 정관이 사주 당사자의 복합적인 성격을 이룬다.

이미 총설에서 개략적인 성격 판단 방법을 설명했으므로 여기에서는 통변성에 따른 성격 판단 방법을 설명하고자 한다. 사주 당사자에게 구체적으로 설명할 필요가 있을 때는 부담스럽지 않은 가벼운 것에서 시작하고, 부담스러운 설명은 앞으로 그럴 가능성을 조심하도록 일러주는 정도면 무난할 것이다.

1) 비견
- 의지가 강하다.
- 자존심이 강하다.
- 독립심이 강하다.

- 남에게 지기 싫어한다.
- 새로운 것을 잘 시작한다.
- 파당(派黨)을 잘 만들고 반항심이 강하다.

2) 겁재

- 자만심이 강하다.
- 솔직하고 허식이 없는 편이지만 지나치게 자기중심적으로 생각한다.
- 겉과 달리 마음 속으로는 딴 생각을 하는 경우가 많다.
- 손재가 많아서 작은 이익을 얻고 큰 손해를 본다.
- 남녀 모두 배우자를 극함이 강하다.

3) 식신

- 온후하고 공경심이 있다.
- 명랑하고 쾌활하다.
- 음식을 잘 만들고 식음(食飮)·가무와 인연이 있다.
- 태과(太過)하면 고집이 세고 매사에 이론적이다.
- 식신이 편관을 극함이 태과하면 무능력자가 된다.
- 식신이 불급(不及)하면 심신이 안정되지 못하고 침착성이 없다.

4) 상관

- 총명하고 영리하다.
- 아는 것이 많고 다재다능하며 선견지명이 있다.
- 비밀을 간직하지 못하고 잘 털어놓는다.
- 의협심이 있어서 강한 자에게는 반항하고 약한 자는 잘 보살핀다.
- 세상에서 자기가 가장 잘났다고 생각한다.
- 말을 잘하며 자신의 주장을 관철시키는 강한 면이 있다.
- 양인이 있는 경우에는 차원 높은 모의와 간사한 계략을 꾸미는 데 능란하다.

5) 편재

- 활동적이고 잘 돌아다닌다.
- 빈틈이 없고 요령과 기교가 있다.
- 돈벌이에 억척같다. 그러면서도 필요한 일에는 돈을 잘 쓸 줄 안다(기부 등).
- 남의 일을 내 일같이 잘 돌봐준다.
- 때때로 잘잘못을 따지기 좋아한다.
- 투기, 요행 등을 바라는 한탕주의 성격이 강하다.

6) 정재

- 정직하고 성실하다.
- 세밀하고 근검 · 절약 정신이 강하다.
- 때로는 인색하고 구두쇠 같다는 소리를 듣는다.
- 신약한데 정재가 태과하면 지적으로 좀 모자란다.

7) 편관

- 의협심이 강하다.
- 남을 먼저 생각하고 그릇이 큰 성격이다.
- 모험심이 강하고 특이한 사상을 추종한다.
- 총명하며 과단성이 있고 기회를 잘 포착한다.
- 비교적 단순하여 복잡하게 생각하지 않는다.
- 남에게 지기 싫어하고 반드시 이기려고 한다.
- 편관이 많고 제화(制化)가 없으면 사기꾼처럼 허풍이 세다.
- 신약한데 편관은 강한 경우에 친지에게 의지하려는 마음이 크다.
- 식신으로부터 극을 받음이 과다하면 무능하다.

8) 정관

- 정직하고 총명하며, 준수하고 온후하며, 독실하다.
- 지성적이고 인자하며 관대한 군자형이다.

- 평화를 좋아한다.
- 정관이 태과하면 무계획적이고 산만하여 끝을 맺기가 어렵다. 때로는 고집이 세고 공격적으로 변한다.
- 여성의 사주에 정관이 많으면 남편에 대하여 두 가지 마음이 생긴다.
- 정관격이 파격(破格)이 되든지 생기가 없으면 우둔하고 무능하다.

9) 편인

- 눈치가 빠르고 요령이 있어서 임기응변의 기회를 잘 잡는다.
- 명랑하고 다방면에 재능을 발휘한다.
- 진실한 사랑을 그리워한다. 만인 속의 고독이다.
- 처음에는 민첩하지만 끝에는 태만한 경향이 있다.
- 편인격이 왕(旺)하면 계략과 모의가 교묘하지만 일관성이 부족하다.
- 예측불허의 기질이 있어서 종잡기 어려울 때가 있다. 직업에 대해서도 2개 이상에 관심을 갖는 경향이 있다.

10) 인수

- 총명하고 단정하며 마음이 너그럽다.
- 지혜롭고 인자하다.
- 재물에 대해서 큰 관심이 없다.
- 여성의 경우에는 현모양처이다.
- 인수격인 사람은 이상주의자로 안 되는 일도 무리해서 한다.
- 이기적인 면이 강하다.

3. 실제 간명

지금까지 설명한 성격 판단의 방법을 토대로 필자의 사주를 분석해보자. 필자의 사주를 선택한 것은 사주학이란 수신학을 바탕으로 하기 때문이며, 또 필자 스스로가 필자 자신을 가장 잘 알고 있다고 생각하기 때문이다. 필

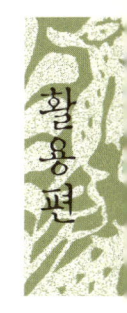

자는 1944년 8월 27일(양력) 16시에 출생하였으므로 甲申년 壬申월 癸亥일
庚申시가 된다. 입추 후 19일 14시간 11분이 경과하여 출생하였으니 4개
지지 모두 정기(正氣)에 해당된다.

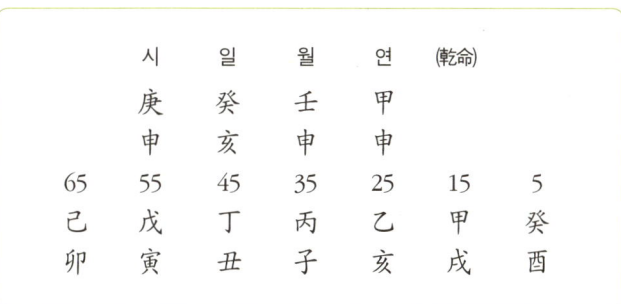

		시	일	월	연	(乾命)	
		庚	癸	壬	甲		
		申	亥	申	申		
	65	55	45	35	25	15	5
	己	戊	丁	丙	乙	甲	癸
	卯	寅	丑	子	亥	戌	酉

사주명식 분석

네기둥		천간	지지	지장간	주권신	12운	합	충	형	해	파	신살	공망	子,丑
연주	간지	甲	申	戊·壬·庚	庚	死					亥	홍염·대극귀인·겁살	양인	丑
	통변성	상관	인수											
월주	간지	壬	申	戊·壬·庚	庚	死					亥	홍염·대극귀인·월덕귀인 지살·겁살	원진	乙卯
	통변성	겁재	인수											
일주	간지	癸	亥	戊·甲·壬	壬	帝旺					申	천주귀인·천덕귀인·망신 혈인·십악대패·음차·천문	명궁	丙子
	통변성	본인별	겁재											
시주	간지	庚	申	戊·壬·庚	庚	死					亥	홍염·대극귀인·지살·겁살	조후	丁
	통변성	인수	인수											

이 사주를 좀더 종합적으로 살펴보자. 아래의 법륜도에는 비견·겁재 등 10개의 통변성을 표시하고, 천간 4개와 지장간 중 주권신 4개를 각각 해당 위치에 기록하였다. 일간은 본인별로서 비견 위치에, 지장간 중에서 주권신이 아닌 것들은 법륜도의 오행을 따라 다섯 개의 작은 테두리 안에 표시하였다. 이로써 상생·상극 관계를 한눈에 알아볼 수 있게 하였다.

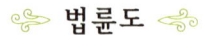

◈ 법륜도 ◈

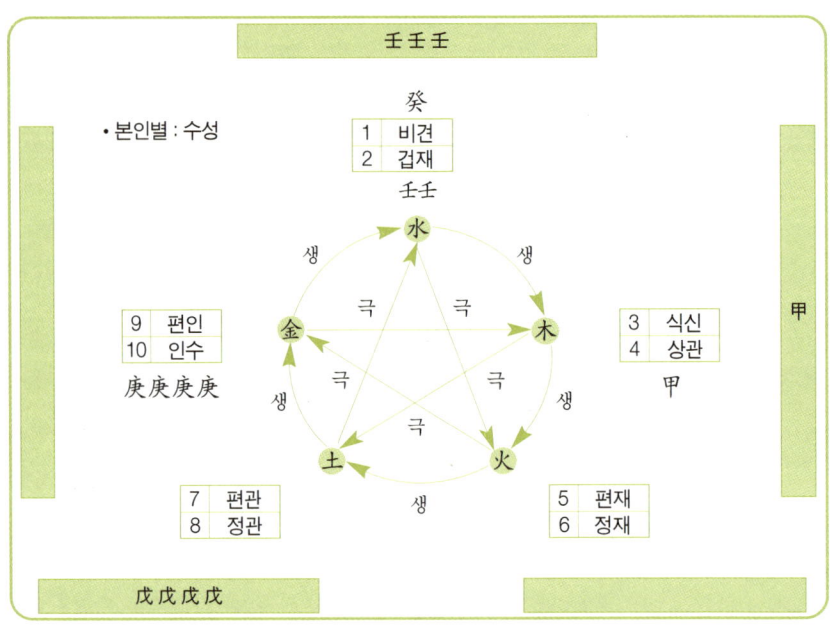

앞의 몇 가지 자료를 바탕으로 필자의 성격을 판단해보자. 먼저 사주를 통해 선천적인 성격을 파악하고, 운의 흐름에 따라 변화하는 후천적인 성격을 추리한다. 이때 사주가 오행이 중화되고 순수하면 성격이 원만하고 온후하다. 그런데 필자의 사주를 보면 金水의 기가 강하여 이성적이고 차가운 성향을 띠는데 그 정도가 무척 심하다. 亥子丑월 겨울 출생이 金과 水가 많고 화기(火氣)가 없으면 천한지동(天寒地凍)·금한수랭(金寒水冷)으로서 일생 발복하기 어렵고 고난을 면하지 못한다.

그러나 필자는 겨울 출생이 아니라 申월 출생이다. 申酉월 壬癸일 출생은 천한지동·금한수랭이 아니고 추수통원(秋水通源)이다. 추수통원은 근본적으로 신왕과 금수쌍청(金水雙清)의 청백(清白)을 이루는 경우가 많으므로 사주의 격국이 혼탁하게 변하지 않는 한 부귀를 누리는 경우가 많다. 고서에도 추수통원에 재관(財官)이 서로 왕(旺)하면 과갑지영(科甲之榮)을 누린다 하여, 그 예로서 申월 壬일에 戊土와 丁火가 함께 투출된 경우를 들었다. 과갑지영은 과거에 합격하여 아름다운 인생을 누린다는 뜻이다. 필자의 사주에는 재관이 없지만, 인수와 편인이 혼잡되어 있지 않고 인수인 庚金 4개가 가지런하게 있어서 그 모양이 돋보인다. 사주는 모양새도 중요하다.

하지만 사주에서 오행이 중화를 이루어야 한다는 입장에서 볼 때 필자의 사주는 반쪽 사주이다. 다행스럽게도 일지 亥 중 甲木에 바탕을 둔 연간 甲木이 있어서 따뜻한 쪽으로 뻗어나가는 면이 있다. 특히 현재 속해 있는 戊寅대운에는 더욱 그러하다. 사실 필자는 戊寅대운에 들어서면서 성격도 봄기운을 지니게 되었다. 25세 이후 54세까지의 30년 동안 水대운은 모든 면에서 추웠다.

사주학은 수신학이다. 필자의 사주는 金水의 기가 강하여 이를 빼주는 甲木이 용신이며 木火운을 기뻐한다. 운은 스스로 만들 수 있다. 필자는 木火의 마음을 지녀야 하는데, 木은 인(仁)이요 火는 예(禮)이다. 어질고 예의 바른 자세여야 개운(開運)할 수 있다.

특히 필자의 사주는 甲木이 절처봉생(絶處逢生)이므로 더욱 그러하다. 절처봉생이란 천간이 지장간의 조화로 말미암아 지지의 극에서 벗어나 생을 누리는 경우인데, 甲申·戊寅·庚寅·癸丑·庚午가 여기에 속한다. 필자의 사주에서 甲木은 申 중 壬水의 도움으로 강한 庚金의 극으로부터 벗어나 생을 누리고 있다. 사주에서 甲木과 壬水가 조화를 이루면 수양버들이 맑은 호수에 그림자를 드리운 수중유영(水中柳影)·횡당유영(橫塘柳影)의 아름다운 경치를 보는 듯하다.

지금까지 설명한 것처럼 필자는 木火의 마음을 지녀야 개운할 수 있다. 스스로 노력해야 함은 물론 운에서 받쳐주면 더욱 좋다. 현재 속해 있는 戊

寅대운은 55세 이후 64세까지로, 이 戊寅 자체가 절처봉생인데 일주 癸亥와 천지덕합(天地德合)을 한 결과 지지의 寅亥는 木, 천간의 戊癸는 火를 이루어 금상첨화이다. 천지덕합이 이루어져 길 작용을 하면 세상의 인심이 사주의 주인공에게 쏠려 부전이승(不戰而勝)으로 장상공후(將相公侯)가 된다.

필자의 사주는 금다(金多)·수다(水多)가 병이다. 金은 의(義)이고 水는 지(智)이다. 너무 정의만 부르짖는 것도 병이요, 너무 지혜만 내세우는 것도 병이다. 특히 필자의 경우에는 지나치게 시시비비를 분명히 하여 의(義)만 부르짖다가 金으로 용신 木을 극하는 돌이킬 수 없는 결과를 초래할 수 있다. 이 세상은 인(仁)·의(義)·예(禮)·지(智)·신(信)이 조화를 이루어야 아름다운 화음을 낼 수 있다.

필자의 사주는 오행이 편중되어 성격이 편협하고 성질을 잘 낸다. 또한 신왕·신강하여 자기 본위로 흐르고, 사주의 네 기둥 중에 세 기둥이 양(陽)이어서 적극적인 면이 강하다. 일주가 음(陰)이기 때문에 소극적인 면도 있지만, 일지 亥가 양(陽)의 구실을 하므로 사주 전체가 더욱 밝아진다. 한편으로는 지지에 있는 3개의 申이 일지 亥와 해(害)를 이루어 육친 사이에 화기(和氣)를 조성하지 못하였다.

戊寅대운은 목욕운이어서 이성을 상대할 기회가 많은데, 정재·편재의 혼잡이 없어 음란지상(淫亂之象)은 아니다. 그러나 이성관계는 어느 누구든 장담할 것이 못 된다. 대운과 일주가 천지덕합을 이루어 목화통명(木火通明)의 형상이므로 저술 및 교수 활동에 바쁘다.

지금까지 사주를 통해 필자의 성격을 풀이하면서 신살과 관련한 부분은 생략하였다. 필자의 사주에는 양인이나 괴강처럼 성격 판단에 도움이 되는 신살이 없기 때문이다. 다만 사주의 두 기둥에 지살이 있고, 세 기둥에 대극귀인·홍염·겁살이 있는 점이 특히 눈에 띈다.

한 가지 의문점으로 성격 판단을 할 때 사주에 뚜렷하게 나타나지 않은 통변성은 어떻게 다루어야 할까. 필자의 사주에는 재성이 없다. 지장간의

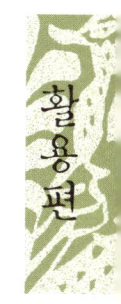

형태로도 존재하지 않는다. 그래서 필자는 현실적인 지배욕·소유욕·물욕이 없다. 반면 관성은 4개 지지 모두에 戊土가 지장간의 형태로 존재한다. 그 결과 잠재적인 명예욕이 강하고 은근한 신앙심을 지녔다. 그러나 굳이 밖으로 드러내지 않는 내면적인 형태이다. 이렇게 관성이 뚜렷하지 않기 때문에 타인으로부터 간섭을 받으려 하지 않는다. 그래서 필자 본인을 제약하는 직장생활이 생리적으로 맞지 않는다.

사주에서는 월지·일간·시지가 핵을 이룬다. 결국 일간과 월지, 시지의 관계이니 월지와 시지의 통변성이 중요하고, 월지의 경우에는 주권신에 따라 그 통변성을 판단한다. 필자의 사주에서 월지의 주권신과 시지의 통변성은 모두 인수이다. 그래서 필자의 사주에서는 월지 인수가 시지 인수의 뒷받침을 받으면서 시간 인수로 투출되어 인수가 큰 세력을 형성하고 있다. 이 큰 인수의 세력에 연지 인수까지 가세하니 그 기세가 실로 엄청나다. 인수는 학문·예술·활인(活人)으로 이어진다. 또한 필자의 사주에서는 인수에 버금가는 겁재의 세력이 상당한 비중을 차지한다. 결국 필자의 주된 성격은 인수와 겁재의 복합적인 것으로 판단할 수 있다.

건강 판단

1. 총설

    사주를 보고 사람의 건강상태를 알 수 있다. 건강 판단은 사주를 종합적으로 해석할 때 가능하다. 사주팔자로 선천적인 건강을 파악해서 운의 흐름에 따른 후천적인 건강을 추리하는 것이다. 한 예로 사주에 火가 많아 그것이 병이 되는 사람은 丙午 · 丁巳 운에 병이 더욱 심해진다.

    사주에서 오행이 중화되고 순수하면 성격이 원만하고 온후하며 건강하지만, 오행이 편중되고 혼탁하면 성격이 비뚤어지기 쉽고 걸핏하면 화를 내며 건강 또한 좋지 않다. 정신과 육체는 서로 밀접한 연관성이 있다. 특정 오행이 태과하면 그 오행에 속하는 장부가 실증(實症)을 일으키고, 불급이면 허증(虛症)을 일으킨다. 남아돌아도 병이요, 모자라도 병이다. 실(實)과 허(虛), 허와 실은 서로 통한다.

    음(陰)과 양(陽)은 표리의 관계인데 조화를 이루어야 한다. 金水는 음이고, 木火는 양이며, 土에도 음양이 있다. 金水가 많으면 외음내양(外陰內陽)이요, 木火가 많으면 외양내음(外陽內陰)이다.

    사주가 신왕 또는 신강하면 정신과 육체가 건강하지만, 신약하면 정신과 육체가 나약하다. 사주의 오행이 상하좌우로 상극 · 상충하거나 지지에 기신(忌神)이 깊이 박혀 있으면 일생 동안 재난과 질병이 따른다.

    특별 격국에 속하는 사주일 때는 그 기세에 순응하여 유통시켜야 한다. 용신운이 왔을 때는 건강하고 희신운이 왔을 때도 그러하다고 본다.

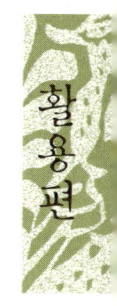

칠살이 강하여 양인에 의지하는 사주에서는 양인이 충을 당하면 흉사(凶死)할 수 있고, 도화가 칠살이나 양인과 같은 사주기둥에 있으면서 충이 되는 사주에서는 이를 해소하지 못할 경우에 이성문제로 화를 당할 수 있다. 또한 역마가 충을 이루는 사주에서는 이를 해소하지 못할 경우에 교통사고를 당할 수 있다. 사주·대운·연운이 결합하여 삼형을 이루면 재앙이 따른다.

한의학은 인간도 하나의 소우주라고 전제하면서 인체의 각 부위를 음양과 오행으로 나누어 판단한다. 즉 전해 내려오는 유력한 학설에 따르면, 인체의 오장과 육부는 각각 음과 양에 해당하고, 간과 담은 木, 심장과 소장은 火, 위장과 비장은 土, 폐와 대장은 金, 신장과 방광은 水이다. 이때 간은 피가 집결되어 있으니 확장작용을 하려는 성질이 있어서 木이고, 폐는 조직이 퍼져 있으니 수축작용을 하려는 성질이 있어서 金이라는 것이다.

그리고 한의학은 인체의 각 부위는 상생과 상극작용을 한다고 설명한다. 화를 잘 내는 사람은 화극금(火剋金)하여 폐와 대장을 상하게 하고, 대담한 사람은 목극토(木剋土)하여 위장과 비장을 상하게 하며, 내성적인 사람은 수극화(水剋火)하여 심장과 소장을 상하게 한다는 것이다.

음양오행과 건강의 관계에 대해 간단하게 정리하면 다음과 같다.

① 사주에 木이 지나치게 많으면 간염·간경화·담석증·관절통 등이 따르고 발목을 잘 삔다.
② 사주에 木이 부족하면 약시·색맹·현기증·간질·생리불순 등이 따른다.
③ 사주에 火가 지나치게 많으면 몸에 열이 많으며, 변비·고혈압·협심증·심장판막증·당뇨·류머티즘 등이 따른다.
④ 사주에 火가 부족하면 가슴이 두근거리며 잘 놀라고, 목덜미가 뻐근하며, 저혈압·자궁냉증 등이 따른다.
⑤ 사주에 土가 지나치게 많으면 위궤양·위암·췌장암·맹장염·화농성 질환 등이 따른다.

⑥ 사주에 土가 부족하면 복통·소화불량·위경련·위산과다 등이 따르고, 살이 심하게 찌거나 빠진다.

⑦ 사주에 金이 지나치게 많으면 기관지 질환·편두통·콧병·장염·치통·무릎관절통 등이 따른다.

⑧ 사주에 金이 부족하면 폐결핵·치질·신경과민 등이 따른다.

⑨ 사주에 水가 지나치게 많으면 신장염·방광염·요도염·디스크·자궁냉증 등이 따른다.

⑩ 사주에 水가 부족하면 신경통·중풍·생식기 염증 등이 따르고, 소변을 자주 보거나 정력이 감퇴한다.

여기에 음양을 정밀하게 구분하여 상극작용과 상충작용까지 고려하면 더욱 정확하게 건강을 판단할 수 있다. 한의학계에서는 음양오행학적 측면에서 오운육기법(五運六氣法)을 활용하고 있다.

건강 판단을 정확하게 하기 위해서는 수다목부(水多木浮)·목다화식(木多火熄)·화다목분(火多木焚)·토다목절(土多木折)·금다목단(金多木斷) 등의 오행의 생극제화 원리를 잘 알고 있어야 한다. 그리고 木·火·土·金·水 등 오행에 대한 깊이 있는 연구를 지속해 나가야 한다.

어느 날 동문끼리 역학연구인 모임을 가졌다. 마침 봄이 무르익어 나무에 꽃이 활짝 피어 있는지라 한 후배에게 꽃은 어느 오행에 속하겠느냐고 물었다. 후배는 '木이면서 火'라고 답하면서 다음 날 이메일을 보내 왔다. 문장도 아름답지만 평소 오행에 대해 깊이 있게 연구하는 역학자로서의 자세가 매우 돋보이므로 이 자리에서 소개하고자 한다.

　　어제 선배님을 만난 것도 인연이라 여겨집니다. 여러 모로 실례가 많았던 듯합니다. 너그러이 양해해주시길 바라구요. …… 어제 꽃이 뭐냐고 하시길래 '木이면서 火'라고 답변 드렸는데 생각난 김에 다 말씀드리지요.

　　'꽃나무의 체(體)는 木이다. 하지만 봄에 꽃이 핀 것은 용(用)이 火이

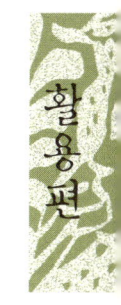

고, 여름에 무성(茂盛)한 것은 용(用)이 ±이며, 가을에 열매를 맺는 것은 용(用)이 숲이고, 겨울에 잎이 시들어 떨어지고 봄을 기다리는 것은 그 용(用)이 水에 있는 것이다. 꽃 중에 검은 꽃과 푸른 꽃이 없는 것은 꽃의 본질이 火인 까닭에 水木을 받아들이지 않는 것이고, 붉은 꽃과 노랑 꽃 그리고 흰 꽃이 있는 것은 火土金의 용(用)을 보이는 것이다. 다만 제비꽃처럼 보랏빛을 띠는 것은 붉음 속에 水와 木의 기운이 강한 것이니 반드시 그 뿌리가 신장의 기운을 돕는 데 효능이 크리라.'

언젠가 머리 속에서 정리해보았던 생각들입니다. 또 연락 드리겠습니다. 그럼 안녕히 계십시오. 2002. 4. 11.

2. 건강 판단의 방법

현존하는 가장 오래된 한의학 서적은 『황제내경(黃帝內經)』이다. 저자는 분명하지 않지만, 전설적인 인물인 황제(黃帝)가 6명의 명의와 의학에 대해 토론한 내용을 싣고 있다. 「소문(素問)」81편과 「영추(靈樞)」81편으로 이루어져 있고 모두 162편이다. 음양오행 이론에 바탕을 두고 있는데, 오장육부와 경락(經絡)을 통한 기혈(氣血)의 순행으로 생명활동을 유지해 나간다는 기본 이론에서 질병 설명·진단 방법·치료 원칙·양생(養生)·해부·생리·경락·침구(針灸) 등에 이르기까지 다양한 내용을 아우르고 있다. 특히 기본 이론은 당시까지의 의학 이론에 대한 총결산일 뿐만 아니라 지금까지도 한의학 이론의 뿌리가 되므로 한의학도들에게는 으뜸가는 필독서이다. 저작 연대가 확실하지는 않지만 전국(戰國, B.C.475~B.C.221)에서 진한(秦漢, B.C.221~A.D.220) 사이로 추정된다. 고대 중국의 원시적인 경험의술이 체계적인 임상의학으로 발전한 시기를 춘추전국 시대인 약 2,200년 전으로 추정하는데, 한의학 최고(最古)의 원전인 『황제내경』이 음양오행 이론에 입각한 철학적인 논리를 바탕으로 독특한 의술 체계를 갖춘 것도 이 무렵이라고 본다.

한편 우리나라에는 『동의보감(東醫寶鑑)』이 있다. 『동의보감』은 태의(太

醫) 허준이 1596년(선조 29년)에 왕명에 의해 엮은 것으로, 정유재란 때 일시 중단되었다가 시작한지 14년 만인 1610년(광해군 2년)에 완성한 방대한 의학백과사전이다. 내용은 「내경편(內景編)」 6권, 「외형편(外形編)」 4권, 「잡병편(雜病編)」 11권, 「탕액편(湯液編)」 3권, 「침구편(針灸編)」 1권으로 5개의 주제에 총 25권으로 이루어져 있으며, 편별·병증별로 나뉘어 치료 원칙과 처방 및 침뜸 치료, 금기증 등의 순서로 서술하였다.

1) 장부의 허실과 질병의 관계

동양의학, 즉 한의학에서는 오장육부의 허(虛)와 실(實)을 살펴서 병을 진단하고 치료한다. 우선 10간·12지 중에서 음의 간지는 오장에 해당하고, 양의 간지는 육부에 해당한다는 학설이 있다. 오장(五臟)은 간·심장·비장(지라)·폐·신장(콩팥)이고, 육부(六腑)는 담(쓸개)·소장(작은창자)·삼초(림프샘)·위·대장(큰창자)·방광이다. 여기에 심포(心胞)를 더하면 육장육부가 된다.

위의 학설에 따라 음양오행과 장부(오장육부 내지 육장육부)의 관계를 표로 나타내면 다음과 같다.

오행	음양	십간	십이지	장부
木	음	乙	卯	간
	양	甲	寅	담(쓸개)
火	음	丁	巳	심장, 심포(心胞)
	양	丙	午	소장(작은창자), 삼초(림프샘)
土	음	己	丑, 未	비장(지라)
	양	戊	辰, 戌	위
金	음	辛	酉	폐
	양	庚	申	대장(큰창자)
水	음	癸	亥	신장(콩팥)
	양	壬	子	방광

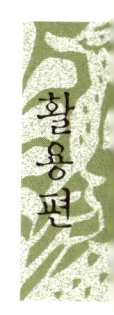

오장육부 내지 육장육부의 허와 실은 무엇인가. 허(虛)는 장부가 스스로 정상적인 기능을 발휘할 수 없는 허약한 상태를 말한다. 사주에 어느 오행이 없거나 불급(不及)이면 허이고 그 해당 장부는 허약하다. 예를 들어 사주에 水가 없거나, 있어도 극(剋)·설(洩) 등으로 매우 약한 상태이면 水에 해당하는 신장과 방광에 이상이 생긴다. 실(實)은 장부가 튼튼한 것을 말하는 것이 아니라, 기능이 지나치게 항진되어 태과한 결과 병기(病氣)나 사기(邪氣)가 들어와 있는 상태를 말한다. 사주에 특정 오행이 지나치게 많으면 실이고 그 해당 장부는 비정상이다. 예를 들어 사주에 火가 넘쳐 매우 강한 상태이면 火에 해당하는 심장·심포·소장·삼초에 이상이 생긴다. 이때 유의할 점은 지극한 음과 양은 서로 변환을 이룰 수 있고, 허와 실의 관계 또한 이와 다르지 않다는 점이다.

그러면 장부의 허실에 따른 질병에 관해 좀더 자세하게 살펴보자. 다만 이어지는 내용들은 의학계의 더욱 확실한 검증과 공인을 거쳐야 한다고 본다. 그리고 이것 이외에 얼마든지 새로운 내용들이 추가될 수 있을 것이다.

① 간(乙·卯)
- 허증 : 약시·색맹·야맹증·백내장·빈혈·근육경련·근육무력증·요통·생리불순·간질·뇌혈전·정신병·전신불수 등이 생길 수 있다.
- 실증 : 기미·얼굴이 창백함·눈의 충혈·위산과다·경기·간염·간경화·근육통·신경과민·반신불수·생식기 허약·구안와사·동맥경화 등이 생길 수 있다.

② 담(甲·寅)
- 허증 : 현기증·황달·편두통 등이 생길 수 있다.
- 실증 : 담석증·담낭염·늑간신경통·좌골신경통·관절통·빈혈증 등이 생길 수 있고, 발목을 잘 삔다.

③ 심장, 심포(丁·巳)
- 허증 : 가슴이 두근거리고 잘 놀라며 꿈이 많다. 야뇨증·몽정·빈뇨·저혈압·어혈·자궁냉증·난시·난청·이명(耳鳴) 등이 생길

수 있다.
- 실증 : 몸에 열이 많고 갈증이 심하다. 변비 · 호흡곤란 · 혈액순환
  장애 · 동맥경화 · 고혈압 · 협심증 · 심장판막증 등이 생길 수 있다.

④ 소장 · 삼초(丙 · 午)
- 허증 : 어깨뼈에 통증이 있거나 목덜미가 뻐근하다.
- 실증 : 생리불순 · 생리통 · 소화불량 · 소장통 · 류머티즘 · 인후
  염 · 편도선염 · 단백뇨 · 부종 등이 생길 수 있다.

⑤ 비장(己 · 丑 · 未)
- 허증 : 식욕부진 · 소화불량 · 위산과다 · 불면증 · 경풍 · 비만 또는
  그 반대의 증상들이 나타나게 된다.
- 실증 : 다식(多食) · 다면(多眠) · 위경련 · 맹장염 · 췌장염 · 피부병
  등이 생길 수 있다.

⑥ 위(戊 · 辰 · 戌)
- 허증 : 위염 · 위경련 · 소화불량 · 복통 · 곽란(급성 위장병) 등이 생
  길 수 있다.
- 실증 : 위무력증 · 위확장 · 위하수 · 위궤양 · 위암 · 잇몸의 이상 ·
  치통 등이 생길 수 있다.

⑦ 폐(辛 · 酉)
- 허증 : 갑상선 이상 · 연주창(連珠瘡) · 폐결핵 등이 생길 수 있다.
- 실증 : 천식 · 인후염 · 콧병 · 빈혈 등이 생길 수 있다.

⑧ 대장(庚 · 申)
- 허증 : 하혈 · 혈변 · 복부무력 · 치질 등이 있게 된다.
- 실증 : 장염 · 장폐색증 · 코막힘 · 치통 · 관절통 등이 생길 수 있다.

⑨ 신장(癸 · 亥)
- 허증 : 정력감퇴 · 중풍 · 관절염 · 골수염 · 골막염 등이 생길 수 있
  다.
- 실증 : 신장염 · 신장결석 · 자궁냉증 · 냉대하증 · 불임증 · 이명(耳
  鳴) 등이 생길 수 있다.

⑩ 방광(壬 · 子)

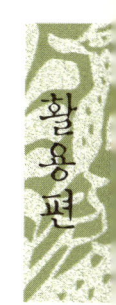

- 허증 : 야뇨증 · 고환염 · 자궁내막염 등이 생길 수 있다.
- 실증 : 요도염 · 방광염 · 소변불통 · 관절통 · 안통(眼通) 등이 생길 수 있다.

이 밖에 의학서는 아니지만 질병에 관한 학설을 싣고 있는 책들이 있어서 그 내용을 소개한다. 명나라 때의 『삼명통회(三命通會)』는 "10간으로 인해 발생하는 병은 육부와 관계가 있고, 12지지로 인해 발생하는 병은 오장과 관계가 있다. 丙丁巳午의 火는 남방의 이(離)에 속하니 그 병이 상체에 있고, 壬癸亥子의 水는 북방의 감(坎)에 속하니 그 병이 하체에 있다. 甲乙寅卯의 木은 동방의 진(震)에 속하니 그 병이 왼쪽에 있고, 庚辛申酉의 金은 서방의 태(兌)에 속하니 그 병이 오른쪽에 있다. 戊己辰戌丑未의 土는 중앙에 속하니 그 병이 지라 · 위 · 배다. 간과 관련된 병은 甲乙寅卯의 木이 상해를 입음으로써 발생하고, 심장과 관계된 병은 丙丁巳午의 火가 상해를 입음으로써 발생하며, 지라 · 위와 관련된 병은 戊己辰戌丑未의 土가 상해를 입음으로써 발생하며, 폐와 관련된 병은 庚辛申酉의 金이 상해를 입음으로써 발생하고, 콩팥과 관련된 병은 壬癸亥子의 水가 상해를 입음으로써 발생한다"고 하였다. 또 "무릇 오행은 사절(死絶)의 12운성을 만나면 질병이 생기는데, 水가 사절되면 콩팥에 병이 생기고, 火가 사절되면 정신불안 · 놀람증 · 건망증 등의 병이 생기고, 木이 사절되면 중풍 · 안질 · 현기증 · 근육경련 · 손톱 및 발톱의 부스러짐 등이 생기고, 金이 사절되면 천식 · 해소 · 모피건조증 · 관절염 · 설사 · 변비 등이 생기고, 土가 사절되면 얼굴이 누렇게 변하고 식욕감퇴 · 사지무력 · 눕고 싶고 졸리는 것 · 잡념 · 이명 · 건망증 · 움직이기 싫음 등의 병이 생긴다"고 하였다.

청나라 때의 『명리약언(命理約言)』은 "옛사람들은 오행으로 인간의 질병을 논했는데 합리적인 면이 많다. 그러나 인간은 장부와 경락을 모두 구비했지만 사주나 운에서 오행이 완전히 갖추어지지 않은 경우도 많다. 그러므로 어떤 오행이 없으니 어떤 병이 있다고 한다면 그 병이 무엇인지 정확하게 알 수 없다. 중요한 것은 일간 · 격국 · 용신을 살펴서 중화되거나 또는 평순(平順)하거나 건(健)하면 모두 질병이 없는 명이라고 보아야 한다"고 하였다.

이 밖에도 "木이 金에게 극을 받으면 근육통 및 관절통이고, 눈이 어두운 것은 火가 水의 극을 받았기 때문이다"라는 학설, "사주가 냉하면 냉병이요, 한습하면 호흡기 질환이요, 난조하면 피부병 및 열병이다"라는 학설, "사주에 金水가 많으면 소변이 잦고 木火가 많으면 변비증·당뇨병이다"라는 학설 등이 있다. 이상의 여러 학설들은 장차 의학계의 더욱 확실한 검증과 공인을 거쳐야 한다고 본다.

2) 충과 질병의 관계

사주의 오행이 상하좌우로 상극·상충하여 파손된 경우에도 그 때문에 질병들이 생길 수 있다. 충과 질병의 관계에 대해 정리하면 다음과 같다. 다만 다음의 내용은 음양오행과 장부의 관계를 어떻게 보느냐에 따라 달라질 수 있다.

① 子午충

子는 방광, 午는 소장이므로 사주에 子午충이 있거나 행운에서 子午충이 이루어지면 방광과 소장에 관계된 질병이 생길 수 있다.

② 丑未충

丑未는 음토(陰土)로서 비장과 관계된 질병이 생길 수 있다.

③ 寅申충

寅은 담, 申은 대장이므로 이들과 관계된 질병이 생길 수 있다.

④ 卯酉충

卯는 간, 酉는 폐이므로 이들과 관계된 질병이 생길 수 있다.

⑤ 辰戌충

辰戌은 양토(陽土)로서 위와 관계된 질병이 생길 수 있다.

⑥ 巳亥충

巳는 심장, 亥는 신장이므로 이들과 관계된 질병이 생길 수 있다.

3) 행운과 질병의 관계

행운(行運) 역시 질병에 영향을 미친다. 다시 말해 오장육부 또는 육장
육부의 허와 실은 운의 흐름에 따라 호전될 수도 있고 악화될 수도 있는
것이다. 예를 들어 폐허증인 사람이 폐결핵으로 고생하는 경우에, 이 사
람은 金이 불급하므로 金의 기운을 돋우어주는 金·土 운이 좋고 계절로
는 가을이 유리하다. 이와 반대로 金을 극하는 火운이나 金의 기운을 설
하는 水운은 병세를 더욱 악화시켜 치료에 많은 어려움을 초래할 수 있
다. 계절로는 여름·겨울이 이 운에 해당한다. 다른 질병 역시 이처럼 추
리하면 된다.

4) 계절과 질병의 관계

① 봄은 목기(木氣)가 왕한 계절이다. 목기(木氣)나 화기(火氣)가 필요
한 사람에게 좋다. 그러나 목기(木氣)나 화기(火氣)가 더 이상 필요
없는 사람에게는 좋지 않다.

② 여름은 화기(火氣)가 왕한 계절이다. 화기(火氣)나 토기(土氣)가 필
요한 사람에게 좋다.

③ 가을은 금기(金氣)가 왕한 계절이다. 금기(金氣)나 수기(水氣)가 필
요한 사람에게 좋다.

④ 겨울은 수기(水氣)가 왕한 계절이다. 수기(水氣)나 목기(木氣)가 필
요한 사람에게 좋다.

⑤ 환절기는 토기(土氣)가 왕한 계절이다. 토기(土氣)나 금기(金氣)가
필요한 사람에게 좋다.

5) 방위와 질병의 관계

방위 역시 질병에 영향을 미친다. 방위를 다루는 대표적인 학문인 풍수
지리학은 음택(陰宅, 묘터)이나 양택(陽宅, 집터) 등의 방위와 관련하여 인
간사의 길흉을 논한다. 한편 사주학에서 방위와 질병의 관계를 추리할 때
는 건물의 주된 방향, 대문의 위치, 잠을 잘 때 머리를 두는 방향 등이 주
로 문제가 된다. 정리하면 다음과 같다.

① 동쪽은 목기(木氣)가 왕하다. 목기(木氣)나 화기(火氣)가 필요한 사람에게 좋다. 그러나 목기(木氣)나 화기(火氣)가 더 이상 필요 없는 사람에게는 좋지 않다.

② 남쪽은 화기(火氣)가 왕하다. 화기(火氣)나 토기(土氣)가 필요한 사람에게 좋다.

③ 서쪽은 금기(金氣)가 왕하다. 금기(金氣)나 수기(水氣)가 필요한 사람에게 좋다.

④ 북쪽은 수기(水氣)가 왕하다. 수기(水氣)나 목기(木氣)가 필요한 사람에게 좋다.

6) 10천간과 음식물

질병은 예방할 수 있고 치료할 수 있다. 동양의학은 상생관계에 바탕을 둔 예방의학의 성격이 강하고, 서양의학은 상극관계에 바탕을 둔 치료의학의 성격이 강하다. 그러나 둘 다 예방과 치료를 함께 다루며 상호보완적인 방향으로 나아가고 있다. 오늘날의 치료 형태를 보면 식이요법·물리요법·단식요법 등의 자연요법에서 정신이 육체를 다스릴 수 있다고 보는 정신요법·초능력요법까지 이어지고 있다.

그 중에서 우리가 쉽게 시도해볼 수 있는 것으로 식이요법이 있다. 이와 관련해 음식물과 사주의 천간을 결부시킨 흥미로운 이론이 있어서 소개하려고 한다. 예를 들어 잣이나 산수유는 甲木의 성질을 가지고 있으므로 甲木의 기가 필요한 사람에게 처방하면 예방과 치료에 도움이 된다는 것이다. 이 이론은 사주의 지지에 대해서는 설명하지 않았는데, 그 이유는 지지 내의 지장간 역시 모두 천간이기 때문이다. 정리하면 다음과 같다.

① 甲 : 잣·산수유 등.

② 乙 : 차·영지버섯 등.

③ 丙 : 당귀·천궁·조개 등.

④ 丁 : 붉은콩·마 등.

⑤ 戊 : 오이·참외·마늘 등.

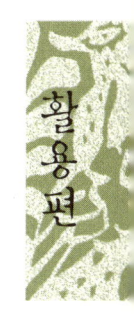

⑥ 己 : 콩·마·감초 등.

⑦ 庚 : 부추·미나리·마늘 등.

⑧ 辛 : 보리·은행 등.

⑨ 壬 : 검은콩·대두 등.

⑩ 癸 : 미역·다시마·김 등.

이 역시 더욱 확실한 검증과 공인을 거쳐야 하며, 소개한 음식물 이외에 많은 것들이 추가될 수 있다고 본다. 그 기준으로는 색깔·맛·생산지 등이 고려대상이 될 것이다.

7) 사주 구성과 건강의 관계

평생 무병장수할 수 있는 사람의 사주는 우선 음양이 조화를 이루고 오행이 주류(周流)한다. 그러면서 중화되고 순수하다. 다음과 같이 정리할 수 있다.

① 극이나 충이 없어야 한다.

② 한(寒)·열(熱)·조(燥)·습(濕)이 중화를 이루어야 한다.

③ 용신이나 희신이 운의 흐름과 잘 어우러져야 한다.

한편 건강하지 못하고 장수하기 어려운 사람의 사주는 우선 음양이 조화를 이루지 못하고 오행이 편중되어 있으면서 혼탁하다. 즉 다음과 같다.

① 극이나 충이 심하다.

② 한·열·조·습이 고르지 못하다.

③ 용신이나 희신이 운의 흐름과 맞지 않는다.

어느 시기를 사람의 사운(死運)으로 보는가. 우선 용신이 심하게 극을 당하거나 충을 이루는 시기를 사운으로 본다. 정리하면 다음과 같다.

① 용신이 식신이면 강한 편인운이 사운이다.

② 용신이 상관이면 강한 인수운이 사운이다.

③ 용신이 편재이면 강한 비견운이 사운이다.

④ 용신이 정재이면 강한 겁재운이 사운이다.

⑤ 용신이 편관이면 강한 식신운이 사운이다.

⑥ 용신이 정관이면 강한 상관운이 사운이다.

⑦ 용신이 편인이면 강한 편재운이 사운이다.

⑧ 용신이 인수이면 강한 정재운이 사운이다.

⑨ 신약한 사주는 강한 관살운이 사운이다.

용신이 심하게 설을 당하여도 사운으로 본다. 예를 들어 용신이 식상이면 강한 재성운을 사운으로 보는 것이다. 결국 사운은 용신이 심하게 극·충·설을 당하는지를 살펴보고 사주 전체와의 관계에서 판단해야 한다.

강왕격은 일간이 매우 약해지는 운과 30년 계절운이 바뀌는 접목운(接木運)을 사운으로 본다. 접목운은 '나무를 기후와 풍토가 다른 곳으로 옮겨 심는 운'이라는 뜻으로 교운기(交運期)라고도 한다. 대운의 지지는 木운, 火운, 金운, 水운으로 이어지는데, 예를 들어 木운(寅卯辰)이 끝나고 火운(巳午未)이 시작되는 운은 봄에서 여름으로 계절이 바뀌는 운이기 때문이다. 접목운에는 파란이 많고 특수한 나무는 적응하지 못하여 죽어버린다.

종격은 일간이 매우 강해지는 운을 사운으로 본다. 넓은 의미의 종격에는 종강격·종왕격이 있지만, 이때는 이들 강왕격을 제외한다. 좁은 의미의 종격은 일간이 매우 약해서 다른 별들을 따르는 경우이므로 일간이 매우 강해지는 운이란 있을 수 없지만, 종하는 데 가장 지장이 되는 운을 일간이 매우 강해지는 운이라고 표현하였다.

화격은 격이 파괴되는 운을 사운으로 본다.

양인격은 양인과 합 또는 충을 이루는 운을 사운으로 본다. 합 또는 충을 이루는 운이 아니어도, 예를 들어 4개의 지지가 모두 양인인 경우에는 정재운이 위험할 것이다.

마지막으로 사주의 왕신(旺神)이 입묘(入墓) 되는 운을 사운으로 본다.

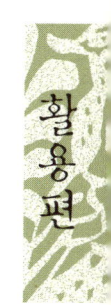

예를 들어 사주에 金이 많은 경우에는 金의 묘(墓)가 되는 丑운이 사운
이다.

한편 육친의 사운은 어떻게 판단해야 하는가. 해당 통변성인 천간 또는
지장간을 대운과 연운에 비추어 판단하면 된다. 예를 들어 인수인 천간 또
는 지장간이 대운 및 연운과 충이 되고 12운도 쇠약하면 현재 건강하지 못
한 어머니는 사운을 맞이한다고 판단하는 것이다.

3. 실제 간명

지금까지 설명한 건강 판단의 방법을 토대로 필자의 사주를 분석해보고
자 한다. 앞서 성격 판단에서 언급했듯이 필자는 1944년 8월 27일(양력) 16
시 출생이니 甲申년 壬申월 癸亥일 庚申시가 된다. 입추 후 19일 14시간 11
분이 경과되어 출생했으므로 4개 지지 모두 정기의 적용을 받는다. 필자의
사주를 판단하기 위한 자료는 255~256쪽의 사주명식 분석과 법륜도를 참
고하도록 한다.

	시	일	월	연	(乾命)	
	庚	癸	壬	甲		
	申	亥	申	申		
65	55	45	35	25	15	5
己	戊	丁	丙	乙	甲	癸
卯	寅	丑	子	亥	戌	酉

사주에서 오행이 중화되고 순수하면 성격이 원만하고 온후하며 건강 또
한 문제가 없다. 그러나 필자의 사주는 그렇지 않다. 화기(火氣)가 전혀 없
고, 토기(土氣)는 지장간의 형태로 존재할 뿐이다. 그러면서 강한 金·水의
기가 木으로 이어져 木이 전체의 기를 설하고 있다. 금다목단(金多木斷)·

수다목부(水多木浮)가 우려되는 사주이다. 그러나 신왕 또는 신강하고, 금생수(金生水) 수생목(水生木)으로 청기(淸氣)가 잘 흐르고 있어 일단 건강하다고 판단할 수 있는 사주이다. 이 사주를 놓고 화기(火氣)가 없다 하여 화허(火虛)로 논하고, 토기(土氣)가 미약하다 하여 토허(土虛)로 논하는 것은 성급한 것 같다. 여러 학설이 있지만 필자의 경우에는『명리약언』의 "인간은 장부와 경락을 모두 구비했지만 사주나 운에서 오행이 완전히 갖추어지지 않은 경우도 많다. 그러므로 어떤 오행이 없으니 어떤 병이 있다고 한다면 그 병이 무엇인지 정확히 알 수 없다. 중요한 것은 일간·격국과 용신을 살펴서 중화되거나 또는 평순(平順)하거나 건(健)하면 이 모두 질병이 없는 명이라고 보아야 한다"는 구절이 마음에 와 닿는다.

앞에서 필자의 사주는 금다목단(金多木斷)·수다목부(水多木浮)가 우려된다고 했는데 이에 관하여 살펴보자. 우선 필자의 사주에서는 庚金과 申金이 강하다. 金을 음양으로 나누어 구분하는 학설에 따르면 庚金·申金은 대장이다. 그리고 庚金·申金의 실증은 장염·장폐색증·코막힘·치통·관절통 등과 관련된다. 그러나 필자는 지금까지 이러한 질병으로 고생한 적이 없다. 金을 음양으로 나누어 구분하는 이 학설은 다른 오행 역시 음양을 구분하는데, 어쨌든 필자의 경우와는 맞지 않는다. 사실 필자의 경우에는 각 오행을 음양으로 나누어 구분하지 않고 金의 경우에는 "폐와 관계된 병은 庚辛申酉의 金이 상해를 입음으로써 발생하고, 金이 사절되면 천식·해소·모피건조증·관절염·설사·변비 등이 생긴다"고 하는『삼명통회』의 학설이 더 잘 맞는다. 이런 점에 비추어 동양의학은 전래의 학설을 검증해야 한다. 앞서 살펴본 오행의 음양 구분과 질병의 관계도 그렇고, 다른 경우 역시 마찬가지다.

필자는 어릴 때부터 호흡기 계통이 약했다. 필자의 기침소리에 부모님께서는 잠을 못 이루고 안타까워하셨다. 필자의 사주는 금기(金氣)가 너무 강하여 金의 실(實)이 지나치다. 지나치면 변한다. 실이 지나쳐 그만 金의 허(虛)로 통하였다. 폐활량이 적은 것을 보아도 그렇다. 하기야 실이란 장부가 튼튼한 것이 아니고 기능이 지나치게 항진되어 태과를 이룬 결과 병기

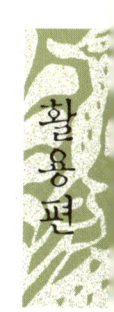

(病氣) 또는 사기(邪氣)가 들어와 있는 상태가 아닌가. 필자에게는 금기(金氣)가 해롭다. 그런데 癸酉 및 甲戌 대운은 지지가 金으로 흐르고 있다. 그 20년 동안 날카로운 금기(金氣)가 맹위를 떨치며 목기(木氣)인 림프조직을 계속 공격한 때문인지 잦은 편도선염으로 많은 고생을 하였다.

다음으로 필자의 사주에서는 水가 강하다. 소변이 잦고 신장과 방광이 약한 것 같다. 여기에 乙亥 · 丙子 · 丁丑 대운은 지지 또한 水로 흘러 수다목부(水多木浮) 내지 수극화(水剋火)를 했던 탓인지 시력이 많이 약해졌다.

마지막으로 필자의 사주에는 木이 약하다. 간이나 담 질환에 유의해야 한다. 지금의 戊寅대운은 사주에 많이 있는 申과 寅申충을 이루니 특히 위험할 수 있다. 자칫 사기(死期)가 될 수도 있다. 실제로 戊寅대운 辛巳년에는 사주와 대운 · 연운의 지지가 寅巳申삼형을 이루어 황천객이 될 뻔하였다. 지난 丁丑대운 역시 몇 번이나 죽을 고비를 당하였다. 필자의 사주에 많이 있는 왕신(旺神)인 金이 그의 묘(墓)인 丑에 입묘(入墓)하였기 때문이다.

어떻게 보면 인생은 사기(死期)의 연속인 것 같다. 지금의 戊寅대운 이후 전개되는 己卯대운은 대운 천간의 己가 용신인 甲과 천간합을 이루니 좋을 것이 없다. 하지만 사주학은 수신학이다. 항상 스스로 살펴보며 다스려 나가야 한다. 하늘은 스스로 노력하는 자를 돕는다. 질병은 예방할 수 있고 치료할 수 있는 만큼 필자는 여생의 건강을 위하여 木火로 다스려 나가야 한다. 그 한 예로 동쪽에 대문을 낸 남향집을 선택하여 나무를 심고 정원을 가꾸며, 늘 따뜻하고 밝은 마음을 지니도록 노력하려고 한다.

1. 총설

사주학에서 사용하는 '육친(六親)'이란 용어는 부모형제와 배우자, 그리고 자식을 일컫는 말로 가족 관계를 뜻한다. 그러므로 사주학에서 '육친 판단'이라 함은 한 사람의 사주를 놓고 그 사람의 가족 관계를 판단한다는 뜻이다.

과연 사주팔자만으로 '육친 판단'이 가능할까? 지금까지의 사주 간명법은 일간을 본인으로 보고 이 일간에 대응하는 각각의 통변성에 인간관계를 부여하여 육친 판단을 해왔다. 그러나 여기에는 관점에 따라 해석이 달라질 수 있는 문제점이 있다.

예를 들어 일간이 甲인 남성의 경우를 살펴보자. 甲을 생하고 돌보아주는 것은 인수 癸와 편인 壬이므로 이 둘 가운데 하나가 어머니가 된다. 그러나 편인 壬은 甲과 동일한 양(陽)으로 남성이기 때문에 어머니가 될 수 없다. 그래서 음(陰)인 인수 癸를 어머니로 본다. 이에 대해서는 고금(古今)의 견해가 일치한다. 그런데 판단이 이렇게 간단하지는 않다. 왜냐하면 일간이 甲인 여성의 경우에는 문제가 생기기 때문이다. 甲이 여성인 경우에도 인수 癸가 어머니인가? 甲과 癸는 음양이 다르기 때문에 甲이 여성인 경우에는 같은 성별인 편인 壬이 어머니가 되어야 맞는 것 아닌가? 그렇다면 남성의 경우에는 인수가 어머니이고, 여성의 경우에는 편인이 어머니인가? 아니면 여성의 경우에도 인수가 그대로 어머니인가? 이처럼 육친 판단은

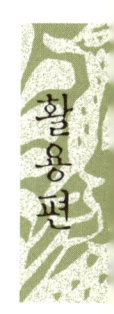

그 출발부터 명확한 결론을 내리기 어렵다.

　그런데 문제는 계속 이어진다. 일단 일간이 甲인 남녀 모두 인수 癸가 확실한 어머니라고 해도 어떤 통변성을 아버지로 볼 것인지에 대해서 견해가 다시 나뉘기 때문이다. 우선 편재 戊가 아버지라는 견해가 있는데 오늘날의 통설이다. 그 논거는 다음과 같다. "甲의 아버지는 어머니 癸와 음양이 다르면서 癸를 극하는 土, 즉 양토(陽土)인 戊가 된다. 극(剋)이란 제압하고 억제하며 포용하고 껴안는 관계인데 음양이 다른 경우는 포용하고 껴안는 남녀의 관계가 되어 유정하다. 그래서 戊와 癸는 비록 극하는 관계이지만 합을 이룬다. 甲에게는 戊가 편재가 된다. 그래서 편재는 아버지가 된다." 이상의 논거는 상당한 설득력을 지니고 있다. 그러나 이와 달리 편인 壬이 아버지라는 견해가 있는데 그 논거는 다음과 같다. "오늘날의 남녀 관계는 대등한 동반자의 관계이다. 편재가 아버지라는 견해는 남녀 상극원리를 내세우지만, 토극수(土剋水)의 남성 우위사상에 바탕을 두고 있다. 그러나 오늘날의 남녀 관계 내지 부부 관계는 대등한 동반자의 관계이다. 이러한 시대적인 흐름을 반영한다면 편재 戊가 아버지인 것이 아니라 인수 癸와 음양이 다른 편인 壬이 아버지가 되어야 한다."

　문제는 계속 이어진다. 즉 배우자의 문제이다. 남녀 상극원리에 바탕을 둔 견해는 다음과 같이 주장한다. "甲이 남성인 경우에 그의 아내는 정재 己이다. 왜냐하면 甲과 己는 목극토(木剋土)의 관계이지만 남녀간의 유정한 합(合)을 이루기 때문이다. 그러므로 정재는 아내가 된다. 甲이 여성인 경우에 그의 남편은 정관 辛이다. 왜냐하면 辛은 甲과 음양이 다르면서 유정한 극을 이루기 때문이다. 그러므로 정관은 남편이 된다." 그러나 이러한 논거는 어떤 통변성이 아버지를 나타내는지를 따질 때 살펴본 것처럼 남성 우위사상에 바탕을 두고 있다는 비판을 피할 수 없다. 더구나 "남성은 여성을 극하는 존재이고, 여성은 남성으로부터 극을 받는 존재이다"라고 설명하고 있어서 아버지를 따지는 문제보다 남성 우위사상이 더욱 노골적으로 나타나 있다. 그러나 부부 관계를 대등한 동반자의 관계로 파악하는 견해는 甲이 남성이든 여성이든 乙이 배우자가 된다고 할 것이다.

　배우자 문제에서 나아가 자식 문제를 살펴보자. 배우자 문제에서 남녀 상극원리에 바탕을 둔 견해는 다음과 같이 주장한다. "甲의 자식은 甲의 처인 정재 己가 생하는 정관 및 편관이다. 그래서 정관 및 편관은 남성한테는 그의 자식이 된다. 甲이 여성인 경우에는 본인 甲이 직접 생하는 식신 및 상관이 그녀의 자식이 된다." 하지만 부부 관계를 대등한 동반자의 관계로 파악하는 견해는 乙이 배우자가 된다고 할 것이므로 이러한 설명은 수정이 불가피하다. 그리고 어느 견해를 취하든 "남성한테는 관성이 자식이고, 여성한테는 식상이 자식이다"라는 설명은 비판의 대상이 될 수 있다. 왜냐하면 남성한테도 식상이 자식이라고 볼 수 있기 때문이다.

지금까지 살펴본 것처럼 육친 판단에서는 어려운 점들이 많다. 앞서 언급하지 않은 형제(자매) 문제처럼 "일간과 동일한 오행인 비견과 겁재가 형제(자매)이다"라고 쉽게 이야기할 수 있는 것도 있지만, 대부분의 육친 판단은 시대의 사회상 및 관념에 따라 달라질 수 있다. 따라서 사주 간명을 할 때 각각의 통변성에 너무 많은 인간 관계를 부여하여 해석하는 것은 무리라고 본다. 가족 관계를 판단하는 데 그치고, 그것도 배우자나 자식과의 인연을 파악하는 정도로 보는 것이 바람직하다.

육친 판단과 관련하여 사주학에서 꼭 짚고 넘어가야 할 문제가 있다. 오늘날의 사주 간명법은 일간이 곧 본인이라 여기고 이 일간에 대응하는 각각의 통변성에 의미를 부여하여 이론을 전개한다. 사주학의 초창기에는 연주(年柱)의 간지를 위주로 사주를 판단했는데 그 적중률이 많이 떨어졌다고 한다. 그런데 서기 907년 중국의 당나라가 멸망하고 960년에 송나라가 들어서기까지 53년간의 이른바 오대(五代) 시대에 이르러 서자평(徐子平)이 일간 위주의 사주 간명법을 세운 것이 오늘날까지 이어지고 있는 것이다.

사주의 주인공이 어느 달 어느 날에 태어났는지는 기후 구성과 관련하여 매우 중요한 문제이고, 이것이 사주의 축을 이루는 것이 사실이다. 그래서 월지를 특히 중시하고, 일간은 핵이라 하여 사주의 본인으로 보는 것은 매우 탁월한 발상이다. 그러나 일간을 본인으로 보고 그 강약을 따져서 그에 따른 전체의 균형을 살펴 간명하다 보면 실제와 어긋날 때가 적지 않아서, 과연 일간 하나만을 본인이라고 보아야 할지 의구심이 생긴다. 생각하기에

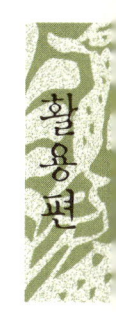

따라서 사주는 운로를 제외한 전체를 본인으로 볼 수 있다. 종격(從格)이나 화격(化格)의 경우를 보자. 거기서는 일간의 차원을 떠나 사주팔자 여덟 글자 모두를 놓고 전체적으로 파악하지 않는가. 필자는 일간 위주의 사주 간명법에서 벗어나고 싶은 충동을 많이 느낀다. 세속적인 개체의식에서 벗어나 불이(不二)의 경지에 이르고 싶어서일까. 이와 관련해 현재 뚜렷한 대안과 실증적인 자료를 많이 갖고 있지는 않지만 나름대로 여러 가지 가설을 세워보고 있는 중이다.

지금까지 살펴본 것처럼 육친 판단에서는 어려운 점들이 많다. 그러므로 세간에서 거론하는 이른바 '부모덕·형제덕·배우자덕·자식덕'에 대해서는 간명 대상자의 사주 하나만으로 논할 것이 아니라, 부모·형제·배우자·자식의 개별 사주와 대조하여 궁합론적인 관점에서 논해야 한다는 것이 필자의 의견이다.

2. 육친 판단의 방법

1) 통변성과 육친의 관계
오늘날 일반적으로 통용되는 의견은 다음과 같다.

구분	아버지	어머니	형제	배우자	자식	기타
남	편재	인수	비견 겁재	정재	정관 편관	·편인:유모, 계모 ·편재:첩 ·식신:장모 ·관살:사장 ·편재:종업원 ·비겁:동업자
여	편재	인수	비견 겁재	정관	식신 상관	·편인:유모, 계모 ·편관:편부 ·편재:시어머니 ·편관:시누이

2) 궁(宮)과 육친의 관계
연주는 조상궁, 월주는 부모궁, 일주(일지)는 배우자궁, 시주는 자식궁으로 본다. 해당 궁에 해당 통변성이 있으면 해당 육친이 있다고 본다.

그리고 해당 통변성이 사주 전체에서 길신(吉神)의 역할을 하면 해당 육친의 도움이 있다고 본다. 해당 궁에 해당 통변성이 있더라도 사주 전체에서 흉신의 역할을 하는 경우에는 해당 육친의 도움이 부실하다고 본다.

해당 통변성이 공망일 경우에는 해당 육친이 없거나, 있어도 도움이 약하다고 본다. 해당 통변성이 없고 해당 궁이 공망이면 해당 육친과의 인연은 매우 박하다고 본다. 예를 들어 남성의 사주에 정관이나 편관 없는데 시주가 공망이면 자식이 없다고 본다. 만약 자식이 있다면 그 자식은 남성에게 큰 도움이 되지 않는다.

해당 궁에 기신(忌神)이 있으면 흉으로 보지만, 다른 곳에 구신(救神)이 있으면 흉한 것이 사라진다고 본다. 예를 들어 여성의 사주에서 일지에 상관이 있으면 배우자궁에 남편을 극하는 별이 들어 있는 것이므로 남편운이 좋지 않지만, 월간에 인수라는 별이 있어서 일지의 상관을 제압하면 남편을 극하는 사주는 아니라고 본다.

궁을 볼 때는 특히 지지의 충을 유의해야 한다. 남성의 사주에서 일지와 월지가 충을 이루면 고부간의 갈등이 있다. 일지는 배우자궁이고 월지는 모친궁이기 때문이다. 일지와 시지가 충을 이루면 배우자와 자녀 모두에게 도움이 안 된다. 배우자궁과 자녀궁이 충돌하는 형상이기 때문이다. 일지가 충이면 원앙새가 따로따로 노는 형상이므로 부부간에 생사이별이 염려된다.

3) 운(運)과 육친의 관계

어린 시절은 부모에 의지하여 성장한다. 그러므로 성년이 될 때까지 대운의 흐름이 용신과 희신으로 이어지는 경우에는 일단 부모의 도움이 크다고 추리한다.

결혼 적령기 이후에 대운의 흐름이 남성에게는 정재, 여성에게는 정관이면서 용신과 희신에 해당하는 경우에는 배우자의 덕이 크다고 추리한다. 사주에서 용신과 희신에 해당하는 배우자별을 충하는 운은 배우자와의 관계에서 불운을 뜻한다. 일지가 충이나 형이 되는 운도 잘 살펴야 한다.

신왕한 남성의 사주가 비겁운을 맞이하면 상처(喪妻) 등이 염려스럽다.

마찬가지로 정관이 약한 여성의 사주가 상관운을 맞이하면 남편이 황천길로 향할까 걱정스럽다.

자식들이 활동할 시기의 남성에게는 관성, 여성에게는 식상이 빛나는 운으로 흐르면 자녀가 영광스럽게 된다.

비겁이 기신인 운에는 형제자매나 친구덕이 없다고 본다.

육친 판단에 관하여 참고할 만한 의견이 여러 가지 있지만 특히 다음의 내용이 중요하다.

- 연간은 조부의 궁이고 연지는 조모의 궁이다.
- 월간은 부친이고 월지는 모친이다.
- 월주는 형제자매 · 친구이다.
- 남성의 사주에서 정관은 딸이고 편관은 아들이다(그러나 양 일간의 경우에는 정관이 딸이고 편관이 아들이지만, 음 일간의 경우에는 정관이 아들이고 편관은 딸이라는 의견이 있다).
- 여성의 사주에서 식신은 딸이고 상관은 아들이다(그러나 식신이건 상관이건 음양을 보아 양은 아들이고 음은 딸이라는 의견이 있다).
- 월간은 용신이나 희신에 해당하지만 월지가 기신이고 월지의 역량이 월간보다 크면 부모의 유산을 얻기 힘들다.
- 기신이 월주에 집결되어 있으면 부모의 도움이 없다.
- 월지 또는 인수가 충극을 이루면 부모의 유산이 없다.
- 월간에 재성이 있는데 약하고 비겁이 이 재성을 극하면 부모의 유산이 없다.
- 인성이 용신을 파괴하면 부모 때문에 고생한다.
- 인성이 월지에 있고 용신이나 희신에 해당하며 어릴 때의 대운이 좋으면 부모에게 사랑받고 부모덕이 있다.
- 재성이 많고 인성이 적으면 부친은 강하고 모친은 약하며, 모친이 먼저 사망한다.
- 인성이 강하고 재성이 약하면 모강부약(母强父弱)이다.
- 편재가 공망이면 부친이 병약하고, 인수가 공망이면 모친이 병약하다.

이런 현상이 월주에 나타나면 어려서 부모를 여의거나 부모가 단명한다.

- 편재가 운에서 절(絶)하면 부친이 죽고, 인수가 운에서 절하면 모친이 죽는다. 절(絶)이란 극을 받는 것과 같기 때문이다.
- 천간의 재성이 일간의 바로 옆에서 상충을 이루면 부친과 불화가 있다. 예를 들어 월간 甲이 庚 일간과 충을 이루는 경우이다.
- 재다신약(財多身弱)은 부친과 불화가 있다.
- 재성이 자신의 양인을 깔고 앉으면 부친의 성격이 난폭하다. 예를 들어 연간 丙 편재가 연지의 午를 깔고 앉은 경우이다.
- 일간은 약한데 편관은 강하여 부담스런 경우에 겁재가 편관과 합하여 편관의 난동을 억제시키면 형제자매 · 친구의 도움을 얻는다.
- 비겁으로 용신이나 희신을 삼고 싶지만 사주에 비겁이 없는 경우에는 형제자매의 도움을 얻을 수는 없어도 친구의 도움을 얻을 수는 있다. 왜냐하면 형제자매는 선천적인 것이어서 스스로 지닐 수 없는 것이지만 친구는 후천적인 노력으로 스스로 만들 수 있기 때문이다.
- 비겁이 용신을 파괴하면 형제자매 · 친구로부터 피해를 당한다.
- 식신이 칠살(七殺, 편관의 다른 말)을 지나치게 제압하여 제살태과(制殺太過)인데 비겁이 식신을 생해주면 형제자매 · 친구 때문에 손해를 본다.
- 정관이 약하고 상관이 강한데 비겁이 상관을 생해주면 형제자매 · 친구 때문에 손해를 본다.
- 일간이 강한데 비겁운이 오면 형제자매가 불목(不睦)하여 소송을 하거나 친구 때문에 재산을 잃는다.
- 월지와 일지가 형(刑)이 되면 처자식과 형제 사이에 불화가 있다.
- 아내를 볼 때는 재성과 일지를 보고 중년의 대운을 참고하여 헤아린다.
- 재성 또는 일지가 용신이나 희신에 해당하면 아내의 덕이 있다.
- 배우자궁인 일지가 기신일지라도 다른 지지와 합하여 희신으로 변화하면 배우자의 덕이 크다.

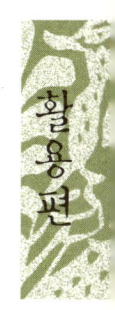

- 일지가 조후용신에 해당하면 배우자의 덕이 크다.
- 일지가 용신이나 희신을 충 또는 합으로 제거해버리면 배우자 때문에 화를 당한다.
- 인성이 용신인데 재성이 인성을 파괴하면 아내 때문에 화를 당한다.
- 재성이 도화 또는 목욕에 해당하는 지지이면서 다른 지지와 합하여 기신으로 변화하면 아내가 다른 남성과 간통한다.
- 양인이 많으면 부부가 생이사별(生離死別)한다.
- 남성의 사주에 정재와 편재가 섞여 있으면 부부 사이가 화목하지 못하고, 남성이 여색을 밝힌다.
- 남성의 사주에서 많은 인성이 재성을 억누르고 있으면 고부간이 화목하지 못하다.
- 남성의 사주에서 정재가 비겁과 합하면 아내가 다른 남성에게 마음을 둔다.
- 신강한데 일지에 양인이 있으면 아내가 건강하지 못하다.
- 남성의 사주에서 재성입묘(財星入墓)이면 원앙새가 따로따로 날아간다.
- 재성이 용신이나 희신인데 일주 이외의 다른 간지와 합하여 기신으로 변화하면 아내가 부정을 저지른다.
- 재다신약인데 일지에 재성이 있으면 아내가 건강하지 못하다.
- 남성의 사주에서 편재가 정재보다 강하면 첩이 본처를 누른다.
- 남성의 사주에서 편재가 천간에 있고 정재는 지지에 있으면 첩이 본처를 이긴다.
- 남성의 사주가 신약한데 재성이 왕한 칠살을 생하면 아내 때문에 화를 당하거나 공처가가 된다.
- 여성의 사주에서 관살은 남편이고 일지는 남편궁이다. 여기에 중년의 대운을 참고하여 남편에 대해 파악한다.
- 여성의 사주에 정관이 용신이나 희신이면서 일간과 합하면 부부가 유정하다.
- 여성의 사주에서 일지가 辰戌충을 이루면 남편이 애인을 둔다.

- 여성의 사주가 제살태과(制殺太過)이면 남편을 극한다.
- 여성의 사주가 비겁이 많고 관살이 약하면 남편을 극한다.
- 여성의 사주가 부성입묘(夫星入墓)이면 원앙새가 따로따로 날아간다.
- 여성의 사주에 정관이 2개 이상이고 그 중 1개가 공망이면 재혼한다.
- 여성의 사주에서 일간과 비견이 정관을 투합하면 자신과 다른 여성이 자신의 남편을 놓고 다툰다.
- 여성의 사주에서 정관이 비견과 합하면 남편이 외도한다.
- 여성의 사주에서 천간에 2개 이상의 관성이 있거나 지지에 3개 이상의 관성이 있으면 두세 번 결혼한다.
- 여성의 사주에서 식상이 태과하면 황음(荒淫)하다.
- 시주에 용신이나 희신이 있으면 자식덕이 있다.
- 여성의 사주가 신약하고 식상이 태과하면 자식이 없다.
- 여성의 사주에서 식상은 약한데 인성이 중첩되면 자식이 없다.
- 여성의 사주가 신약하고 식상이 약한데 재성이 중첩되면 자식이 없다.
- 여성의 사주가 화염토조(火炎土燥), 수범목부(水汎木浮), 금한수랭(金寒水冷)이면 자식이 없다.
- 여성의 사주에 비겁과 인성이 중첩되고 식상과 재성이 미약하면 자식이 없다.
- 여성의 사주가 식상입묘(食傷入墓)이면 자식과의 인연이 박하다.
- 남성의 사주가 관살입묘(官殺入墓)이면 자식과의 인연이 박하다.
- 사주에 자녀성이 없어도 왕성한 자녀성의 운이 오면 자녀를 얻을 수 있다.
- 여성의 사주에서 식상이 공망이면 늦게 자식을 얻거나 양육하기가 힘들다.
- 남성의 사주에서 관살이 辰戌丑未의 지장간으로 들어 있으면 첩을 통해서 자식을 낳는다.
- 남녀를 불문하고 시지가 양인이면서 충형이면 자식이 재앙을 당한다.
- 일지에 재성이 있고 용신이나 희신에 해당하면 아내의 덕이 크다.
- 신왕하지만 관성이 약할 때 재성이 관성을 도우면 아내의 도움을 얻

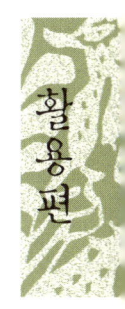

는다.

- 일지가 용신이나 희신을 극하면 배우자 때문에 화를 당한다.
- 재성이 설기(洩氣)가 심하여 용신이나 희신의 역할을 다 할 수 없으면 아내의 도움을 기대하기가 어렵다.
- 일지의 재성이 다른 지지와 합을 이루면 아내가 외도를 한다.
- 정재는 쇠하고 편재는 왕하면 남편이 아내 이외의 다른 여성에게 정이 깊다.
- 남녀를 불문하고 양인이 많으면 배우자와의 인연이 바뀐다.
- 일지가 월지·시지와 충이 되면 부부가 화목하지 못하다.
- 남성의 사주에서 일지가 비겁이고 신왕하면 아내를 극한다.
- 남성의 사주가 재다신약(財多身弱)이면 공처가이다.
- 여성의 사주가 정관과 편관이 모두 있는 관살혼잡(官殺混雜)이면 어느 하나를 제거해야 길하다.
- 일지에 정관이 있으면 일단 좋은 남편을 만날 수 있다고 본다.
- 일지에 상관이 있으면 일단 남편과 헤어질 수 있다고 본다.
- 남성의 사주가 신왕하고 관성도 왕하면 훌륭한 자식을 둘 수 있다.
- 남성의 사주에서 생시(生時)에 정관이 있으면 일단 좋은 자식을 둘 수 있다고 본다. 편관이 있으면 식신의 다스림이 필요하다.
- 남성의 사주에서 관성이 기신이면 자식덕이 없다.
- 신약한 사주에 충·형·해 등이 있으면 자식덕이 없다.
- 남성의 사주에서 관성을 극하는 식상이 지나치게 많으면 자녀와 인연이 없다.
- 여성의 사주가 신왕하고 인성 또한 왕하여 비록 식상이 미약하다고 해도 재성이 인성을 다스려주면 훌륭한 자식을 둘 수 있다.
- 여성의 사주가 신왕하고 식상이 왕하면 자녀가 많다.
- 여성의 사주가 신약하고 관살이 왕하면 자식과의 인연이 박하다.
- 남녀를 불문하고 식상이 태과하면 자식과 인연이 없다. 종아격의 경우도 마찬가지다.
- 여성의 사주에 편인이 많으면 자녀를 잃는다.

- 여성의 사주에서 식상은 왕하나 관성이 약하면 자식은 개운(開運) 발전하지만 남편은 그렇지 못하다.
- 재성이나 인수가 월주에 있고 길성이면 부모가 훌륭하다.
- 편재나 인수가 하나만 있고 생왕(生旺)하면 좋다.
- 비겁이 왕하고 편재가 쇠약하면 아버지와 인연이 박하고, 재성이 왕하고 인수가 쇠약하면 어머니와 인연이 박하다.
- 편재와 인수가 충이나 형이면 부모에게 파란이 많고, 부모는 자식과 일찍 헤어진다.
- 편재가 없으면 아버지와의 인연이 박하고, 인수가 없으면 어머니와의 인연이 박하다. 하지만 너무 많아도 인연이 끊어진다. 특히 인수가 너무 많으면 어머니가 재가할 가능성이 많다.
- 편재가 인수와 쟁합·투합을 이루면 어머니는 두 남성의 아내가 된다. 이 경우에 인수가 목욕·함지와 같은 사주기둥에 있으면 어머니는 행실이 바르지 못하다.

 예

시	일	월	연
○	丙	○	○
卯	寅	申	申
(乙인수)		(庚편재)	(庚편재)
(목욕·함지)			

이 사주는 편재 庚과 인수 乙이 쟁합하는 경우이다. 다만 일지 寅이 申과 충이므로 乙庚합이 '다소' 지장을 받는다. 왜 '다소'냐 하면 寅은 申과 충하려 하지 않고 卯와 합하려 하기 때문이다. 卯가 寅을 도와 강한 충을 형성해준다고 보면 乙庚합은 어렵다. 그리고 이 사주는 처음부터 쟁합이 힘들다. 연지 申의 주권신인 庚과 시지 卯의 주권신인 乙의 거리가 너무 멀기 때문이다.
- 사주에 관성이 많으면 형제덕이 없다.
- 비겁이 간합하여 흉성(凶星)으로 변화하면 형제덕이 없다.

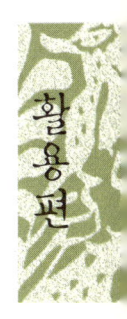

- 정재는 약한데 겁재가 왕하면 형제간에 다툼이 있다.
- 남성의 사주에서 재성은 약한데 관성이 왕하면 재성은 관성에 설기되어 아내가 건강하지 않거나 부부가 해로하지 못한다. 예를 들어 재성인 水는 약한데 관성인 木이 왕하면 목다수축(木多水縮)이 된다. 자식이 아내를 상하게 한다.
- 지나친 생은 반생(反生)이 된다. 예를 들어 인수인 水가 너무 많으면 자식인 木은 수다목부(水多木浮)가 된다. 어머니가 자식을 상하게 한다.
- 극하는 쪽보다 극을 받는 쪽이 지나치게 강하면 반극(反剋)이 된다. 예를 들어 상관인 金보다 정관인 木이 지나치게 강하면 목다금결(木多金缺)이 된다. 남편이 자식을 상하게 한다.
- 연주에 편관·겁재·편인·양인 등이 있거나, 충·형을 만나거나, 12운성으로 사·절·묘 등이 이루어져 있으면 한미한 집안의 자손이다.
- 월지와 일지가 충형이면 자신이 부모 곁을 떠나 살게 된다.
- 재성이 비겁 위에 앉아 있으면 일찍 아버지와 이별하거나 아버지가 병객(病客)이다.
- 재다신약인 사주에 비겁이 있고 운에서 비겁을 만나면 형제덕을 누린다.
- 군비쟁재(群比爭財, 사주에서 무리를 이룬 비견·겁재가 약한 재성을 놓고 쟁탈전을 벌이는 상황)인 사주는 형제자매 때문에 큰 손해를 입게 된다.
- 살인상정(殺刃相停)을 이룬 사주는 누이동생의 덕을 크게 입는다.
- 생월(生月)의 간지가 모두 겁재이면 이복형제가 있을 가능성이 많다.
- 식상과 관살이 비슷한 세력으로 대치하고 있을 때 재성이 통관용신이 되면 아내의 덕으로 성공한다.
- 인수가 너무 많아 재성을 용신으로 하는 인수용재격(印綬用財格)은 아내 덕분에 곤경을 무사히 넘기는 일이 많다.
- 신강하여 재성을 용신으로 쓰는 경우에 월지나 시지가 식상이고 일지가 재성이면 식상생재(食傷生財)가 이루어져 장모의 도움을 많이 받거나 훌륭한 아내를 만난다. 그러나 충이나 형이 이루어져 있으면 그렇

지 않다.

- 태왕한 인수가 비겁을 도와 약한 재성을 후려치면 어머니의 부추김으로 아내를 학대한다. 반대로 신약하여 인수가 용신이나 희신이 될 경우에 재성이 태왕하면 아내가 모친을 학대한다.
- 사주에서 인수와 재성의 세력이 비슷하게 왕하면서 관살이 없으면 모친과 아내가 불화하여 집안이 시끄럽다.
- 사주에 식상은 없고 재성이 미약한데 관살과 인수가 왕하면 아내의 건강이 나쁘다.
- 신약하여 인수 용신이 불가피한 경우에 재성이 이 인수 용신을 후려치면 이른바 탐재괴인(貪財壞印)이 된다. 탐재괴인의 사주를 지닌 남성은 아내 때문에 망신하거나 낭패를 당하며, 자신의 어머니 또한 아내 때문에 고생한다.
- 정재가 비견과 암합을 이루면 아내가 부정을 저지르기 쉽다.
- 정재가 연간에 있고 편재가 시간에 있으면 아내보다 다른 여성을 가까이 한다.
- 일지와 식신이 합을 이루면 장모를 모시고 산다.
- 여성의 사주에서 정관과 편관이 모두 있으면 관살혼잡이라 하여 매우 꺼린다. 그러나 이 경우에도 거살유관(去殺留官)·거관유살(去官留殺)·합살유관(合殺留官)·합관유살(合官留殺)이 이루어져 단순한 형태이면 관살혼잡으로 보지 않는다.
- 여성의 사주에서 일지가 용신이나 희신에 해당하면 남편덕이 있고, 이와 반대로 일지가 흉신에 해당하면 남편덕이 없다.
- 여성의 사주에서 지지에 암장된 관성이 많고 이들이 일간과 암합을 이루면 남편 이외의 여러 남성과 정을 통한다.
- 여성의 사주에서 천간의 관성이 재성을 깔고 앉아 있으면 명관과마(明官跨馬)라고 부른다. 이 경우 뛰어난 자질을 가진 남편이 아내의 도움으로 크게 출세하여 부부가 함께 영화를 누리는 상으로 본다.
- 사주에서 미약한 관살을 왕한 재성이 도와주고 있으면 재자약살(財滋弱殺)이라고 부르는데, 여성의 경우에는 결혼해서 남편을 입신출세시

키는 상으로 본다.

- 재자약살을 이룬 남성은 아내의 덕으로 부와 귀를 누린다. 결혼 후부터 행운이 따른다.
- 여성의 사주가 너무 신왕하면 남편을 소홀히 여기고 스스로 고독한 삶을 산다.
- 여성의 사주에서 식상이 너무 강하면 남편과의 인연이 박하다.
- 여성의 사주에 관살이 없으면 남편으로부터 자유로운 형상이므로 남편을 무시하거나 남편과의 인연이 박하다.
- 여성의 사주가 신왕한데 관살이 미약하면 성적인 불만이 있다.
- 여성의 사주가 신왕하며 관왕하면 신왕관왕(身旺官旺)으로서 일품지귀(一品之貴)를 누린다.
- 여성의 사주가 곡직격 · 염상격 · 가색격 · 종혁격 · 윤하격이면 일신은 영귀(榮貴)하지만 부부운은 불리하다.
- 여성의 사주에서 부성입묘(夫星入墓)가 이루어져 있으면 남편과의 인연이 박하다.
- 남성의 사주가 신약하면서 재성과 관살이 왕하면 자식덕이 없다.
- 남성의 사주에서 칠살은 왕한데 식상이 없어서 제살(制殺)을 못 하면 불효하는 자식을 둔다.
- 남성의 사주가 신약하면서 식상이 많으면 자식과의 인연이 박하다.
- 남성의 사주에서 시지의 관살이 공망이고 식상이 왕하면 자식을 두기 어렵다.
- 여성의 사주에서 식상은 미약한데 인성은 태왕하면 자식을 두기 어렵다.
- 여성의 사주가 신약한데 인성은 없고 식상만 태왕하면 자식을 두기 어렵다. 임신을 하더라도 유산 등의 우려가 크다.
- 여성의 사주가 신왕하고 식상도 왕하면 자식을 많이 둔다.
- 여성의 사주가 너무 신왕하거나 너무 신약하면 자식을 두기 어렵다. 또한 여성의 사주가 너무 한습(寒濕)하거나 너무 난조(暖燥)해도 자식을 두기 어렵다.

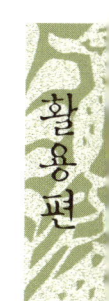

- 여성의 사주에 식상이나 인성이 태왕하면 낙태 · 난산 등의 염려가 크다.
- 남성의 사주에 인수가 태왕하여 이를 다스릴 정재가 필요한 인수용재(印綬用財)의 경우에는 아내의 도움으로 입신출세한다.
- 남성의 사주에서 정재와 편재가 혼잡을 이루고 있으면 여자관계가 복잡하다.
- 여성의 사주에서 식상이 크게 혼잡을 이루고 있으면 결혼 후 이혼할 가능성이 크다.
- 여성의 사주에서 관살이 혼잡을 이루고 있으면 남자관계가 복잡하다.
- 사주에 간합과 지합이 많으면서 수기(水氣)가 왕하면 이성문제가 발생할 가능성이 크다.
- 여성의 경우에 식상이 없어도 관성이 용신이나 희신이면 자식을 둘 수 있는데, 이는 식상에 의해서 관성이 손상당하지 않기 때문이다.
- 여성의 경우에 식상이 혼잡하면 양자를 들이거나 원하지 않는 자녀를 기르는 수가 있다.

3. 실제 간명

지금까지 설명한 육친 판단의 방법을 기초로 필자의 사주를 분석해보자. 필자는 1944년 8월 27일(양력) 16시 출생이니 甲申년 壬申월 癸亥일 庚申시가 된다. 입추 후 19일 14시간 11분이 경과되어 출생했으므로 4개 지지 모두 정기의 적용을 받는다. 필자의 사주를 판단하기 위한 자료는 255~256쪽의 사주명식 분석과 법륜도를 참고하도록 한다.

육친 판단 역시 사주로 선천적인 것을 파악해서 운의 흐름에 따라 변화되는 후천적인 것을 추리한다.

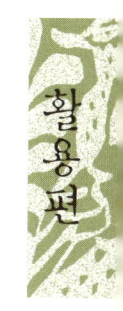

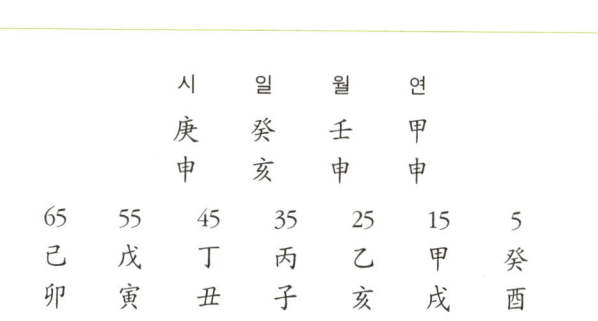

	시	일	월	연
	庚	癸	壬	甲
	申	亥	申	申

65	55	45	35	25	15	5
己	戊	丁	丙	乙	甲	癸
卯	寅	丑	子	亥	戌	酉

　우선 필자의 부모는 어떠한가? 우선 어머니부터 살펴보자. 남성의 경우에는 인수가 어머니다. 이에 관해서는 고금의 견해가 일치한다. 필자의 일간은 癸이므로 필자에게는 인수 庚이 어머니다. 그런데 필자의 사주에는 庚이 너무 많다. 너무 많은 것은 병이다. 아울러 庚은 숙살지기(肅殺之氣)이며, 필자의 용신인 甲木이 뿌리를 내리고 있는 일지 亥와 해(害)를 이루는 申의 주권신이다. 3남 3녀를 둔 어머니는 아버지와 뜻을 달리하고 가정을 떠나 40년이 지난 오늘날까지 홀로 지낸다. 필자가 대학교를 졸업할 때까지 대운의 흐름이 申酉戌 金운이었는데 바로 그 기간 중에 金인 어머니는 기세를 돋우어 그렇게 떠나버렸다. 그러나 어머니는 항상 자식들이 잘 되길 축원하였고, 자식들은 법조인과 공직자가 되어 명문가를 이루었다.

　다음으로 아버지를 살펴보자. 우선 어느 통변성이 아버지인지 파악해야 한다. 남녀 상극원리에 바탕을 둔 견해는 편재 丁을 아버지로 본다. 왜냐하면 어머니인 庚과 음양이 다르면서 유정한 극을 이루는 것은 丁이기 때문이다. 그러나 부부 관계를 대등한 동반자의 관계로 파악하는 견해는 辛을 아버지로 본다. 왜냐하면 辛은 庚과 음양이 다르면서 일간인 癸를 생하기 때문이다. 필자는 남녀 상극원리에 바탕을 둔 견해를 지지한다. 왜냐하면 음양철학은 음양의 극(剋) → 합(合) → 화(化)에 그 오묘한 이치가 있기 때문이다. 이를 남녀간의 경우에 비추어보자. 남녀간의 사랑은 여성이 아프다고 소리를 지르는 극에서 출발하여 희열인 합으로 이어지고 새로운 생명인 화로 뻗어 나간다. 음과 양이 대등한 동반자의 관계인 것은 사실이다.

그러나 이 점을 지나치게 강조하는 것은 합당하지 않다. 왜냐하면 여성이 남성으로부터 극을 받아 임신과 출산의 고통을 겪는 것은 부정할 수 없는 사실이기 때문이다. 하지만 장기적으로는 음과 양이 자연스럽게 대등한 동반자의 관계를 이룬다. 여성은 자녀를 성장시키면서 자신의 위상을 차츰 높여가고 궁극적으로는 음이 양을 극하는 결과를 이루어내는 것이다.

어떻든 필자의 사주에는 아버지에 해당하는 별이 보이지 않는다. 남녀상극원리에 바탕을 둔 견해를 따르면 丁이 아버지를 뜻하는데 천간은 물론이고 지장간에도 없다. 부부관계를 대등한 동반자의 관계로 파악하는 견해에 의하면 辛인데, 이 역시 천간은 물론이고 지장간에도 없다. 그래서 필자는 아버지와의 인연이 깊지도 못했고 길지도 못했다. 아버지는 평생 전국을 누비는 '전(錢)삿갓'이었고 필자의 나이 45세 때인 丁丑대운 戊辰년에 세상을 떠나셨다. 필자의 사주는 金이 너무 많아 어지간한 火가 아니면 꺼져버리는 금다화식(金多火熄)이 이루어져 있다. 그런데 丁丑대운 戊辰년이 바로 이 丁火가 꺼져버리는 해이다. 왜냐하면 이 해는 丙子대운이 끝나고 丁丑대운이 시작된 직후인지라 丁火가 비로소 水의 표적이 될 수 있는데, 사주에서 월간 壬水가 丁火를 합으로 유혹하고, 대운 지지의 丑과 戊辰년의 戊辰이 합세하여 丁火를 빨아들이면서 사주에 나타나 있는 금다화식을 방조하기 때문이다.

그러면 필자는 아버지와 전혀 인연이 없는 사주로 태어났을까. 그렇지는 않다. 왜냐하면 아버지께서는 살아 계시는 동안 당신 스스로 필자의 사주에서 희신에 해당하는 丁火의 역할을 담당하셨기 때문이다. 이처럼 희신에 해당하는 어느 육친별이 사주 가운데 직접 뚜렷하게 나타나 있지는 않지만 해당 육친이 실제로 존재할 때는, 그 인연이 비록 찬란하지는 않더라도 희생적이고 헌신적인 관계로 이어질 수 있다. 사실 아버지께서는 평생 필자를 위하여 희생적이고 헌신적인 사랑을 쏟으셨다.

사주에 특정 육친별이 없을 때는 해당 궁을 살펴볼 필요가 있다. 그러면 어느 궁을 살펴보아야 아버지와의 인연을 알 수 있을까. 이때는 월간을 살펴보아야 한다. 왜냐하면 월지는 일간의 모체이니 어머니궁이고, 바로 그 위의 천간인 월간이 아버지궁이기 때문이다. 필자의 사주에는 월간에 壬水

가 흐르고 있다. 이 壬水는 비록 사주의 차가운 기를 돋우고 있지만 그 역할이 크다. 왜냐하면 추상 같은 금기(金氣)를 잘 설하여 용신인 甲木을 금다목단(金多木斷)으로부터 보호해주기 때문이다. 사실 아버지는 그러한 역할을 하셨다.

필자의 형제자매는 어떠한가? 일간과 동일한 오행인 비견과 겁재가 형제자매이니 필자에게는 癸와 壬이 형제자매가 된다. 이 경우 비견인 癸는 일간과 성별이 같으니 남자형제이고 겁재인 壬은 일간과 성별이 다르니 여자형제라고 할 수도 있지만, 반드시 그렇게만 볼 수 있는 것은 아니다. 왜냐하면 필자는 3남 3녀 중 맏아들로 태어났는데 필자의 사주에는 壬水밖에 없기 때문이다.

그런데 법률도를 살펴보면 재미있는 사실을 발견해낼 수 있다. 직접 드러나 있는 壬水 2개는 필자의 남동생 2명이고, 지장간에 있는 壬水 3개는 필자의 여동생 3명이라는 것이다. 현실에 맞추어 사주를 해석해본 것인데 흥미롭지 않은가. 법률도에서 직접 드러나 있는 壬水 2개는 월간 壬水와 일지 亥의 주권신인 壬水이고, 지장간으로 들어가 있는 壬水 3개는 연지와 월지 그리고 시지에 있는 申 중 壬水이다.

그러면 필자와 형제자매의 인연은 어떠한가. 한마디로 좋은 인연이다. 앞서 아버지와의 인연에서 설명한 것처럼 이 壬水는 용신 甲木을 금다목단(金多木斷)으로부터 보호하고 있기 때문이다. 사실 형제자매 사이의 정이 깊어 그 사랑이 조카들한테까지 이어지고 있다.

필자의 배우자는 어떠한가? 이 문제를 살펴보려면 우선 어느 통변성이 아내인지를 알아야 한다. 앞에서 밝혔듯이 필자는 남녀 상극원리에 바탕을 둔 견해를 지지하므로 정재를 아내로 본다. 그러므로 필자에게는 丙이 아내이다. 그런데 필자의 사주에는 아내에 해당하는 별이 보이지 않는다. 천간은 물론이고 지장간에도 없다. 그래서 필자는 결혼 후 절반 가까운 세월을 아내와 떨어져 살았다. 필자의 사주에는 金이 너무 많아 어지간한 火가 아니면 꺼져버리는 금다화식(金多火熄)이 이루어져 있어서 부부간의 인연이 다소 위태로울 수 있음을 암시해주고 있다. 사실 丙子대운 癸亥년에는 아내를 잃을 뻔했다. 노출된 丙火가 이리저리 넘쳐나는 水의 세력을 감당하기 어려운 형국이 아닌가. 다행히 丙火는 태양 火이고 천우신조의 덕분으로 불행을 면할 수 있었다.

그러면 필자는 아내와 인연이 아주 먼 사주로 태어났을까. 그렇지는 않다. 희신에 해당하는 특정 육친별이 사주 가운데 직접 뚜렷하게 나타나 있지는 않지만, 해당 육친이 현실적인 인간의 형태로 실존할 때는 그 인연이 비록 찬란하지는 않더라도 희생적이고 헌신적인 관계로 이어질 수 있기 때문이다. 사실 아내는 필자에게 희생적이고 헌신적이었다.

사주에 특정 육친별이 없을 때는 해당 궁을 살펴봐야 한다. 그러면 어느 궁을 살펴보아야 아내와의 인연을 알 수 있을까. 이때는 일지를 살펴보아야 한다. 왜냐하면 일지는 필자 자신인 일간과 한 기둥을 이루기 때문이다. 필자의 사주에서 일지는 亥이다. 그런데 이 亥 가운데는 戊·甲·壬이 들어 있다. 모두 필자에게는 보석과 같은 존재이다. 우선 戊土는 필자의 자식이자 명예인데 왕한 水를 억제시켜준다. 甲木은 필자의 용신인데 왕한 金水의 기를 이어받아 청기(淸氣)를 유통시키며 봄기운을 조성한다. 壬水는 그 자체로서는 비록 사주의 차가운 기운을 돋우고 있지만, 추상 같은 금기(金氣)를 잘 설하여 용신인 甲木을 금다목단(金多木斷)으로부터 보호해주고 있다. 그러므로 이러한 것들을 담고 있는 일지 亥는 필자에게 소중한 존재이다. 사실 아내는 그러한 역할을 하였다. 여러 자식들을 모두 훌륭하게 키우고 남편이 명예를 지니도록 하였다. 뿐만 아니라 만년에는 필자에게 활인업(活人業)을 권하여 용신인 甲木이 꽃을 피우도록 하였다. 일찍이 시집 와서 필자를 금다목단(金多木斷)의 위기로부터 구출하였음은 부정할 수 없는 사실이다.

필자는 아내의 사주를 모른다. 아내의 이야기인즉 자신의 출생시점을 놓고 아버지와 어머니의 기억이 달라 이것인지 저것인지 잘 모르겠다고 한다. 그러나 필자는 아내의 사주를 볼 수 있다. 필자의 사주에서 아내는 丙火이니 이 丙火를 아내의 일간이라고 가정하고 아내 입장에서 필자의 사주를 맞추어보는 것이다. 그러면 丙火 일간에게 金이 많기 때문에 편재인 시

어머니와는 인연이 없다. 水가 많으니 남편 때문에 어려움이 많다. 신약한 丙火 일간이 편인 甲木에 의지해야 하니 활인업과 통하여 의약 계통 내지 교육 계통에 종사하고, 자식들 또한 그 계통으로 진출시키려 할 것이다. 희한하게도 현실과 잘 들어맞는다. 나아가 아내는 남편까지 사주학자로 만들어 자신의 용신을 더욱 튼튼하게 하였다.

필자의 자식들은 어떠한가? 이 문제를 살펴보려면 우선 어느 통변성이 자식인지를 알아야 한다. 여성의 경우에는 식신과 상관을 자식으로 본다. 자신의 몸으로 생하기 때문이다. 그러나 남성의 경우에는 이에 대해 견해가 일치하지 않는다. 남성 역시 자신이 생하는 식상이 자식이라고 보는 견해가 있지만 소수의 의견일 뿐이다. 다수가 따르는 의견은 관살을 자식으로 보는 것이다. 왜냐하면 정재가 생하는 것이 관살이기 때문이다. 필자는 다수의 견해를 지지한다. 왜냐하면 남녀 상극원리에 바탕을 둔 견해를 지지하면 정재가 부인이고, 이 정재가 생하는 관살이 남성의 자식이기 때문이다. 생각하건대 출산의 고통과 희생적인 양육은 여성이 담당한다. 이러한 몫을 남성이 대등하게 공유하려는 것은 무리다.

그러면 필자의 사주에 관살이 있는가. 천간이나 주권신의 형태로 나타난 것은 없고, 다만 4개의 지지에 戊라는 지장간의 형태로 길게 뻗어 있다. 각 지지에 1개씩 모두 4개가 있는데 모두 일간 癸와 戊癸합을 이룬다. 희한하게도 필자는 자식이 1남 3녀로 넷이다. 필자에게 戊는 정관인데, 이것이 아들이자 딸이니 정관과 편관을 나누어서 자식의 성별을 고찰할 바는 아니다. 필자는 지금 戊寅대운의 중기 정도에 있다. 그런데 이 대운을 맞이하여 그동안 잠자던 戊土 4개가 일제히 천간으로 솟아오르고 있는지 요즈음 자식들 모두 스스로의 빼어난 기상을 자랑하고 있는 것 같다.

육친을 판단할 때 유의할 점이 있다. 바로 종래의 육친궁 이론을 너무 믿지 말라는 것이다. 생각해보면 육친궁 또는 해당 궁 자체는 사주 당사자의 사주를 대가족의 것으로 만들어버리고 또한 모호하기 이를 데 없다. 예를 들어 연주가 조상궁이라면 도대체 그 범위는 어디까지인가? 연간이 할아버지궁이라면 필자의 경우에는 용신 甲木이 자리를 잡고 있으니 할아버지와 인연이 깊을 텐데 현실은 전혀 그렇지 않다. 또한 왜 월주가 형제궁인가? 필자가 형제로부터 태어났다는 말인가, 동생이 형 위에 군림해도 좋다는 것인가. 나머지 궁들도 문제점을 갖고 있다. 예를 들어 자식궁인 시주를 보자. 시간은 아들이고 시지는 딸인데, 필자는 1남 3녀 중에 3녀 모두를 시지 하나로 판단해야 하는 것이다. 배우자궁은 일간인 나와 한 기둥을 이루는 것이니 고찰대상이 될 수는 있지만, 사주에 나타난 배우자별 자체를 능가할 수 없다.

육친 판단에는 순서가 있다. 특정한 육친별이 천간이나 주권신, 또는 지장간의 형태로 나타나 있을 때는 그 현상 자체를 살피면 된다. 그러나 특정 육친별이 전혀 나타나 있지 않을 때는 해당 통변성을 사주에 대입해 고찰하면 된다. 예를 들어 필자의 사주에서 관성인 戊土 4개가 지장간의 형태로도 나타나 있지 않다면 土를 사주에 대입시켜 그 작용을 기준으로 자식과의 인연을 판단해보는 것이다. 土는 많은 水를 억제시키고 용신 甲木을 뿌리내릴 수 있게 하므로 길 작용이다. 즉 필자는 자식을 많이 둘수록 좋은 것이다. 다만 배우자와의 인연을 고찰할 때는 배우자궁으로 인해 다소 복잡한 양상이 전개될 수 있다. 다른 것은 좋은데 배우자궁이 나쁘거나, 배우자궁은 좋은데 다른 것이 나쁜 경우가 그것이다. 하지만 너무 복잡하게 생각할 것은 없다. 이럴 때는 배우자와의 인연이 그저 그렇고 그런 평범한 정도에 불과한 것이다. 그러므로 더 자세한 것을 알고 싶을 때는 배우자의 사주를 보면 된다. 다른 육친과의 관계도 마찬가지다.

육친 판단을 너무 확대시키는 것은 바람직하지 않다. 그렇지만 앞에서 할아버지와의 인연을 살펴보았으니 개인적인 이야기이긴 하지만 할머니와의 인연도 한번 알아보고자 한다. 할머니에 해당하는 통변성은 상관이다. 상관은 편재의 어머니이기 때문이다. 필자의 사주에서는 甲木 상관이 할머니인데 용신이다. 그러니 할머니와의 인연이 무척 좋을 것이다. 사실 그러하였다. 할머니는 자식이라곤 하나밖에 없어서 손자들에 대한 사랑이 지극하셨다. 만년에는 며느리 없는 집안을 직접 보살피며 고단하게 사시다가

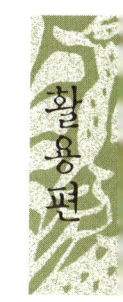

지친 몸으로 잠드셨다. 생전에 할머니께서는 단 한 가지 소원이라며, 필자가 장손이니 아들을 낳아야 한다고 말씀하셨다. 생전에 소원을 이루지 못하시더니 하늘나라에 가서 옥황상제께 직접 간청하셨는지 우리 부부에게 아들을 안겨주셨다. 당시 딸만 셋을 둔 우리 부부가 아들을 얻은 것이 신기하게도 바로 돌아가신 할머니의 생일날이다. 용신인 할머니는 사후에도 자신의 존재를 일깨워주며 자손과 함께하고 계시는 것 같다.

한 인간에게 자신의 육친인 부모, 형제, 배우자, 자식은 참으로 소중한 존재이다. 이와 관련하여, 크게 보면 우주가 바로 자신의 육친에 해당한다는 견해가 있다. 이 견해는 하도와 낙서를 연결지어서 다음과 같이 설명하고 있는데, 그 내용이 무척 재미있고 또한 설득력을 가지고 있다.

금수(金水)는 음이고 목화(木火)는 양인데 음과 양은 서로 짝을 이룬다. 하도의 금수와 목화는 나란히 평행선을 이루고, 낙서의 금수와 목화는 서로 교차선을 이룬다. 이러한 구조를 연결해보면, 평행선과 교차선의 2중 나선구조로 꼬여 있는 인체의 DNA구조가 우주의 모습을 닮아 있다.

위의 견해에 따르면 우주란 자체의 DNA구조를 이루어 변화하는 전체적인 것이고, 인간이란 그 전체적인 것을 구성하는 부분적인 것으로서 우주가 바로 인간의 육친에 해당한다. 나아가 삼라만상은 모두 자타불이(自他不二)의 존재이다.

직업 판단

1. 총설

사주를 보면 사주 당사자의 직업을 추리해낼 수 있다. 그러나 직업의 종류가 매우 많고 시대에 따라 달라지기 때문에 구체적인 직업을 알아내는 것은 무리다. 옛날에는 극장에 변사가 있었고 버스에는 안내양과 조수가 있었다. 그러나 지금은 모두 사라지고 컴퓨터 관련 직종 등 새로운 분야에서 일하는 사람들이 생겨났다.

사주 간명을 원하는 사람은 자신의 직업을 구체적으로 밝혀서 간명하는 사람이 올바른 판단을 할 수 있도록 협조해야 한다. 한번은 이런 일이 있었다. 어느 날 간명을 받으러 온 사람이 자신의 직업이 무엇인지 알아맞혀보라고 하였다. 그래서 법조인의 사주라고 대답했더니, 자기는 변호사인데 왜 법조인이라는 포괄적인 표현을 쓰느냐는 것이다. 필자가 웃으면서 그 정도면 정확한 것 아니냐며 후일 대법관으로 나갈 수도 있는 사주라고 했더니 그도 역시 그럴 계획이라며 함께 웃었다.

사주를 보고 사주 당사자의 직업을 추리하려면 우선 사주 전체에 대한 종합적인 판단이 이루어져야 한다. 위에서 말한 법조인의 사주를 예로 들어보자.

판사가 올바르게 판결하여 세상사람들의 존경을 받고 명망을 누리려면 기본적인 요건을 갖추어야 한다. 우선 원고와 피고를 대할 때 예의가 있어

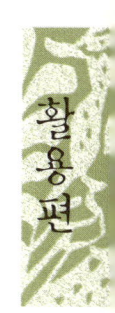

야 하므로 본인별(일간)이 예의를 뜻하는 火이면 좋고, 신의가 있고 믿음직스러워야 하므로 본인별이 신의를 뜻하는 土여도 좋다. 이처럼 본인별이 火나 土이면서 관성과 재성을 갖추면 판사로서 적격이다. 왜냐하면 관성은 명예를 뜻하고, 재성은 관성을 뒷받침해주기 때문이다.

또한 판사가 지혜롭게 판결하고 세상사람들의 존경을 받아 명망을 누리려면 그에 합당한 요건이 필요하다. 우선 지혜가 있어야 하므로 본인별이 지혜를 뜻하는 水이면 좋고, 자비로워야 하므로 본인별이 자비를 뜻하는 木이어도 좋다. 본인별이 水나 木이면서 戌이나 亥가 있으면 판사로서 적격이다. 왜냐하면 戌亥는 하늘의 이치에 통할 수 있는 천문(天門)이기 때문이다.

검사가 정의감을 갖고 부정을 파헤쳐 세상사람들에게 존경 받고 명망을 누리기 위해서 갖추어야 할 기본적인 요건에 대해 알아보자. 우선 정의감이 있어야 하므로 사주에 정의를 뜻하는 金이 있으면 좋고, 아울러 사회의 어두운 실상을 밝혀내려는 마음가짐이 있어야 하므로 火가 함께 있어야 한다. 이와 같이 사주에 金과 火가 함께 있으면 검사로서 적격이다. 그런데 金에는 庚과 辛이 있고, 火에는 丙과 丁이 있다. 이 가운데 庚과 丙이 필요한데, 金 중에서는 庚이 강하고 火 중에서는 丙이 강하기 때문이다.

다음으로 의사의 사주에 대해서 알아보자. 의사들의 사주를 보면 지지에 卯·酉·戌 중에서 두 가지를 갖춘 경우가 많다. 卯는 해가 떠오르는 동쪽으로 천지만물에 새로운 생기를 부여하고, 酉는 해가 지는 서쪽으로 천지만물의 피로를 풀어주며, 戌은 하늘의 이치에 통할 수 있는 천문(天門)으로 도(道)를 행할 수 있는 관문이 되어 세 가지 모두 활인업(活人業)과 인연이 있기 때문이다. 사람을 살리는 도·의술·점·역·종교 등은 활인에 속한다. 그리고 의사들의 사주에는 충(沖, 충돌)·형(刑, 다스림)·양인(羊刃, 칼)이 있는 경우가 많다.

한편 오늘날 각광을 받고 있는 연예인 등 예술인으로 성공하려면 식신·상관·편인·인수가 모두 있으면 좋으리라고 본다. 그리고 신살까지 동원하여 사주에 역마·반안·장성·양인이 모두 있으면 무관(武官)으로 성공할 수 있다고 추리해볼 수 있다.

　그러나 앞에서 살펴본 직업별 기본요건이 결코 절대적인 것은 아니다. 왜냐하면 좋은 사주를 타고난 사람은 자신이 원하는 직업을 쉽게 가질 수 있는 가능성이 크기 때문이다.

　그런데 이 직업 판단은 성격 판단을 전제로 한다. 직업이란 결국 성격 또는 적성을 반영하는 것이기 때문이다. 사실 직업은 용신이나 희신을 떠나 우선 자신의 적성에 맞아야 한다. 그러므로 사주팔자를 통해 선천적인 성격을 파악해서 운의 흐름에 따른 후천적인 성격을 추리한 다음, 이 성격에 바탕을 두고 직업을 추리해야 한다. 그래서 사주에 木이 많고 운 또한 木운으로 흐르면 木에 관련된 직업을 가진다고 추리하는 것이다.

　현재의 직업을 추리하려면 사주의 주인공이 어느 달 어느 시기에 태어났는지, 사주의 구성상 강한 별이 무엇인지, 그리고 현재의 운은 어떤지 살펴보아야 한다. 아울러 용신이나 희신과 연관시켜 추리해볼 수도 있다. 대개 태어난 달의 주권신에 따라 결정되지만, 사주의 구성상 강한 별에 따라 결정되기도 한다. 왜냐하면 태어난 달의 주권신이나 사주 구성에서 강한 별은 주인공의 적성으로 연결되고, 그 결과 그에 따른 직업을 선호하기 때문이다. 적성이란 운의 흐름에 따라 변화될 수 있으므로 그에 따라 직업도 달라질 수 있다.

　그러나 경우에 따라서는 위에서 설명한 월지의 주권신이나 사주 구성상 강한 별, 그리고 운과 관계없이 용신이나 희신에 따라서 차원 높은 추리를 할 수도 있다.

2. 직업 판단의 방법

　사주를 보고 직업을 추리하는 방법에 대해서는 앞의 총설에서 이미 설명하였다. 그런데 주의할 점이 있다. 비록 직업 판단에서 사람의 성격이 전제되지만, 직업이란 단일한 형태로 나타나는 것이 일반적이고 성격처럼 복합

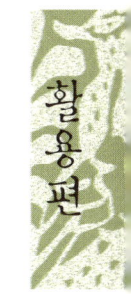

적인 형태를 취하는 경우는 드물다는 점이다. 따라서 직업을 판단할 때에는 사주에서 가장 뚜렷하고 선명한 존재를 선택하여 그에 따른 해석을 해야 한다. 만일 비슷한 세력이 둘 있을 때는 이들을 모두 감안하여 종합적으로 결론을 내려야 한다.

예를 들어 사주에서 인성과 비겁의 양대 세력이 주류를 이루는 경우에는 학예(인성)에 관한 주체성(비겁)을 살릴 수 있는 대 학자, 대 예술가 등으로 추리한다. 아니면 여러 사람의 성원(인성)에 힘입어 높은 경지(비겁)에 서는 정치가가 된다고 추리할 수도 있다. 신왕한 사주는 독립적인 분야의 관리인, 신약한 사주는 조직적인 분야의 구성원이 된다. (필자의 저서 『내가 보고 내가 바꾸는 DIY 사주』에 이러한 직업 판단의 다양한 사례들이 수록되어 있다.)

직업 판단의 핵심은 ① 월지의 주권신, ② 사주의 구성상 강한 별, ③ 용신이나 희신에 있다. 운의 흐름에 따른 변화는 부수적인 것이다. 그런데 이 3가지는 오행의 형태로 표현될 수도 있고 통변성의 형태로도 표현될 수 있다.

1) 오행과 직업의 관계

오행의 형태로 표현되는 직업에 관하여 살펴보자.

① 木 : 인(仁)에 관련된 직업

식물성 자원업 · 영농 · 종묘 · 원예 · 과수원 · 목장 · 제사(製絲) · 방직 · 섬유 · 펄프 · 목재 · 가구 · 토목 · 건축 · 의상(양품) · 문방구 · 서점 · 교육 · 문필(文筆) · 보험 · 사회사업.

② 火 : 예(禮)에 관련된 직업

화기성 자원업 · 연료 · 가스 · 주유소 · 화학약품 · 화공 · 주물 · 제철 · 전기 · 전자 · 오락실 · 화원 · 유흥업 · 컴퓨터 · 인터넷 · 증권 · 한방 · 언론 · 정신 · 문화 · 학문 · 예술 · 법 · 대민봉사.

③ 土 : 신(信)에 관련된 직업

농업 · 곡물 · 근채(根菜) · 원예 · 종묘 · 과수 · 한식업 · 부동산 · 종교.

④ 金 : 의(義)에 관련된 직업

금속 자원업 · 금은보석 · 철 · 기계류 · 전기제품 · 차량(운전정비) · 무기(총포) · 고체물질 · 화폐 · 금융(은행 · 보험 · 증권 · 금전대여) · 기관사 · 군인.

⑤ 水 : 지(智)에 관련된 직업

수자원업 · 어업 · 물장수(술집 · 다방 · 음식점) · 세탁소 · 목욕탕 · 이발소 · 미용실 · 숙박업소 · 양어장 · 액체물질 · 수력발전 · 상하수도 · 유통사업 · 영업(외근) · 외교 · 발명가.

지금까지 오행과 직업의 관계에 대해 설명하였다. 그런데 이와 같은 추상적인 직업 판단은 구체적으로 추리할 때 여러 가지로 달라질 수 있다. 예를 들어 음식점은 물을 많이 사용하므로 일단 水에 포함시켰지만, 어떤 음식을 다루느냐에 따라 오행의 판단이 달라진다. 그래서 쌈 · 산채요리 · 나물을 취급하는 곳은 木, 포장마차 · 튀김 · 숯불구이를 취급하는 곳은 火, 한정식 · 토속음식 · 중화요리 · 분식 · 제과 · 순대를 취급하는 곳은 土, 양식을 취급하는 레스토랑 같은 곳은 金, 마지막으로 각종 탕류 · 회 · 일식을 취급하는 곳은 水로 분류할 수 있다.

2) 통변성과 직업의 관계

통변성의 형태로 표현되는 직업에 관해 정리하면 다음과 같다.

① 비겁 : 자신의 주체성을 살릴 수 있는 직업

독자 경영 · 공동사업 · 지점 · 출장소 · 영업소 · 공무원 · 국영기업체 · 대기업 직원 · 경영자 · 지도자.

② 식신 : 학문 · 예술 · 기술을 발휘하여 의식주를 풍족하게 하는 직업

순수직(학문 · 예술 · 기술 관련 업종) · 교수 등 교육자 · 연구직 · 정치가 · 배우 · 연기자 · 가수 · 무용가 · 작가 · 작곡가 · 기술인 · 역학자 · 의식주 관련 업종 · 의상 · 식당 · 요정 · 다방 · 카바레 · 여관 · 하숙 · 건물임대업 · 식품회사 · 건설회사 · 금융회사 · 의약 계통.

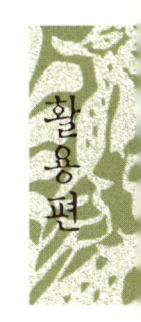

③ 상관 : 학문·예술·기술에 대한 전문성을 발휘하는 직업

　교육자·학자·정치가·종교인·변호사·회계사·설계사·언론인·방송인·연예인·체육인·기술인·생산발명가·중개인·말을 많이 하는 직업(영업).

④ 편재 : 활동적이고 규모가 큰 조직의 일원이나 경영자

　큰 조직의 일원·대기업 경영자·공직자·무역·외교·통신·교통·증권·사채·부동산.

⑤ 정재 : 성실과 신용이 필수인 직업

　직장생활(금융 계통·재무 계통 등)·기업 경영.

⑥ 편관 : 남보다 다소 힘이 드는 직업이나 모험심·개척심·의협심이 필요한 직업

　공직자·검찰·경찰·군인·기술인·예술인·국회의원·깡패·노동자·건달.

⑦ 정관 : 세상의 모범이 되어 명예를 누릴 수 있는 직업

　사회 각 방면의 고위직(공직·사직 모두 해당).

⑧ 편인 : 특수 전문직

　활인업(의사·약사·간호사·각종 상담소·역술인)·예술 분야(배우·탤런트·가수·연주자·무용가·화가·디자이너·모델)·작가·언론인·방송인·체육인·기술인·외국 관련 직종(외국어 포함).

⑨ 인수 : 학문을 바탕으로 한 지적인 분야

　지적인 학술·교육·문화·예술·종교·차원 높은 기술 계통.

　이상의 내용을 요약하면 ① 비겁은 주체적인 분야, ② 식상은 창조적이고 생산적인 분야, ③ 재성은 세속적이고 대중적인 분야, ④ 관성은 명예와 관련된 분야, ⑤ 인성은 이상적이고 지성적인 분야와 인연이 있다고 할 수 있다.

　직업 판단은 오행과 통변성을 함께 고려해야 한다. 예를 들어 木의 인수가 강하다면 교육 계통과 인연이 있다고 추리하는 것이다. 하지만 현실적으로 어떤 사람이 어떤 직업을 가졌느냐는 큰 의미가 없다. 현실[Sein]을 떠

나 어느 직업이 보다 합당할 것인지를 따지는 당위[Sollen]가 중요하다. 그러면 어떻게 사주 당사자에게 합당한 직업을 추리해낼 수 있을까. 이를 위해서는 적성에 잘 맞으면서도 사주의 부족함을 보완할 수 있는 방법이 무엇인지를 검토해야 한다. 결국 용신이나 희신을 찾는 문제로 귀결되는데 이 역시 부단한 노력이 필요하다.

3. 실제 간명

지금까지 설명한 직업 판단의 방법을 통해서 필자의 사주를 분석해보자. 필자는 1944년 8월 27일(양력) 16시 출생이므로 甲申년 壬申월 癸亥일 庚申시가 된다. 입추 후 19일 14시간 11분이 경과되어 출생했기 때문에 4개 지지 모두 정기가 적용된다. 필자의 사주를 판단하기 위한 자료는 255~256쪽의 사주명식 분석과 법륜도를 참고하도록 한다.

	시	일	월	연
	庚	癸	壬	甲
	申	亥	申	申

65	55	45	35	25	15	5
己	戊	丁	丙	乙	甲	癸
卯	寅	丑	子	亥	戌	酉

직업 판단 역시 사주로 선천적인 직업을 파악한 다음, 운의 흐름에 따라 변화하는 후천적인 직업을 추리한다.

사주가 오행이 중화되고 순수하면 성격이 원만하고 온후하다. 그러나 앞에서도 설명한 것처럼 필자의 사주는 그렇지 않다. 金水의 기가 강하여 이성적이고 차가운데 그 정도가 무척 심하다. 특히 필자의 사주에서 수적으로 절반을 차지하는 庚金은 의(義)·생사여탈권·숙살지기(肅殺之氣)이면서 학술 분야인 인수에 해당한다. 그래서 필자는 정의를 추구하는 법학에

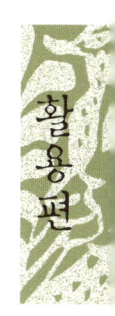

선천적인 인연을 지니고 태어났다.

그런데 필자의 사주는 水가 庚金으로부터 발원하여 그 기세가 드높다. 이 水는 지(智)·외유내강·순리이면서 주체성과 관련 깊은 비겁에 해당한다. 그래서 필자는 법학의 논리성을 바탕으로 자신의 주체적인 사상을 펼치는 사주학자가 되었다.

또한 필자는 壬申월 癸亥일 출생으로서 추수통원(秋水通源)이다. 추수통원은 근본적으로 신왕과 금수쌍청(金水雙淸)의 청백(淸白)을 이루어 재성·관성이 서로 왕하면 과갑지영(科甲之榮)을 누린다. 그러나 필자의 사주는 재관(財官)을 지니고 있지 않다. 재(財)가 없으니 세속적인 욕망에서 떠나 있고 관(官)이 뚜렷하지 않으니 제약 속의 명예를 좋아하지 않는다. 그러니 조직체에서 일한다고 해도 큰 빛을 보기 어렵다. 상관 甲木이 용신이고 火는 희신이라 木火로 이어져야 하기 때문에 목화통명(木火通明)으로 이 세상을 밝히는 일이 어울린다.

필자가 어렸을 때 할머니를 따라 깊은 냇가에 자주 갔다. 할머니께서는 정성들여 만든 백설기를 물고기들한테 던져주시면서 용왕님께 기도 드렸다. 필자와 필자의 아버님이 잘되라고 촛불을 켜놓고 지극정성으로 축원하시던 그 모습이 지금도 생각난다. 그렇듯 할머니께서는 우리 부자를 물 속의 용왕님께 맡기셨다고 했다. 그래서 필자는 자라면서부터 물과 인연을 맺었다.

필자는 경북 문경의 작은 산골마을에서 태어나 그곳에서 초등학교와 중학교를 졸업하였다. 그런데 고등학교는 난데없이 물이 많은 항구도시인 부산으로 진학하게 되었다. 이 역시 물과의 큰 인연이다. 그리고 대학은 법대로 진학하였다. 법(法)이란 무엇인가. 물 수[水]와 갈 거[去]가 합쳐진 글자로 물이 흘러간다는 뜻이다. 모든 일을 물 흐르듯 순리대로 처리하고 수평을 이루어 사물의 참된 모습을 나타낸다는 의미다. 이 또한 물과의 인연이다.

필자의 사주에서 월주는 壬申이고 5세 이후 14세까지가 癸酉대운이니 어려서부터 운 또한 金水로 흘러왔다. 그러니 물과의 인연을 피할 수 없었다. 이름에서 글자가 金水로 이루어진 것도 다 그러한 인연 탓이리라. 다만

15세 이후 24세까지는 중학교 입학 이후 대학교 졸업까지인데 甲戌대운으로서 좋은 때이다. 甲은 용신이고 戌에는 丁과 戊의 재관(財官)이 있어서 과갑지영(科甲之榮)을 안겨주기 때문이다. 그래서 필자는 학운(學運)이 아름다웠다. 부산으로 고등학교 진학을 했던 해는 庚子년 金水운이었고, 법대로 진학한 해는 癸卯년 水木운이었다.

대학교를 졸업한 25세 이후부터 30년간은 亥子丑의 水대운이 전개되었다. 처음 乙亥대운 10년간은 乙亥가 시주 庚申과 어우러져 金水의 기를 자아내며 乙이 木의 본분을 다 하지 못하니 수다목부(水多木浮)의 시절이었다. 여러 곳의 절과 인연을 맺었고 잠시 금융기관에서 일했지만 그 기간은 길지 않았다. 그 다음 丙子대운 10년간은 비록 희신 丙火가 빛나고 있으나 바탕이 水여서 그 기간 전부를 맥주회사에서 보냈다. 丙은 뜨거운 태양이고 子는 차가운 물이니 여름철에 즐겨 찾는 시원한 맥주와 인연이 되었던 것일까. 그 당시 여러 업종이 호황기였는데 결국 필자는 물과 관련 깊은 맥주회사와 인연을 맺었던 것이다. 그 후 丁丑대운에는 직장을 공무원연금관리공단으로 옮겼는데, 거기서도 물과 인연을 맺어 수안보 온천지역의 일을 맡아 또 10년을 보냈다. 丁은 뜨거운 불꽃이고 丑은 물을 지닌 땅이어서 땅속에서 솟아오르는 온천수와 인연이 되었던 것일까.

대운의 흐름에서 누구에게나 격변하는 시기가 있다. 필자의 사주에서 첫 대운인 癸酉를 1운이라고 하면, 여섯 번째 대운인 戊寅 6운이 바로 그 시기다. 이러한 격변기에는 누구든 월주와 대운이 천극지충(天剋地沖)을 이루어 사주의 기본틀이 크게 흔들린다. 사실 이러한 변화가 아무런 예고 없이 갑자기 찾아오지는 않는다. 그 앞 대운인 5운에서 벌써 사주의 천간과 대운의 천간이 합을 이루어 자동차의 깜박이처럼 예고해주었다. 필자의 경우에는 5운인 丁丑대운에서 대운 천간 丁이 월간 壬과 합하여 그 본분을 다하지 못하므로 아버님이 돌아가시고, 큰 손재를 당하는 등 아픔을 겪었다. 설상가상으로 대운의 지지 丑은 金의 고(庫)인지라 왕신(旺神)인 金이 입묘(入墓)하여 몇 번이나 죽을 고비를 겪었다.

5운은 그렇다 하고 격변기인 6운[戊寅대운]에 관하여 살펴보자. 필자에

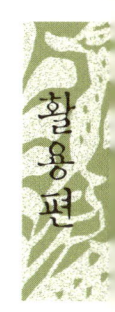

게는 이 대운이 매우 바람직스럽다. 왜냐하면 亥子丑의 겨울이 가고 寅의 봄이 도래하는 시기이기 때문이다. 아울러 대운 천간 戊와 대운 지지인 寅 속의 戊·丙·甲은 모두 필자에게 기쁨을 안겨주는 것이다. 특히 대운 지지 寅은 호랑이인데, 고서(古書)에서는 "사주에 홍수가 범람하면 이 놈을 잡아타라"고 하였다. 다만 이 寅이 사주의 지지에 있는 3개의 申과 寅申충 하여 왕신(旺神)을 노하게 하는 것이 문제이다. 그러나 寅이 3개의 申과 결 사적인 전투를 하려는 의지는 없고, 대운 戊寅 전체가 일주 癸亥와 천간과 지지로 각각 戊癸합·寅亥합을 이루어 따스한 木火의 기운을 일으키고 있 어 기쁘다. 필자는 퇴직 후 마포에서 〈동방명리학연구원〉을 개설했는데 이때가 戊寅대운의 일이다. 寅은 역마이니 무척 바쁜 나날이다. 또한 寅은 목욕운이어서 이성을 상대할 일이 많다. 신문, 잡지 등 매스컴에 소개되고 사주학 관련 저서를 발간하여 명예를 누리면서 목화통명(木火通明), 즉 나 무에 꽃을 피우는 시절을 즐기고 있다. 더구나 인터넷 작명원까지 개설하 여 보람을 느끼며 살아간다. 그러나 원래 사주의 바탕에 水가 많아 결국은 水가 많은 마포 포구에서 水에 해당하는 자평학(子平學)에 전념하고 있는 가 보다. 필자는 죽으면 화장하여 깊은 바다에 뿌려주길 원하는데 이것도 물과의 깊은 인연 때문이리라.

이상과 같이 월지의 주권신과 사주 구성에서 강한 별의 오행, 그리고 통 변성에 따라서 필자의 직업을 판단해보았다. 용신이나 희신에 따라 판단하 면 木火나 식상생재(食傷生財)로 이어져야 하므로 저술 및 교수 활동 등이 좋다. 사주에 양(陽)의 세력이 강하니 더욱 그러하다. 본인별이 지혜를 뜻 하는 水이면서 천문(天門)인 亥를 지니고 있으니 판사도 적격이지만, 재 관(財官)이 없으니 명리학자가 더 잘 어울린다. 사실 앞으로 목화통명(木火 通明)에 전념하고 싶다.

지금까지 직업 판단의 방법에 근거하여 필자의 직업에 대해서 설명하였 다. 그런데 이와 관련하여 아직까지 한 가지 의문이 있다. 丁丑대운에 수안 보 온천과 인연을 맺은 것은 이해하겠는데 근무한 곳이 왜 관광호텔인가

하는 점이다. 필자의 사주에는 두 기둥에 지살(地殺)이 있는데, 이것들은 역마(驛馬)에 해당한다고 볼 수 있다. 지살이든 역마이든 둘 다 여행과 관련 있으니 관광호텔과 인연을 맺을 수 있다. 그런데 그것이 왜 丁丑대운에 현실화되었는가가 의문이다. 丁의 편재가 역마의 성질을 띠기 때문일까, 아니면 丑이 3개의 申을 생하기 때문일까, 아니면 3개의 申이 丑에 입묘(入墓)해서일까. 戊寅대운에는 寅의 역마가 3개의 申과 충이 되어 무척 바쁘지만 일지 亥와 합이 되어 용신인 甲木을 도와주니 안락한 전용 사무실에서 집무에 전념할 수 있는 것일까.

필자의 사주를 그림의 형태로 형상화시켜서 이것으로 필자의 직업을 논해보자. 연지와 월지에 있는 지장간 庚金은 주권신인데 둘 다 자신의 천간으로는 투출하지 못했으므로 이 2개를 합쳐서 음으로 본다. 그리고 시지에 있는 지장간 庚金은 주권신인데 자신의 천간인 시간의 庚金으로 투출하였으니 이 2개를 합쳐서 양으로 본다. 사주의 형상이 음양으로부터 일주와 월간의 水로 뻗어나가서 木으로 청기(淸氣)를 설한다. 그러니 음양오행을 다루는 사주학자이다.

젊은 시절에 인연을 맺었던 '맥주'나 '온천' 역시 庚金이란 바위와 水에서 비롯된 것이다. 만일 외교관으로 나갔더라면 음인 북한과 양인 남한의 통일을 위해서 국제무대에서 멋지게 활약하여 동방목국(東方木國)을 일으켜 세우고 조국을 빛나게 했을 것이다.

행운 판단

1. 총설

이태백은 「춘야연도리원서(春夜宴桃李園序)」라는 시에서 "광음(光陰)이란 백대(百代)의 과객이요, 천지란 이 과객을 맞이하는 객줏집 같은 곳이다"라고 노래하였다. 이태백의 표현을 빌리면 사주는 과객이요, 운은 객줏집이다. 여기서 사주라는 나그네는 쉬지 않고 새로운 객줏집으로 발길을 돌린다. 정적인 나그네가 동적으로 파악되고 있다.

그러므로 사주 간명이란 먼저 사주의 간지(干支)를 살펴 그 근기(根基)를 파악한 다음, 운로에 비추어 해당 인물의 일생을 논하는 것이다. 근기는 초목과 같고 운로는 기후와 같다. 초목이 조화로운 기후를 만나면 생기를 발하지만 그렇지 못하면 시들어버린다. 마찬가지로 근기가 박약하면 마치 봄날의 복사꽃처럼 잠시 동안만 아름다울 뿐 그 아름다움이 길지 않다. 그러나 근기가 충실하면 마치 송죽(松竹)처럼 그 기상이 겨울에도 푸르다. 그러므로 먼저 근기를 논하고 다음으로 운로를 살피는 것이다. 그러나 아무리 충실한 근기라고 해도 운로가 조화롭지 않으면 아름다움을 누리지 못하니, 이 때문에 사주 간명의 초점을 운로에 두는 것이다.

행운(行運) 판단이란 사주를 운로에 비추어 파악하는 것이다. 사주란 좁게 보면 화단에 뿌려진 꽃씨 하나이지만, 넓게 보면 우주 속의 태양계에 새로 등장한 하나의 소행성이다. 이 소행성은 자전과 공전을 거듭하며 대운·연운·월운·일운·시운의 흐름으로 이어지는데 시시각각 그 모습이 변화한다. 행운 판단은 바로 이러한 변화를 파악하는 것이다. 행운은 10년을 주기로 하는 대운(大運), 1년마다 전개되는 연운(年運), 매월마다 전개되는 월운(月運), 매일 전개되는 일운(日運), 그리고 시간마다 전개되는 시운(時運)을 모두 포함하는 개념이다. 연운은 세운(歲運)이라고도 하고, 일운은 일진(日辰)이라고도 한다.

　우리 선현들은 인간도 하나의 소행성이라고 인식하고, 사주학의 많은 이론들을 천문학에 근거를 두고 발전시켜왔다. 인간도 지구와 마찬가지로 태양계에서 태어나 태양 주위를 맴돌다 사라지는 하나의 소행성이다. 하도와 낙서에는 이러한 우주의 신비가 담겨 있다. 태초에 음양이 분리되어 물[H₂O]이 생기고, 이것이 수소와 산소로 분리되어 하늘의 불이 형성된다. 그 과정에서 상승과 하강 작용이 이루어져, 천지만물은 태어나면서부터 구심점을 형성해서 빙글빙글 돌게 된다. 달은 지구의 둘레를 돌고, 지구는 태양의 둘레를 돈다. 태양 또한 다른 별자리를 도는데, 이처럼 모든 천체가 자미신궁을 중심으로 원무를 추고 있다. 하도와 낙서는 우주의 신비를 말하면서, 인간도 하나의 소행성이니 우주의 질서 속에 조화를 이루며 살아가라고 가르쳐준다.

　예로부터 많은 과학자들이 우주 탄생의 기원과 크기, 모습, 중심점 등을 알아내기 위해 많은 노력을 해왔다. 그러나 우주는 인간의 상상을 초월할 정도로 크고 방대하기 때문에 지금까지도 밝혀지지 않은 부분이 많다. 태양계를 비롯한 수많은 별·성단·성운 등을 포함하고 있는 우리은하에는 태양과 같은 별이 약 2,000억 개가 있다고 추정된다. 한편 우리은하 밖에는 타원은하·나선은하·불규칙은하 등으로 이루어진 외부은하가 있다. 이들을 모두 포함하는 우주는 계속 팽창하고 있다.

　우리가 살고 있는 지구는 태양계에 속해 있으며, 태양계는 태양을 중심으로 움직이는 모든 천체, 즉 8개의 행성, 44개 이상의 위성, 수많은 소행성, 혜성, 그리고 별똥별과 행성간의 물질들을 포함한다. 이들은 태양과 상호간의 만유인력으로 인해 궤도 이탈 없이 유지된다. 달은 지구의 위성으로 지구 주위를 공전하면서 자전하고, 지구는 태양 주위를 공전하면서 자전한다. 지구의 자전축은 약간 기울어져 있다. 이렇게 지구의 자전축이 기울어 자전하면서 태양 주위를 공전하는 동시작용으로 인해 계절의 변화가 생긴다. 또한 이 동시작용으로 말미암아 같은 지역에서도 계절에 따라 태양의 고도차와 온도차가 생기고 밤낮의 길이가 달라진다.

❧ 지구의 공전과 자전 ❧

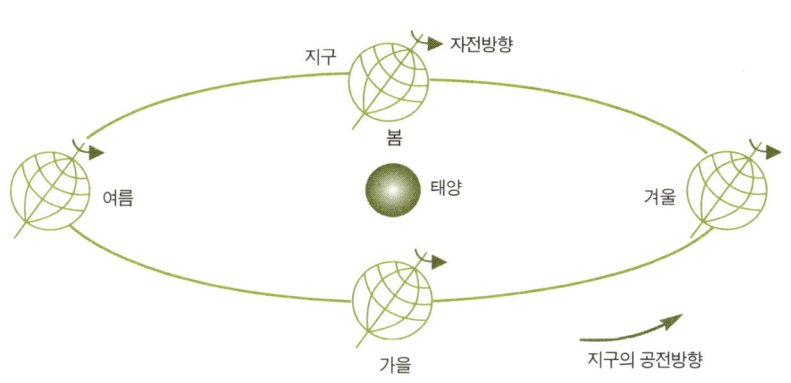

태양 주위를 돌면서 지구는 태양으로부터 강한 영향을 받는다. 이때 태양의 활동 정도는 흑점의 많고 적음을 보고 추정하는데, 흑점이 많으면 태양의 활동이 활발하다는 것을 의미한다. 태양의 흑점이 극대·극소가 되는 것은 약 10년 주기다. 흑점이 극대가 되면 지구상에는 자기폭풍 때문에 나침반이 심하게 움직이므로 정밀한 항로가 필요한 비행기의 운항 등에 많은 어려움이 생기고, 통신이 두절되기도 하며, 극지방에서는 많은 오로라가 관측된다. 태양과 내행성(태양과 지구 사이의 행성), 그리고 지구가 일직선상에 있을 때를 합(合)이라고 하고, 태양과 외행성(태양으로부터 지구 바깥쪽에 있는 행성) 사이에 지구가 일직선상으로 위치하는 때를 충(沖)이라고 한다. 태양의 시궤도(視軌道), 즉 지구에서 보아 태양이 지구를 중심으로 운행하는 것처럼 보이는 천구상(天球上)의 대원(大圓)은 황도(黃道)라고 한다.

❧ 흑점의 극대·극소 관측표 ❧

연	흑점수	연	흑점수	연	흑점수	연	흑점수
1886	25.4	1910	18.6	1934	8.7	1958	184.6
1887	13.1	1911	5.7	1935	36.1	1959	158.8
1888	6.8	1912	3.6	1936	79.7	1960	112.3
1889	6.3	1913	(1.4)	(1937)	114.4	1961	53.9
1890	7.1	1914	9.6	1938	109.6	1962	37.6
1891	35.6	1915	47.4	1939	88.8	1963	27.9
1892	73.0	1916	57.1	1940	67.8	1964	(10.2)
(1893)	84.9	(1917)	103.9	1941	47.5	1965	15.1
1894	78.0	1918	80.6	1942	30.6	1966	47.0
1895	64.0	1919	63.6	1943	16.3	1967	93.8
1896	41.8	1920	37.6	1944	(11.0)	(1968)	105.9
1897	26.2	1921	26.1	1945	33.2	1969	105.5
1898	26.7	1922	14.2	1946	92.6	1970	104.5
1899	12.1	1923	(5.8)	(1947)	151.5	1971	66.6
1900	9.5	1924	16.7	1948	136.2	1972	68.9
1901	(2.7)	1925	44.3	1949	134.7	1973	38.2
1902	5.0	1926	63.9	1950	83.9	1974	34.5
1903	24.4	1927	69.0	1951	69.3	1975	15.5
1904	42.0	(1928)	77.8	1952	31.5	1976	(12.6)
(1905)	63.5	1929	65.0	1953	13.9	1977	27.5
1906	53.8	1930	35.7	1954	(4.4)	1978	92.8
1907	62.0	1931	21.2	1955	38.0	(1979)	155.4
1908	48.5	1932	11.1	1956	141.7	1980	154.6
1909	43.9	1933	(5.7)	(1957)	189.9		

※ 태양의 흑점수는 측정 방법 등에 따라 달라질 수 있으니 사주학자는 하도와 『천부경』의 원리에 따라 약 10년 주기로 변한다고 보면 된다.

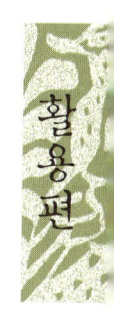

　사주학은 한 사람의 운의 흐름을 고찰할 때 봄·여름·가을·겨울의 사계절 이론을 활용한다. 이 사계절 운에서 각 계절은 사람의 운명을 30년씩 지배하고, 각각의 계절운은 다시 10년 단위의 대운 3개로 나누어진다. 각 대운은 10년씩을 지배하는데 이는 운이 10년마다 크게 바뀜을 의미한다. 그런데 10년마다 운이 바뀌는 것은 태양의 흑점이 10년 주기로 크게 변하는 것에 근거를 두고 있다.

　이를 좀더 구체적으로 살펴보자. 寅卯辰 대운은 봄이고, 巳午未 대운은 여름이며, 申酉戌 대운은 가을이고, 亥子丑 대운은 겨울이다. 봄·여름·가을·겨울은 각각 30년씩을 지배하며, 각 계절은 석달씩 구성되므로 1달은 10년을 지배한다. 그러므로 寅卯辰 대운은 봄으로 30년을 지배하며, 寅·卯·辰은 각각 10년을 지배한다. 巳午未 대운, 申酉戌 대운, 亥子丑 대운의 경우도 계절만 다를 뿐 내용은 마찬가지다. 30년 계절운이 바뀔 때의 운을 접목운이라고 한다. 마치 나무를 기후와 풍토가 다른 곳으로 옮겨 심는 것과 같기 때문에 붙여진 이름이다. 이 접목운에는 파란이 많고, 특수한 나무는 적응하지 못하고 죽어버린다. 지구는 매달 기후가 바뀌고, 태양은 약 10년 주기로 흑점의 극대·극소화 현상이 일어난다. 따라서 지구의 1달(30일)은 태양의 10년, 지구의 3일은 태양의 1년으로 이해할 수 있다.

　만세력을 보면 일진 옆에 '대운수(大運數)'를 표시해놓은 경우가 많다. 이 대운수는 대운의 주기가 바뀌는 기준 연령이다. 다시 말해 이 사주는 몇 살부터 운이 새롭게 바뀐다고 표시해놓은 것이다. 이 대운수의 계산방식은 지구와 태양의 관계에 대한 인식에 바탕을 두고 있다. 지구의 3일은 태양의 1년이므로 출생일이 절기와 3일의 시간 차이가 있는 사람은 대운 주기를 '1'로 본다. 그러면 첫 대운이 시작되기 전에는 무엇을 근거로 판단하는가. 이에 관해서 여러 학설이 있지만, 월주의 간지로 판단하고 첫 대운에 진입하면 월주를 버린다는 학설이 가장 타당하다. 왜냐하면 월주의 간지는 입운(入運)으로서, 이것이 바로 그 다음으로 전개되는 대운의 간지를 정하는 모태요 기준이기 때문이다.

　사계절 운을 논할 때는 辰·戌·丑·未를 눈여겨보아야 한다. 辰은 봄에 속하므로 木에 해당하고, 未는 여름에 속하므로 火에 해당하며, 戌은 가을에 속하므로 金에 해당하고, 丑은 겨울에 속하므로 水에 해당하기 때문이다. 본래 자신의 오행은 土이지만 사계절 운을 따질 때는 이렇게 달라지는 것이다. 또한 辰·戌·丑·未는 묘고(墓庫)이므로 왕신입묘(旺神入墓)하는 운은 사기(死期)로 알려져 있다. 나아가 丑戌未는 이른바 삼형살(三刑殺)로서 관재·구설·송사·시비·수술·사고 등으로 이어진다. 그러므로 어느 대운이 辰·戌·丑·未일 때에는 세심하게 잘 살펴야 한다. 대운뿐만 아니라 연운 등의 경우도 마찬가지다.

대운은 지지를 중시하고 연운은 천간을 중시한다. 왜냐하면 대운은 12개의 지지가 바로 지구에서 이루어지는 1년 12달의 기후변화를 나타내고, 연운은 10개의 천간이 바로 하늘에서 이루어지는 대운 10년간의 태양의 변화를 나타내기 때문이다. 대운은 봄·여름·가을·겨울이고 연운은 그 어느 가운데 위치하기 때문에 대운이 좋으면 연운이 나빠도 크게 나쁘지 않다. 이는 마치 卯월이면 봄이 무르익을 때라 그중에 추운 날이 있어도 추위가 심하지 않고 여전히 봄날인 것과 같다. 하지만 대운이 나쁘면 연운이 좋아도 크게 좋지 않다. 이는 마치 子월이면 겨울이 깊은 때인지라 그중에 따뜻한 날이 있어도 추위가 떠나지 않고 여전히 겨울날인 것과 같다.

행운 판단은 사주를 대운, 연운 등의 운로에 비추어 인생사의 길흉화복을 논하는 것이다. 그 요체는 水와 火의 관계, 나아가 金水와 木火의 관계를 살피는 것이다. 金水는 수축·통합 작용이요 木火는 확장·분산 작용이다. 이 두 가지 작용이 잘 순환되어야 생기가 돈다. 사주에 金水가 많으면 木火운으로 흐르는 것이 좋고, 반대로 木火가 많으면 金水운으로 흐르는 것이 좋다. 金水를 지닌 土는 木火를 기뻐할 것이고, 木火를 지닌 土는 金水를 기뻐할 것이다. 그러나 아무리 좋고 기뻐하는 운이라도 이것이 세력을 갖추어 충(沖)의 형태로 기존 질서를 파괴하면 바로 죽음으로 이어질 수 있다.

다시 말하지만 행운 판단은 넓은 안목으로 金水와 木火의 관계를 파악하는 것이다. 그런데 고전 사주학은 이 틀에서 벗어나 사주를 단편적으로 판단하는 오류를 범한 경우가 많다. 격국론에서 잡격을 나열한 것도 그 예이지만, 행운 판단에서 '일범세군(日犯歲君)' 즉 일간이 연운의 천간을 똑바

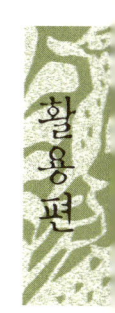

로 극하는 편재운을 무조건 흉하다고 본 것도 한 예이다. 하지만 일범세군의 이론은 모든 사주에 적용될 수 있는 보편적인 원리가 아니고, 사주에서 무리를 이룬 비견·겁재가 약한 재성을 놓고 서로 다투는 이른바 군비쟁재(群比爭財)의 사주가 식상이나 관살이 없는 경우에 적용될 수 있는 부분적으로 타당한 이론에 불과하다. 옛날의 사주학 이론이 이러한 단편적인 오류를 범한 것은 사실이다. 그러나 모든 학문은 그러한 과정을 거치며 발전하는 법이므로 고전 사주학의 이론들을 무조건 배척해서는 안 된다. 먼저 고전에서 설명하고 있는 행운 판단에 관한 이론들을 살펴보자.

- 아무리 좋은 사주를 타고나더라도 운에서 용신을 받쳐주어야 발복할 수 있다. 운에서 용신을 받쳐주지 못하면 마치 영웅이 때를 만나지 못하는 것과 같다. 나쁜 사주라도 대운이 길하면 별다른 걱정 없이 평탄하게 살 수 있고, 나쁜 사주에 운마저 나쁘면 생불여사(生不如死), 즉 사는 것이 죽는 것만도 못한 신세라고 할 수 있다.

- 대운이 용신을 생조하거나 기신을 제거하면 발복이 무궁하다. 그러나 대운이 용신을 극하면 재난이 많다.

- 대운이 용신의 기를 빼내어 용신의 힘을 약화시키거나 용신을 극하면 손재·질병·실패 등을 당한다.

- 사주의 천간에 있는 기신을 제거하는 것이 좋다면 대운의 천간이 무엇인지가 중요하고, 사주의 천간에 있는 용신이 뿌리 내리는 것이 좋다면 대운의 지지가 무엇인지가 중요하다.

- 사주의 천간과 대운의 천간이 천간합을 이루어 변화를 일으키는 경우가 있다. 예를 들어 癸卯월 辛일 정기생이 戊대운을 만나는 경우이다. 식신 癸水가 편재 乙木을 생하는 식신생재격이라면 戊대운을 만났을 때 식신 癸水가 戊癸합을 이루어 수생목(水生木)하는 능력을 상실하므로 도움이 되지 않는다. 그리고 만일 이 사주가 신약하다면 인수인 戊土가 절대적으로 필요한데 戊대운은 식신인 癸水와 戊癸합을 이루어 능력을 상실하므로 도움이 되지 않는다.

- 사주의 지지와 대운의 지지가 지지합을 이루어 변화를 일으키는 경우

가 있다. 예를 들어 午년 戌월 丙申일 정기생이 寅대운을 만나는 경우이다. 연지·월지에 午戌의 반합이 있고, 이것이 戌 중 戊土와 申 중 庚金으로 이어지니 식신생재격이라고 할 수 있다. 그러나 寅대운에는 지지가 寅午戌삼합의 화국(火局)을 이룬다. 그 결과 식신 戊土도 火로 변하여 이 강력한 火가 편재 庚金을 녹인다. 그러므로 寅대운에는 사업상 큰 변화와 경영상 차질이 있거나 파산을 겪게 된다. 또한 이 기간 중에는 일지와 재성이 아울러 녹는 형상이므로 집안에 화기(火氣)가 치열하고 아내와 생사이별까지 하게 된다.

- 火가 치열하면 용[辰]을 타야 하고, 홍수가 범람하면 호랑이[寅]를 타야 한다. 이때 辰이나 寅은 위치에 상관없이 사주에 있거나 운에서 만나면 된다.

- 같은 土운이라고 해도 조토(燥土)운과 습토(濕土)운은 다르다. 예를 들어 火 일간이 土金으로 식신생재격이면 戌戌未는 조토로서 별 도움이 되지 않지만, 己辰丑은 습토로서 火의 기운을 설기하여 金을 생한다.

- 대운이 일지와 충·형을 이루거나 대운의 지지가 일지의 묘(墓)에 해당하면 부부 사이에 나쁜 일이 생긴다. '일지의 묘'는 申·子·辰 일지의 辰대운, 亥·卯·未 일지의 未대운, 寅·午·戌 일지의 戌대운, 巳·酉·丑 일지의 丑대운을 말한다.

- 대운이 관살의 묘에 해당하면 남성은 자식이 위태롭고, 여성은 남편이 위태롭다. 辰·戌·丑·未 대운이 어느 육친의 묘인지 잘 살펴야 한다.

- 대운이 사주의 왕한 지지를 충하면 재난을 당한다. 노인의 경우는 이 운에 사망한다.

- 대운이 연지·월지와 충·형을 이루면 부모형제에게 해가 있거나 부모형제의 곁을 멀리 떠나게 된다.

- 천간에 비겁이 많고 재성이 없는 경우에 재성운을 만나면 운에서 군비쟁재(群比爭財)가 이루어져 시비·소송·손재·살상 등의 재난을 당하고, 심한 경우에는 본인이 사망한다.

- 사주가 신약한데 관살이 왕하면 인성운에 발복하고, 사주가 신왕한데

관살이 미약하면 재성운에 발복한다.

- 재다신약(財多身弱)인 사주는 비겁운에 재산을 크게 모으고 식상·재성 운에 손재가 있다.

- 사주가 신왕한데 재성이 미약하면 식상·재성 운에 발복하여 재산을 모으고, 인성운이나 비겁운에 실패한다.

- 사주가 신왕하여 식상을 용신으로 쓰는 경우에는 식상운에 발복하고 인수 대운 중에는 곤란과 액운이 많다.

- 비겁이 왕하고 편재가 미약한 경우에 비겁운을 만나면 재산 손실·상처 등의 재난을 당한다.

- 양인격(羊刃格)은 편관운에 발달하고, 비겁이나 양인운을 만나면 아내와 이별하거나 재산을 탕진한다.

- 사주에서 양인운과 형충회합(刑沖會合)을 이루면 불화·실패·손해·조난·병난·박해·생사이별 등의 재액을 당하므로 평소 신중하게 처신해야 한다. 단순한 양인운은 겁재운과 같은 정도로 생각하면 된다.

- 진상관격(眞傷官格)은 인성운에 발달하고, 가상관격(假傷官格)은 식상운에 발달한다.

- 庚일 酉월생과 庚일 亥子丑월생은 모두 丙丁의 관살운을 기뻐한다. 관살이 모두 나타나면 미격(美格)이다.

- 乙일 申월생은 己土운을 기뻐한다. 申 중 壬水가 乙木을 생하기 어려우니 己土로 壬水를 혼합하면 乙木의 근기(根氣)를 배양할 수 있기 때문이다.

- 화격(化格)은 화신(化神)을 극하거나 쟁합·투합이 되는 운에 재난을 당한다.

- 금수식신격(金水食神格)은 칠살이 용신이다. 금수상관격(金水傷官格)은 정관이 용신인 것과 같다. 여기서 관살을 용신으로 삼는 것은 조후 때문이다. 금한수랭(金寒水冷)한 사주는 억부용신으로만 해석해서는 안 된다. 운에서도 마찬가지다.

- 여름의 木 일주가 식상인 火를 보면 화왕목분(火旺木焚)이니 인성운이 좋다. 水로써 木을 윤택하게 하기 때문이다.

- 운을 살필 때에는 세심한 주의를 기울여야 한다. 예를 들어 己卯년 丁丑월 丙寅일 庚寅시 정기생의 경우를 보자. 丙火 일간이 丑월에 태어났지만 木火의 도움이 많기 때문에 金水를 기뻐한다. 마침 시간의 庚金 재성이 월지 丑에 통근해 있다. 이 재성은 다소 약하지만 묘하게도 연간의 己土 상관이 이 재성을 잘 도와주고 있다. 둘 사이는 거리가 먼 것 같지만 둘 다 월지 丑에 통근하고 있어서 유정하기 때문이다. 이 사주는 상관생재격(傷官生財格)이다. 운 가운데 재성운이 가장 길하고, 식상운은 그 다음이다. 이때 식상운도 나누어서 판단해야 한다. 己·辰·丑은 습토로서 火운을 설기하여 金을 생한다. 그러나 戌·戌·未는 조토로서 별로 도움이 되지 않는다. 특히 未는 상관생재격의 사령탑인 월지 丑과 충을 이루고, 연지 卯와 더불어 목기(木氣)를 조성하여 사주를 불길 속으로 밀어넣는다.
- 세운은 매년의 간지로 구성되는 운이다. 대운이 좋고 세운도 좋으면 크게 발달하고, 대운은 길한데 세운이 나쁘면 발전은 있지만 지장이 많다. 반대로 대운이 나쁜데 세운이 좋으면 특별히 좋고 나쁜 일이 없이 그럭저럭 넘기게 되며, 대운과 세운이 모두 나쁘면 파란이 많다.
- 대운과 세운이 상극·상충을 이루면 여러 가지 문제가 일어난다. 뜻대로 되지 않는 일이 많고, 불화·손재·병난 등을 당한다.
- 대운이 癸丑인 정관운과 세운이 乙未인 인수운은 길성이 겹쳐서 대길운이다. 그러나 지지가 丑未충을 이루어 천간의 길성이 흔들리니 남편과 어머니 사이에 불화가 생긴다.
- 대운이 정관이고 연운이 식신이면 관(官)이 또 관(官)을 보는 중관(重官)운이므로 직위가 겹치는 경사가 있다.
- 세운이 용신충(用神沖)이거나 용신이 뿌리를 내린 지지를 충하거나 왕신입묘(旺神入墓)이면 목숨이 위태롭다.
- 세운이 월지나 일지를 충하면 이사하거나 근무처를 옮긴다. 일지가 희신인 경우에 세운의 충극을 받으면 관직에 있는 사람은 파직을 당하고, 사업가는 사업상 큰 실패를 당한다.
- 세운이 일주의 간지와 천극지충(天剋地沖)을 이루거나 일지와 형을 이

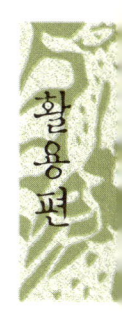

루면 구설·시비·소송·관재 등이 일어난다.

- 군비쟁재가 된 사람이 비겁 세운을 만나면 손재·부부이별 등 여러 가지 재앙을 겪는다.
- 세운 인수가 희신이면 문서상의 기쁜 일이 있다. 또 세운이 인수와 간합을 이루면 재산에 관련된 문서를 손에 넣는다. 인수가 형이나 충을 당하는 해는 계약의 하자가 발생하거나 시비가 많다.
- 사주가 신약한데 재관(財官)이 왕하면 재관운에 관재와 송사가 있다.
- 일지에 상관이 있는데 연운이 상관운이면 몸에 상처가 생기는 사고를 당한다.
- 사주명식 중에서 인수가 희신인데 정재운이 와서 극하면 학생은 공부가 싫어지고, 따라서 성적이 급격히 떨어진다.
- 강한 정재운이 기신운이면 어머니의 신상에 재난이 닥친다.
- 정관격이 충이 되는 해는 실직할 우려가 있다. 그렇지 않으면 이사를 한다.
- 정관격이 간합을 이루는 해는 인사이동이나 직업상 변동이 있다.
- 대운은 편인운이고 세운은 식신운인 경우에 여성은 자녀문제로 고민하거나 산액(産厄)을 당한다.
- 편인 행운이 기신운이면 여성은 유방과 자궁에 각종 질병이 발생하여 고생할 우려가 있다.
- 사주명식에 양인이 있는데 비겁운이 오는 경우에는 오래된 일로 인해 재해가 생긴다. 또는 배우자를 상하게 하거나 실직할 우려가 있다.
- 투출된 식상으로 설기 용신한 식상생재(食傷生財)의 경우 인성운을 만나면 재산을 날린다.
- 신왕한데 관살이 미약한 사람은 식상운에 파직 당할 우려가 있다.
- 남성은 재살혼잡인 연운에 이성문제로 봉변을 당하고, 여성은 관살혼잡 연운에 이성문제로 봉변을 당한다.
- 인수 용신에 재성운을 만나면 여성을 조심해야 하고 뇌물을 받으면 안 된다. 망신에 파직 당할 우려가 있다. 잘못하면 감옥까지 들어간다.

- 신강·신약을 불문하고 연간이 인수인 해는 부동산 취득 및 문서계약이 이루어진다.
- 식상이 왕한 여성이 식상운을 만나면 남편이 사업에 실패하거나 과부가 될 우려가 있다.
- 사주의 일진과 충·형이 되는 해와 연간이 상관인 해는 몸을 다쳐 수술을 하는 경우가 많다.
- 사주에 양인이 4개 있으면 정재운에 죽는다.
- 사주명식에 비겁과 인성이 많은 여성이 다시 비겁과 인성운을 만나면 남편을 다른 여성에게 빼앗기고 통곡하게 된다.
- 역마인 행운에는 이사·직장 전보·해외 출입 등이 있고, 역마와 합이 되는 운에는 영전하게 된다.
- 일지가 역마인데 이것과 충·형이 되는 해는 교통사고를 당하거나 몸을 다친다.
- 결혼 시기는 아래와 같이 판단한다.

  첫째, 배우자에 해당하는 통변성이 왕해지는 해에 혼사가 이루어진다. 남성은 식상운과 재성운, 여성은 재성운과 관성운이다. 다만 배우자에 해당하는 통변성이 태과하지 않을 경우이다. 배우자에 해당하는 통변성이 태과할 경우는 이를 제화(制化)하는 운에 혼사가 성립된다.

  둘째, 일주와 천지덕합이 되는 해에 혼사가 이루어진다. 일간이 간합을 이루는 해나 일지가 지합을 이루는 해에도 혼사가 성립된다.

  셋째, 일지·대운·세운이 삼합을 이루는 해에 혼사가 이루어진다. 일지가 아닌 지지와 삼합을 이루는 해에도 혼사가 가능하다.

2. 행운 판단의 방법

대운은 월주의 간지를 기준으로 하여 순행하거나 역행하는 순차적인 간지이다. 예를 들어 월주의 간지가 壬申인 경우를 보자. 순행이면 첫 번째 대운은 癸酉이고, 두 번째 대운은 甲戌이며, 계속 차례대로 이어진다. 역행

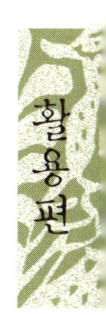

이면 첫 번째 대운은 辛未이고, 두 번째 대운은 庚午이며, 계속 차례대로 이어진다. 대운은 간지를 따라 그 간지가 甲子이면 대운 甲子 또는 甲子대운이라고 하며, 그 순서에 따라 1운, 2운……이라고도 한다.

앞에서 설명한 것처럼 대운은 월주를 기준으로 차례대로 이어진다. 그러므로 대운이란 월주의 이동이며 기후의 변화이다. 따라서 이것이 사람의 운명에 커다란 영향을 미친다. 대운은 10년 단위로 전개되고, 대운 3개는 하나의 계절을 형성한다. 寅卯辰은 木 즉 봄이고, 巳午未는 火 즉 여름이며, 申酉戌은 金 즉 가을이고, 亥子丑은 水 즉 겨울이다. 그러므로 대운을 논할 때에는 지지에 큰 비중을 둔다. 그러나 이 밖에도 여러 가지로 살펴볼 것이 많다.

1) 대운의 지지

대운은 사람의 운명에 큰 영향을 미친다. 따라서 대운의 지지가 어느 오행에 속하는지를 살펴서 사주를 간명해야 한다. 예를 들어 木이 많고 土가 적어 목다토경(木多土傾)이 된 사주를 보자. 대운의 지지가 巳午未 남방 火로 흐르는 30년 동안은 비약적인 발전을 기대할 수 있다. 왜냐하면 火는 木의 강한 힘을 빼고 土의 약한 힘을 돋우어 균형을 이루어주기 때문이다. 그러나 대운의 지지가 寅卯辰 동방 木으로 흐르는 30년 동안은 비약적인 발전을 기대할 수 없다. 왜냐하면 木은 木의 강한 힘을 더욱 돋우고 土의 약한 힘을 더욱 빼서 균형을 극도로 깨뜨리기 때문이다.

한편으로 대운은 차례대로 계속 이어지기 때문에 대운의 지지에서는 사주의 지지에서처럼 특정 시점을 뜻하는 주권신을 발굴할 수 없다. 따라서 대운의 지지로는 통변성을 따질 수 없다. 그러나 대운의 천간은 당연히 통변성으로 나타낼 수 있다. 대운의 지지에서 辰戌丑未는 본래의 오행과는 다른 어느 오행에 속하여 미묘한 모습을 나타낸다.

2) 대운의 천간

대운을 논할 때는 지지에 큰 비중을 두지만, 대운의 천간도 살펴보아야 한다. 대운의 천간은 지지와 더불어 하나의 대운을 구성할 뿐만 아니라 스스로도 사주에 영향력을 행사하기 때문이다.

① 일간 甲木이 신왕하고 戊土 편재가 허약한 사주를 예로 들어보자. 대운의 천간이 甲木 비견이나 乙木 겁재이면 일간을 더욱 북돋우어 군비쟁재를 일으킨다. 그러나 대운의 천간이 丙火 식신이나 丁火 상관이면 일간 甲木의 힘을 빼고 戊土 편재의 힘을 돋우어 사주의 균형상태를 가져오므로 매우 기쁘다.

② 월지에 용신인 인수가 있는데 이를 월간의 정재가 극하는 사주를 예로 들어보자. 대운의 천간이 겁재이면 이 겁재가 10년 동안 기신인 월간의 정재를 극하여 비약적인 발전을 기대할 수 있다.

③ 월지에 용신인 정재가 있는데 이를 월간의 식신이 생하는 사주를 예로 들어보자. 대운의 천간이 편인이면 이 편인이 10년 동안 희신인 월간의 식신을 극하여 식신생재(食神生財)의 아름다움이 깨어진다.

④ 월지에 용신인 정관이 있는데 이를 월간의 庚金 정재가 생하는 사주를 예로 들어보자. 대운의 천간이 乙이면 월간의 庚金 정재는 10년 동안 乙庚합의 사랑에 빠져 희신으로서 제 역할을 다하지 못한다. 이 사주는 일간이 丁火이고 월지의 주권신이 壬이다.

⑤ 월지에 용신인 정관이 있는데 천간에 丙火 편관이 있어서 관살혼잡이 문제가 되는 사주를 예로 들어보자. 대운의 천간이 辛이면 천간의 丙火 편관은 10년 동안 丙辛합의 사랑에 빠져 기신으로서의 역할을 다하지 못한다. 이 사주는 일간이 庚金이고 월지의 주권신이 丁이다.

⑥ 사주명식의 천간에 있는 쟁합·투합은 대운의 천간이 와서 깨뜨릴 수 있다. 대운의 천간이 합신(合神) 중 어느 하나를 충하거나 극하면 원래의 쟁합·투합은 사라지기 때문이다. 또한 대운의 천간이 이들과 어울려 2쌍의 원앙합을 만들어도 원래의 쟁합·투합은 사라진다.

예를 들어 己년 甲월 己일은 2己 1甲으로서 투합이지만, 대운의 천간이 庚辛이면 甲을 충극하여, 乙이면 己를 극하여 원래의 쟁합·투합은 사라진다. 또한 대운의 천간이 甲이어서 이것이 2己 중 하나와 사이좋게 甲己합을 이루어 두 쌍의 원앙합을 만들어도 원래의 쟁합·투

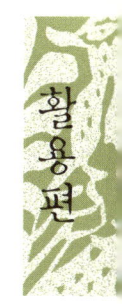

합은 사라진다. 여기서 일반적인 합이 아닌 쟁합·투합을 다룬 것은 이들이 천간에서만 벌어지기 때문이다.

한편 사주의 천간과 대운의 천간이 합할 때는 다양한 형상을 만들어낸다. 희신은 길의 작용을 상실하고, 기신은 흉의 작용을 상실한다. 그러나 지지에 통근하면 비록 합할지라도 고유의 작용력을 상실하지 않기 때문에 좋거나 나쁜 작용력이 여전히 남게 된다. 이는 다음과 같은 경우로 나누어 살펴볼 수 있다.

① 대운의 천간이 본분을 망각하는 경우

대운	시	일	월	연
丁	庚	癸	壬	甲
丑	申	亥	申	申

대운의 천간이 丁이면 丁壬합을 이루기 때문에 丁이 본분을 망각한다. 위의 사주는 정기생인 남성의 것이다. 사주에 金水의 차가운 기가 강하므로 火가 필요하다. 그러므로 대운의 천간에 나타난 丁火는 희신이다. 丁丑 대운에 아파트 분양에 당첨되는 등 편재 丁火가 기세를 돋우었다. 그러나 월간의 강력한 壬水가 이 丁火를 포용하며 유혹해서 지나친 주식투자를 하게 되었고, 그 결과 엄청난 손재를 당했다. 이 丁火는 지지의 丑에 설기되어 처음부터 매우 허약하였다.

② 두 남성과 한 여성이 삼각관계를 이루는 경우

연운	대운	시	일	월	연
壬	丁	壬	甲	庚	壬
午	巳	申	子	戌	午

대운의 천간이 丁이면 2壬 1丁으로 쟁합을 이루니 두 남성이 한 여성을 두고 삼각관계를 이루는 형상이다. 쟁합의 경우에 합화는 일어나지 않는다. 위의 사주는 정기생인 남성의 것이다. 사주에 水가 강하므로 火가 필요하다. 그러므로 대운의 천간에 나타난 丁火는 소중하다. 비록 혼란은 있었지만 丁巳대운에 자신의 뜻을 이루어 유명 금융기관의 감사직을 연임할 수 있었다. 壬午년에 벌어진 일로서 연운의 천간 壬까지 합치면 3壬 1丁으로 사각관계이다. 연임이 당연하다고 생각했지만 예상외로 공개경쟁을 거쳐 연임을 할 수 있었다. 비록 어려움은 있었지만 뜻을 이룰 수 있었던 것은 대운의 천간에 나타난 등댓불 丁火가 자신을 받쳐주는 巳火의 도움으로 밝게 타오를 수 있었기 때문이다.

③ 두 여성이 한 남성과 삼각관계를 이루는 경우

대운	시	일	월	연
甲	己	丙	己	庚
申	亥	辰	卯	子

대운의 천간이 甲이면 2己 1甲으로 투합이니 두 여성이 한 남성을 두고 삼각관계를 이루는 형상이다. 투합의 경우 역시 합화는 일어나지 않는다. 위의 사주는 정기생인 남성의 것이다. 卯월의 丙火이지만 신약하여 甲木의 도움이 필요하다. 그러므로 대운의 천간에 나타난 甲木은 소중하다. 甲申대운에 들어서며 유능한 변호사로 명성을 떨치며 여러 면에서 성장세에 있다. 2己 1甲으로 투합을 이루지만 甲木이 별다른 동요 없이 목생화(木生火)의 정으로 丙火를 도와주고 있기 때문이다. 다만 대운의 천간에 나타나 있는 甲木은 지지에 깊이 뿌리 내리지 못하고 절처봉생(絶處逢生)의 형상을 이루고 있으므로 모든 일에 신중을 기하며 정성을 다하여야 한다.

④ 사주의 천간과 대운의 천간이 오각관계를 이루는 경우

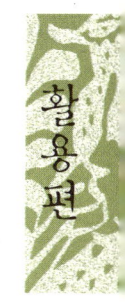

대운	시	일	월	연
戊	癸	癸	癸	癸
午	丑	酉	亥	未
	(癸)	(庚)	(戊)	(丁)

남성의 사주이다. 지지의 괄호 안에 표시한 것은 주권신이다. 사주명식의 천간 4개가 모두 똑같아서 이른바 천원일기격(天元一氣格)이다. 이 사주에 대운의 천간이 戊인 경우에는 4개의 戊癸합, 즉 4癸 1戊의 투합을 이루니 네 여성이 한 남성을 두고 오각관계를 이루는 형상이다. 투합의 경우에 합화는 일어나지 않지만 투합 자체가 복잡한 경쟁관계를 뜻한다. 아울러 합이 너무 많으면 합다유정(合多有情)으로 이어져 인생유전이 심하다. 이 사주의 주인공은 戊午대운에 중견 법관의 꽃이라 일컫는 서울지법 부장판사를 꿈꾸며 동료와의 경쟁 속에서 인생유전을 거듭하며 지냈다. 사주를 보면 戊午대운 중에는 정관, 즉 벼슬인 戊土 하나를 놓고 4:1로 경쟁하였고, 근무처 역시 4번 바뀌었다. 하루하루를 긴장의 연속에서 대법원 재판연구관, 마산지법 부장판사 등으로 발돋움하였다. 그 결과 丁巳대운에 접어들면서 곧바로 꿈에 그리던 서울지법 부장판사가 되었다. 이 사주는 천한지동(天寒地凍)을 이룰 뻔했으나 다행히 丁火와 戊土가 주권신으로 등장하고 운 또한 火土로 흘러 꽃을 피울 수 있었다. 특히 戊午대운에는 지지 午火가 천간의 戊土를 잘 받쳐주어 합다유정의 피해를 덜어주었다. 이러한 이치는 4甲 1己의 쟁합을 이루는 경우에도 마찬가지다.

⑤ 기타

시	일	월	연
乙	甲	庚	乙
巳	寅	辰	酉
(庚)	(丙)	(癸)	(庚)

사주의 천간과 대운의 천간이 합하여 만들어내는 형상은 때로는 정신을 어지럽게 한다. 위 사주는 남성의 사주로서 지지의 괄호 안에 표시한 것은 주권신이다. 사주의 천간이 乙庚합, 甲己합을 이루고 있다. 乙대운에 부도 가 났는데, 이 乙대운은 2乙 1庚으로 乙庚합을 깨뜨리고 甲己합의 己를 극 하여 甲己합을 깨뜨린다. 또한 甲대운에는 사기죄로 감옥살이를 하였다. 乙庚합의 庚과 충하여 乙庚합을 깨뜨리고, 2甲 1己로 甲己합을 깨뜨렸던 것 이다. 이 사람의 사주에서 乙대운이나 甲대운은 하늘이 갈라지고 천둥과 번개가 요란한 형상이다. 이른바 천재(天災)이므로 기존의 질서가 무너진 다. 준비를 잘한 사람은 살아남아 전화위복의 기회를 엿볼 수 있지만, 그렇 지 못한 사람은 나락으로 떨어져 헤어나지 못할 것이다.

이 사주의 주인공은 乙亥대운 辛未년에 부도가 났고, 甲戌대운 己卯년과 庚辰년에 감옥살이를 하였다. 명문학교를 졸업하고 삼성그룹에 입사하여 과장과 부장으로 승진할 때만 해도 항상 1순위였던 엘리트가 사업 시작 후 10년이 채 안 되어 그만 주저앉고 말았다. 대운의 흐름이 己卯 · 戊寅 · 丁 丑 · 丙子 · 乙亥 · 甲戌로 이어져 왔는데, 본인의 이야기에 따르면 부도가 난 乙亥대운 辛未년 직전까지는 모든 면에서 좋았다고 한다. 그렇다면 木 운의 경우에 지지로 오는 木운은 좋았지만 천간으로 오는 木운은 나빴다는 이야기다. 그러므로 같은 木운일지라도 천간과 지지를 나누어 살펴야 한 다. 나아가 천간은 甲과 乙을 구분하고, 지지는 寅 · 卯 · 辰을 구분해야 한 다. 대운의 간지가 같은 오행일지라도 천간은 기신이고 지지는 희신인 경 우가 있고, 천간은 희신이고 지지는 기신인 경우가 있다. 또한 대운의 천간 이나 지지가 같은 오행일지라도 음양의 차이에 따라 길흉이 달라지는 경우 가 있다. 습토는 회화축수(晦火蓄水)하여 木을 윤택하게 하는 작용이 있으 므로 水를 필요로 하는 甲木에게 기신이 아님을 알아야 한다.

지금까지 대운의 천간에 대해 사례를 중심으로 하여 살펴보았다. 여기에 덧붙여 설명하고 싶은 부분이 있다. 예를 들어 일간과 대운의 천간이 합하 는 경우이다. 양(陽) 일간은 정재와 합하고 음(陰) 일간은 정관과 합한다. 이 합은 유정한 관계이다. 재(財)나 관(官)이 용신 또는 희신이면 좋은 일들

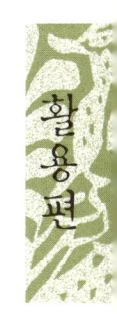

이 전개되지만, 이들이 기신이면 좋지 않은 일들이 전개된다. 일간이 용신 이외의 천간과 합하면 일간이 용신을 돌아보지 않는 것이니 큰 뜻을 품지 않을 것이다. 마찬가지로 용신이 일간 이외의 천간과 합하면 용신이 일간을 돌아보지 않는 것이니 성공할 수 없다.

또 다른 예들도 알아보자. 대운의 천간은 사주명식, 즉 원국의 천간과 합 뿐만 아니라 극이나 충을 이루기도 한다. 이때는 어느 경우든지 대운의 천간이 본래의 작용을 하지 못한다. 그 결과 대운의 천간이 희신일지라도 희신으로 작용하지 못하고, 기신일지라도 기신으로 작용하지 못한다.

대운의 천간은 원국의 지장간이 어떻게 받쳐주느냐에 따라 작용이 달라질 수 있다. 비록 희신운일지라도 세력이 약하여 원국으로부터 반격을 당하면 영화는 잠시일 뿐 도리어 변을 당한다. 사주에서 비겁의 세력이 강할 때는 관살운은 버틸 수 있지만 재성운은 버틸 수 없다. 왜냐하면 관살과 비겁은 호랑이와 개의 관계이고, 재성과 비겁은 쥐와 고양이의 관계이기 때문이다. 재성이 약하여 재성운을 기쁘게 맞이하였으나 오히려 극처상신(尅妻傷身)하고 파산하는 까닭은 무엇인가? 재성이 빛을 발하며 그 모습을 뚜렷하게 드러낸 결과 비로소 비겁이 정확하게 공격을 가할 수 있기 때문이다. 그러므로 편재운에 아버지가 죽고, 인수운에 어머니가 죽으며, 남성은 관살운에 자식이 죽고, 여성은 식상운에 자식이 죽는 일이 벌어지는 것이다. 특히 군비쟁재가 이루어진 사주를 타고난 사람은 재성운을 맞이하여 자신의 목숨이 위태로워진다는 사실을 알아야 한다.

3) 대운에서 천간과 지지의 관계

① 개두(蓋頭)와 절각(截脚)

개두란 대운의 천간이 지지를 극하는 것을 말한다. 庚寅·壬午·甲戌·丙申·戊子 등이다. 이처럼 대운에서 천간이 지지를 극하면 지지의 힘이 저하되므로 지지의 운이 길운이라고 해도 아주 좋은 운은 아니고, 흉운이라고 해도 아주 나쁜 운은 아니다. 예를 들어 庚寅에서 庚은 金이고 寅은 木이다. 그러므로 천간 金이 지지 木을 극하여 木의 역량이 떨어진다. 동방 木운이 희신운이라고 해도 완전한 희신운이 못 되고, 기신운이라고 해도 기신의 역량이 떨어진다.

절각이란 개두와 반대로 대운의 지지가 천간을 극하는 것을 말한다. 甲申·丙子·戊寅·庚午·壬戌 등이다. 이처럼 대운에서 지지가 천간을 극하면 천간의 힘이 저하되므로 천간의 운이 길운이라고 해도 아주 좋은 운은 아니고, 흉운이라고 해도 아주 나쁜 운은 아니다.

개두나 절각이 되면 극을 받는 쪽이 더 맥을 못 추지만 극하는 쪽 역시 힘이 빠진다. 개두와 절각은 대운에서 따지지만, 연운·월운·일운 등에서도 논의되어야 한다.

② 간지가 생하는 경우

대운에서 천간이 지지를 생하고 지지가 천간을 생하는 경우가 있다. 예를 들어 甲午에서는 천간이 지지를 생하여 午火의 역량이 더욱 커진다. 남방 火운이 필요한 사람한테는 대길운이다. 그러나 남방 火운이 나쁜 사람한테는 대흉운이다. 또한 甲子에서는 지지가 천간을 생하여 甲木의 역량이 더욱 커진다. 동방 木운이 필요한 사람한테는 대길운이다. 그러나 동방 木운이 나쁜 사람한테는 대흉운이다.

③ 간지가 같은 오행인 경우

대운의 천간과 지지가 같은 오행인 경우가 있다. 바로 甲寅, 庚申 등의 경우이다. 이때는 길 작용이나 흉 작용이 매우 크게 나타난다.

④ 대운의 간지와 행운 판단

운이 대운의 천간으로 좋게 들어왔을 때는 대운의 지지를 감안하여 판단하고, 운이 대운의 지지로 좋게 들어왔을 때는 대운의 천간을 감안하여 판단하지만, 어느 경우든지 대운의 지지를 중시한다. 천간과 지지를 종합적으로 고려하지만, 대운은 월주의 이동이며 기후의 변화이니 대운의 지지에 비중을 두는 것이다.

대운의 천간과 지지는 따로따로 분리시켜 각각의 독립적인 활동기간을 논할 수 없다. 이에 대해 설명하는 책마다 내용이 서로 다르다. 그래서 대운의 천간과 지지를 나누어 각각 5년씩 주관한다고 하는 주장, 천간을 4, 지지를 6의 비율로 보아야 한다는 주장, 그리고 천간을 3, 지지를 7의 비율로 보아야 한다는 등 주장이 제각기 다르다. 그러나 대운은 월주에

서 일으킨 것이니 순행하는 경우는 미래의 월건으로 행하고, 역행하는 경우는 과거의 월건으로 거꾸로 행한다. 따라서 이 월건을 마치 칼로 무 자르듯 천간과 지지가 각기 몇 년씩 주관한다고 단언할 수는 없다. 월건의 간지는 함께 1달을 주관하는 것이지 천간과 지지가 각기 어느 기간을 주관하는 것은 아니다. 대운의 간지를 분리시켜 이론을 전개하는 것은 사주에서 월주의 간지를 분리시켜 이론을 전개하는 것과 같다. 따라서 대운의 천간과 지지가 모두 함께 10년을 주관한다고 보되, 천간과 지지의 생극(生剋)하는 원리에 의해 그 역량을 측정하며, 대운의 지지에 비중을 두어 판단한다. 이를 적극적으로 적용하는 절중변법(折中辨法)을 내세우는 견해가 있어 소개한다. 앞의 5년은 천간과 지지를 6:4의 비중으로 보고, 나중의 5년은 천간과 지지를 4:6의 비중으로 보아 길흉의 경중을 다루자는 주장인데 완전한 이론은 아니다.

한편 천간과 지지가 모두 희용신이면 10년 동안 계속해서 길하고, 천간과 지지가 모두 기신이면 10년 동안 계속해서 흉하다. 그리고 천간과 지지가 하나는 희용신이고 다른 하나는 기신이면 10년 동안 길흉이 교차한다.

4) 대운과 사주명식

① 합 · 충 · 형 · 해 · 파

대운은 사주의 간지와 합 · 충 · 형 · 해 · 파를 일으킨다. 천간과 지지에서 각각 합과 충을 일으키고, 지지에서 형 · 해 · 파를 일으킨다. 특정한 대운이 원국과 어울려 지지에서 삼합이나 방합을 형성하면 오행의 변화를 일으키고, 그 결과 원국에 희용신이나 기신으로 작용한다. 예를 들어 대운의 지지 寅이 원국의 午 · 戌과 어울려 火를 돋우고, 대운의 지지 巳가 원국의 午 · 未와 어울려 火를 돋우어 희용신이나 기신으로 작용한다. 한편 특정 대운이 일지와 충을 이루면 10년 동안 가정적인 문제와 배우자 문제로 인한 여러 가지 변화가 생긴다. 대운과 원국이 어울려 丑戌未나 寅巳申의 형, 즉 이른바 삼형살(三刑殺)을 이루면 관재 · 구설 · 송사 · 시비 · 수술 · 사고 등으로 이어진다.

② 대운 12운의 심사

대운 12운의 심사는 일간과 대운의 지지를 대조하여 대운의 지지가 어느 12운에 해당하는지를 살펴보는 것으로, 일간의 강약을 측정하는 것이 그 목적이다. 12운 중에서 4왕에 해당하는 장생·관대·건록·제왕은 일간을 강하게 하지만, 4쇠에 해당하는 사·절·병·쇠는 일간을 약하게 한다. 대운 12운의 심사는 일간 이외의 다른 천간의 강약을 측정하는 데에도 적용할 수 있다.

③ 조후 관계의 심사

모든 생명체는 사계절의 기후변화에 따라 성장 발육에 큰 영향을 받는다. 사람 역시 마찬가지여서 기후에 따라 정신적, 육체적인 차이가 생기고 운명 또한 달라지게 된다. 그러므로 자신에게 필요한 좋은 기후를 만나야 하는데, 이처럼 자신의 성장 발육에 바람직한 기후와의 조화를 조후(調候)라고 하여 사주학에서는 이를 매우 중요하게 생각한다.

우선 사주가 조화를 잘 이루기 위해서는 더우면 서늘함이 필요하고, 추우면 따뜻함이 필요하다. 건조하면 윤택함이 필요하고 습하면 밝음이 필요하다. 요컨대 水와 火의 균형이 중요한 것이다. 이것을 좁은 의미의 조후라고 할 수 있다. 뿐만 아니라 사주는 오행이 고르게 분포하여 조화를 이룰 필요가 있다. 이를 위해서는 각 별들이 서로 귀성(貴星)으로 이루어지면 좋다. 귀성은 일간에 따라서 달라지며 또한 출생월에 따라서도 달라진다. 예를 들어 甲木은 큰 수목이므로 庚金이란 금도끼로 다듬어져야 한다. 그러나 庚金이 너무 거칠면 안 되니 丁火란 불로써 이것을 적당히 제련할 필요가 있다. 寅월과 卯월은 초목이 생기를 돋우어 가는 때이니 이를 뒷받침할 태양과 비가 필요하므로 丙火와 癸水가 귀성이다. 이렇듯 각 별들이 서로 귀성으로 이루어져 조화를 이루는 것이 넓은 의미의 조후이다.

좁은 의미의 조후와 넓은 의미의 조후는 행운 판단의 중요한 기준이 된다. 그러므로 사주를 자연의 이치에 따라 정확하게 간명하기 위해서는 조후를 깊이 있게 연구해야 한다. 조후에서 특히 강조하는 水와 火의 관계는 바로 억부의 관계이며, 병약·통관·종(從)의 관계이다. 水와 火의

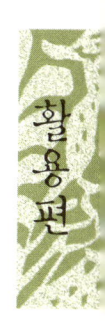

관계는 바로 음과 양의 관계이고 따라서 金水와 木火의 관계이다. 金水는 수축·통합 작용이요 木火는 확장·분산 작용이다. 이 두 가지 작용이 이어지면서 순환을 이루어야 생기가 돈다. 그래서 사주에 金水가 많으면 木火운으로 흐르는 것이 좋고, 반대로 木火가 많으면 金水운으로 흐르는 것이 좋다. 이와 같은 방법으로 사주의 행운을 판단해야 한다. 土의 경우도 마찬가지다. 金水를 지닌 土는 木火를 기뻐할 것이고, 木火를 지닌 土는 金水를 기뻐할 것이다. 金水의 한랭한 사주가 申酉戌 金운으로 흐르거나 亥子丑 水운으로 흐르면 꽃을 피우지 못한다. 木火의 조열한 사주가 寅卯辰 木운으로 흐르거나 巳午未 火운으로 흐르면 결실을 이루지 못한다. 辰·戌·丑·未에서 丑은 金水를 지닌 土이고, 未는 木火를 지닌 土이며, 辰은 木에 가까운 土이고, 戌은 金에 가까운 土이다. 그러나 辰은 水로 통할 수 있고, 戌은 火로 통할 수 있다.

④ 접목운(接木運)

접목운은 대운에서 木운·火운·金운·水운이 교차하는 기간의 운으로 교운(交運) 또는 교운기(交運期)라고도 한다. 계절로 따지면 寅卯辰의 봄이 가면서 巳午未의 여름이 오는 시기, 巳午未의 여름이 가면서 申酉戌의 가을이 오는 시기, 申酉戌의 가을이 가면서 亥子丑의 겨울이 오는 시기, 즉 환절기다. '접목'이라고 표현한 것은 '환절'과 '접목'이 모두 '교(交)'의 의미를 갖고 있기 때문이다. 환절기가 되면 여러 가지 변화가 일어난다. 예를 들어 겨울이 가면서 봄이 오는 시기를 보자. 따사로운 햇빛과 물오른 봄의 생기는 사람들을 집 밖으로 불러내지만, 꽃샘추위와 황사는 방 안에 머물게 만든다.

접목운은 교운(交運), 즉 기의 교차가 이루어지는 운이므로 길운과 흉운이 들락날락한다. 길운이 오기 전인데도 길함이 발생할 수 있고, 흉운이 지나갔는데도 흉함이 생길 수 있다. 지구의 운동에는 자전과 공전, 그리고 세차운동(precession)의 3가지가 있다. 이 중에서 세차운동은 지구의 자전축이 회전하는 것으로, 기울어진 지구의 자전축 때문에 달이나 태양이 지구에 미치는 힘에 차이가 생기기 때문에 일어난다. 모든 것은 변화한다. 지구와 태양의 운동 또한 늘 일정한 것은 아니다. 그 과정에서

기의 교차가 이루어지고 길운과 흉운이 들락날락하는 것은 어쩌면 당연한 현상이다.

접목운은 30년 계절운이 바뀔 때의 운이다. 이때는 환경의 변화로 말미암아 많은 파란곡절이 따르고, 특수한 나무는 개성이 강하여 적응하지 못하고 죽어버린다. 그 중에서도 특수 강왕격 사주는 30년 계절운이 바뀌는 시점이 운명의 고비가 된다. 예를 들어 이승만 대통령 시절 제2인자로 군림했던 이기붕의 사주가 특수 강왕격으로, 30년 계절운이 바뀌는 1960년 4월에 총탄을 맞고 사망하였다. 박정희 전 대통령의 사주도 특수 강왕격인데 역시 1979년이 계절운이 바뀌는 시기여서 그 해 10월 26일에 흉탄을 맞고 서거하였다. 이러한 사주를 가진 사람은 한때는 비상한 발전을 이룩할 수 있지만 추락할 때는 너무도 어이없이 몰락해버릴 수 있다는 것을 명심해야 한다.

한편 10년마다 대운이 교차하는 기간의 운은 계절의 변화와는 관계가 없으므로 접목운이라고 부르지 않는다. 그러나 정도의 차이는 있을지라도 운의 매듭이 달라진다는 점에서는 접목운과 크게 다르지 않기 때문에 방심해서는 안 된다.

다음으로 연운에 대해 살펴보자. 연운을 보는 법은 대운을 보는 법과 비슷하다. 그러나 대운은 지지를 중시하고 연운은 천간을 중시한다. 왜냐하면 대운은 12개의 지지가 바로 지구에서 이루어지는 1년 12달의 기후변화를 나타내고, 연운은 10개의 천간이 바로 하늘에서 이루어지는 대운 10년 동안의 태양의 변화를 나타내기 때문이다. 대운은 봄·여름·가을·겨울이고 연운은 그 어느 가운데 위치하고 있기 때문에 대운이 좋으면 연운이 나빠도 크게 나쁘지 않다. 이는 마치 卯월이면 봄이 무르익었을 때이므로 그 중에 추운 날이 있어도 추위가 심하지 않고 여전히 봄날인 것과 같다. 하지만 대운이 나쁘면 연운이 좋아도 크게 좋지 않다. 이는 마치 子월이면 겨울이 깊을 때라 그 중에 따뜻한 날이 있어도 추위가 떠나지 않고 여전히 겨울날인 것과 같다.

5) 연운의 통변

일간을 기준으로 연운의 천간과 대조하여 그 희기(喜忌)에 따라 다음과 같이 판단한다.

① 비견이 희신인 경우
- 형제와 동료의 도움을 받아서 개운득재(開運得財)한다.
- 자립하여 독립사업을 한다.
- 사업가는 하던 일을 확장한다.
- 합작투자 · 계 운영 등이 길하다.
- 원만한 인간관계를 형성한다.
- 건강이 좋아지고 운동실력이 향상된다.

② 비견이 기신인 경우
- 형제 또는 동료와 불화가 생겨 시비나 소송으로 번진다.
- 큰 손재를 당한다.
- 중상모략을 당한다.
- 부친과 관련하여 좋지 않은 일이 생긴다.
- 아내와 관련하여 좋지 않은 일이 생긴다.

③ 겁재가 희신인 경우는 비견과 비슷하다.

④ 겁재가 기신인 경우는 비견과 비슷하다.

⑤ 식신이 희신인 경우
- 의식주와 관련해 좀더 여유로운 생활을 누린다.
- 무직자는 직장을 얻는다.
- 직장인은 승진 또는 더 좋은 지위로 이동한다.
- 사업가는 사업이 번창한다.
- 환자는 건강이 좋아진다.
- 여성은 출산하거나 자녀에게 경사가 있다.
- 남성은 처가의 은덕을 누린다.

⑥ 식신이 기신인 경우
- 새로운 사업이나 무리한 투자로 큰 손재를 당한다.

- 베풀고서도 욕을 먹는다.
- 관재(官災)와 구설(口舌)이 일어난다.
- 건강이 나빠진다.
- 남성은 자녀문제로 근심하고 처가와 관련하여 좋지 않은 일이 생긴다.
- 여성은 남편이 사고를 당하거나 남편과 이별한다.
- 가정용품을 사용할 때 부주의로 인해 재난을 당한다.

⑦ 상관이 희신인 경우
- 재능을 발휘하여 성공한다. 특히 예체능·기술·학술·언론 분야에서 큰 명성을 얻고, 사업가는 사업이 번창한다.
- 남성은 미혼인 경우 혼담이 오가고, 기혼인 경우 아내에게 경사가 있거나 아내로 인해 재물을 얻는다.
- 여성은 출산하거나 자녀에게 경사가 생긴다.
- 환자는 건강이 좋아진다.

⑧ 상관이 기신인 경우
- 건강이 나빠지고, 몸에 상처가 난다.
- 재산상의 손해를 본다.
- 직장인은 실직·감봉 등을 당한다.
- 사업가는 휴업 또는 폐업하게 된다.
- 남성은 자녀문제로 근심한다.
- 여성은 미혼인 경우 애인과 멀어지고, 기혼인 경우 남편이 사고를 당하거나 남편과 이별한다.
- 시비·설화(舌禍)·필화(筆禍)·소송 등이 일어난다.

⑨ 편재가 희신인 경우
- 신규 사업으로 재물을 모은다.
- 현재의 사업을 확장한다.
- 직장인은 봉급 이외의 수입이 생기고 승진한다.
- 좋은 일로 해외에 나간다.
- 남녀 모두 결혼한다.

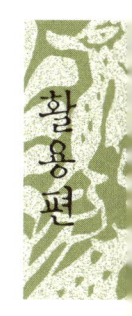

- 뜻밖의 행운으로 재물을 얻을 수 있다.

⑩ 편재가 기신인 경우

- 사업으로 큰 손해를 본다. 사업을 하지 않는 사람도 재산상의 손해를 본다.
- 형제나 동료 등과 재산상의 다툼이 있다.
- 사기나 부도 등을 당한다.
- 직장인은 실직·감봉 등을 당한다.
- 부친과 관련하여 좋지 않은 일이 생긴다.
- 남성은 여자문제로 골치 아픈 일이 생긴다.
- 학생은 공부가 안 되고 성적이 떨어진다.

⑪ 정재가 희신인 경우

- 재산이 자꾸 불어난다.
- 남성은 아내의 덕을 누리고 부부간의 애정이 더욱 두터워진다. 아내로 말미암아 재산이 불어나는 등 아내로 인한 경사가 있다. 미혼인 남성은 결혼한다.
- 여성은 자식에 대한 근심걱정이 해소된다. 미혼인 여성은 결혼한다.
- 사업가는 사업이 착실하게 성장한다.
- 직장인은 승진한다.
- 수험생은 합격한다.

⑫ 정재가 기신인 경우

- 돈문제로 고생하고 이것이 법적인 문제로 번진다.
- 건강이 나빠져 죽을 수도 있다.
- 남성은 아내 등 여자문제로 고생하고 본인의 명예까지 손상된다. 아내가 말썽을 일으키거나 아내로 인한 가정불화가 생긴다. 자식이 애를 먹인다.
- 여성은 자녀문제로 고심하게 된다.
- 부친의 신상에 문제가 생긴다.
- 모친의 신상에 문제가 생긴다.

- 학생은 공부가 안 되고 성적이 떨어지며, 수험생은 낙방한다.
- 적게는 구설, 크게는 관재가 일어난다.

⑬ 편관이 희신인 경우
- 무직자는 직장을 얻는다.
- 직장인은 승진한다.
- 남성은 자식을 얻거나 자식에게 경사가 있다.
- 여성은 기혼이면 남편에게 경사가 있고, 미혼이면 좋은 사람을 만나 결혼한다.
- 소송사건이나 관공서와 관련된 각종 인허가 등이 쉽게 해결된다.
- 명예를 얻는다.
- 수험생은 합격한다.
- 훈장 · 표창을 받는다.

⑭ 편관이 기신인 경우
- 건강이 나빠지거나 몸에 상처가 난다. 생명이 위태롭다.
- 형제에게 걱정스러운 일이 생긴다.
- 각종 재난 · 질병 등이 발생한다.
- 손재 · 관재 · 구설이 일어난다. 강도를 당할 수도 있다.
- 무직자는 직장을 얻기가 힘들다.
- 직장인은 실직 · 감봉 등을 당한다.
- 남성은 자식문제로 골치 아픈 일이 생긴다.
- 여성은 남편을 비롯하여 남자문제로 골치 아픈 일이 생긴다.
- 학생은 신경과민으로 고생한다.

⑮ 정관이 희신인 경우
- 무직자는 직장을 얻는다.
- 직장인은 승진한다.
- 남성은 자식을 얻거나 자식에게 경사가 있다.
- 여성은 기혼이면 남편에게 경사가 있고, 미혼이면 좋은 사람을 만나 결혼한다.
- 소송사건이나 관공서와 관련된 각종 인허가 등이 쉽게 해결된다.

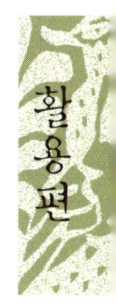

관급공사 등을 수주한다.

- 명예를 얻는다.
- 수험생은 합격한다.
- 훈장 · 표창을 받는다.
- 귀인(貴人)을 만난다.
- 소원성취한다.

⑯ 정관이 기신인 경우

- 건강이 나빠진다.
- 형제에게 걱정스런 일이 일어난다.
- 각종 사고 · 질병 등이 발생한다.
- 손재 · 관재 · 구설이 일어난다.
- 무직자는 직장을 얻기가 힘들다.
- 직장인은 실직 · 감봉 등의 우려가 있다.
- 남성은 자식문제로 속을 상한다.
- 여성은 남자문제로 속을 상한다. 여기에는 남편도 포함된다.
- 학생은 속을 태우고 괴로워한다.

⑰ 편인이 희신인 경우

- 손윗사람이나 귀인의 도움을 받는다. 귀인에는 외국인도 포함된다.
- 계약 체결 등 새로운 발판이 마련된다.
- 주택을 신축하거나 구입한다. 이사를 한다.
- 승진 · 영전 · 표창 등의 영광을 누린다.
- 수험생은 합격한다.
- 새로운 학술 분야에서 큰 성과를 얻는다.
- 예술인 · 기능인 · 체육인은 예상 외의 성과를 거둔다.
- 모든 일이 쉽게 풀린다.

⑱ 편인이 기신인 경우

- 문서와 관련된 일은 불리하다. 부실계약 · 부도 · 사기 등이 일어나고, 보증 때문에 낭패를 당한다. 소송은 승산이 없다. 매매는 잘 이루어지지 않는다.

- 가까운 친족 때문에 성가신 일이 생겨 번민한다.
- 직장인은 실직 · 감봉 등을 당한다.
- 각종 시험 · 면허 · 인허가 · 승진 등이 어렵다.
- 각종 재난이 닥쳐 죽을 수도 있다. 재난에는 건강 악화도 포함된다. 여성은 유방과 자궁에 유의해야 하고 유산의 우려가 있다. 또한 자식문제로 골치 아픈 일이 생긴다.
- 도박으로 낭패를 당한다.
- 본인 스스로 사기나 절도 등 범죄를 저지른다.
- 학생은 실력을 제대로 발휘하지 못한다.
- 매사 신중하게 현상 유지에 힘쓰는 것이 좋다.

⑲ 인수가 희신인 경우
- 부모나 스승 등 윗사람이나 귀인의 도움을 받는다.
- 장래성이 있는 새로운 사업을 시작한다.
- 문서와 관련해 경사가 생긴다. 주택 구입 · 이사 · 승진 · 표창 · 인허가 · 계약 체결 등이다.
- 수험생은 합격한다.
- 명예가 높아진다.
- 고질적인 질병 · 미해결 사건 등이 잘 해결된다.
- 미혼 여성은 중매로 결혼할 수 있다.
- 분묘이장 · 족보 정리 등 조상과 관련한 일이 생긴다. 이때 적극적으로 참여하는 것이 좋다.

⑳ 인수가 기신인 경우
- 문서와 관련된 일은 불리하다. 부실 계약 등이 일어나고 보증 때문에 화를 당한다. 소송은 이기기 어렵다. 매매 역시 힘들다.
- 주택과 관련된 여러 가지 문제로 고생한다.
- 어머니와 관련된 문제로 근심걱정한다.
- 여성은 여러 면에서 문제가 일어날 수 있다. 유방과 자궁 계통의 질병에 유의해야 하고, 유산의 우려가 있다. 남편한테 어려운 일이 생기고, 자식문제로 골치 아픈 일이 생긴다.

• 수험생은 낙방한다.

6) 대운 간지와 연운 간지

① 세운충극

대운 간지와 연운(세운) 간지가 천간에서는 극을 이루고 지지에서는 충을 이루는 것을 세운충극(歲運沖剋)이라고 한다. 예를 들어 甲子대운 기간 중 庚午 연운 같은 경우이다. 만약 대운이 희용신인데 연운이 대운을 천극지충하면 그 연운은 기신이다. 반대로 대운이 기신인데 연운이 대운을 천극지충하면 그 연운은 희용신이다.

천극지충일 때는 대운과 연운의 간지가 각각 어떤 모습을 하고 있는지 잘 살펴야 한다. 왜냐하면 대운에서 천간은 희용신이고 지지는 기신인데, 연운에서 천간은 기신이고 지지는 희용신인 경우 등 여러 가지 형태가 있기 때문이다. 세운충극의 결과로 희용신의 역량이 강해져서 기신을 제압하면 길하고, 기신의 역량이 강해져서 희용신을 제압하면 흉하다. 그러므로 대운과 연운이 어떻게 어우러져 있으며, 그 결과 원국과 어떤 조화를 이루는가를 보아 좋은 결과가 되면 길하다고 판단하고, 나쁜 결과가 되면 흉하다고 판단한다.

② 세운화호

대운 간지와 연운 간지가 합하는 것은 화(和)라고 하고, 대운 간지와 연운 간지가 같은 것을 호(好)라고 한다.

대운 천간과 연운 천간이 합하여 화(化)할 경우에 화한 것이 원국에 희용신이면 길하고, 화한 것이 원국에 기신이면 흉하다. 그리고 합하지만 화하지 않는 경우에는 기반(羈絆, 본분을 망각함) 또는 합거(合去)가 되므로 천간이 본래의 역할을 다하지 못한다.

대운 지지와 연운 지지가 합하여 오행이 변하거나, 대운·연운·원국의 지지가 삼합이나 방합을 이루어 오행이 변할 경우에 그 변한 오행이 희용신이면 길하고, 기신이면 흉하다.

호(好)란 같은 오행을 말한다. 대운 천간과 연운 천간, 대운 지지와 연운 지지, 대운 천간과 연운 지지, 대운 지지와 연운 천간, 대운 간지와 연운 간지가 같은 오행이면 그 오행의 길흉 작용은 보다 현저하게 나타난다. 그러나 같은 오행이라고 해도 음양에 따라 길흉 작용이 다르게 나타날 수 있다. 한편 대운 간지와 연운 간지가 같은 것을 세운병림(歲運併臨)이라고 한다. 세운병림이 되는 오행이 희용신이면 대길하고, 기신이면 대흉하다.

③ 대운과 연운의 배합

대운과 연운의 배합이란 결국 대운과 연운, 그리고 원국의 간지가 어우러진 모습, 즉 형충회합(刑沖會合) 등의 상태를 보고 1년의 길흉화복을 판단하는 것이다.

대운과 연운의 배합은 매우 복잡하므로 올바른 판단을 내리기 위해서는 차원 높은 추리를 해야 한다. 그러나 그 배합의 결과가 사주의 희용신에게 이로우면 길하고, 사주의 기신에게 이로우면 흉하다. 운이 원국의 희용신을 충거(沖去)하면 흉하고, 기신을 충거하면 길하다. 운이 원국의 희용신을 합거(合去)하면 흉하고, 기신을 합거하면 길하다.

운에서 희용신이 왔는데 원국에서 이를 극제·충거·합거하면 희용신으로서의 역할을 다하지 못한다. 운에서 기신이 와도 원국에서 이를 극제·충거·합거하면 기신으로서의 역할을 다하지 못한다. 운과 원국이 합화해서 화신(化神)이 희용신이면 길하고, 기신이면 흉하며, 한신이면 평범하다. 대운과 연운, 그리고 원국의 지지가 삼합이나 방합을 이룰 때 화신이 연운의 천간에 있거나 원국의 천간에 있어서 합화에 성공하면 그 해에 가장 큰 영향이 있다. 화신이 왕성해지므로 화신이 희용신이면 대길하지만, 기신이면 대흉하다.

세운충극과 세운화호에 관해서는 앞에서 설명하였으므로 여기서는 제외한다. 대운·연운·원국의 지지가 삼형을 이루면 관재·구설·송사·시비·수술·사고 등이 일어난다. 원국의 지지에 삼형을 이루는 것이 둘 있는데 연운의 지지가 와서 삼형을 이루어도 이와 마찬가지다.

다음으로 대운 간지와 연운 간지의 배합에 관한 사례들을 살펴보고, 유의사항에 대해 알아보자.

① 木火가 희용신인 사주가 丙寅대운 丁亥연운을 맞이하였다. 여기서 丙·寅·丁은 반갑지만 연운의 지지인 亥는 문제가 된다. 다행스럽게도 이 亥가 대운의 지지 寅과 寅亥합을 이루어 수생목(水生木)으로 이어지기 때문에 흉이 길로 변한다.

② 木火가 희용신인 사주가 壬子대운 丁卯연운을 맞이하였다. 이 경우에 丁卯는 반갑지만 壬子는 문제가 된다. 그러나 대운의 천간 壬은 연운의 천간 丁과 丁壬합을 이루어 목기(木氣)를 머금고, 대운의 지지 子는 연운의 지지 卯와 어울려 수생목(水生木)으로 이어지므로 전체적으로는 연운 때문에 흉이 감소된다.

③ 木火가 희용신인 사주가 辛巳대운 己丑연운을 맞이하였다. 辛·己·丑이 모두 흉신이므로 대운의 지지인 巳火한테 기대는 수밖에 없다. 그러나 대운 지지 巳가 연운의 지지인 丑과 어울려 巳丑으로 金의 기를 돋우니 오히려 문제가 된다. 만약 원국에 酉가 있다면 巳酉丑삼합을 이루어 흉을 가중시킬 것이다.

④ 木火가 희용신인 사주가 壬子대운 壬子연운을 맞이하였다. 물론 대흉이다. 그러나 원국에 甲寅기둥과 戊戌기둥이 있다면 甲寅은 壬子를 흡수하고, 戊戌은 壬子를 저지하여 전체적으로는 壬子로 인한 흉이 감소될 것이다.

⑤ 木火가 희용신인 사주가 癸巳대운 癸巳연운을 맞이하였다. 癸는 흉이고 巳는 길이므로 반흉반길(半凶半吉)의 형상이다. 그러나 원국에 酉나 丑이 있다면 巳는 巳酉나 巳丑으로 금기(金氣)를 돋우어 흉을 가중시킬 것이다.

⑥ 金水가 희용신인 사주가 戊寅대운 壬申연운을 맞이하였다. 戊寅은 흉이고 壬申은 길이다. 그러나 대운과 연운이 천간에서는 극을 이루고 지지에서는 충을 이루므로 세운충극이다. 대운의 기세가 강하여 연운을 누르고 흔드니 대운 때문에 연운이 꽃을 피우지 못한다.

대운과 연운의 배합에서 유의할 점은 대운과 연운의 관계를 정확하게 설정해야 한다는 것이다. 예를 들어 戊辰대운에 속하는 壬午연운을 엉뚱하게

도 己巳대운에 속하는 壬午연운으로 잘못 보면 안 된다는 것이다. 지극히 당연한 이야기이지만 이러한 착오를 일으킬 가능성이 많다. 초심자는 물론이고 높은 경지에 이른 사주학자도 이러한 착오를 일으킬 수 있다. 실제로 이러한 착오를 일으킨 예를 보자. 어느 사주학자는 1958년 12월 22일(양력) 辰시에 태어난 남성의 壬午연운을 다음과 같이 풀이하였다.

연운	대운	시	일	월	연
壬	己	丙	癸	甲	戊
午	巳	辰	酉	子	戌

용신:火 희신:木 기신:水 구신:金 한신:土

이 사주는 癸水 일간이 子월에 당령하고, 酉金에 득지하였으며, 시지에서 진유합금(辰酉合金)으로 일간을 도우니 신강하다. 연간 戊土가 득지하여 용신할 수 있지만 子월이라 한랭하기 때문에 木火를 희용신으로 한다.

대운이 巳火운이고 연운이 午火운이기 때문에 남방 火운이 되어 재물운이 매우 상승할 운이다. 연운 천간의 壬水는 지지의 午火가 강하여 무력한데 사주원국의 연간 戊土이 극하고, 월간 甲木이 흡수하여 큰 영향을 주지 못한다. 연운 지지 午火와 사주원국의 연지 戌土가 午戌 화국(火局)을 이룬다. 연주는 사회적인 일과 조상을 뜻한다. 木火가 희용신인 사주의 주인공에게는 선대의 덕과 윗사람의 조력을 얻고 사회적인 명성을 얻을 수 있는 운이며, 큰 변화를 도모하는 해가 될 것이다. 아울러 재물운이 상승하고 아내의 덕과 여성의 협조가 매우 좋아지는 시기이기도 하다. 다만 연운 천간의 壬水 겁재가 기신이니 형제간에 사소한 다툼이 있을 것이며, 동창이나 친구간에도 오해 등으로 인한 구설이 있게 된다. 사주원국의 월지 子水가 연운 지지 午火와 子午충을 하는데 子는 형제이므로 형제에게 사고나 병환이 있고, 월지는 거주지이므로 거주지를 옮기는 경우가 생긴다.

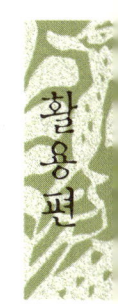

풀이가 참으로 매끄럽고, 사주학자로서 진지한 자세가 매우 돋보인다. 그런데 문제는 壬午연운이 己巳대운에 속하느냐이다. 만약 壬午연운이 己巳대운에 속하지 않고 戊辰대운에 속한다면 풀이가 아무리 좋아도 위의 설명은 맞지 않는 잘못된 해석이 되어버린다.

먼저 앞의 사주에서 대운수를 계산해보자. 대운수는 사람의 일생에서 운의 주기가 바뀌는 기준연령이다. 양남음녀(陽男陰女)는 순행이니 출생일인 22일에서 다음달 절기인 1959년 1월 6일 소한까지의 날짜를 세면 15일이다. 이것을 3으로 나누면 5이기 때문에 대운수는 5이다. 이 남성은 만 5세가 되는 癸卯년(1963년) 12월부터 첫 대운인 1운 즉 乙丑대운이 전개된다. 그 결과 모든 대운에서 첫 연운의 천간은 '癸'이고 마지막 연운의 천간은 '壬'이 된다. 이렇게 따져 나가면 1운은 乙丑대운, 2운은 丙寅대운, 3운은 丁卯대운, 4운은 戊辰대운, 5운은 己巳대운인데, 壬午연운은 戊辰대운의 마지막 연운으로서 己巳대운에는 속하지 않는다. 왜 이런 착오가 생겼을까? 아마도 대운수가 5이기 때문에 이 남성이 태어난 해인 戊戌을 1, 己亥를 2, 庚子를 3, 辛丑을 4, 壬寅을 5로 보고 '壬'을 모든 대운의 출발기준으로 삼은 데서 문제가 비롯된 것으로 여겨진다.

다음으로 월운(月運)에 관해 살펴보자. 월운 판단은 대운 판단처럼 하면 된다. 따라서 천간과 지지의 비중에서 천간보다 지지를 중시한다. 이와 관련해 월의 지지는 매년 고정되어 있지만, 천간은 61개월에 한번씩 같은 월이 되기 때문에 월운은 연운과 마찬가지로 천간을 중요시한다는 학설이 있는데 타당하지 않다고 본다. 왜냐하면 월은 1년을 12달로 구분하여 계절의 변화를 나타낸 것이므로 각각의 지지가 뜻하는 계절의 성숙도를 중시하기 때문이다.

월운의 간지가 사주의 희용신에 해당하면 길하고, 그렇지 않으면 흉하다고 판단한다. 대운과 연운이 나빠도 월운이 좋으면 조금 좋아질 수는 있지만 크게 기대할 정도는 아니다. 대운과 연운은 좋은데 월운이 나쁘면 조금 나빠질 수는 있지만 크게 걱정할 정도는 아니다.

월운의 지지는 연운의 지지와 같을 때 그 힘을 더욱 나타낸다. 예를 들어 원국의 지지에 申이 있고 대운의 지지에 寅이 있으며 연운의 지지에 巳가 있는 경우에 寅巳申 삼형살이다. 이때 연운의 지지는 원국의 지지 및 대운의 지지에 비해 다소 약한 느낌이다. 사주원국이 평생을 좌우한다면 대운은 10년, 연운은 1년을 좌우하기 때문이다. 그러나 월운의 지지가 巳이면 연운의 지지가 더욱 힘을 나타내어 비로소 완전한 삼형살을 이룬다고 볼 수 있다. 그러므로 巳월에 관재·구설·송사·시비·수술·사고 등이 일어난다고 판단할 수 있다.

다음으로 일운(日運)에 관해 살펴보자. 일운은 일진(日辰)이라고도 하는데, 천간과 지지의 비중에서 천간을 보다 중요시한다. 왜냐하면 10개의 천간이 천(天)·지(地)·인(人)의 3회전을 이루면서 1달(30일)을 만들어내기 때문이다.

일운의 간지가 사주의 희용신에 해당하면 길하고 그렇지 않으면 흉하다고 판단하지만, 그 힘이 크지 않다고 본다. 그러므로 보통 원국의 일주(日柱)와 대조하여 합이나 충을 이루면 그 의미를 새겨보고, 공망이나 원진, 그리고 그 밖의 신살을 적용해보는 정도이다.

예를 들어 癸亥 일주가 戊寅일을 맞이하면 천간과 지지가 모두 합을 이룬다. 천간에서는 화기(火氣)가 감돌고 지지에서는 목기(木氣)가 감돌아 전체적으로는 목생화(木生火)의 형상이다. 그 결과 木(寅)·火·土(戊)의 일운으로 木·火·土가 희용신인 사람한테는 기쁜 날이다. 寅은 癸亥 일주한테 공망으로는 작용하지 않는다. 그러나 寅은 일간 癸한테는 '금여록'에 해당하고, 일지 亥한테는 '망신'에 해당한다. 그래서 좋은 이성을 만나서 아름다운 인연을 이룰 수 있지만 지나치게 과음하면 실수를 저지를 것이다. 만약 이 사람이 甲申년생 남성이면 원진은 乙卯이기 때문에 戊寅일은 원진일에 해당하지 않는다.

3. 실제 간명

지금까지 설명한 행운 판단의 방법을 바탕으로 필자의 사주를 분석해보자. 필자는 1944년 8월 27일(양력) 16시 출생이므로 甲申년 壬申월 癸亥일 庚申시가 된다. 입추 후 19일 14시간 11분이 경과되어 출생하였으니 4개 지지 모두 정기의 적용을 받는다.

먼저 대운수를 계산해보자. 대운수는 한 사람의 인생에서 운의 주기가 바뀌는 기준연령이다. 양남음녀(陽男陰女)는 순행이므로 출생일인 27일부터 다음달 절기인 9월 8일 백로까지의 날짜를 세면 11일인데, 보다 정확하게 계산하면 11일 11시간 56분이다. 이것을 3으로 나누면 몫이 3이고 나머지가 2일 11시간 56분이다. 나머지가 1일 12시간 이상에 해당되므로 대운수는 4가 된다. 그렇지만 좀더 정확하게 계산하면 필자가 생후 3년 10개월 정도가 되는 戊子년(1948년) 6월경이 1운인 癸酉대운이 시작되는 때이다. 우리 나이로 다섯 살이 되는 해이다.

	시	일	월	연
	庚	癸	壬	甲
	申	亥	申	申

65	55	45	35	25	15	5
己	戊	丁	丙	乙	甲	癸
卯	寅	丑	子	亥	戌	酉

필자의 사주를 판단하기 위한 자료는 255~256쪽의 사주명식 분석과 법륜도를 참고하도록 한다. 앞에서 설명한 성격 판단·건강 판단·육친 판단·직업 판단 등에서 이미 언급한 것들이 많기 때문에 여기에서는 주로 거시적인 관점에서 사주명식과 운의 배합을 가지고 논하기로 한다. 운은 대운과 연운 중심이다.

우선 필자의 사주에는 金水의 기가 넘쳐흐르니 木火운이 바람직하다. 그러면 실제로는 어떠한가? 천간은 대부분 木火로 흐르고 있지만 지지는 대부분 金水로 흐르고 있다. 즉 천간과 지지의 흐름이 다른 것이다. 이럴 때는 행운 판단을 어떻게 해야 하는가? 운이 대운의 천간으로 좋게 들어왔을 때는 대운의 지지를 참작하여 보고, 운이 대운의 지지로 좋게 들어왔을 때는 대운의 천간을 참작하여 보는 것이 원칙이다. 그러나 사실 어느 경우이든 대운의 지지를 중요시한다. 다시 말해 천간과 지지를 종합적으로 고려하지만, 대운이란 월주의 이동이며 기후의 변화이기 때문에 대운의 지지에 비중을 둔다는 이야기다. 이렇게 볼 때 필자의 행운은 겉으로만 木火의 아름다움을 나타낼 뿐, 그 바탕은 계속 金水의 차가운 기로 이어져 꽃을 피우지 못하는 형상이다. 봄을 뜻하는 寅대운은 55세 이후 비로소 도래한다.

앞서도 언급했듯이 필자에게는 木火운이 바람직하다. 그러나 어느 木火운이든지 다 같은 것은 아니므로 좀더 상세하게 살펴봐야 한다. 천간으로 오는 甲木운은 기쁘다. 甲木운은 시간의 庚金에게 극을 당하지만 원국의 천간이 庚 → 癸 → 壬 → 甲으로 흐르고 있으므로 庚金은 水를 생하는 데 그 정을 쏟는다. 천간으로 오는 乙木운은 양면성을 지니고 있다. 乙卯처럼 지지에 바탕을 두고 올 때에는 원국의 庚金과 사랑에 빠지지 않고 木으로서 제 역할을 하니 기쁘다. 그러나 乙酉처럼 지지에 바탕을 두지 않고 올 때는 시주인 庚申과 천간 및 지지로 어울려 오히려 金의 기를 돋우기 때문에 바람직하지 않다.

앞에서 乙卯는 기쁘다고 했는데 필자의 사주에서 乙卯는 원진이니 이를 어떻게 해석할지가 문제이다. 이때는 오행을 중시하여 전체적으로는 기쁘지만 원진의 작용도 나타나 시련을 겪는다고 판단한다. 필자에게는 乙卯년(乙亥대운)이 실제로 그러한 해였다.

천간으로 오는 丙火운은 기쁘다. 그러나 천간으로 오는 丁火운은 양면성을 지니고 있다. 丁巳처럼 지지에 바탕을 두고 올 때에는 원국의 壬水와 사랑에 빠지지 않고 火로서 제 역할을 하니 기쁘다. 필자에게는 丁巳년(乙亥대운)이 실제로 그러한 해였다. 그러나 丁丑처럼 지지에 바탕을 두지 않고 올 때는 월간 壬水와 丁壬합을 이루어 길성의 본분을 망각하고 오히려 혼란스러운 결과를 초래하기 때문에 바람직하지 않다. 필자에게는 丁丑년(丁丑대운)이 실제로 그러한 해였다.

천간으로 오는 戊土운은 기쁘다. 戊土는 火의 기를 머금고 있기 때문이다. 나아가 戊土는 일간 癸水와 戊癸합을 이루어 유정하다. 반면 천간으로 오는 己土운은 바람직하지 않다. 己土는 水의 기를 머금고 있기 때문이다. 나아가 己土는 원국의 甲木과 甲己합을 이루어 용신인 甲木이 본분을 망각하게 만든다.

지지로 오는 寅木운은 기쁘다. 그런데 寅木운은 일지 亥와 寅亥합을 이루지만, 원국의 지지에 있는 3개의 申金과 寅申충을 이루는 것이 문제이다. 왕신(旺神)을 충하니 위험하다. 그러면 원국의 지지에 있는 3개의 申金의 뜻을 어떻게 해석해야 할까. 이들은 당장 대운의 寅木을 박살내고 싶지만 마음이 달라진다. 왜냐하면 寅木이 왕신(旺神)과 싸우고자 하는 게 아니라 자신들의 자식인 일지 亥와 사이좋게 합하고자 하는 것을 알아차렸기 때문이다. 여기서 일지 亥는 왜 3개의 申金의 자식인가? 원국의 지지가 금생수(金生水)로 흐르고 있기 때문이다. 그 결과 일지 亥로 초점이 모아진다. 일지 亥에는 어떤 변화가 생기는가? 寅亥합으로 말미암아 일지 亥에는 커다란 甲木이 솟아오르는 큰 변화가 생긴다. 甲이 亥의 껍질을 깨뜨리고 새로운 생명체로 발돋움하는 것이다. 3개의 申金이 대운의 寅木 때문에 건강한 손자(甲)를 얻은 격이다. 甲은 이 사주에서 용신이다. 이석영 선생의 『사주첩경』을 보면 乙亥년 乙酉월 乙酉일 乙酉시인 사람이 卯운에 卯酉로 충을 이루는 것이 아니라 亥卯합을 이루어 제왕의 자리에 올랐다는 예가 있는데, 이러한 예를 필자의 사주풀이에도 적용할 수 있다. 하지만 합과 충을 모두 이루는 경우에는 많은 변화가 예상되므로 모든 면에서 지나치지 않도록 주의해야 한다.

지지로 오는 卯木운은 기쁘다. 일지 亥와 亥卯합을 이루어 더욱 기쁘다. 필자는 癸卯년(甲戌대운)에 대학 입학의 영광을 누렸다.

지지로 오는 巳火운 역시 기쁘다. 필자는 丁巳년(乙亥대운)에 비로소 진로를 바로잡았다. 巳는 일지 亥와 충을 이루니 신상의 변화가 따른다. 3개의 申과는 巳申합을 이루지만 그 실체는 의문이다.

지지로 오는 午火운은 기쁘고 실제로 그러하였다. 필자의 사주는 지지가 3金 1水로서 매우 차가우므로, 이를 다스려주는 火운은 '丁巳'처럼 천간과 지지가 어울려 강력한 불기둥을 형성하면 좋다. 그러면 '壬午'는 어떨까? 필자는 壬午년(戊寅대운)에 〈아이이름 작명원(www.iirum.com)〉을 통하여 크게 도약할 수 있었다. '壬午' 자체는 강력한 불기둥과는 거리가 멀고 午火가 壬水한테 눌려 있는 형상이다. 그러나 대운의 천간인 戊土가 연운의 천간인 壬水를 극하고, 대운의 지지인 寅木이 연운의 지지인 午火와 寅午합으로 화국(火局)을 이루어 전체적으로는 火의 기가 득세하였다. 연운과 대운이 어우러져 도와준 것이지만, 강력한 불기둥 운이 필자에게 좋은 것만은 아니다. 왜냐하면 강력한 불기둥 운은 마치 필자를 냉탕에서 열탕으로 옮기는 것과 같아서, 특히 水와 火가 극이 아닌 충을 이루는 경우에는 사망의 위험이 따르기 때문이다.

지지로 오는 土운은 辰·戌·丑·未에 따라서 다르다. 辰은 木과 水의 작용으로 필자에게 희(喜)와 기(忌)를 모두 안겨주는 묘한 작용을 한다. 戊辰년(丁丑대운)에 필자는 원하던 대로 기업체에서 공직으로 자리를 바꾸었으나 아버님이 그만 세상을 떠나셨다. 戌은 화극금(火剋金)의 작용을 이루어내므로 기쁘다. 실제로 戌대운은 좋았다. 丑은 바람직하지 않다. 金과 水를 모두 갖고 있을 뿐만 아니라 필자의 사주에서 왕신(旺神)인 金의 묘고(墓庫)이기 때문이다. 丑대운에는 한기(寒氣)가 서리고 생명이 위험한 순간이 여러 번 있었다. 未는 木과 火를 모두 갖고 있으므로 기쁘다. 未운은 좋았다.

돌이켜보면 인생이란 10년 단위의 꿈이 이어지는 것이라는 느낌이 든다. 甲戌대운은 높은 이상을 품고 여러 사람에게 신망 받던 희망찬 시절이었다. 그러나 乙亥대운은 주로 여러 곳의 산사를 찾아 떠돌던 나그네의 세월이었다. 사법시험을 준비하던 필자는 乙亥대운이 시작되며 한 여인과 사랑을 시작하였다. 갑자기 밀어닥친 식신 乙木의 향기에 취했기 때문일까. 이듬해인 己酉년에 결혼을 하고 공부하러 산사로 떠났다. 그런데 산사로 가서는 그만 절 향기에 젖어든다. 乙亥대운은 그렇게 흘러갔다. 丙子대운은 기업체와 인연을 맺었고, 丁丑대운은 공직과 인연을 맺었다. 지금의 戊寅대운에 들어와서는 己卯년에 〈동방명리학연구원〉을 개설하여 오늘에 이른다. 戊寅대운 다음으로는 己卯대운이고, 그 다음은 庚辰대운이다. 庚辰대운 庚子년을 보면 원국과 대운 및 연운의 지지가 申子辰삼합을 이루어 金水

가 하늘로 치솟는다. 어디로 갈 것인가?

우리는 우리 자신과 삼라만상이 영원하기를 바라는 그릇된 기대를 버려야 한다. 모든 것은 항상 변화하며 고정된 실체란 없다는 것이 진리이기 때문이다. 인생은 유한하다. 요동 사람 정령위는 영허산에서 도를 배워 신선이 되었다. 후에 800년 만에 학이 되어 다시 요동으로 돌아오니, 예전에 알던 사람들은 모두 죽고 무덤만 빽빽이 남아 있었다. 그래서 그는 허공을 배회하며 슬피 울고는 하늘로 날아 올라갔다. 덧없는 인생, 그렇다고 신선이 되어 홀로 천만년을 산들 무슨 뜻이 있겠는가. 사람의 한평생이란 불변의 개체인 '나[我]'를 꿈꾸는 사람에게는 한낱 덧없고 허망한 꿈에 불과하다. 그렇지만 이러한 개체사상에서 벗어나 불이(不二)의 경지에 이른 사람은 불생불멸(不生不滅)을 노래한다. 어느 스님의 임종게(臨終偈)를 보자.

더듬어 지나온 길 예순일곱 해
오늘 아침 이르러 모든 일 끝나도다.
고향 돌아가는 길 평탄도 한데
갈 길이 뚜렷하여 길 잃지 않겠구나.

스님은 이 게송(偈頌)을 남기고 옷을 갈아입은 뒤 그대로 입적하였다. 생사의 바다를 홀쩍 건너 저승길을 마치 소풍가듯 떠나간 것이다. 부럽지 아니한가.

통변

　사주는 통변성이 고르게 분포된 경우가 드물다. 대부분의 경우에 비겁·
식상·재성·관살·인성 중 어느 하나가 지나치게 많거나 아니면 부족한
형태이다. 여기에서는 그러한 경우에 어떻게 통변(通變)해야 하는지에 대
해 일반적인 기준을 제시하고자 한다. 그러나 사주는 통변성의 개수로만
파악하지 않고 합이나 충 등 여러 요소를 고려하여 추리하기 때문에 이 기
준에 너무 의존하면 안 된다.

1. 비겁

　사주에 비견과 겁재가 지나치게 많으면 쓸데없는 고집 때문에 문제가 발
생한다. 남녀 모두 재산과는 인연이 없고, 재산문제로 형제나 동료와 분쟁
이 일어나며, 형제가 매우 많거나 독신으로 살기 쉽다. 아버지와 인연이 없
고, 무뢰한(無賴漢)으로 매사를 자기 위주로 처리하며, 풍파가 많고 가난하
다. 남성은 아내와 인연이 없고, 결혼이 늦어지거나 일찍 하면 아내와 헤어
진다. 여성은 가정에 충실하지 못하고, 시부모나 시집식구와 화목하지 못
하며, 남편을 극하고 성적으로 불만이 있다. 또한 자식을 두기 어렵고, 독
신으로 살거나 화류계 또는 종교계로 나간다.
　이와 반대로 비견과 겁재가 부족하면 남녀 모두 만인(萬人) 속의 고독을
느끼게 되고, 신약하여 활력이 부족하기 때문에 추진력이 없다.

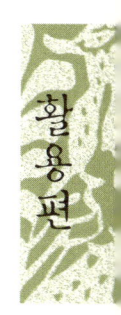

2. 식상

사주에 식신이나 상관이 지나치게 많으면 본인별의 기운을 빼기 때문에 건강이 좋지 않고, 남에게 주는 것을 좋아한다. 이런 사주는 말이 많아 시비가 잦을 수 있으므로 입을 조심해야 하고, 자식복이 약하며 빈천하다. 특히 남성은 반항적인 성격 때문에 출세하기 어렵다. 여성은 남편복이 박하고 남편과 헤어질 염려가 있으며, 낙태나 난산이 우려된다. 또한 남편의 일이 잘 풀리지 않는 등 남편에게 막힘이 많다. 항상 자식에 대해 근심이 많고 자식을 두지 못하는 경우도 있다. 그리고 식상이 중첩된 여성은 남의 자식을 기르는 경우도 있다.

반대로 사주에 식신이나 상관이 부족하면 재성을 생해줄 수 없기 때문에 가난을 면하기 어렵다. 사업운이 없기 때문에 월급생활을 하는 것이 좋으며, 원대한 이상과 포부를 펴기 어렵다. 남성은 아내의 건강이 좋지 않고, 여성은 자식복이 약하며 유방과 자궁 계통의 질병을 조심해야 한다.

3. 재성

사주에 재성이 지나치게 많으면 겉은 화려하지만 속은 빈약한 외화내빈(外華內貧)의 형상이다. 자식과 인연이 박하고, 어머니와도 큰 인연이 없으며, 윗사람의 도움을 기대하기 어렵다. 남성은 재물과 여성문제로 재난이 따르고, 여성은 남편에게 고통을 주게 된다. 정재와 편재가 혼잡한 형태이면 남녀를 불문하고 이성문제와 금전문제로 인해 혼란을 겪는다.

반대로 사주에 재성이 부족하면 아버지나 아내와 큰 인연이 없고 재산과도 인연이 없다.

4. 관성

사주에 편관과 정관이 지나치게 많으면 형제별인 비견과 겁재를 극하기 때문에 형제와 인연이 박하거나 멀리 떨어져서 생활한다. 직업에 변화나 기복이 심하고, 건강이 좋지 않으며, 신체에 장애가 따른다. 또한 성격이 난폭하여 형벌과 관재(官災) 또는 구설이 따르고 빈천하다. 계획적이지 못하고 산만하여 권위를 잃기 때문에 자신의 주장을 관철시키기 어렵고, 정신적으로 활력과 박력이 부족하다. 남성은 사업을 감당할 능력이 부족하여 사업을 계속해서 잘 이어나가기 어렵고, 불효자식을 두게 되며, 아내의 건강이 좋지 못하다. 여성은 배우자를 선택하느라 세월을 헛되이 보내고, 직장생활과 인연이 있다. 또한 남편운이 박하여 이변이 발생하기 쉽고, 성격이 공격적이어서 남편에 대해 두 가지 마음을 갖고 색정으로 인한 삼각관계에 빠지기 쉽다. 남성의 유혹으로 불의의 재난을 당하고, 성희롱이나 강간 등을 당하기 쉽다. 만일 사주에 편관과 정관이 함께 있으면 남녀 모두 매사에 막힘이 많고 구설이 따른다.

반대로 관성(편관·정관)이 부족하면 남녀 모두 무능하고, 직장운과 명예운이 박하다. 남성은 자식과의 인연이 약하고, 여성은 남편과의 인연이 약하다.

편관과 정관은 본인별을 제약하는 별들이기 때문에 지나치게 많으면 본인별이 자유롭지 못하고, 부족하면 방종으로 흐르게 된다. 지나친 부자유나 지나친 방종 모두 바람직하지 않다.

5. 인성

사주에 인성이 지나치게 많으면 자신의 힘을 과신하여 일을 그르치기 쉽고, 때로는 나태하며 의존하려는 마음이 강해 남의 신세를 많이 진다. 한 가지 일에 만족하지 못하여 전심전력하기 어렵다. 부모에게 이변이 일어나기 쉽고, 자녀나 배우자와도 인연이 깊지 못하다. 이런 사람은 문서나 음식

으로 인한 화액(禍厄)을 조심해야 한다. 특히 여성은 자연유산·산액·난산의 고통이 있고, 유방과 자궁 계통의 질환을 주의해야 한다.

반대로 사주에 인성이 부족하면 자신의 주관과 개성이 강하나 윗사람의 덕을 입지 못해 자신의 실력으로 성공해야 한다. 이런 사람은 효도하는 것이 개운(開運)하는 지름길이다.

주역에서는 위에 있는 천(天)상괘가 3효이고 아래에 있는 지(地)하괘가 3효여서 모두 6효이다. 각 효가 음과 양으로 갈라서니 2×2×2×2×2×2=64로서 모두 64괘이다. 이것을 가지고 인(人)에 해당하는 모든 사안을 논한다. 천(天)과 지(地)가 인(人)에 어떻게 감응하느냐를 살피는 것이다. 그래서 사람이 정성을 다한 후 그 결과를 하늘[天]과 땅[地]의 뜻에 물어보는 주역점이 성립된다.

甲이라는 남성에게 乙이라는 여성이 결혼상대로 등장하였을 경우 천풍구(☰)를 얻었다면 乙이라는 여성은 결혼상대로서 적합하지 못하다고 볼 수 있다. 왜냐하면 괘상이 마치 한 여성이 다섯 남성을 상대하고 있는 모습과 같기 때문이다. 그러나 요정을 경영하는 여성에게는 사업의 번창을 뜻한다고 볼 수 있다. 왜냐하면 괘상이 마치 자신이 여러 남성을 고객으로 맞이하는 모습과 같기 때문이다.

사주를 통변할 때에도 위에서 살펴본 이치는 마찬가지여서 구체적인 타당성을 지닐 수 있도록 논해야 한다. 예를 들어 식상과 관살 사이에 재성의 통관이 없어서 식상이 관살을 바로 극하는 경우 '난세의 영웅'이라고 논할 수도 있고 '법질서를 뒤흔드는 무법자'라고 논할 수도 있다.

　사주는 억부(抑扶)와 조후(調候)의 절묘한 승화를 통해 파악해야 한다. 억부는 현실이요, 조후는 이상이다. 현실을 떠난 이상은 있을 수 없고 이상을 떠난 현실은 무의미하다. 현실과 이상이 조화를 이루어야 아름답다. 억부 위주로 생각하고 조후는 틀에 박힌 형식적인 것으로 파악하는 것은 얕은 소견이다. 조후를 깊이 있게 연구해보면 그 속에는 우주의 원리가 들어 있다. 억부는 조후의 논리를 담고 있고 조후는 억부의 정신을 지니고 있다.

　억부와 조후는 좁게 보아 水와 火의 관계이지만, 넓게 보면 각 별들이 서로 귀성(貴星)으로 이루어질 것을 요구한다. 귀성은 일간과 출생월의 관계에 따라 달라진다. 예를 들어 甲木 일간이 卯월 출생이면 왕목(旺木)이므로 庚金이란 금도끼로 다듬어주어야 한다. 그러나 庚金이 너무 거칠면 안 되기 때문에 丁火란 불로써 적당히 제련해줄 필요가 있다. 따라서 甲木 일간이 卯월 출생이면 庚金과 丁火가 귀성이다. 일반적으로 편관과 상관은 흉성으로 알려져 있지만, 이 경우에는 편관인 庚金과 상관인 丁火가 길성인 동시에 귀성이다.

　사주에서 귀성이 곧 용신이면 상등용신(上等用神)이지만, 그렇지 않으면 용신의 등급이 떨어진다. 사주학자에 따라서는 격국의 순용(順用)과 역용(逆用)을 가지고 용신의 등급을 판단한다.

　격국의 순용이란 식신격·재격·정관격·인수격의 4가지 길한 격국은 격국에 해당되는 오행을 생조하거나 설기시켜서 상생하게 해야지 극하면

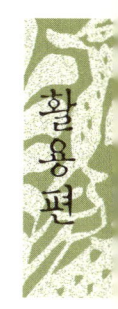

안 된다는 원칙이다. 예컨대 일간이 약하고 격국이 강하면 격국을 설기시켜 일간을 생조하는 것으로 용신을 삼아야지 격국을 극하면 안 된다. 정관격에 일간이 약하고 격국(정관)이 강하면 상관으로 정관을 극하는 게 아니라 인수로써 정관의 기운을 설기시켜 일간을 생조해야 한다는 것이다. 다시 말해서 상생하게 만드는 것이다.

격국의 역용이란 양인격·상관격·칠살격·편인격의 4가지 흉한 격국은 격국을 이룬 오행을 극하는 것으로 용신을 삼으면 상격이고, 격국을 생조하거나 격국이 생하게 하는 것으로 용신을 삼으면 하격이 된다고 보는 것이다.

순용이란 상생이고 역용이란 상극이다. 다시 말해 순용격국은 상생하는 것이 용신이 될 때 진가를 발휘하고, 역용격국은 극하는 것이 용신이 될 때 진가를 발휘한다는 말이다.

격국의 순용과 역용 이론은 청나라 때 확립된 것으로 8가지 보통 격국을 바탕으로 한다. 이에 따르면, 억부법은 일간과 격국의 균형만 이루면 되기 때문에 중화를 중시한 나머지 순용과 역용의 원리를 무시하였고, 그 결과로 상등용신과 하등용신을 구별하기 힘들어졌다. 따라서 격국으로는 그 사람의 그릇을 판단하고, 억부로는 그 사람의 운의 길흉을 판단해야 한다고 주장한다. 상당히 설득력 있게 들린다. 그러나 이 이론은 결국 귀성론(貴星論)으로 이어진다. 왜냐하면 예를 들어 칠살격은 극하는 것을 용신으로 삼는데, 이 역용 이론을 따를 때 식신으로 극하는 것이 좋은지 상관으로 극하는 것이 좋은지는 여전히 문제로 남지만, 귀성론에서는 예를 들어 甲木 일간이 卯월 출생인 경우에 칠살인 庚金이 너무 강하면 상관인 丁火로써 다스려준다는 것을 분명하게 밝히고 있으므로 이러한 문제가 남지 않기 때문이다.

그러나 귀성론에도 문제가 있다. 왜냐하면 귀성론의 바탕인 일간과 출생월의 관계가 전해 내려오는 것처럼 확일적이지 않기 때문이다. 우선 출생월은 초기·중기·정기로 나누어서 살펴야 한다. 특히 초기는 전달과 비슷하기 때문에 이것을 이번 달의 정기로 다루면 문제가 된다. 또 사주에 귀성이 너무 많아 오히려 병이 되는 경우는 문제가 달라진다. 전해 내려오는 기준은 사주가 균형을 이룬 경우를 상정한 하나의 이상적인 모델에 불과하다. 따라서 그 구체적인 적용은 억부와 조후, 즉 현실과 이상을 어떻게 조화시킬 것인지에 달렸다고 볼 수 있다. 그리고 귀성론은 일반격(내격·정격)을 전제로 한 것이므로 이를 특수격(외격·변격)에까지 적용시킬 수는 없다. 예를 들어 북극곰이 추울 거라고 생각해 불을 찾는 것은 위험한 발상이므로 그냥 추위를 따르게 해야 한다는 의미다. 이러한 문제점을 염두에 두고 일간과 출생월(월지)의 관계에 따른 귀성을 살펴보자.

일간	월지	귀성	이 론
甲	寅	丙, 癸, 戊	寅월은 아직 추위가 가시지 않았기 때문에 甲木은 우선적으로 丙火를 필요로 한다. 그 다음에 癸水를 필요로 하는데 癸水가 따사로운 분위기를 해치면 안된다. 癸水는 丙火와 위치가 떨어져 있거나 지지에 암장되어 있으면 좋다. 寅월의 甲木은 수생목(水生木)보다 丙丁火의 따뜻함을 더 좋아한다. 수왕(水旺)하면 유토(流土)가 되고 부목(浮木)이 되어 부랑자의 신세가 되리니, 戊土로 다스리고 火로써 온난하게 해주어야 한다. 寅월의 甲木은 어린 싹과 같아 庚金이 있어 극목(剋木)하면 불행하다. 이때 丙火가 있어 제금(制金)하고 甲木을 따뜻하게 해주면 좋다. 丁火는 제금은 잘하지만 따뜻한 분위기는 충족시켜주기 어렵다.
甲	卯	庚, 戊, 己, 丁, 丙	卯월은 양인(羊刃)월로서 목왕(木旺)하니 庚金으로 제(制)한다. 庚金이 약한 때이므로 戊己土로 도와준다. 庚金이 너무 강하면 丙丁火로 극하지만, 寅월의 경우와 달라서 卯월은 丙火보다 丁火가 낫다. 卯월의 甲木에 庚金이 없으면 丙丁火가 투출되어야 목화통명(木火通明)으로서

356

일간	월지	귀성	이론
			귀격이다. 寅월은 조후로서 丙火가 필요하고, 卯월은 수기(秀氣)를 설기시키는 丁火가 낫다.
甲	辰	庚, 壬, 丁, 甲	辰월의 甲木은 木의 기가 극에 달했기 때문에 일단 庚金으로 다스린다. 그러나 辰월은 목기(木氣)는 다하고 화지(火地)가 가까우니 壬水로 甲木을 도와준다. 辰 중 戊土가 왕하므로 癸水는 합화(合化)하여 화기(火氣)를 형성할 수 있으니 壬水를 쓴다. 壬水로 살인상생(殺印相生)하는 대신 丁火로 庚金을 다스릴 수도 있다. 지지에 土가 많으면 재다신약(財多身弱)이니 甲木이 필요하다.
甲	巳	癸, 庚, 丁	巳월은 甲木의 뿌리와 잎이 마르기 시작하는 때이니 癸水로 도와주어야 한다. 이때 癸水만 있으면 증발될 우려가 있으므로 庚金이 필요하다. 癸水와 庚金이 없어서 壬水와 辛金으로 대신하면 그만큼 격이 낮아진다. 巳 중 庚金이 투간되어 세력이 너무 강하면 癸水로 살인상생을 시키거나 丁火로 다스린다.
甲	午	癸, 庚, 丁	午월의 甲木은 목이 마르므로 빨리 癸水로 도와주어야 한다. 癸水를 생해주는 庚金 또한 필요하다. 庚金이 너무 강하면 木이 약한 때이므로 癸水로 금기(金氣)를 설하며 木을 도우면 가장 아름답지만, 丁火로 다스려도 된다.
甲	未	癸, 庚, 甲, 丁	未월의 甲木은 목이 마르고 뿌리를 내린 바닥의 흙은 건조하므로, 우선 癸水로 도

일간	월지	귀성	이 론
			와주고, 庚金으로 水를 생하며, 나아가 甲木으로 토기(土氣)를 다스린다. 대서가 지나면 申월이 가까우므로 찬 기운을 예방하기 위하여 丁火가 필요하다.
甲	申	丁, 壬, 甲, 丙	甲木 일간이 신강하면 庚金을 쓰지만, 申월은 庚金이 강하므로 우선 丁火로 다스린다. 甲木과 庚金의 역량이 비슷해도 丁火를 보는 것이 중요하다. 신약하면 壬水와 甲木으로 도와준다. 金水가 강해서 사주가 차가운 기운으로 가득하면 丙火의 배합이 필요하다.
甲	酉	丁, 丙, 壬, 甲	酉월은 금왕절(金旺節)이며 점차 추운 계절로 가는 중이니 丁火로 金을 제(制)하며, 丙火로 조후한다. 甲木과 金이 비슷하게 강해도 丁火가 金을 제(制)하는 것을 기뻐한다. 신살양정(身殺兩停)이면서 火를 볼 수 없을 때는 비견을 쓴다. 신약하면 壬水와 甲木으로 도와주지만 丙火를 보는 것이 중요하다.
甲	戌	甲, 癸, 庚, 丁	戌월은 건토(乾土)가 왕할 때이므로 우선 甲木으로 土를 제(制)하고, 癸水로 윤택하게 한다. 甲木 일간이 신강하면 庚金을 쓰지만, 庚金이 너무 강하면 丁火로 다스린다. 일간과 살(편관)이 서로 강하면 丁火를 쓴다. 木이 많은데 庚金이 없으면 丙丁火로 설하지만 격에 들지는 못한다. 木이 많으면 土金이 필요하다. 신약하면 인성과 비겁을 쓴다. 살이 강하거나 식상으로 설기가 심하여 신약한 사주는 인성을 쓰고, 재다신약(財多身弱)의 경우에

일간	월지	귀성	이 론
			는 비겁을 쓴다. 추목(秋木)이 水가 없이 火로만 설기가 심한 경우는 木이 왕한 시기가 아니므로 아름답지 못하다.
甲	亥	丙, 戊, 庚, 丁	亥월은 차가운 때이니 우선 조후 丙火가 필요하다. 또한 水가 왕하니 이를 다스려줄 戊土가 필요하다. 甲木이 많으면 庚金이 필요하다. 亥월의 甲木은 천간에 식신 丙火, 재성 戊土, 편관 庚金이 모두 나타나 있으면 최고의 격이다. 庚金이 너무 강하면 丁火로 다스린다. 신약하면 寅과 卯를 기뻐하는데 이 경우에도 丙火가 있어야 한다. 丙火가 없으면 수생목(水生木)이 이루어지지 않는다.
甲	子	丙, 戊	子월은 추위가 매우 심한 때이므로 우선 조후 丙火가 필요하다. 또한 水가 범람하니 이를 다스려줄 戊土가 필요하다. 子월의 甲木은 천간에 식신 丙火와 재성 戊土가 함께 나타나 있으면 부귀를 누린다. 신약하면 寅과 卯로 돕는데 이 경우에도 丙火가 있어야 하며, 壬癸水는 火土의 세력이 너무 강할 때 비로소 쓴다.
甲	丑	丙	丑월은 하늘과 땅이 모두 차가운 때이니 우선 조후 丙火가 필요하다. 丑월은 土가 강한 때이니 水가 왕하지 않으면 戊土는 필요하지 않다. 보통 甲木이 많으면 庚金을 쓰지만, 겨울과 이른 봄에는 庚金보다 丙火를 쓰는 경우가 많다. 신약하면 寅이 절대적으로 필요하다. 왜냐하면 寅 중에는 甲木과 丙火가 있어

일간	월지	귀성	이 론
			서 비견 甲木으로 일간을 돕고, 丙火로 甲木을 따뜻하게 비추어 화생목(火生木)을 이루기 때문이다.
乙	寅	丙, 癸	먼저 丙火를 써서 따뜻하게 해준 다음 癸水를 써서 윤택하게 한다. 寅월의 乙木은 金을 매우 두려워하므로 金이 있을 경우에 火로써 다스려야 한다.
乙	卯	丙, 癸	木은 양(陽)을 향하여 화(和)함을 좋아하고 음습함을 싫어한다. 그러므로 먼저 丙火를 취하고, 다음으로 癸水를 택한다. 卯월은 木이 왕하니 丙火로 설기하고 癸水로 뿌리를 돕는다고 볼 수도 있다. 丙火는 천간에 위치하고 癸水는 지지에 위치하는 등 떨어져 있어서 장애가 없어야 한다.
乙	辰	癸, 丙, 戊	辰월의 乙木은 甲木과 달라서 庚金을 쓰지 않는다. 乙木은 유목(柔木)이기 때문이다. 먼저 癸水를 취하고 다음으로 丙火를 택한다. 水가 왕하면 戊土로 다스린다. 己土는 水를 제어하지 못한다.
乙	巳	癸, 庚, 辛	巳월은 巳중 丙火가 왕하니 무엇보다 癸水가 필요하다. 하지만 癸水만 있으면 증발될 염려가 있으므로 庚辛金의 도움이 필요하다. 庚金은 일간 乙木과 떨어져 있어야 자신의 본분을 다한다. 천간에 戊土가 나타나 있으면 癸水가 자신의 본분을 다하지 못한다.
乙	午	癸, 丙, 庚, 辛	하지에 이르기까지는 양(陽)에 속하므로 癸水의 윤택작용이 필요하고, 하지 이후는 삼복에 한기가 생기므로 癸水와 丙

일간	월지	귀성	이 론
			火가 둘 다 필요하다. 어느 때이든지 癸水를 먼저 쓴다. 癸水는 庚辛金의 도움을 기뻐한다. 만일 사주에 金水가 많으면 丙火를 먼저 쓴다.
乙	未	癸, 丙, 庚, 辛	未월은 건조한 때이니 우선 癸水가 필요하다. 癸水는 庚辛金의 도움을 기뻐한다. 만일 사주에 金水가 많으면 丙火를 먼저 쓴다. 戊己土가 癸水의 조후를 방해하면 甲木이 필요하다. 여름의 乙木은 먼저 癸水를 쓰고 그 다음으로 丙火를 고려한다.
乙	申	丙, 癸, 己	申월은 庚金이 강한 때이므로 丙火로 제살(制殺)하는 것이 최상이고, 癸水로 화살(化殺)하는 것은 그 다음이다. 또한 습토인 己土가 乙木의 뿌리를 배양해 주면 좋다. 申 중 壬水가 투간되어 水가 왕하면 戊土로 다스린다.
乙	酉	丙, 癸, 丁	丙火로 조후 및 제살(制殺)하고, 癸水로 배양 및 화살(化殺)한다. 추분에 이르기까지는 화기(火氣)가 있으므로 癸水를 먼저 쓰고 丙火를 다음으로 쓰며, 추분 이후에는 조후를 중시하여 丙火를 먼저 쓰고 癸水를 다음으로 쓴다. 지지가 금국(金局)을 이루면 丁火로 다스린다. 酉월의 乙木이 水火가 없으면 쇠약한 木이 金으로 인해 상처를 입으니 그만큼 고단한 삶을 살게 된다.
乙	戌	癸, 辛, 甲, 丙	戌월은 土가 건조한 때이니 우선 癸水가 필요하다. 癸水는 辛金의 도움을 기뻐한다. 土가 왕하니 甲木으로 다스린다. 서늘한 때이므로 丙火로 따뜻하게

일간	월지	귀성	이 론
			해준다. 壬水가 많으면 乙木을 생하기 어려우니 평범한 삶이다.
乙	亥	丙, 戊	亥월은 우선 丙火로 조후한다. 壬癸水가 천간에 나타나 있으면 戊土로 다스린다. 戊土가 많으면 甲木으로 다스린다. 亥월에는 壬水가 투간되지 않아야 좋다. 丙火가 있고 壬水가 투간되어 있지 않으면 戊土가 없어도 귀함이 있다. 亥월의 乙木은 丙戊가 천간으로 나타나 있으면 자연스럽게 발전한다.
乙	子	丙, 戊, 丁, 甲	子월은 우선 丙火로 조후한다. 壬癸水가 천간에 나타나 있으면 戊土로 다스린다. 子월의 乙木은 丙火가 癸水를 만나면 아름답지 못하다. 만일 丙火가 없으면 丁火로 대신하지만, 이 경우에는 甲木이 丁火를 생해야 한다. 수다(水多)를 戊土로 다스릴 수 있다 해도 丙火가 없으면 부귀를 바랄 수 없다.
乙	丑	丙, 丁, 甲	丑월은 천지가 얼어 있는 때이니 무조건 丙火를 써야 한다. 丙火가 없다면 丁火도 쓸 수 있지만, 이때는 子월과 마찬가지로 甲木이 있어야 丁火가 살아난다. 丑월의 乙木은 癸水가 투간되면 丙火의 기를 파괴하니 흉명(凶命)이다. 겨울의 丙火는 목기(木氣)를 설하는 게 아니라 오히려 생한다고 본다.
丙	寅	壬, 庚	寅월의 丙火는 火를 생함이 자왕(自旺)하니 壬水를 취하여 화기(火氣)를 견제하고, 庚金으로 壬水를 돕는다. 壬水가 너무 많으면 戊土로 제살(制殺)한다. 화국(火局)이 있으면 壬癸水가 필요하고

일간	월지	귀성	이 론
			水가 없으면 戊土가 용신이 되지만, 戊土 용신의 경우는 그저 평범한 명이다. 월간이나 시간에 辛金이 있으면 丙辛합을 이루어 丙火가 본분을 망각할 수 있다. 寅월의 丙火는 寅申충을 두려워한다.
丙	卯	壬, 庚, 辛	卯월의 丙火는 양기(陽氣)가 강왕(强旺)하므로 우선 壬水를 쓰고 庚金이나 辛金으로 壬水를 돕는다. 壬水는 丁火가 가까이 있으면 합을 이루어 본분을 망각한다. 壬水가 너무 많으면 戊土로 다스린다. 壬水가 없다면 己土로 화기(火氣)를 설하는 것도 나쁘지는 않다. 목국(木局)은 丙火의 눈을 가리므로 庚金으로 제벌(制伐)해야 한다.
丙	辰	壬, 甲	辰월은 丙火가 왕해지는 때이므로 우선 壬水를 쓴다. 辰월은 토왕절(土旺節)이기도 하므로 甲木 또한 필요하다. 壬水와 甲木이 천간에 모두 있으면 대길하다. 庚金이 甲木을 극하면 안 된다. 甲木이 없으면 차선책으로 庚金이 壬水를 생한다.
丙	巳	壬, 庚	巳월은 불꽃이 타오르는 때이므로 우선 壬水로 제화(制火)하고, 庚金으로 壬水를 돕는다. 亥 중 壬水는 巳亥충이 되어 쓰지 못하지만 申 중 壬水는 귀하게 쓸 수 있다. 壬水를 보지 못하면 癸水라도 차선책으로 쓰는데, 역시 庚金으로 도와야 한다. 水가 너무 많으면 戊土로 다스린다.
丙	午	壬, 庚	午월은 양인(羊刃)월이므로 丙火가 매우 강하다. 壬水와 庚金이 천간에 모두 있으면 아름답다. 특히 壬水는 양인가

일간	월지	귀성	이 론
			살격(羊刃架殺格)을 이루어 권세와 위엄을 안겨준다. 그러나 반드시 庚金이 있어야만 양인가살격이 빛을 나타낼 수 있다. 壬庚이 없어서 戊己를 쓰면 水운이 와도 토극수(土剋水)가 이루어져 흉하다.
丙	未	壬, 庚	未월은 화염토조(火炎土燥)한 때이므로 壬水와 庚金이 천간에 모두 있으면 아름답다. 壬水가 庚金의 도움을 받지 못하면 큰 부귀는 누릴 수 없다. 이때 戊己土가 투간(透干)되면 壬水가 극을 받아 탁수(濁水)가 되어 부귀와는 멀어진다.
丙	申	甲, 壬	申월은 태양이 서쪽으로 기우는 때이므로 火가 약하면 木火가 필요하다. 木火가 많으면 金水가 희용신이다. 壬水가 많으면 戊土로 제살(制殺)한다. 칠살이 제극(制剋)되지 않아도 안 되고 칠살을 너무 제극해도 안 되니 음양오행의 이치가 오묘하다.
丙	酉	甲, 壬	火가 약하면 木火가 필요하다. 하지만 木火가 많으면 金水가 희용신이다. 丙火가 壬水를 보면 태양이 바다나 호수에 비치듯 아름다운 형상이다. 신강하면 壬水를 쓰는데 재성이 이를 도우니 부귀를 누린다. 戊土가 수기(水氣)를 너무 억제하면 안 된다.
丙	戌	甲, 壬	戌월은 土가 왕하며 丙火의 설기가 심하니 우선 甲木으로 제토(制土)하며 생화(生火)한다. 다음으로는 壬水로 丙火의 빛을 반조(反照)해준다. 甲木과 壬水가

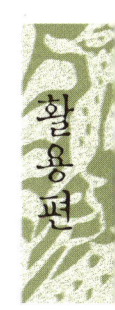

일간	월지	귀성	이 론
			천간에 모두 있으면 대길하다. 이때 庚金이 甲木을 극하고 戊土가 壬水를 극하면 불리하다.
丙	亥	甲, 戊, 壬	亥월은 태양이 실령(失令)하는 때이니 우선 甲木으로 살인상생을 시키는 것이 좋다. 또한 亥월은 水가 왕하니 戊土로 제(制)한다. 火가 왕하면 壬水를 쓴다. 木이 많으면 庚金으로 다스리는데 이때 庚金은 丁火로 다듬어야 한다.
丙	子	甲, 戊, 壬	동지에 이르기까지는 亥월과 같아서 우선 甲木을 쓰고, 戊土로 왕한 水를 다스린다. 동지 이후에는 양(陽)이 생겨 火가 돋우어지니 戊土로 제수(制水)할 수 있다. 己土는 탁수(濁水)를 초래하므로 쓰지 않는다. 火가 왕하면 壬水를 쓴다. 丙火는 壬水의 반조(反照)를 기뻐한다. 子월의 丙火한테는 甲木과 戊土가 필요하지만, 戊土로 제수(制水)할 때 甲木이 나타나면 戊土가 공을 이루지 못하여 불리하다.
丙	丑	甲, 壬	丑월은 춥고 土가 왕하므로 甲木으로 생화(生火)하고 제토(制土)해야 한다. 다음으로는 壬水를 취한다. 甲木과 壬水가 천간에 모두 있으면 대길하다. 甲木이 감추어져 있으면 木火운이 길하다.
丁	寅	庚, 壬	寅 중에 木火가 있어서 일간 丁火와 더불어 사주가 너무 뜨거워지므로 중화를 이루지 못한다. 그러므로 재관(財官)인 庚壬을 쓴다. 甲木이 힘을 갖고 있는 때이니 모왕(母旺)하므로 먼저

일간	월지	귀성	이 론
			庚金을 용신으로 삼고, 그 다음으로 壬水를 취한다.
丁	卯	庚	卯월은 木이 왕하므로 우선 庚金으로 제목(制木)해야 한다. 庚金은 土의 도움을 기뻐한다. 乙木과 庚金이 천간에 모두 있으면 庚金의 역할이 무력해진다. 甲木과 庚金이 천간에 모두 있으면 대길하다.
丁	辰	甲	辰 중 戊土가 영(令)을 잡은 때이니 丁火가 설기되어 약하다. 甲木을 용신으로 삼는다. 甲木은 水의 도움을 기뻐한다. 목국(木局)을 이루면 庚金을 용신으로 삼는다. 庚金은 土의 도움을 기뻐한다. 수국(水局)을 이루면 戊土를 용신으로 삼는다. 戊土는 火의 도움을 기뻐한다. 辰월의 丁火에게 甲木이 용신이면 상관패인격(傷官佩印格)이다. 甲木은 왕한 土를 다스리고 丁火의 기세를 돋운다.
丁	巳	甲	丁火는 음유하기 때문에 왕지(旺地)에 있어도 기가 바르지 못하다. 巳월에 巳중 戊土는 丁火의 기를 설하고, 丙火는 丁火의 빛을 빼앗으므로 丁火가 약하다. 따라서 甲木을 용신으로 삼는다. 甲木은 水의 도움을 기뻐한다. 甲木이 많으면 庚金이 용신이다. 庚金은 土의 도움을 기뻐한다. 巳월의 丁火에 甲丙이 모두 있으면 甲木이 丁火를 생하고, 丙火가 합세하여 양(陽)으로 바뀌니 재관(財官)을 취한다. 丁火는 丙火가 빛을 빼앗는 것을 꺼린다. 丙火가 빛을 빼앗을 때는 壬癸水로 丙火를 극한다.

일간	월지	귀성	이 론
丁	午	壬, 癸, 庚	午월의 丁火는 丁火가 영(令)을 잡고, 火가 왕하며, 건록지에 있기 때문에 함부로 甲木을 취하면 안 된다. 午월의 丁火는 壬癸水를 용신으로 삼는 것이 정법(正法)이다. 水는 金의 도움을 기뻐한다. 壬癸水가 태왕하면 甲木을 취하는 경우도 있다. 亥卯未가 모두 있어 목생화(木生火)하면 평범한 명이다. 인성이 수기(水氣)를 설하여 火를 생하면 해염(解炎), 즉 더위를 식혀 중화를 이루지 못하기 때문이다. 丁火는 丙火가 없으면 염상(炎上)이 되지 않는다. 그러므로 水가 해염해야 한다.
丁	未	甲, 壬, 庚	未월의 丁火는 土가 왕하고 삼복생한(三伏生寒)의 때에 있어서 매우 약하다. 따라서 甲木을 용신으로 삼는다. 甲木은 壬水가 도와주어야 메마르지 않는다. 木이 투간되고 水는 감춰지는 것이 좋다. 甲木과 壬水가 함께 투간되면 습목이 되어 생화(生火)에 지장이 있기 때문이다. 未월의 己土는 壬水를 탁하게 만든다. 따라서 未월의 丁火는 庚金을 기뻐한다.
丁	申	甲, 丙, 乙	申월은 庚金과 壬水의 기가 강하므로 우선 甲木을 쓴다. 이때 丙火가 투간되어 甲木을 말리고 따뜻함을 안겨주면 좋다. 甲木이 없다면 乙木을 쓰는데, 습목이므로 丙火로 말려서 쓴다. 金이 많으면 火로 다스리고, 水가 많으면 土로 다스린다.
丁	酉	丙, 甲, 乙	酉월은 금기(金氣)가 강왕하므로 火로 다스린다. 이때 甲乙木이 있어서 火를 생하면 기쁘다. 壬癸水의 관살이 투간되면

일간	월지	귀성	이 론
			재관살(財官殺)이 왕하여 흉하다. 이때는 戊己土로 제수(制水)하며 木火의 기를 만나야 한다. 丙火가 너무 빛나면 丁火가 빛을 잃는다.
丁	戌	甲	戌월은 土가 왕하여 丁火의 기를 설하므로 甲木으로 제토생화(制土生火)해야 한다. 乙木은 戌월에는 힘이 약하므로 쓰지 않는다. 丙火 또한 건토절(乾土節)인 戌월에는 쓰지 않는다.
丁	亥	甲, 戊	亥월은 한기(寒氣)가 시작되며 수기(水氣)가 왕해지는 때이므로 丁火가 甲木에 의지할 수밖에 없다. 壬癸水가 투간되면 戊土로 다스려서 丁火를 보호하지만, 甲木을 쓰는 것만 못하다. 甲木으로 생화(生火)할 때 己土가 와서 甲己합을 이루면 甲木이 용신의 역할을 다하지 못한다.
丁	子	甲, 戊, 丙	子월은 한기(寒氣)와 수기(水氣)가 매우 돋우어진 때이므로 우선 甲木으로 생화(生火)하고 戊土로 제수(制水)한다. 살인상생(殺印相生)이 우선이고 상관제살(傷官制殺)은 그 다음이다. 丙火는 조후로서 좋은 역할을 하지만 丁火의 빛을 가릴 수 있다.
丁	丑	甲, 戊, 丙	丑월은 추위가 극심하고 土가 왕한 때이므로 우선 甲木으로 생화(生火)하고 제토(制土)한다. 수다(水多)하면 戊土로 다스릴 수 있다. 丙火는 조후로서 좋은 역할을 하지만 丁火의 빛을 가릴 수 있다.
戊	寅	丙, 甲, 癸	寅월의 戊土한테는 태양인 丙火와 수목인 甲木, 그리고 봄비인 癸水가 필요하

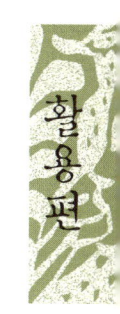

일간	월지	귀성	이론
			다. 우선 丙火가 따스한 기로 신(身)을 돋우고, 재관(財官)인 癸水와 甲木이 뒤따르면 좋다. 甲木이 너무 많으면 丙火로 살인상생을 하든가 아니면 庚金으로 제살(制殺)한다.
戊	卯	丙, 甲, 癸	卯월은 목왕절(木旺節)이지만 乙木으로 戊土를 다스리기 어려우므로 甲木이 필요하다. 이때 丙火가 살인상생을 만들어주면 좋다. 癸水로 戊土를 윤택하게 한다. 乙木과 甲木이 같이 투간되고 庚金이 있다면, 庚金은 乙木과 합하느라 제살(制殺)의 역할을 망각한다.
戊	辰	甲, 癸, 丙	辰월은 戊土가 자왕(自旺)하므로 우선 甲木으로 제토(制土)한다. 다음으로 癸水와 丙火를 취한다. 木이 너무 많으면 庚金으로 다스린다. 庚金이 없으면 火를 써서 살인상생을 만들어주면 좋다.
戊	巳	甲, 癸, 丙	巳월은 戊土가 왕하므로 우선 甲木으로 제토(制土)한다. 그 다음으로 癸水와 丙火를 취한다. 甲木과 丙火가 투간되어 살인상생이 되고, 癸水는 지지에 감추어져 있으면 대길하다. 癸水는 조후로서 좋은 역할을 한다.
戊	午	壬, 癸, 甲, 丙	午월은 양인(羊刃)월이며 중하(仲夏)라서 火가 성하니 먼저 壬水를 쓰고 癸水로 돕든지, 아니면 수원(水源)을 마련한다. 그 다음에는 甲木으로 제토(制土)한다. 壬水가 없다면 甲木은 오히려 분목(焚木)이 될 수 있다. 아무리 午월의 화염이 이글거리는 때이지만 태양인 丙火는 빼놓을 수 없다.

일간	월지	귀성	이 론
戊	未	癸, 丙, 甲	未월은 화염토조(火炎土燥)하여 조후가 시급하니 먼저 癸水를 쓴다. 癸水가 없다면 차선책으로 壬水를 쓸 수밖에 없다. 다음에는 丙火로 未월의 습함을 제거하고, 甲木으로 왕한 土를 다스린다. 癸水가 없으면 丙火와 甲木은 있으나마나한 존재가 된다.
戊	申	丙, 癸, 甲	申월은 한기(寒氣)가 들어오는 때이므로 먼저 丙火로 따뜻하게 한다. 다음에 癸水로 윤택하게 하고, 甲木으로 산의 아름다움을 더한다.
戊	酉	丙, 癸	酉월은 金이 왕하여 戊土의 설기가 심하며 한랭하므로 우선 丙火로 戊土를 도우며 따뜻하게 한다. 그 다음으로는 癸水로 윤택하게 한다. 甲木은 丙火가 무력할 때 癸水의 생함을 받아 도울 수 있지만, 酉월의 戊土한테 甲木이 반드시 필요한 존재는 아니다. 丙火가 일간 戊土를 도와서 신강한 때에 酉金이 癸水를 생하면 식상생재격(食傷生財格)을 이룬다. 금다(金多)가 생수(生水)로 이어지지만, 戊土 일간이 신약하면 식상생재(食傷生財)가 아니고 丙丁火가 패인(佩印)을 이룬다.
戊	戌	甲, 癸, 丙	戌월은 戊土가 자왕(自旺)하니 우선 甲木으로 제토(制土)한다. 다음에 癸水로 戊土와 甲木을 윤택하게 하고 丙火로 따뜻하게 한다. 癸水는 戊土와 합을 이루면 재성으로서의 본분을 망각한다. 만일 金의 기가 성하다면 甲木을 쓰지 않고 癸水로 금기(金氣)를 설함과 동시에 丙火로써 생토(生土)하면 대부(大富)의 상이라고 할 수 있다.

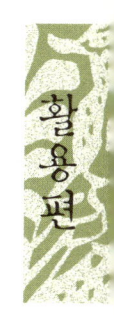

일간	월지	귀성	이 론
戊	亥	甲, 丙	亥월은 양기(陽氣)가 생하는 때이므로 甲木이 천간에 나타나 산에 영기(靈氣)를 심어줄 필요가 있다. 또한 亥월은 추운 때이므로 丙火가 천간으로 솟아올라 산에 따뜻함을 안겨줄 필요가 있다. 甲木은 亥 중에 암장되어 있고, 丙火만 투간되어도 귀함을 누린다. 이때는 지지의 巳亥충이 두렵다. 亥월의 戊土는 甲木과 丙火가 천간에 모두 있으면 대길하다. 甲木이 강한 庚金의 공격을 받으면 丁火로 庚金을 다스린다. 丙火가 강한 壬水의 공격을 받으면 戊土로 壬水를 다스린다. 甲과 丙이 모두 지지에 있어도 운이 인출(引出)하면 길하다.
戊	子	丙, 甲	子월은 한랭한 때이므로 조후가 급하기 때문에 우선 丙火를 쓴다. 다음에는 甲木으로 丙火를 돕는다. 丙火와 甲木이 천간에 모두 있으면 대길하다. 子 중 癸水가 투간되고 비견 戊土 또한 투간되어 쟁합을 이루는 경우에는 甲木으로 비견인 戊土를 제(制)하고 丙火로 조후하면 부귀를 누릴 수 있다.
戊	丑	丙, 甲	丑월은 천지가 한랭한 때이므로 조후가 급하다. 따라서 우선 丙火를 쓴다. 다음에는 甲木으로 丙火를 돕는다. 丙火와 甲木이 양투(兩透)하면 대길하다. 甲木이 없으면 중격(中格)은 되지만 丙火가 없으면 하격(下格)이 된다.
己	寅	丙, 甲	寅월은 아직 논밭이 풀리지 않은 때이므로 우선 丙火로 해동시키고, 그 다음으로는 甲木으로 丙火를 돕는다. 癸水는 丙丁

일간	월지	귀성	이 론
			火가 많을 때에나 쓴다. 壬水는 해가 되므로 壬水가 있으면 戊土로 다스려야 한다. 甲木이 많으면 庚金으로 다스리는데 庚金이 없으면 丁火로 설한다. 土가 많으면 甲木으로 다스리는데 乙木만 많이 있으면 소인(小人)이다.
己	卯	丙, 甲, 癸	卯월은 木이 왕한 때이므로 우선 丙火로 생토(生土)한다. 다음에는 甲木으로 丙火를 도우며 癸水로 윤택하게 한다. 투간된 甲木이 다른 己土와 합이 되면 관(官)이 빛을 발하지 못한다. 木이 많으면 庚金으로 다스리는데 이때 庚金이 乙木과 합이 되면 불리하다. 丁火가 왕한 木을 설하며 생토(生土)하면 庚金이 필요 없고 丁火로 용신한다.
己	辰	丙, 癸, 甲	辰월은 논밭에 곡식을 심고 가꾸는 때이므로 우선 태양인 丙火가 필요하다. 다음에 癸水로 윤택하게 한다. 토왕절(土旺節)이니 甲木으로 중화를 이룬다. 丙火, 癸水, 甲木이 투간되면 대길하다. 辰월이 수국(水局)을 이루면 논밭이 유실될 우려가 있으므로 戊土의 도움이 필요해진다.
己	巳	癸, 庚, 辛, 丙	巳월은 火土가 성(盛)해지는 때이므로 우선 癸水가 필요하다. 다음에 庚辛金으로 癸水를 돕는다. 여름이 시작되는 巳월이라고 해도 농작물의 성장 등을 위해 丙火가 있어야 한다. 己土는 습토이지만 丙火가 너무 강하면 수분이 말라버릴 수 있기 때문에 수기(水氣)와 화기(火氣)의 적절한 조화가 필요하다.

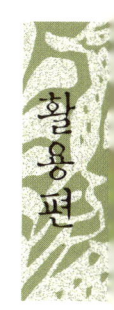

일간	월지	귀성	이 론
己	午	癸, 庚, 辛, 丙	午월은 더위와 건조함이 심하므로 우선 癸水로 조후한다. 다음에 庚辛金으로 癸水를 돕는다. 이로써 논밭이 윤택해진 후에는 丙火가 있어야 한다. 癸水가 없으면 壬水를 대신 쓸 수 있으나 그만큼 격이 떨어진다.
己	未	癸, 庚, 辛, 丙	未월은 더위와 건조함이 매우 심하므로 우선 癸水로 다스려야 한다. 다음에 庚辛金으로 癸水를 도우며 왕한 土를 설기시킨다. 대서 이후에 金水가 많이 보이면 늦여름에 우박과 서리가 내려 피해를 입히는 형상이므로 반드시 丙火가 필요하다.
己	申	丙, 癸	申월은 한기를 느끼는 때이므로 우선 丙火로 따뜻하게 한 다음 癸水로 윤택하게 한다. 丙火가 일간을 생조하면서 제금(制金)하고, 癸水가 金을 설하면서 윤택하게 하면 격국이 맑아진다. 丙火와 癸水가 천간에 모두있으면 대길하다. 지지에 수국(水局)이 이루어지면 己土가 흩어질 우려가 있으므로 이때는 戊土의 도움을 받아야 하며, 또한 丙火가 있어야 가을장마를 수습할 수 있을 것이다.
己	酉	丙, 癸, 甲	酉월은 金이 왕하여 己土의 설기가 심하고 한기가 감도는 때이므로 우선 丙火로 제금생토(制金生土)하고 따뜻하게 한다. 다음에 癸水로 己土를 윤택하게 하며, 왕한 金을 설기시켜 甲木을 생하면 丙火가 약하지 않을 것이다. 지지가 금국(金局)을 이루면 丙丁火는 물론 癸水 역시 투간되어야 부귀를 누릴 수 있다.

일간	월지	귀성	이 론
己	戌	甲, 丙, 癸	戌월은 土가 왕한 때이므로 우선 甲木으로 제토(制土)한다. 다음에는 丙火로 늦가을의 한기를 따스하게 하고, 癸水로 건조한 논밭을 윤택하게 한다. 지지가 화국(火局)을 이루고 壬癸水가 투간되지 않으면 己土를 구할 방법이 없으니 나쁜 무리와 어울릴까 두렵다.
己	亥	丙, 甲, 戊	亥월은 겨울이고 水가 왕한 때이므로 우선 丙火로 따스하게 하고, 다음에 甲木으로 설수생화(洩水生火)하며 戊土로 제수(制水)한다. 寅 중 丙火를 쓰면 寅申충이 두렵고, 巳 중 丙火를 쓰면 巳亥충이 두렵다.
己	子	丙, 甲, 戊	子월은 겨울이므로 우선 丙火로 추위를 다스리고, 다음에 甲木으로 丙火를 돕는다. 수왕절(水旺節)이므로 재다신약(財多身弱)한 명국이 되니, 戊土가 있어서 왕한 재(財)를 다스릴 수 있다면 금상첨화이다.
己	丑	丙, 甲, 戊	丑월은 하늘은 차고 땅은 얼어붙을 때이므로 시급히 丙火를 취한다. 丑월은 토절(土節)이므로 甲木이 없을 수 없는데, 甲木은 제토생화(制土生火)의 공을 이룬다. 丑월은 水가 왕하기 때문에 겁재 戊土로 제수(制水)한다.
庚	寅	丙, 戊	寅월은 아직 한기가 가시지 않은 때이므로 우선 丙火로 조후한다. 다음에 戊土로 생금(生金)하여 寅월의 왕한 木을 다스린다. 丙火는 조후로서 필요할 뿐만 아니라 무토생금(戊土生金)을 위해서도 필요하다. 왜냐하면 寅월은 木이 土를 극하

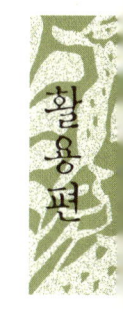

일간	월지	귀성	이 론
			여 토생금(土生金)이 어려운 때인데 이때 丙火가 나타나면 목생화(木生火), 화생토(火生土)로 이어져 무토생금(戊土生金)이 이루어지기 때문이다. 土가 왕하면 甲木으로 다스린다. 비겁이 많아서 재성을 상하게 하면 丙丁의 火로 다스린다. 지지가 화국(火局)을 이루면 壬水와 庚金이 필요하다.
庚	卯	戊, 庚, 丁, 甲	卯월은 木이 매우 왕한 때이므로 일간이 약하니 우선 인비겁(印比劫)으로 생조한다. 일간이 강하면 丁火, 甲木으로 다룬다. 庚金을 다룰 때에는 丙火보다 丁火를 쓴다. 일간 庚金이 토다금매(土多金埋)이면 甲木으로 제토(制土)하여 살려낸다.
庚	辰	甲, 丁	辰월은 土가 왕한 때이므로 우선 甲木으로 제토(制土)한다. 다음에 丁火로 庚金을 다룬다. 土가 왕한데 甲木은 없고 乙木만 있으면 제토(制土)가 어렵다.
庚	巳	壬, 戊, 丁	巳월은 巳중 戊土가 火를 설하며 庚金을 생하지만 庚金이 허약한 때이다. 그러므로 壬水로 조후하면서 戊土로 일간을 돕는다. 壬水가 없다면 戊土가 너무 조열하여 庚金이 생기를 잃는다. 巳월에는 壬水가 약하므로 巳월의 壬水는 뿌리가 있어야 좋다. 금국(金局)을 이루면 丁火로 다스린다.
庚	午	壬, 癸, 庚, 辛, 戊, 己	午월은 庚金이 녹을 정도로 더울 때이므로 시급히 壬癸水로 조후한다. 午월은 金水가 다 약하므로 庚辛의 비겁으로 생수(生水)하면 좋다. 이때 戊己土가 壬癸水

일간	월지	귀성	이 론
			를 제극(制剋)하면 흉하다. 만일 壬癸水가 없고 戊己土만 있으면 관인상생(官印相生)이 되어 곤궁함은 면하겠지만 水가 없어 귀격을 이루지는 못한다. 화국(火局)이 되고 水가 없으면 피곤한 인생인데, 폐나 대장에 이상이 있고 심하면 정신까지 놓치게 된다.
庚	未	壬, 癸, 丁, 甲	대서에 이르기까지는 午월과 마찬가지로 壬癸水로 조후하고 庚辛金으로 이를 돕는다. 그러나 대서 이후에는 음기(陰氣)가 들기 시작하니 丁火로 제련하고, 甲木으로 제토생화(制土生火)한다. 이때 癸水가 丁火를 상하게 하면 안 된다. 토국(土局)을 이루면 甲木으로 제토(制土)한 후 丁火로 庚金을 다룬다.
庚	申	丁, 甲	申월의 庚金은 매우 강하므로 丁火로 다스리고 甲木으로 丁火를 돕는다. 甲木은 없고 丁火만 있으면 중격은 되지만, 丁火는 없고 甲木만 있으면 군겁쟁재(群劫爭財)의 위험이 있다. 지지에 수국(水局)이 형성되어 있는데 丁火가 투간되었다면 甲木이 있어야 수생목(水生木), 목생화(木生火)로 이끌 수 있다.
庚	酉	丁, 丙, 甲	酉월은 양인(羊刃)월이고 한기(寒氣)가 감도는 때이므로 강한 金을 다루는 丁火와, 한기를 제거하는 丙火를 함께 쓴다. 酉월의 庚金은 관살혼잡(官殺混雜)을 허용한다. 관살을 함께 쓰되 甲木을 빼놓을 수 없다. 丁丙甲이 모두 투간되면 대길하다. 甲木만 있고 丁丙火가 없으면 불씨는 못 구하고 땔감만 분주

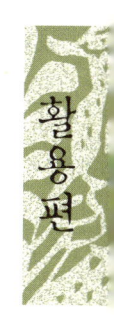

일간	월지	귀성	이 론
			히 구해다 놓는 것과 같아서 실속 없이 바쁘기만 한 형국이다. 이때 水가 있어 생재(生財)해주면 상업인으로서 의식(衣食)은 마련할 수 있다.
庚	戌	甲, 壬, 丁	戌월은 건토(乾土)가 왕한 때이므로 우선 甲木으로 제토(制土)하며 壬水로 흙을 씻어낸다. 다음에는 丁火로 제련한다. 土가 왕한데 甲木이 없으면 부(富)를 얻었다 해도 오래가지 못한다. 戊己土가 壬水를 막거나 탁하게 하면 불리하다.
庚	亥	丙, 丁, 甲, 戊	亥월은 한랭해지는 때이므로 丙火로 따뜻하게 한 후 丁火로 단련한다. 또한 甲木이 있어 생화(生火)해주어야 한다. 일간 庚金이 약하지 않을 때 丙丁甲이 있으면 대길하다. 지지에 수국(水局)이 있어 丙丁火를 위협하면 戊土로 다스린다.
庚	子	丙, 丁, 甲, 戊	子월의 庚金은 金水의 진상관(眞傷官)이다. 한랭하므로 丙丁甲을 떠날 수 없다. 水가 왕하면 戊土로 다스린다. 丙火가 없으면 조후가 곤란하고, 丁火가 없으면 庚金을 다루지 못한다. 丙丁火는 丙午, 丙寅, 丁卯처럼 지지의 도움을 얻어야 좋다. 甲木이 있어도 丙丁火가 없으면 뜻을 이루기가 힘들다.
庚	丑	丙, 丁, 甲	丑월은 천지가 얼어붙어 만물을 생하지 못하는 때이므로 우선 丙火로 따뜻하게 한다. 다음에 丁火로 단련하고 甲木으로 생화(生火)한다. 지지가 금국(金局)을 이루고 火가 없으면 빈천할 수밖에 없다.
辛	寅	己, 壬, 庚	寅월은 辛金이 약한 때이므로 우선 己土로 도운 다음 壬水로 辛金을 씻어준다. 己

일간	월지	귀성	이 론
			土가 甲木과 합을 이루면 庚金으로 甲木을 극한다. 己土와 壬水는 떨어져 있어야 壬水가 탁해지지 않는다. 지지에 화국(火局)이 있다면 壬水는 물론 있어야 하며 庚金 또한 필요하다. 신왕한데 壬水가 없으면 丙火를 대신 쓴다.
辛	卯	己, 庚, 壬, 甲, 戊	卯월은 木이 왕한 때이므로 우선 인비겁(印比劫)으로 辛金을 도운 다음 壬水로 辛金을 씻어준다. 戊己土가 너무 많으면 甲木으로 다스린다. 그러나 壬水가 너무 많으면 戊土가 있는 것이 길하다. 지지에 목국(木局)이 있으면 金으로 다스린다.
辛	辰	甲, 壬	辰월은 土가 왕한 때이므로 우선 甲木으로 제토(制土)한 다음 壬水를 쓴다. 일간 辛金이 丙火와 합을 이루어 자신을 빛나게 해줄 壬水를 저버리면 癸水로 丙火를 극하여 합을 깨뜨린다.
辛	巳	壬, 庚, 辛, 甲	巳월은 丙火와 戊土가 왕하여 건조한 때이므로 우선 壬水를 써서 건조함을 다스리며 辛金을 씻어준다. 巳월은 壬水가 약한 때이므로 庚辛金으로 壬水를 돕는다. 戊土가 壬水를 위협하면 甲木으로 戊土를 다스린다. 지지가 화국(火局)을 이루면 水로 다스린다. 이때 水가 없으면 다음으로 己土를 쓰지만 생금(生金)이 쉽지 않을 것이다.
辛	午	己, 壬, 癸, 庚	午월은 관살인 火가 왕한 때이므로 우선 己土를 써서 신약함을 면하고, 다음으로 壬水를 쓴다. 壬水는 己土를 적셔 己土가 생금(生金)을 잘하도록 해주면서 辛金을 빛나게 해준다. 午월의 辛金한테는

일간	월지	귀성	이 론
			지지에 辰丑의 土가 있으면 좋다. 午월의 辛金한테 壬水가 없고 癸水만 있다면 庚金으로 약한 癸水를 도와주어야 한다. 午월의 辛金은 己土와 壬水를 떠날 수 없지만, 己土와 壬水는 떨어져 있어야 한다. 午월의 辛金은 戊土를 두려워한다.
辛	未	壬, 庚, 甲	未월은 덥고 土가 왕한 때이므로 우선 壬水를 써서 더위를 식히며 金을 씻어내고, 다음에 庚金으로 토기(土氣)를 설하며 壬水를 생한다. 未월의 辛金은 지지에 辰丑의 土가 있으면 좋다. 戊土가 壬水를 위협하면 甲木으로 戊土를 다스린다. 지지에 목국(木局)이 있어 壬水의 설기가 심하면 庚金으로 제목생수(制木生水)한다.
辛	申	壬, 戊, 甲	申월은 金이 왕한 때이므로 壬水로 金의 기를 설하며 辛金을 빛나게 해준다. 壬水가 너무 많으면 戊土로 壬水를 다스린다. 戊土가 너무 많으면 甲木으로 戊土를 다스린다. 辛金한테 癸水를 쓰면 보석을 얼룩지게 하는 형상이다. 천간에 壬水가 없어 지지에 있는 亥중 壬水를 쓰려고 하는데 亥卯未의 목국(木局)으로 가버리면 천격(賤格)으로 전락한다.
辛	酉	壬, 丁, 甲	酉월은 금기(金氣)가 가장 왕한 때이므로 壬水로 설기시키며 辛金을 빛나게 해준다. 壬水가 없으면 丁火로 제금(制金)한다. 이때 甲木이 丁火를 생해주면 좋다. 만일 甲木이 뿌리가 많고 튼튼하면 비록 월령이 건록(建祿)이라고 해도 庚金이 있어야 왕한 재(財)를 다스릴 수 있을 것이다.

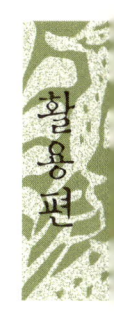

일간	월지	귀성	이 론
辛	戌	壬, 甲	戌월은 건조하고 土가 왕한 때이므로 壬水로 辛金을 씻어주며 甲木으로 제토(制土)한다. 壬水 대신 癸水를 쓰면 격이 낮아진다. 壬水와 戊土가 나란히 투간되면 壬水가 힘을 못 쓴다. 己土는 壬癸水를 탁하게 만든다.
辛	亥	壬, 丙, 戊	亥월의 辛金은 우선 壬水를 쓰고 다음에 丙火를 쓴다. 壬水는 금백수청(金白水清)의 작용을 하고, 丙火는 수난금온(水暖金溫)의 작용을 한다. 壬水와 丙火가 투간되면 대길하다. 水가 너무 많으면 戊土로 다스린다.
辛	子	丙, 甲, 壬, 戊	子월은 辛金을 얼어붙게 할 수 있는 때이므로 우선 丙火로 조후한다. 丙火가 약한 때이니 甲木으로 丙火를 생해주면 좋다. 다음에 壬水로 辛金을 씻어준다. 수다(水多)한 때이므로 戊土로 제수(制水)한다. 지지가 수국(水局)을 이루고 癸水가 투간되면 하나의 戊土로는 제수(制水)하기 어렵고 2개의 戊土가 있어야 균형을 이룰 수 있다. 丙火로 조후하는데 癸水가 나타나면 태양빛을 비가 가리는 형상이다.
辛	丑	丙, 甲, 壬, 戊	丑월은 한기(寒氣)가 극에 달한 때이므로 丙火로 시급히 조후한다. 丙火가 매우 약한 때이니 甲木으로 丙火를 생해줄 필요가 있다. 다음에 壬水로 辛金을 씻어준다. 수다(水多)하면 戊土를 쓰는데 이때는 丙丁의 火가 필요하다. 丑월의 辛金은 丙火와 壬水가 투간되어 있으면 크게 기뻐하지만, 丙火가 없으면 해동(解凍)을

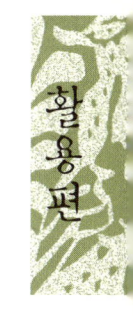

일간	월지	귀성	이론
			못 하니 壬水보다 丙火를 먼저 필요로 한다. 癸水는 辛金을 깨끗이 씻어줄 수 없고 오히려 丙火를 가린다.
壬	寅	庚, 戊, 丙	寅월의 壬水는 실령(失令)이므로 水의 근원인 庚金으로 돕는다. 아울러 戊土로 생금제수(生金制水)하며 丙火로 조후한다. 寅중 戊丙이 있으므로 庚金만 투간되면 상격이다. 지지가 화국(火局)이고 丙火가 투간되면 재다신약(財多身弱)이므로 인비겁(印比劫)의 도움을 얻어야 상격이다. 己土는 壬水를 탁하게 만든다.
壬	卯	庚, 辛, 戊, 丙	卯월은 壬水의 설기가 극심한 때이므로 水의 근원인 庚辛金으로 돕는다. 아울러 戊土로 생금제수(生金制水)하며 丙火로 壬水를 비추어준다. 지지가 목국(木局)을 이루고 庚金이 투간되면 부귀를 누리지만, 庚金이 감추어져 있다면 운에서 뜻을 이룰 수 있다.
壬	辰	甲, 庚, 戊, 丙	辰월은 수고(水庫)이지만 戊土가 왕한 때이므로 甲木으로 제토(制土)하고, 庚金으로 壬水를 생한다. 이때 甲과 庚은 떨어져 있어야 한다. 지지가 수국(水局)을 이루었는데 또 庚金이 있다면 戊土로 제수(制水)하고 丙火로 제금(制金)한다.
壬	巳	壬, 癸, 庚, 辛	巳월은 火가 성하는 때이므로 壬癸水로 제화(制火)하고, 庚辛金으로 水를 생한다. 壬水 대신 癸水를 쓸 때 戊癸합을 이루면 甲木으로 戊土를 극하여 합을 깨뜨린다. 만일 지지에 申酉亥子 등 金水가 많아 신약하지 않다면 巳중 戊土와 丙火가 귀하게 쓰일 수 있다.

일간	월지	귀성	이 론
壬	午	壬, 癸, 庚, 辛	午월은 화기(火氣)가 극심한 때이므로 壬癸水로 화기를 식히고, 庚辛金으로 水를 돕는다. 壬癸水만 있고 庚辛金이 없다면 소나기에 불과하다. 午월의 壬水한테는 丁火가 투간되면 매우 나쁘다. 왜냐하면 비견인 壬水는 丁壬합이 되어 못 쓰고, 인수인 辛金은 녹아서 못 쓰기 때문이다.
壬	未	庚, 辛, 壬, 癸, 甲	未월은 화기(火氣)가 남아 있는 때이므로 庚辛金의 도움을 받아 壬癸水로 화기를 식힌다. 또한 土가 왕한 때이므로 甲木으로 제토(制土)함이 필요하다. 그러나 未월은 화기(火氣)가 왕하여 목생화(木生火)의 위험이 있다.
壬	申	戊, 丁	申월은 壬水의 발원지이므로 申월의 壬水는 흐름이 매우 강하다. 戊土로 제방을 쌓지 않으면 범람할 우려가 있다. 따라서 戊土로 제수(制水)한다. 나아가 丁火로 申 중 庚金을 제압하며 戊土를 생한다. 이때 癸水가 투간되면 丁火를 극하고 戊土와 합을 이루므로 나쁘다.
壬	酉	甲, 丙, 丁, 戊	酉월은 순금(純金)이라 金이 왕하니 자연 壬水도 왕하다. 왕하면 설기시킴이 좋으므로 우선 甲木을 쓴다. 다음에 丙丁의 화기(火氣)로 온기를 더해준다. 만일 金水가 너무 많으면 木이 뿌리가 튼튼하지 않는 한 부목(浮木)이 되므로, 이때에는 戊土로 제수(制水)하며 火로 생토(生土)해주면 좋다. 酉월의 壬水한테는 甲木과 庚金이 붙어 있으면 좋지 않다.

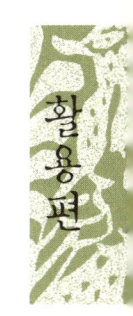

일간	월지	귀성	이 론
壬	戌	甲, 丙	戌월은 戊土가 왕한 때이므로 壬水가 길게 뻗어 나가지 못한다. 따라서 우선 甲木으로 제토(制土)한 후, 丙火로 壬水를 빛내준다. 己土는 甲木을 무력하게 만들고 壬水를 탁하게 만든다. 甲木이 용신일 때 庚金이 나타나 있으면 丁火로 庚金을 다스린다. 戌월의 壬水한테 甲木이 없으면 살인상생이 가능하다.
壬	亥	戊, 丙	亥월은 水가 왕한 때이므로 우선 戊土로 제수(制水)한다. 다음에 丙火로 따뜻하게 하며 戊土를 돕는다. 戊丙 대신 己丁을 쓰면 귀(貴)는 멀지만 부(富)는 누릴 수 있다. 戊土를 쓸 때 甲木이 나타나 있으면 庚金으로 甲木을 다스린다. 명(命)이 金水로만 이루어지면 성품은 청아하지만 가난하다. 지지가 목국(木局)을 이루고 甲木이 투간되어 있다면 설기가 너무 심하기 때문에 庚金으로 패인(佩印)해야 귀격이 된다.
壬	子	戊, 丙	子월은 양인(羊刃)월이므로 수기(水氣)가 사나우니 우선 戊土로 제수(制水)해야 한다. 다음에 丙火로 따뜻하게 하며 戊土를 돕는다. 지지에 未戌土가 있어서 土火의 뿌리가 되어주면 좋다. 만일 지지가 화국(火局)을 이루어 신약하면 金水운으로 흘러야 부를 누릴 수 있다.
壬	丑	丙, 甲, 丁, 戊	丑월은 한랭함이 극에 달한 때이므로 시급히 丙火로 조후한다. 다음에 甲木으로 丑월의 토왕(土旺)함을 다스리며 생화(生火)한다. 丙火 대신 丁火를 쓰려면 甲木이 있어야 한다. 지지가 금국(金局)이

일간	월지	귀성	이 론
			고 辛金이 투간되어 있다면 무척 차가우므로 丙火를 써야 하는데, 丙火는 丙辛합 때문에 쓰지 못하므로 이때에는 丁火를 쓴다. 水가 왕하면 戊土로 다스린다.
癸	寅	庚, 辛, 丙	寅월은 癸水의 설기가 심하고 아직 추위가 남아있는 때이므로 庚辛金으로 癸水를 돕고, 丙火로 따뜻하게 한다. 寅월의 癸水한테는 丙火는 없어도 되지만 庚辛金은 있어야 한다. 辛金과 丙火는 떨어져 있어야 한다. 지지가 화국(火局)이면 辛金은 녹아내려 쓰지 못하므로, 이때에는 壬水가 나타나 화기(火氣)를 식히면서 辛金을 구해주면 좋다.
癸	卯	庚, 辛	卯월은 木이 왕한 때이므로 癸水의 설기가 심하다. 그러므로 庚辛의 金으로 癸水를 돕는다. 卯월은 한기가 남아 있는 때는 아니므로 丙火는 필요하지 않다. 庚金만 있다면 乙木과 서로 합을 이룰 우려가 있으므로 辛金도 같이 쓴다. 庚辛金이 투간되어 있는데 丁火가 같이 있다면 부귀는 바라기 어렵다.
癸	辰	甲, 庚, 辛	辰월은 土가 왕한 때이므로 우선 甲木으로 제토(制土)한다. 다음 庚辛金으로 癸水를 돕는다. 지지가 목국(木局)이면 庚辛金으로 제목생수(制木生水)를 해야 한다. 지지가 수국(水局)이면 己土로 제수(制水)하고 丙火로 己土를 돕는다. 이때 甲木이 나타나면 안된다. 지지에 土가 많은데 이를 다스리는 甲木이 없다면 庚辛金이 있어서 살인상생을 한다 해도 크게 부귀를 누릴 수는 없다.

일간	월지	귀성	이 론
癸	巳	辛, 庚, 壬, 癸	巳월은 癸水가 약한 때이므로 우선 辛金으로 癸水를 돕는다. 辛金이 없다면 庚金도 쓸 수 있다. 丁火가 金을 극하면 壬癸水로 丁火를 다스려야 한다. 巳월은 火土가 왕한 때이므로 庚辛金에 壬癸水까지 있어야 부귀를 누릴 수 있다. 만일 천지(天地)가 金水로 가득하다면 巳중 丙火와 戊土가 귀하게 쓰일 것이다.
癸	午	庚, 辛, 壬, 癸	午월은 丁火가 왕한 때이므로 癸水를 보호하려면 庚辛金뿐만 아니라 壬癸水까지 있어야 한다. 巳午월의 癸水는 庚辛壬癸가 살려주지 않으면 시력을 다치거나 요절하는 경우가 많다.
癸	未	庚, 辛, 壬, 癸	대서에 이르기까지는 庚辛金이 있어도 壬癸水가 반드시 필요하다. 대서 이후에는 庚辛金이 있다면 壬癸水의 필요성은 크게 느끼지 않는다. 그러나 일반적으로 庚辛金과 壬癸水가 모두 있으면 부귀의 명이다. 여름의 癸水한테는 丑辰의 습토가 있으면 좋다. 水가 심하게 고갈되지는 않기 때문이다.
癸	申	丁, 甲	申월은 庚金이 왕한 때이므로 丁火로 제금(制金)하고 甲木으로 丁火를 돕는다. 丁火는 있는데 甲木이 없다면 壬癸水가 투간되지 말아야 조금의 부귀라도 누릴 수 있다.
癸	酉	丙	酉월은 순금(純金)이 왕한 때이므로 癸水 또한 왕해진다. 더 이상의 생조(生助)는 필요 없다. 그러나 너무 차갑고 습하기 때문에 丙火로 金과 水를 따뜻하게 해준다. 丁火를 쓰면 辛金이 녹으므로 丙火

일간	월지	귀성	이 론
			를 쓴다. 만일 천지(天地)에 壬癸水가 많다면 戊土를 쓰는데, 癸水는 壬水가 투간되지 않으면 웬만해서는 戊土를 쓰지 않는다.
癸	戌	甲, 辛, 癸	戌월은 土가 왕한 때이므로 자칫 癸水가 막혀 절수(絶水)될까 두렵다. 甲木으로 제토(制土)하고 辛金으로 생수(生水)한다. 이때 지지에서 수기(水氣)가 甲木을 돕거나 癸水가 투간되면 좋다. 甲木은 있고 癸水와 辛金이 모두 없으면 평범한 명이다. 지지가 화국(火局)이면 비겁으로 다스려 부(富)를 누릴 수 있다.
癸	亥	戊, 庚, 辛, 丁, 丙	亥월은 월지 亥 중에 甲木이 있어서 일간 癸水가 강중약(強中弱)이다. 水가 왕한데 壬水까지 투간되면 戊土로 제수(制水)한다. 지지가 목국(木局)이면 庚辛金으로 다스리며 癸水를 생한다. 이때 丁火가 庚辛金을 위협하면 癸水로 丁火를 극한다. 천지(天地)에 金이 많아 癸水가 생왕(生旺)하면 한습(寒濕)이 매우 심하다. 따라서 丁火로 제금(制金)하고 丙火로 조후한다. 이때에는 편재와 정재를 모두 기뻐한다.
癸	子	丙, 戊	子월은 한랭한 때이므로 丙火로 따뜻하게 해준다. 丙火는 통근(通根)이 필요하다. 丙火를 쓰는데 壬癸水가 나타나면 안된다. 천지(天地)에 水가 왕하여 戊土로 다스릴 때에도 丙火가 없으면 큰 인물이 될 수 없다.
癸	丑	丙, 甲, 丁	丑월은 천지가 얼어붙고 癸水가 스스로 흐름을 멈추는 때이므로 우선 丙火로 해

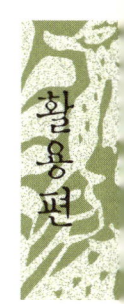

일간	월지	귀성	이 론
			동시킨 다음, 甲木으로 동토(凍土)를 제압하며 丙火를 돕는다. 丙火는 뿌리가 튼튼해야 한다. 지지가 금국(金局)을 이루면 丁火로 제금(制金)하고 丙火로 조후하여, 이른바 금온수난(金溫水暖)의 아름다운 격(格)을 만든다. 丑월에 丙火로 조후하는데 癸水가 나타나면 안 된다. 또한 辛金이 나타나 丙辛합을 이루어도 안 된다. 丙辛합을 이루면 丁火로 辛金을 극한다.

조화

사주학은 '조화(調和)'를 추구하는 학문이다. 그래서 사주마다 우선 조화를 이루는 것을 기뻐한다. 추우면 따뜻함이 필요하고 더우면 서늘함이 필요하다. 건조하면 윤택함이 필요하고 습하면 밝음이 필요하다. 하늘에는 丙·丁·巳·午의 해와 달이 빛나고, 땅에는 壬·癸·亥·子의 물이 있으며, 오행이 주류(周流)하고, 각 별들이 서로 귀성(貴星)으로 이루어져 멋진 한폭의 산수화를 이루면 좋다.

나아가 사주의 주인공은 대인관계에서도 조화를 이루어야 한다. 부부간의 경우에는 특히 그러하다. 그래서 남녀간의 조화 가능성을 '궁합(宮合)'이라고 하여 특별하게 다룬다.

종래의 궁합법에는 여러 가지가 있다. 그 중에서 이른바 해중금(海中金) 등을 거론하는 생년납음오행법(生年納音五行法)은 이론적인 근거가 뚜렷하지 않을 뿐만 아니라, 내용 또한 'O띠 남성과 O띠 여성의 포괄적인 관계'를 다루는 것이어서 구체적이지 않다. 그리고 고신이나 과숙, 그리고 원진, 도화 등 신살적용법도 근거가 뚜렷하지 않을 뿐만 아니라 내용 또한 매우 단편적이다.

이와 달리 약간 종합적으로 판단하는 방법이 있다. 예를 들어 남성이 丙申 일주이면 외방득자(外房得子), 즉 부인 이외의 여성한테서 자식을 얻으니 신랑감으로서는 문제가 있고, 여성이 乙巳·辛巳·癸巳·丁亥·己亥 일주이면서 사주에 정관이나 편관이 나타나 있으면 아이를 낳고 살다가도 가

출하는 사주이니 부인감으로서 마땅하지 않다는 것이다. 왜 이러한 설명이 가능한가? 남성이 丙申 일주이면 배우자궁에 申金이 자리 잡고 있는 경우인데 이 申金은 외방(外房)인 역마이면서 정재가 아닌 편재이고, 또한 관(官)인 壬水를 지니고 있기 때문이다. 여성이 앞서 나열한 乙巳 등의 일주이면 모두가 일간이 지지에 숨어 있는 관(官)과 암합하여 자신의 정부(情夫)와 남모르게 만나는 형상이다. 그러면서 다시 사주에 관(官)이 나타나 있으니 암관(暗官)과 명관(明官)이 명암부집(明暗夫集)을 이루었다. 나아가 일지인 巳나 亥는 모두 음양이 바뀌는 경우이다. 그래서 이러한 내용들을 종합하여 이 여성은 정통가출(情通家出)할 가능성이 많다고 추리하는 것이다.

그런가 하면 사람의 색정과 바람기를 기준으로 궁합을 보는 방법도 있다. 이 방법은 ① 사주에 水가 많은가, ② 남녀 모두 일간이 강하면서 식상이 왕한가, ③ 남성의 경우에 재성이 혼잡되었는가, 여성의 경우 관살이 혼잡되었는가, ④ 사주에 목욕·함지 등이 겹쳐 있는가, ⑤ 사주에 합이 많은가 등을 살핀다.

체용론(體用論)에 입각해서 궁합을 보는 방법도 있다. '각자의 체(體)를 자세하게 관찰한 후 그에 적절한 용(用)을 필요로 한다'는 것이다. 그래서 남성의 사주에 비겁이 많아 식상이 필요한 경우에는 식상이 많은 여성을 선택해야 하며, 여성의 사주에 식상이 많아 인성이 필요한 경우에는 인성이 많은 남성을 선택해야 한다고 한다.

궁합을 볼 때에는 다음 사항을 유의해야 한다.

① 두 사람의 궁합을 보기에 앞서 우선 상대방의 사주 자체를 살핀다. 사주 자체가 나쁜 사람과는 궁합이 아무리 좋아도 결혼하면 문제가 따른다. 배우자궁인 일지가 충을 이루면 그 작용과 운의 흐름을 잘 살펴보아야 한다.

② 각자의 사주가 상대방에게 희신이나 용신이 되는 기(氣)를 적당하게 지니고 있으면 좋다.

③ 일주(日柱)가 남녀 서로 천지덕합(天地德合)이 되면 좋다.
④ 두 사람의 명궁이 같거나 합을 이루면 좋다.
⑤ 두 사람의 공망이 같으면 동고동락할 수 있다.

이상을 종합적으로 판단한다. 100% 완벽한 궁합은 어렵다. 인간은 사랑으로 나쁜 궁합을 극복할 수 있다.

필자는 아내의 사주를 모른다. 그러나 궁합은 '조화'를 의미하므로 단순히 부부간의 관계로 한정시키지 않고 대인관계로 확장해서 적용할 수 있다. 예를 들어 필자는 丁酉년 丙午월 丁巳일 壬寅시생인 남성과 좋은 인연을 이어오고 있다. 이 사람의 사주는 주로 木火인지라 너무 뜨겁기 때문에 金水를 기뻐한다. 반면 필자의 사주는 주로 金水이기 때문에 너무 차갑다. 그래서 木火를 기뻐한다. 이렇듯 서로가 서로를 필요로 하기 때문에 인연이 아름다운 것이다. 더구나 우리 두 사람 모두 공망이 子丑으로 같다. 명궁에서는 같거나 합을 이루지는 않지만 己酉, 丙子로 천간과 지지가 모두 상생관계이다. 다만 일주는 丁巳, 癸亥로서 천극지충(天剋地沖)이다. 일주 위주로 보면 난리다. 그러나 '조화'는 단편적인 것이 아니라 전체적인 것이므로 작은 것은 큰 것에 흡수되어버리고 만다. 세간에서는 일주 위주의 단편적인 판단으로 사랑하는 남녀의 가슴에 못을 박아버리는 경우가 있는데 이는 참으로 두려운 행동이라고 하지 않을 수 없다.

研

究

PART ③

연구편

사주첩경 강의

1. 들어가기에 앞서

우리나라 사주학 분야에서 한 경지를 이루었던 이석영(1920~1983) 선생은 저서 『사주첩경(四柱捷徑)』에서 다음과 같이 이야기하고 있다.

> 이곳의 문답(問答)은 어떠한 한 책자에서만 뽑아낸 것이 아니고 널리 사학(斯學)에 중요한 여러 책자에서 뽑아낸 문제를 이 한 권에 결합하여 엮었기 때문에 이 한 권만 잘 습득하면 여러 중요한 책자를 다 보지 않고서도 그 골자(骨子) 문제를 일견(一見) 요연(瞭然)하게 알 수 있게끔 되어 있다.

『사주첩경』은 한국에서 『동의보감』과 같은 역사적 의의를 지니고 있다. 허준이 『동의보감』을 저술함으로써 조선의 의학이 중국의 권위로부터 독립할 수 있었듯이, 이석영 선생이 『사주첩경』을 저술함으로써 한국의 사주학이 중국의 권위로부터 독립할 수 있었다. 이 책이 나오기 전에 한국에서 사주학을 배우려면 중국의 원전에 의지해야만 했다. 그러나 중국의 원전을 해독하려면 웬만한 한문 실력 없이는 불가능하다. 단순한 글자 해석도 쉽지 않고, 나아가 그 내용을 완벽하게 이해하기는 더더욱 어려운 일이다. 더군다나 이들 원전에 등장하는 사례들이 거의 중국 사람들을 다루고 있고, 시대적으로도 몇백 년 전 상황이라서 오늘날 우리나라의 상황과는 여러 면에서 거리가 있다. 『사주첩경』은 중국의 여러 원전에서 소개한 요점만을 요령 있게 추려서 이를 한글로 정리했기 때문에 원전 읽기의 부담을 덜어주었다. 또한 우리나라 사람들을 대상으로 한 임상사례들을 소개하고 있으므로 훨씬 현실감 있게 느껴진다.

그러나 우리는 '살불살조(殺佛殺祖)'의 정신을 지녀야 한다. 불교에서는 부처나 조사(祖師)에 얽매이면 참된 진리에 이를 수 없다고 하여 '살불살조(殺佛殺祖)'라는 표현을 사용하는데, 이는 실제로 사람을 죽인다는 말이 아니라 기존의 고정관념을 떨쳐버린다는 의미가 있다. 우리도 '살불살조'의 정신으로 참된 진리에 좀더 가까이 다가가야 한다. 그런 의도로 이 연구편에서는 『사주첩경』의 마지막 권에 있는 내용 중에서 중요한 부분을 골라 설명하고, 거기에 필자가 평주(評註)를 다는 방법으로 그 내용을 보다 자세히 살펴보고자 한다.

사주학자에 따라서, 『사주첩경』은 매우 훌륭한 저서이지만 이론적인 근거가 없는 신살을 다소 비중 있게 다룬 것은 잘못이라는 지적이 있다. 그러나 필자는 그렇게 생각하지 않는다. 왜냐하면 이석영 선생의 신살론은 통변론과 연결되어 있고, 또한 사주를 종합적으로 해석하는 한 방편으로 활용되었기 때문이다. 선생은 이론적인 근거가 없는 신살을 무조건 적용한 것이 아니라 '역마' 등 타당성이 있다고 보이는 몇 가지 신살을 적용했을 뿐이다. 그것도 사주를 상하좌우로 연결시켜가며 합·충·형 등과 12운(運)까지 곁들인 일지 중심의 고찰을 통해 오히려 화려한 이론 전개 능력을 느끼게 한다. 사실 선생의 신살론은 사주를 보는 안목을 높여주는 데 기여할 뿐, 이론적인 근거도 없는 신살을 받아들이라고 하지는 않는다.

그러나 『사주첩경』이 매우 훌륭한 저서이기는 하지만 중국의 원전에 뿌리를 두고 있기 때문에 오늘날의 시대상을 충실하게 반영하지 못하는 것이 사실이다. 그 예로 종(從)과 화(化)를 들 수 있다.

『사주첩경』의 사례별 주인공은 어렵지 않게 종(從)과 화(化)를 이룬다. 종은 남에게 따르는 것이요 종속이며 복종이다. 화는 남처럼 변화하는 것이요 변신이며 변절이다. 옛날 전제군주 시대에는 모두 왕에게 복종하지 않으면 살 수 없었다. 그래서 종이 원칙이었다. 또한 흥망성쇠가 빈번하던 그 시대에는 모두 변절하지 않으면 살 수 없었다. 그래서 화가 원칙이었다. 그러나 오늘날은 개인 위주의 주체사상이 만연하므로 종이나 화는 예외가 되어버렸다. 이런 이유로 오늘날 『사주첩경』에서 다루고 있는 종화(從化)의 예가 현실과 어긋날 가능성이 많아졌다.

또한 『사주첩경』에서는 사례마다 주인공이 초기·중기·정기생 중 어디에 해당하는지를 거의 밝히지 않고 있다. 아마도 원전에 그에 대한 기록이 없기 때문일 것이다. 그 결과 입춘을 하루만 경과해도 寅월의 정기로 다루게 된다. 그러나 이것은 너무 지나친 이론 적용이다. 지장간의 활동 기간에 대해서는 정론(定論)이 없다. 나아가 중기의 존재에 대해서 이견이 있는 경우도 있다. 그러나 사주학은 시각을 다루는 학문이므로 이러한 한계를 극복해야 한다.

이 기회에 주권신(主權神)에 대해 좀더 자세하게 살펴보자. 1970년 2월 6일(양력) 13시 출생인 여성이 있다. 입춘을 1일 22시간 14분 경과하여 출생했으므로 사주가 庚戌년 戊寅월 丁巳일 丙午시이며 초기생이다. 이 사주를 과연 어떻게 볼 것인지 다음의 경우로 나누어 살펴보자.

① 정기생으로 볼 경우

월의 심천(深淺)을 따지지 않고 단순히 정기 위주로 볼 경우에는 염상격(炎上格)이 될 것이다. 왜냐하면 丁일생으로서 지지에 寅午戌삼합이 있고, 水의 극이 없는 사주이기 때문이다. 그렇다면 이 사주는 金水운을 싫어할 것이다.

② 월지만 초기생으로 볼 경우

월지에서 戊土가 주권신이 된다. 이것이 천간의 戊土와 어울려 사주에서 土가 강해진다. 그 결과 염상격으로 보기는 힘들고 상관생재격(傷官生財格)이 될 것이다. 따라서 연간 庚金이 용신이다. 그러나 연지 戊土가 火에 가까워서 연간 庚金을 괴롭히기 때문에 부귀와는 다소 거리가 멀다.

③ 4개 지지 모두를 초기생으로 볼 경우

연지 戌에서는 辛金이, 월지 寅에서는 戊土가, 일지 巳에서는 戊土가, 시지 午에서는 丙火가 주권신이 된다. 그 결과 사주에서 土와 金의 세력이 무척 강해졌다. 용신 庚金 아래에 있는 戊土가 辛金의 역할을 하니 용신의 힘이 강하다. 따라서 매우 큰 부귀를 누릴 수 있다.

그러면 실제로는 어떠한가? 사실 필자는 이 여성에 대해 매우 잘 알고 있다. 이 여성은 어릴 때부터 지금까지 水金운 위에서 큰 행복을 누리고 있다. 그렇다면 여러분은 위의 3가지 견해 중에서 어느 것을 택할 것인가?

주권신이라고 하여 그것만을 적용하고 다른 지장간을 제외시키지는 않는다. 다시 말해, 모두 다루지만 주권신에 더 큰 비중을 둔다는 의미다. 하지만 어느 정도의 비중인지는 확실하게 말하기 어렵다. 다만 한 사주학자의 설명을 참고하도록 하자.

> 그 비율에 대해서는 지나간 장간은 5~10%, 다가올 장간은 선후와 기간에 따라 15~25% 정도의 영향력이 미친다고 보는 것이 타당하지 않을까 생각한다. 즉 초기생의 경우에 초기장간을 60%, 중기장간을 15%, 정기장간을 25%의 비율로 심사하고(중기가 없는 경우는 정기를 40%로 본다), 중기생의 경우는 초기장간을 10%, 중기장간을 70%, 정기장간을 20%의 비율로 심사하며, 정기생의 경우는 초기장간을 5%, 중기장간을 15%, 정기장간을 80%의 비율로 심사하자는 것이다. 위와 같은 비율을 제시하는 것은 실제로 감정했을 때 흉이 심한 것 같은데도 조금 완화가 되고, 길이 클 것 같은데도 길이 다소 감소되는 경우를 볼 수 있었기 때문이다.

이석영 선생은 1920년에 평안북도 삭주군에서 부농의 아들로 태어났다. 어린 시절부터 한학과 역학에 조예가 깊었던 조부의 가르침을 받았다. 1948년에 월남하여 충북 청주에서 몇 년간 살다가 그 후 서울로 옮겨와 살았는데 1983년 사망하였다. 『사주첩경』은 6권으로 이루어졌으며, 1948년부터 약 20년간의 연구와 실제사례 수집을 거쳐 1969년에 완성되었다.

2. 귀기상통(貴氣相通)

🌿 원문 1

사주에서 귀기(貴氣)가 서로 통하여 귀기상통(貴氣相通)을 이루는 경우는 다음과 같다.

1) 유정견합(有情牽合)

예를 들어 일주(日主)가 金을 기뻐할 때 연지에 酉金이 있고 일지에 巳火가 있다면 기신인 巳火가 희신인 酉金을 끌어와 유정견합을 이룬다.

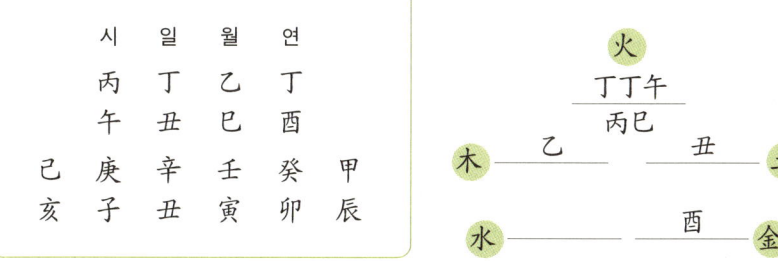

시	일	월	연
丙	丁	乙	丁
午	丑	巳	酉

己	庚	辛	壬	癸	甲
亥	子	丑	寅	卯	辰

이 사주도 유정견합의 예이다. 丁일생이 巳월 丙午시에 출생하여 비겁이 병왕(竝旺)이고 乙木이 생조하여 火의 기세가 치열하다. 따라서 능히 재(財)를 쓸 수 있으므로 酉金이 희신이다. 그러나 酉金은 멀리 떨어져 있고 간두(干頭) 丁火와 월지 巳火로부터 극을 당하고 있어 그만 무정해진다. 다행히 일지 丑의 습토가 치열한 화기(火氣)를 흡수하며 巳酉丑 금국(金局)을 이루어 그 정이 통하여 합을 이루니 유정견합이 되었다. 귀기(貴氣)가 잘 상통하여 열화(烈火)가 丑土에 설(洩)되고, 다시 재(財)로 이어져 '상관용재(傷官用財)'를 이루었다. 일찍 등과(登科)하여 귀하게 된 사주이다.

2) 해후상봉(邂逅相逢)

예를 들어 일간, 즉 일주(日主)가 火를 기뻐할 때 사주에 火가 나타나지 않고 癸가 나타나 있다고 하자. 癸는 희신인 火를 극하므로 기신이다. 그런데 癸가 戊와 합해서 火를 불러오면 기신인 癸는 은성(恩星)이 되고, 이 경우 사주에 없어서 생각하지도 못했던 희신인 火를 우연히 만나 해후상봉을 이룬다.

3) 여중유매(如中有媒)

예를 들어 일주가 간절하게 庚金을 기다릴 때, 庚金이 연간에 있으면 유정하지만 거리가 멀어서 안타깝다. 이 경우에 월간에 乙木이 있다면 乙庚합으로 중매역할을 하여 서로를 만나게 해 여중유매를 이룬다. 원래 乙木은 희신인 庚金을 극하는 기신도 아니고 생하는 희신도 아닌 한신(閑神)에 불과하였다.

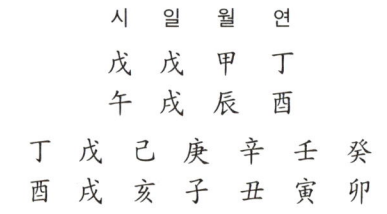

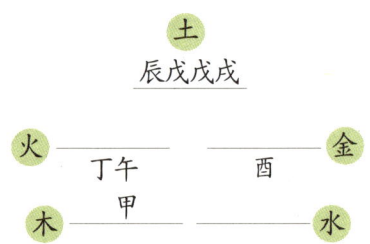

이 사주도 여중유매의 예이다. 이 사주를 보면 火土가 겹쳐 있는데 甲木이 퇴기(退氣)하고 있으므로 甲木은 소토(疏土)할 능력이 없다. 그러므로 연지 酉金으로 정(精)을 설하는 것이 가장 바람직하다. 그러나 酉金은 개두(蓋頭)에 기신인 丁火가 있고 또한 멀리 떨어져 있어 안타깝다. 하지만 다행히 월지 辰土가 辰酉합으로 일주(日主)에 가깝게 끌어주니 정이 통하여 여중유매가 되었다. 초년 寅卯가 辰土를 극하여 이간을 시키니 곤고형상(困苦刑傷)하다가, 辛丑운에 이르러 습토에 회화(晦火)하고 회금용신(會金用神)하여 연등과갑(連登科甲)하였고, 庚子·己亥·戊戌 운에 장관직까지 올랐다.

🌿 원문 2

시	일	월	연
甲	甲	丙	壬
戌	午	午	申

壬 辛 庚 己 戊 丁
子 亥 戌 酉 申 未

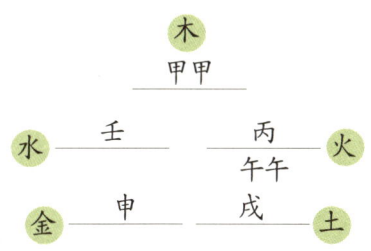

귀기상통(貴氣相通)과 반대의 경우로 귀기불통(貴氣不通)이 있다. 귀기불통이란 사주에서 꼭 필요하여 용신으로 쓰려는 별이 생년에 놓여 있는데, 그 중간에서 이 별을 극하거나 합거해버려 귀기(貴氣)가 통하지 않게 되는 경우를 말한다.

그런데 그 귀(貴)가 월건이나 시주에 놓여 있으면 불통(不通)은 아니고, 다만 그 귀(貴)가 다른 기성(忌星)으로부터 극을 받았다면 무력(無力)할 뿐이다. 귀기가 통하지 못하면 평생 궁색함이 많고 답답하게 살며, 운(運)에서 통하게 되면 '궁즉필달(窮則必達)' 한다.

이 사주는 午월 甲午일에 丙火가 투출한 진상관격(眞傷官格)으로서 火 때문에 나무가 마르고 건조하다. 그런데 마침 연간에 壬水가 투출하여 申에 뿌리를 내리고 있으니 매우 아름답다. 그러나 월건 丙午가 가로막아 丙壬이 상충하고, 午火가 능히 申金을 극하므로 귀기불통이 되었다. 그렇다고 이 사주가 木火를 따라 종하는 것도 아니니 이것도 저것도 아니다. 이 사주의 주인공은 하는 일마다 막혔으며, 水운을 만나서도 그 힘을 받지 못하고 빈곤하게 살았다.

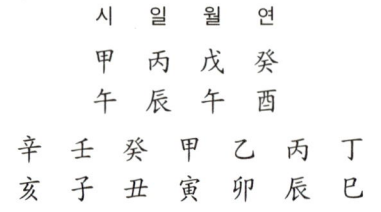

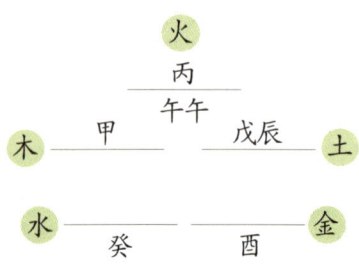

이 사주는 丙일생으로 좌우에 양인이 있고, 또 천간의 甲木이 火를 생하여 신주고강(身主高强)하다. 연간 癸水가 酉金으로부터 생을 받아 丙火의 귀기(貴奇)로 작용하고 있으나 그만 그 癸水가 戊土와 합하여 火를 돕고, 酉金은 일지 辰土와 합하여 매우 유정한데 그만 중간 월지 午火의 이간으로 극을 당하여 귀기불통이 되었다.

동남 木火운에 형상파재(刑傷破財)하고 삼처칠자(三妻七子)를 극하여 비관에 잠겨 살다가 寅운에 죽고 말았다.

🌿 평주

귀기상통(貴氣相通)이란 귀성(貴星)이 연(年)에 멀리 떨어져 있지만 합의 작용으로 인해 일(日) 가까이로 상통하는 경우이다.

우선 유정견합(有情牽合)에 관하여 살펴보자. 巳월 丁火는 보통 甲木을 용신으로 삼는다. 왜냐하면 巳월에는 巳 중 戊土는 丁火의 기를 설하고, 丙火는 丁火의 빛을 빼앗으므로 丁火가 약하기 때문이다. 그러나 이 사주는 火의 기세가 치열하므로 재관(財官)인 金水로 다스려야 한다. 본문에서는 酉金을 희신이라고 했지만 정확하게 표현하면 용신이다. 이 酉金이 巳酉丑 삼합으로 말미암아 연(年)에서 일(日) 가까이로 상통하여 기쁘다는 내용이다.

다음으로 해후상봉(邂逅相逢)에 관하여 살펴보자. 이것은 월간 癸水가 연간 戊土와 합을 이루어 화기(火氣)를 조성해서 일간을 기쁘게 한다는 내용이다.

마지막으로 여중유매(如中有媒)에 관하여 살펴보자. 辰월의 戊土는 보통

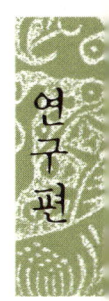

甲木을 용신으로 삼는다. 왜냐하면 辰월은 戊土가 자왕(自旺)하므로 우선 甲木으로 제토(制土)할 필요가 있기 때문이다. 그 다음으로 癸水와 丙火를 취한다. 이 사주에서 이석영 선생은 甲木이 아닌 酉金으로 용신을 삼았다. 그러나 필자는 그렇게 생각하지 않고, 辰 중 癸水가 약한 甲木을 돕고 있으니 이것이 바로 용신이라고 본다. 종래의 견해로는 투출되지 않은 것은 용신으로 삼지 않는 경향이 있다. 그러나 꼭 그렇게 할 필요가 있을까? 만일 이 사주의 주인공이 중기생(中氣生)이어서 癸水가 주권신이라면 당연히 癸水를 용신으로 보아야 할 것이다. 그래서 이 사주는 金水운을 기뻐한다. 다만 木운은 나누어서 보아야 한다. 천간으로 오는 甲·乙 운은 제토(制土)를 하므로 좋다. 그러나 지지로 오는 寅운은 寅午戌 화국(火局)을 이루니 제토(制土)가 아닌 생토(生土)를 하고 金水에 지장을 주어서 나쁘고, 卯운은 희신인 酉와 卯酉충을 이루니 나쁘다. 선생은 戊戌운에도 좋았다고 하는데 필자는 그럴 리가 없다고 본다. 왜냐하면 戊戌운은 土운이면서 월지 辰과 辰戌충을 이루어 辰 중 癸水를 상하게 만들기 때문이다.

귀기불통(貴氣不通)의 경우는 원문의 내용 그대로이다.

3. 좌우협기(左右協氣)

🌿 **원문 1**

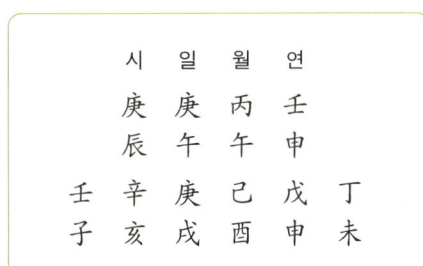

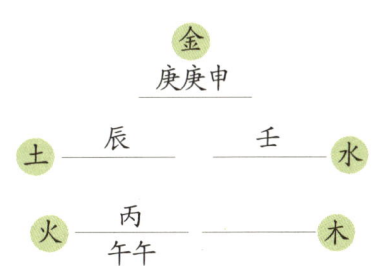

좌우협기(左右協氣)란 '좌우에서 나를 위하여 협조해주는 기(氣)'라는 뜻이다. 이때의 협조는 주로 곤경을 당할 때 협조를 받는 경우를 말한다.

예를 들어 신(身)이 약한데 살(殺)이 왕하면 식신으로 제살하거나, 비겁으로 살인상정(殺刃相停)하거나, 또는 인수로 살인상생(殺印相生)하는 것이다. 반대로 신이 왕하고 살이 약하면 재성으로 자살(滋殺)하고, 또는 관성으로 조살(助殺)하는 것이다. 그리고 신살이 모두 왕할 때 살이 신보다 약간 더 강하면 상관으로 제(制)하고, 신이 살보다 약간 더 강하면 상관을 제(制)하는 것 등이 모두 나를 위하여 기협(氣協)이 되는 것이다.

이 사주는 신쇠살왕(身衰殺旺)이다. 그런데 壬水가 申에 뿌리를 내려 살(殺)인 丙火를 제하고 또 시주에서는 인수 辰土와 비견 庚金이 방조하므로, 말하자면 우로 제살하고 좌로 방조하여 좌우협기화(左右協氣和)하고 있다. 또 왕한 火는 습한 辰土에 설하니 살인상생(殺印相生)으로 아름답다. 그런데 壬水는 천간지협자(天干之協者)요 辰土는 지지지협자(地支之協者)인즉, 상하좌우의 협조로 인해 일제일화(一制一化)하였으니 퍽 유정해진 사주이다. 그러므로 金水운에 이르러 벼슬이 재상까지 올랐다.

🌿 원문 2

```
  시  일  월  연
  戊  庚  丙  壬
  寅  申  午  午

癸  壬  辛  庚  己  戊  丁
丑  子  亥  戌  酉  申  未
```

이 사주는 원문 1의 사주와 비슷한 것 같으면서도 판이하게 다르다. 일주 庚申에 壬水가 긴급히 丙午를 제살하는 것 같지만, 앞 사주는 명예와 이익을 모두 얻은 반면 이 사주는 죽을 때까지 운이 피지 못했다.

그 이유가 어디에 있는지 따져보자. 앞 사주는 壬水가 신궁생지(申宮生地)에 앉아 있어서 제살하는 힘이 강했지만, 이 사주는 壬水가 午火 절지(絶地)에 앉아 화살(火殺)을 대적하는 데 무력하다. 그리고 앞 사주는 시간의 庚金 비견이 일주인 庚金을 방신(幇身)하며 壬水를 생하는 게 가능했지만,

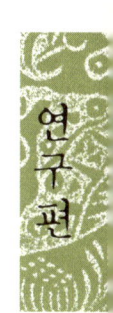

이 사주는 시간 戊土가 壬水를 극하느라 일주인 庚金을 생하는 힘이 약하다. 따라서 앞 사주는 좌우에서 협기(協氣)가 잘 이루어져 있지만, 이 사주는 좌우의 화협(和協)이 잘 이루어져 있지 않아 왕한 살(殺)을 휘어잡지 못하므로 똑같은 金水운을 만나서도 끝내 성공을 이루지 못하였다.

壬이 壬申에서 장생(長生)을 얻어 제살하는 것과, 壬이 午에 앉아 멀리 있는 申일에 장생을 얻는 것의 차이는 크다. 왜냐하면 전자는 내 집에 축장된 물(物)로서 원천이 되는 힘을 자유롭게 사용하는 것과 같고, 후자는 남의 수중에 있는 물(物)을 얻어서 쓰는데 일주가 미약하여 그것조차 제대로 받아들이지 못하는 것과 같아 제살능력에서 큰 차이가 있기 때문이다.

🌿 평주

원문 1과 원문 2의 내용을 잘 비교 검토하여 사주의 우열을 가리는 안목을 높여야 한다. 원문 1의 내용 중에서 "신(身)이 살(殺)보다 약간 더 강하면 상관을 제(制)하는 것 등이 모두 나를 위하는 기협(氣協)이 되는 것이다"라는 말은 그 의미가 명확하지 않다. 생각하건대 신(身)과 상관이 힘을 합쳐 관살을 지나치게 제(制)하는 것은 아름답지 못하니, 재성을 통관신으로 삼아 균형을 맞추어준다는 뜻으로 새겨볼 수 있을 것이다.

사주를 볼 때에는 우선 '귀성(貴星)'을 염두에 두어야 한다. 예로 든 사주 모두 午월의 庚金 일간이다. '귀성'론을 보면 "午월은 庚金이 녹을 정도로 더울 때이므로 시급히 壬癸水로 조후한다. 午월은 金水가 다 약하므로 庚辛의 비겁으로 생수(生水)하면 좋다. 이때 戊己土가 壬癸水를 제극(制剋)하면 흉하다. 만일 壬癸水가 없고 戊己土만 있으면 관인상생(官印相生)이 되어 곤궁함은 면하겠지만 水가 없어 귀격을 이루지는 못한다. 화국(火局)이 되고 水가 없으면 피곤한 인생인데, 폐나 대장에 이상이 있고 심하면 정신까지 놓치게 된다"고 기록되어 있다. 이석영 선생 또한 이러한 바탕 위에서 원문 1과 원문 2의 내용을 설명하고 있다.

4. 상하정화(上下情和)

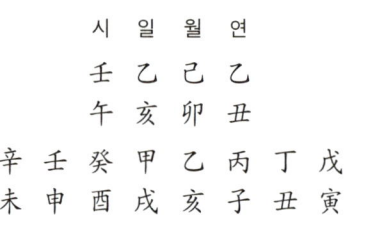

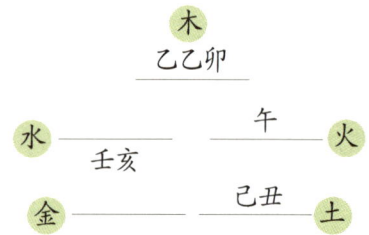

상하정화(上下情和)라 함은 사주의 간지가 서로 정답고 화목하게 생극 제화를 이루고 있다는 뜻이다. 다시 말하면 사주의 구성이 유정하게 이루어진 경우이다. 예를 들어 ① 관(官)이 쇠약하고 상관이 왕할 때 재성이 득국(得局)하여 관을 생하는 경우, ② 관(官)과 재(財)가 왕하여 재생살(財生殺)이 되었을 때 비겁이 득국하여 제재(制財)하며 방신(幫身)하는 경우 등이다.

사주의 구성이 무정하게 이루어진 경우는 ① 관(官)이 쇠할 때 설상가상으로 상관이 있어서 쇠한 관을 극하고 있으나 그 관을 생하는 재(財)가 나타나 있지 않은 경우, ② 관(官)이 왕하고 인성이 없을 때 재(財)가 득국하여 관을 생함으로써 관살을 조장하는 경우 등이다.

유정 즉 정화격(情和格)은 귀하게 될 수 있는 명이지만, 무정 즉 불화격(不和格)은 그와는 반대의 명이다.

이 사주는 신왕한 乙木이 己土 재(財)를 만나고, 己土는 午火에 득록(得祿)하고 연지 丑土에 뿌리를 내려 얼핏 보기에 신왕재왕(身旺財旺)으로 매우 유정한 사주같이 보이지만 실은 그렇지 않다. 왜냐하면 己土의 녹근(祿根)이 되는 午火는 개두에 있는 壬水가 내리눌러 극하고 옆에서 亥水가 극하여 맥을 못 추고, 또 己土가 뿌리를 내린 丑土는 卯木이 극제(剋制)하여 맥을 못 추며, 또 월간 己土 자신은 살지인 卯木 위에 있어서 고립무보(孤立

無輔)로 되어 있기 때문이다.

일찍이 戊寅·丁丑 운에는 용신인 己土 재(財)를 생조하여 유정하였고, 그래서 부모로부터 엄청난 유산을 물려받고 행복하게 살았다. 그러다 子운이 되니 子午충을 이루어 단 한 번 실패에 재산을 다 잃어버렸다. 또 乙亥운에는 처자를 모두 버리고 머리 깎고 중이 되어서 유리걸식하다가 결국 동사하였다. 이는 원래의 사주명식이 亥卯합을 이루어 己土 재(財) 용신에 병이 잔뜩 들었는데, 亥운을 맞아 사주의 병과 합세하여 병이 무거워졌기 때문이다.

이 사주를 겉으로만 보아 큰 부자가 틀림없다고 단정했다가는 큰 오류를 저지르게 되는 것이다.

🌿 평주

원문에 실려 있는 사주는 卯월의 乙木 일간이다. '귀성' 론을 보면 "木은 양(陽)을 향하여 화(和)함을 좋아하고 음습함을 싫어한다. 그러므로 먼저 丙火를 취하고, 다음으로 癸水를 택한다. 卯월은 木이 왕하니 丙火로 설기하고 癸水로 뿌리를 돕는다고 볼 수도 있다. 丙火는 천간에 위치하고 癸水는 지지에 위치하는 등 떨어져 있어서 장애가 없어야 한다"고 기록되어 있다. 그런데 이 사주는 亥 중 壬水가 천간으로 투출하고, 午火는 지지에 있으면서 壬水와 亥水의 공격을 받고 있으니 水가 강하고 火가 약하다. 그 결과 음습하기 때문에 午火를 보강하고, 신왕한 乙木이 뿌리를 잘 내릴 수 있도록 土를 돋우어주어야 한다. 그래야 卯월의 난초가 따사로운 태양 아래서 땅에 뿌리를 깊이 내리고 꽃을 피워 향기를 발할 수 있다.

이 경우에 水를 도와주는 金은 필요 없다. 신왕하고, 식신과 재(財)가 있으니 재(財)인 己土를 용신으로 한다. 丁丑운은 火土운이니 좋다. 그러나 戊寅운은 지지가 木이니 문제가 된다. 寅과 亥와 卯가 모여서 丑을 극할 수 있다. 그러나 시지의 午와 寅午합을 이루어 화기(火氣)를 조성해서 지지의 목기(木氣)를 순화시키면서 土를 도와줄 수 있다고 보는 것이 좀더 합당한 해석일 것이다. 子운과 乙亥운에 대하여서는 잘 이해할 수 있으리라고 본다.

5. 감리상지(坎離相持)

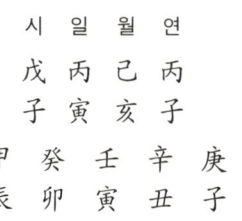

감(坎)은 水요 북(北)이며, 리(離)는 火요 남(南)이다. 북극은 子丑이 합하는 곳이고 남극은 午未가 회처(會處)하는 곳이다. 午未가 서로 만나는 곳이 천정지중(天頂之中)이다. 水火는 비록 상극이지만 상지(相持), 즉 서로 지속하여 공존할 수 있는 다섯 가지의 이법(理法)이 있다.

① 승(升)

천간의 火가 쇠하고 지지의 水가 왕할 때에는 지지의 木을 얻어 지기(地氣)가 상승하는 법이다.

② 강(降)

천간의 水가 쇠하고 지지의 火가 왕할 때에는 천간의 庚金을 얻어 천기(天氣)가 하강하는 법이다.

③ 화(和)

천간이 모두 火이고 지지가 모두 水로 되어 있는 경우에는 木운을 얻어 화(和)하는 법이다.

④ 해(解)

천간이 모두 水이고 지지가 모두 火로 되어 있는 경우에는 金운을 만나 해(解)하는 법이다.

⑤ 제(制)

水火가 간지에서 난투극을 벌일 때에는 세운에서 약자를 보(補)하고 강자를 제(制)하는 법이다.

이 사주는 천간의 火가 쇠하고 지지의 水가 왕하다. 이럴 때는 반드시 지지의 木을 얻어 지기(地氣)가 상승하는 이법을 쓰게 되는데, 다행히 寅木을 얻어 상승하게 된다. 壬寅·癸卯의 동방 목지(木地)운에 과거로 벼슬길에 나가고, 火운에는 관찰사까지 이르렀다.

🌿 원문 2

시	일	월	연
庚	壬	壬	壬
戌	戌	寅	午

庚	己	戊	丁	丙	乙	甲	癸
戌	酉	申	未	午	巳	辰	卯

이 사주는 壬水가 음력 정월인 寅월에 생하고 지지에 화국(火局)이 이루어져 있다. 그래서 연간과 월간에 비록 壬이 있지만 그 水는 모두 뿌리를 내리지 못해서 천간의 水는 쇠하고, 지지의 火는 왕하다. 이럴 때에는 반드시 천간의 金을 얻어 그 수기(水氣)를 하강시키는 법이다.

50세 이전은 火운으로서 운이 불길하여 객지로 다니며 되는 일이 하나도 없었다. 50세를 넘겨 戊申운에 들어서는 사주의 庚金이 생왕(生旺)해져 水를 생하기 때문에 일약 큰 부자가 되고 아내와 자식을 얻었다. 戌운에 들어서 죽고 말았다.

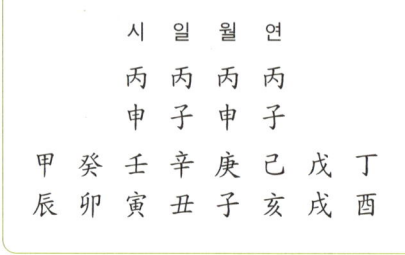

이 사주는 천간은 모두 火이고 지지는 모두 水이어서 그 기세가 균등해 보이지만, 강약을 추리하면 火는 쇠약하고 水는 왕하다. 그 이유는 申子申 子로 금생수(金生水)하여 水는 생왕하고, 火는 뿌리를 내리지 못해 약하기 때문이다. 이럴 때에는 반드시 木운을 얻어 화(和)하는 법이다.

서북운에는 말할 수 없는 고생을 했지만, 壬寅·癸卯·甲辰의 동방운을 만나서는 억만장자가 되었다.

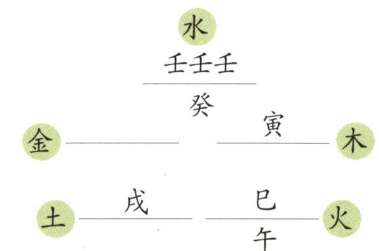

이 사주는 천간이 모두 水요 지지가 모두 火이다. 경중을 계산해보면 천 간의 水는 뿌리를 내리지 못했고, 지지의 火는 木火가 상생하여 왕하다. 이 런 때에는 반드시 金운을 만나 해(解)하는 법이다.

다행히 초년에 辛酉·庚申의 금운을 만나 생활이 매우 풍족하였다. 그러 나 그만 己未운을 만나자 형벌과 파산이 밀어닥쳤다. 戊午운에는 객지로 나갔다가 도둑을 만나 피살당했다.

원문 5

시	일	월	연
丙	壬	丙	壬
午	子	午	子

癸	壬	辛	庚	己	戊	丁
丑	子	亥	戌	酉	申	未

이 사주는 壬丙子午, 壬丙子午로 水火가 난투극을 벌이고 있다. 세력이 똑같은 것처럼 보이지만, 火가 당령(當令)하여 水보다 火가 좀더 왕하다. 이런 때에는 반드시 세운에서 약자를 보(補)하고 강자를 제(制)하는 법이다. 그러므로 金운을 필요로 한다.

처음 丁未운은 도리어 강자를 보하였고, 戊午년 7세 때는 간극지충(干剋地沖)으로 재살(財殺)이 모두 왕해져 그 해에 부모를 모두 잃고 유리걸식하였다. 申운이 들어오면서 때를 만나 일어나기 시작하여 己酉운에는 수많은 재산을 모으고 처자식을 얻어 행복하게 살았다.

평주

감리상지(坎離相持)는 水와 火의 관계로서 사주학의 핵심에 속한다. 원문 1의 내용을 잘 살펴보면 천간보다 지지의 힘이 더 강하다는 것을 깨달을 수 있을 것이다. '화(和)'와 '해(解)'의 경우를 유의해 살펴보길 바란다.

원문 2의 내용은 쉽게 이해할 수 있을 것이다. 눈여겨볼 것은 이 사주가 모두 양(陽)으로만 구성되어 있다는 것이다. 이런 경우에 사주의 주인공은 활발한 사람이 많다. 戌운은 寅午戌을 만들어 火를 돋우니 좋지 않다.

원문 3의 내용에서 壬寅운은 잘 새겨보아야 한다. 水木운으로서 火로 이어지니 매우 좋다. 그러나 천간의 壬은 4개의 丙과 다투고, 지지의 寅은 2개의 申과 충이 되니 매우 부담스러운 운이다. 이런 운은 매우 좋지만 갑작스러운 죽음으로 이어질 수도 있다. 그러나 지지의 흐름이 金水이어서 이것이 寅운과 조화를 이루었다고 본다.

원문 4의 내용에서 눈여겨볼 것은 과연 이 사주가 寅午戌삼합을 이루어지지가 전부 火로 변하겠는가이다. 지지가 전부 火이면 酉운이나 申운은 바로 火에 녹아버릴 수 있으므로 도리어 위험한 운이 될 수 있다. 이석영 선생은 이 사주가 천간은 전부 水이고 지지는 전부 火라고 하였지만 필자는 그렇게 보지 않는다. 왜냐하면 가장 비중이 큰 월지는 午火가 아니고 戌土이기 때문이다. 이 사주는 천간은 전부 水이지만 지지는 火土가 강하다. 그래서 酉운과 申운에 발복할 수 있었다고 본다.

원문 5의 내용에서 궁금한 것은 木운은 어떨까이다. 수생목(水生木), 목생화(木生火)로 이어지니 좋을까? 木운이 천간으로 오든 지지로 오든 어느 경우에나 결국 水木火로 이어져 午월의 壬水가 증발될 것이니 아름답지 못하다고 본다.

6. 상성오리(相成五理)

 원문

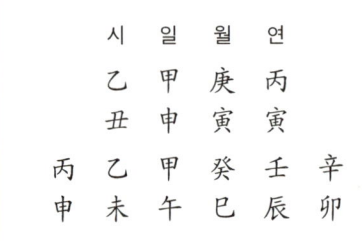
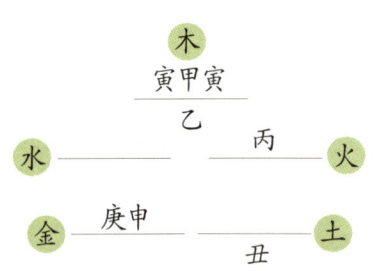

상극하는 가운데 5가지 이치로써 서로 존립하게 하여 성공을 이룩하도록 할 수 있으니, 이것이 상성오리(相成五理)다. 예를 들어 木과 金이 상극인 경우에 木과 金을 상성(相成)시키는 5가지 법이 있는 것이다.

① 공(攻)
초춘지목(初春之木)은 어린 나무인데 金이 강하여 木이 위험하니 火로

써 金을 공격하여 성공시킨다.

② 성(成)

중춘지목(仲春之木)은 木이 왕하고 金이 쇠하므로 土로써 金을 보하여 성공시킨다.

③ 윤(潤)

하절지목(夏節之木)은 목생화(木生火)로 木은 기(氣)가 없고 金은 건조하므로 水로써 윤습하게 하여 성공시킨다.

④ 종(從)

추절지목(秋節之木)은 나뭇잎이 시들어 떨어지고 金은 예리하니 나무 뿌리에 배토(培土)하여 金을 따라 종하게 하여 성공시킨다.

⑤ 난(暖)

동절지목(冬節之木)은 쇠하고 金은 서늘하므로 火로써 따뜻하게 하여 성공시킨다.

이상과 같이 오법(五理)를 쓰면 상극이 되면서도 존립하여 성공할 수 있다. 그러나 이것도 원칙론이요 절대론은 아니다. 예를 들어 甲寅월 甲辰일 또는 甲寅월 乙卯일에 金을 만나는 경우는 앞에서 설명한 이론이 통하지 않는다. 앞에서 설명한 내용에 따르면 寅월은 어린 나무이므로 金이 두려우니 火로써 金을 공격하는 것이 가능하다고 하였다. 그러나 지금 예를 든 경우들은 모두 목기(木氣) 원신(元神)이 천간에 투출하고, 寅辰 또는 寅卯로 지지에 깊게 뿌리를 내려서 金을 두려워하기는커녕 오히려 金을 기뻐한다. 이와 같이 木金의 쇠왕심천(衰旺深淺)에 따라 火를 기뻐하고 金을 기뻐하는 것이 달라진다.

이 사주는 寅월이 金을 만나는 예이다. 甲木이 입춘 후 4일째인 초춘지목(初春之木)이므로 그 기질이 연약하며 아직 한기가 가시지 않았다. 그런데 甲木은 살지에 앉아 있고, 월건에는 庚金이 투출되어 있으며, 丑 중 辛金은 일지 申金을 돋우니 木은 약하고 金은 강하다. 그러므로 火를 용신으로 하여 金을 공격하지 않으면 안 된다. 마침 寅 중 丙火가 연간에 투출하여 아름답다.

일찍이 辛壬운은 용신 丙火를 합하고 제(制)하여 되는 일이 없었다. 그러다가 巳운부터 성공하기 시작하여 午未운에 재상이 되었다. 申운에는 金이 강해지고 용신 丙火가 병사궁(病死宮)하여 그만 불록지객(不祿之客)이 되고 말았다.

🌿 평주

상성오리(相成五理)는 억부와 조후를 승화시켜 사주가 조화를 이루도록 하는 원리다. 공(攻)·성(成)·윤(潤)·난(暖) 등이 바로 그러한 예이다. 그러나 종(從)은 문제가 있다. 추절지목(秋節之木), 즉 가을나무는 따사로운 火를 기뻐할 터인데 오히려 차가운 金을 따르라고 하니 자연의 이치에 맞지 않는다. 이석영 선생은 너무나도 자연스럽게 종의 논리를 따르고 있다. 그러나 필자는 종의 논리를 잘 따르지 않는다. 그래서 필자는 '귀성'론에서 申월의 甲木에 대하여 "甲木 일간이 신강하면 庚金을 용신으로 쓰지만, 申월은 庚金이 강하므로 우선 丁火로 다스린다. 甲木과 庚金의 역량이 비슷해도 丁火를 보는 것이 중요하다. 신약하면 壬水와 甲木으로 도와준다. 金水가 강해서 사주가 차가운 기운으로 가득하면 丙火의 배합이 필요하다"라고 적었다.

이석영 선생은 甲寅월 乙卯일 사주는 金을 기뻐한다고 했는데, 乙木 일간은 金을 기뻐하지 않는 경향이 있으므로 지지로 오는 申酉운을 말한다고 볼 수 있다. 그러나 申酉운은 모두 왕목(旺木)과 충을 이루니 오히려 위험한 운이라고 볼 수 있다.

선생은 이 사주에서는 월지의 주권신을 적용하였다. 입춘 후 4일째임을 밝힌 것이다. 그래서 이 사주는 신약사주가 된다. 신약한데 어떻게 식신인 丙火로 金을 공격할 수 있는가? 물론 너무 신약하면 문제가 따르지만, 이때의 丙火는 寅木에 뿌리를 두고 따사로운 기로 어머니인 甲木을 도와주면서 화극금(火剋金)하여 억부와 조후를 포괄하는 작용을 하고 있다. 이 사주는 木과 火가 함께 어우러진 운을 기뻐한다.

『사주첩경』에는 '불록지객(不祿之客)'이 자주 등장한다. 불록(不祿)은 '녹(祿)을 다 타지 않고 죽는다'는 뜻이므로 불록지객은 곧 '황천객'을 뜻한다.

7. 수기유행(秀氣流行)

🌿 원문

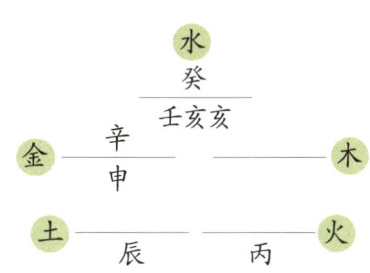

수기유행이란 사주의 기가 간두(干頭)에 빼어나 다시 타(他)를 생하여 나 간다는 뜻이다. 수기(秀氣)란 그 기가 반드시 천간에 투출해야 되는 것이 고, 유행(流行)이란 그 수기가 또 다시 다른 것을 생해야 하는 것이다. 그러 므로 수기가 타(他)를 생하지 않으면 그것은 수기정지(秀氣停止)가 된다. 그 유행이 원대하게 돌아 오행의 제자리에 이르면 이것은 '순환상생' 또는 '생의불패(生意不悖)라고 한다.

그러므로 이 수기유행은 수기만으로는 이루어지지 않는다. 유행이 이루 어져야 하는데, 그렇다고 오행을 꼭 한 바퀴 돌아야 하는 것은 아니고 수기 하여 타(他)를 한 번 이상만 생하여 유동(流動)시키면 된다.

그리고 이 수기유행이 성립되려면 처음 기를 발하는 자는 반드시 지지에 뿌리를 내리고 있어야 하므로 그 후원이 튼튼하고 전통이 원대한 형상이기 때문에 크게 부귀를 누릴 수 있는 바탕을 지니고 있다. 그래서 수기유행을 부귀격(富貴格)이라고 하는 것이다.

이 사주는 癸亥일생이 입동 후 10일에 출생하여 甲木이 사령하고 있다. 그러므로 丙火를 용신으로 쓰는데, 그 이유는 水가 왕한 사주에는 으레 용 신으로 辰土를 쓸 것 같지만 辰土는 습토로서 水를 제지하지 못하므로 용신으로 삼기 어렵고, 왕한 水는 亥 중 甲木에 설하고 木은 수기된 丙火에 유동생(流動生)하여 수기유행하고 있기 때문이다. 甲寅・乙卯・丙운 25년간 최고의 전성시대를 이루어 부귀를 누렸다.

수기유행의 경우에 수기를 받는 자는 반드시 천간에 투출되어 있어야 하고, 그 수기를 받아서 반드시 다른 한 자리를 생하여 유동시켜야 한다. 유동시키는 것은 지지에 시켜도 좋다.

🌱 평주

이 사주는 金水가 강하다. 그래서 木火와 메마르고 거친 土를 기뻐한다. 辰土는 습토이므로 용신으로 삼을 수 없다. 이 사주는 매우 춥고 습하므로 丁火로 제금(制金)하고 丙火로 조후해야 한다. 편재와 정재가 함께 있는 것을 기뻐한다. 이 사주에서는 丙火가 용신이다.

이석영 선생은 이 사주에서도 월지의 주권신을 적용하였다. 입동 후 10일임을 밝히고 甲木이 사령하고 있다고 하였다.

수기유행은 중요하다. 수기유행인 사주는 활기가 넘쳐서 귀격을 이룬다. 설사 金水나 木火로 치우쳐 있다고 하더라도 맑거나 밝은 기상을 자랑하면 관(官)의 존재와는 관계없이 큰 벼슬을 누릴 수 있다.

8. 시종득소(始終得所)

🌱 원문 1

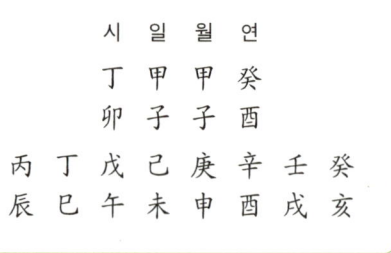

시종득소(始終得所)란 오행이 시작하는 곳에서 잘 시작하여 멈출 곳에서 멈추는 것을 말한다. 하지만 같은 곳에서 시작하여 같은 곳에서 끝을 맺는다는 것이 올바른 설명이다. 그리하여 사주 간지에서 하나도 버릴 것 없이 모두 상생상합(相生相合) 또는 상화(相化)의 역할을 하여 상관·효신(梟神, 편인)·비겁·양인 같은 것들을 모두 잘 써서 격국을 보하고, 용신을 도와 나에게 유정하게 됨으로써 마음놓고 기쁘게 쓸 수 있으며, 일원(日元)이 득기(得氣)할 곳에는 득기해 있고 순종할 곳에서는 순종하면 부귀와 수복을 누리지 않는 자가 없다.

이 사주는 酉金에서 시작하여 상승해서 癸水를 생하고, 癸水는 甲木을 생하며, 甲木은 丁火를 생한다. 다시 지지로 이어져 같은 시발점인 酉金에서 시작하여 子水를 생하고, 子水는 卯木을 생하며, 卯木은 다시 천간으로 상승하여 丁火를 생한다. 그러므로 간지동류(干支同流)하여 酉金에서 시작하고 丁火에서 끝맺으니 시기소시(始其所始)(酉金)에 종기소종(終其所終)(丁火)으로 시종득소가 분명한 것이다.

그리하여 서로 쟁투(爭鬪)를 하지 않고 잘 이루어져 있다. 수기(秀氣) 丁火가 용신인데 戌운에 뿌리를 내려서 甲午년에는 목화통명(木火通明)으로 우리나라에서 최연소 군수가 되었다. 辛酉 金운이 들어오면서 그만 丁火가 酉金에 뿌리를 내리지 못해 맥을 못 추게 되었고, 庚申운 역시 좋은 운이 아니었다. 己未운부터는 운이 피기 시작했는데, 戊午·丁巳 운에는 火土가 제수보화(制水補火)하여 크게 부귀할 것이다. 만약 사주에 순환상생으로 子水→卯木의 생(生)이 없었더라면 申酉 金운에 용신 丁火가 사궁(死宮)에 들어 생명을 다했을 것이다. 앞으로 丙·辰 운 중에서 辰에 들면 丁火는 회화무광(晦火無光)으로 생명이 위험할 것이다.

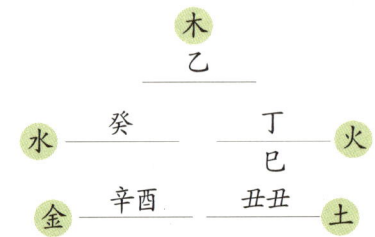

원문 2

시	일	월	연
丁	乙	癸	辛
丑	酉	巳	丑

乙 丙 丁 戊 己 庚 辛 壬
酉 戌 亥 子 丑 寅 卯 辰

이 사주는 연간 辛金에서 시작하여 癸水를 생하고, 癸水는 乙木을 생하며, 乙木은 丁火를 생하고, 丁火는 지지의 丑土를 생하며, 丑土는 酉金을 생한다. 오행구족(五行俱足)으로 연주접속(連珠接續)을 잘 이루니 시종득소격이 되어 아름답다.

그리하여 辛癸는 살인상생(殺印相生)으로 잘 화하였고, 또 식신 巳火의 원신(元神)인 丁은 천간에 투출하여 지지인 丑土 재(財)의 천복(天覆)을 이루어 생재(生財)하므로 더욱 아름답다. 그리고 辛金은 酉에, 丁火는 巳에, 癸는 丑 中 癸水에 모두 뿌리를 내렸고, 일간 乙木은 뿌리를 내리지 못해 종세(從勢)하게 된다. 그러므로 종살격(從殺格)으로서 辛金을 용신으로 쓰는데 丁火가 병(病)이 된다.

운행(運行) 북방 亥水·子水 운에 계속 대성공하여 일약 재벌로 등장했다가 丙火운에 들어서 병인 火가 겹쳐서 크게 손재를 당했다. 戌운에는 辛金 용신이 戌 中 辛金에 뿌리를 내려 酉戌이 합세하여 부흥하니 수백억 거부가 되었는데, 乙木운이 들어오면서 용신 辛金을 충하고 동시에 병신(病神) 丁火를 생하여 불록지객이 되었다.

평주

원문 1은 子월의 甲木이다. 子월은 추위가 매우 심한 때이니 우선 조후 丙火가 필요하다. 또한 水가 범람하니 이를 다스릴 戊土가 필요하다. 戊대운 甲午년은 午戌로서 火土가 강하므로 길운이다. 辛酉와 庚申의 金운은 더욱 추위를 돋우므로 흉운이다. 辰운은 子辰합과 辰酉합을 이루어 金水가 기

세를 떨치면서 용신인 丁火를 빨아들인다. 또한 辰운은 이 사주에서 왕신 (旺神)의 역할을 하고 있는 水가 입묘하는 운이기도 하다.

원문 2는 巳월의 乙木이다. 巳월은 巳 중 丙火가 왕하니 무엇보다도 癸 水가 필요하다. 癸水만 있으면 증발될 염려가 있으므로 庚辛金의 도움이 필요하다. 그런데 이석영 선생은 이 사주를 종살격으로 보았다. 그렇다면 왜 일간을 도와주는 水운에 크게 성공할 수 있었을까? 필자는 이 사주가 비록 巳酉丑삼합을 이루었지만 월지가 巳火이니 합을 이루기 어렵다고 본 다. 더구나 巳 중 火가 천간으로 솟아 있다. 그러므로 이 사주는 金水를 기 뻐하고 木火를 꺼린다. 戌운은 부담스러운 운이다. 왜냐하면 戌운은 그 가운데 金을 극하는 丁火와 水를 극하는 戊土를 지니고 있기 때문이다. 그 러나 이 사주는 연주접속을 잘 이루어 물레방아처럼 활기차게 돌아가므 로 戌운에는 酉戌이 합세하여 더욱 활기를 불어넣어준 것으로 본다. 乙木 운은 木운이므로 흉운이다.

9. 방조설상(幇助泄傷)

 원문

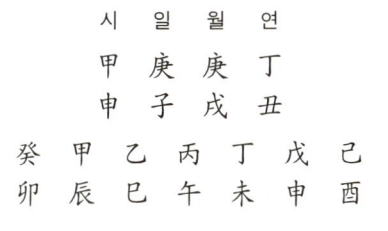

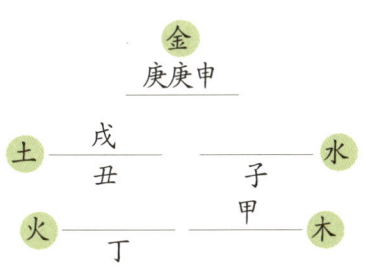

'방(幇)' 이라 함은 약자를 비겁으로 돕는 것을 말하고, '조(助)' 라 함은 약자를 인성으로 돕는 것을 말한다. 그러므로 '방조(幇助)' 는 약자를 위 한 것이지 강자에게는 해당이 없다.

'설(泄)' 또는 '설(洩)' 이라 함은 강자의 기를 배출(排出)시키는 것을 말하고, '상(傷)'이라 함은 강자의 힘을 극제(尅制)하는 것을 말한다. 그러 므로 '설상(泄傷)'은 강자를 위한 것이지 약자에게는 해당이 없다.

약자는 방조하고 강자는 설상시켜 중화의 도(道)를 정하는 것이 사주용 신 정법(定法)의 근본정신이다. 여기에 따른 4대 법칙이 있는데 설명하면 아래와 같다.

① 재관을 쓰는 경우 : 상(傷)

일주가 왕한데 재관(財官)이 미약하면 식상을 쓰지 않고 재관으로 작 용하여 관성의 부족함을 보충한다. 이 경우에 식상을 쓰면 극관(尅官)하 여 관성이 손상되기 때문이다. 따라서 재관으로 극제(尅制)함이 옳다.

② 식상을 쓰는 경우 : 설(泄)

일주가 비겁으로 왕상(旺相)한데 재관(財官)을 보지 못하면 극제하지 않고 식상으로 설기시킨다. 재관을 쓰면 격전이 일어나 해롭고 설기시키 면 기세(其勢)가 순하기 때문이다.

③ 비겁을 쓰는 경우 : 방(幇)

재성이 겹쳐 있어서 일주가 쇠약한 경우에는 재성에 극을 당하여 힘이 없어진 인성을 보하는 것보다, 비겁으로 중첩된 재성을 제거하면서 신 (身)을 방(幇)하는 것이 유리하다.

④ 인성을 쓰는 경우 : 조(助)

일주가 관살이 많아서 쇠약해진 경우에 비겁으로 방신(幇身)하는 것은 관살과 비겁의 극쟁(尅爭)관계의 무정함 때문에 흉하고, 인성으로써 관 살을 생화(生化)시켜 조신(助身)하는 것이 길하다. 방(幇)하는 것은 곧 흉 이요, 조(助)하는 것은 즉 길이다.

이 사주는 일주는 왕한데 재관(財官)이 미약하여 식상을 쓰지 않고 丁火 로 용신을 삼게 된다. 초년 土金운에는 용신이 회기(晦氣)되어 가산을 탕진 하고 말았지만, 丁未·丙午의 火운에는 용신을 보하여 가업을 새롭게 일으 키고, 乙巳운까지 계속 만복(晩福)을 자랑하며 살았다.

평주

방(幇)·조(助)·설(泄)·상(傷)의 4대법칙은 잘 알아두어야 한다. 원문에 실려 있는 사주는 戌월의 庚金 일간이다. 戌월은 건토(乾土)가 왕한 때이므로 우선 甲木으로 제토(制土)하며 壬水로 흙을 씻어낸다. 다음에 丁火로 제련한다. 이 사주에서는 申子합이 이루어져 있기 때문에 더 이상의 水는 필요하지 않다. 그러므로 甲木이나 丁火 중에서 어느 하나를 용신으로 삼아야 한다. 이석영 선생은 丁火를 용신으로 삼았다. 이 사주에서는 土보다 金이 강하므로 丁으로써 먼저 金을 공격하는 것이 바른 방법일 것이다. 그러나 丁火가 너무 약한 것 같아서 甲木에 호감이 가는 것도 사실이다. 만일 이 사주가 水를 조금 적게 갖고 있다면 甲木을 용신으로 보아 이 사주는 水木火를 기뻐한다고 판단할 수 있다.

10. 종지진가(從之眞假)

원문

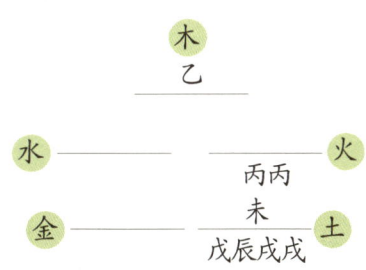

종지진가(從之眞假)란 종격에는 진실로 종하는 진종(眞從)과 거짓으로 종하는 가종(假從)이 있다는 뜻이다. 진종은 일기만국(一氣滿局)으로 이루어지지만, 가종은 여러 가지가 합해 있을 경우에 이루어진다. 또한 가종은 종하지 않으려고 애를 쓰다가 할 수 없이 종하는 경우이다.

종(從)이란 사주가 태왕한 세력을 따라 순종하는 경우로, 종살(從殺)·종재(從財)·종아(從兒)가 있고, 그 밖에 비겁에 종하는 종왕(從旺)과 인성에 종하는 종강(從强)이 있다.

한 사주에 재(財)도 있고 관(官)도 있고 식상(食傷)도 있어서 종이 되는 것인지, 또 어느 것을 종해야 옳을지 분별이 안 되는 경우가 많다. 이런 경우에 가종이 이루어지려면 다음과 같은 조건이 필요하다.

① 일주가 월령(月令)을 얻지 못하고 무기력해야 한다.
② 재(財)·관(官)·식상(食傷) 중에서 가장 강한 것을 따라서 종해야 한다. 보통 식상은 재를 생하고, 재는 관을 생하는 것으로 이어져 종살(從殺)이 이루어지는 경우가 많다.
③ 재(財)와 인(印)이 혼합되어 있을 경우에 이를 구분해서 살펴야 한다. 재가 득령하고 왕하면 인성을 깨뜨려 종재(從財)하게 된다. 그러나 인이 득령하고 왕해서 인에 의하여 재를 움직일 힘이 있으면 '인수(편인)용재격(用財格)'이 되어 가종이 되지 않는다. 그리고 만약 재·인·식상이 셋이 합해 있는 경우에 식상은 재를 생하고 인을 파괴하므로 으레 그 재에 종재가 되는 것이 사실이다.

가종은 비겁이나 인성에 기대어 종하지 않으려다 부득이 종하는 경우이므로 운에서 진운(眞運)을 만나면 진종과 같아져 크게 부귀하게 된다. 이것을 '가행진운(假行眞運)'이라고 하는데 다음의 여러 가지 형태로 나누어 살펴볼 수 있다.

① 비겁이 있는 사주에서 재(財)가 득령하고 득세하여 종재격이 되었을 경우에는 비겁이 병(病)이다. 그러므로 관살운은 병을 제거하므로 귀하게 되고, 식상운은 비겁의 기를 설설시켜 재(財)를 생하므로 부유해진다.
② 인성이 있는 사주에서 종재격이 되었으나 인성이 암암리에 신(身)을 생하는 경우에는 행재운(行財運)하여 완전히 파인생재(破印生財)하면 크게 부유해진다.
③ 재관(財官)이 있는 사주에서 재승관쇠(財乘官衰)로서 종재격이 되었

어도, 그 재(財)가 관(官)을 보아 생관(生官)하는 정으로 설기되는 경우에 행운(行運)에서 식상을 만나면 극관생재(剋官生財)하여 크게 부유해진다.

④ 종살격에 비겁이 있어서 방신(幫身)의 기가 있을 경우에 관(官)운을 만나야 크게 귀하게 된다.

⑤ 종살격에 식상이 비록 약하지만 관살을 극하고 있는 경우에 재(財)운을 만나면 부유해진다.

⑥ 종살격에 인성이 있어서 관살의 정이 인성에 끌려 설기되는 경우에 재(財)운을 만나면 파인생관살(破印生官殺)하여 크게 귀하게 된다.

가행진운(假行眞運)이면 처음은 부실하지만 나중에 좋아지므로 비록 한미한 가정에서 출생했더라도 나중에 크게 명성을 떨치게 되고, 또 처음은 거짓이므로 탁하지만 결국에는 정말로 맑아지는 상이므로 이것을 '원탁류청지상(源濁流淸之象)'이라고 한다.

이 사주는 乙木이 계춘(季春) 3월생이다. 일지인 未 중 乙木에 뿌리를 내리고, 또 辰 중 乙木의 여기(餘氣)를 얻어 재다신약(財多身弱)같이 보인다. 그러나 실제로는 그렇지 않다. 이 사주는 戊土가 투출한데다 지지가 모두 土이므로 土의 기세에 따르지 않으면 안 된다. 그런데 일주 乙木은 火를 생하여 설기하고, 그 火는 다시 재성인 土를 생하니 완전한 종재격이다. 행남방운(行南方運)에 수기(秀氣)가 유행하여 장관직에 오르게 되었다.

🌿 평주

오늘날은 종격을 잘 인정하지 않는다. 시대적인 사상 자체가 그렇다. 그러나 종격 자체를 완전히 부정할 수는 없다. 왜냐하면 이 세상에는 얼마든지 예외적인 현상이 존재하기 때문이다. 종격에 대한 이석영 선생의 설명이 무척 자상하다. 잘 살펴서 예외적인 현상을 다루는 데 어긋남이 없도록 해야 한다.

辰월의 乙木은 일반적으로 먼저 癸水를 취하고 그 다음에 丙火를 택한다. 그러나 종격이면 乙木을 도와주는 癸水는 필요하지 않다. 이 사주는 주인

공이 남방 火운에 큰 경사를 만났으니 종재격으로 보인다. 그러나 한 가지
의문은 만일 辰 중 癸水가 주권신일 경우에도 여전히 이 사주를 종재격으
로 보아야 할 것이냐이다. 木은 양(陽)을 향하여 화(和)함을 좋아하고 음습
함을 싫어한다.

11. 화지진가(化之眞假)

 원문

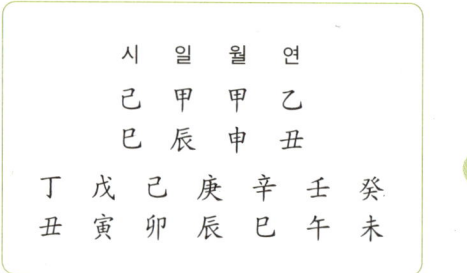

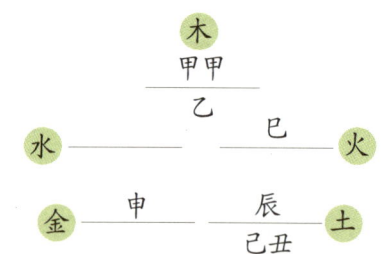

화지진가(化之眞假)란 사주의 화신(化神, 예를 들어 甲己합의 경우 土)이
아무런 방해 없이 진실로 화한 것이냐, 아니면 방해를 받아 거짓으로 화한
것이냐를 구분하는 것을 말한다.

일반적으로 화신이 생왕(生旺)을 받으면 진화(眞化)이고, 극제(剋制)를
받으면 가화(假化), 또는 합이불화(合而不化)이다. 그러나 진가(眞假)를 구
분했더라도 운에서 진화가(眞化假)하고 가화진(假化眞)하게 된다.

사주의 격이 성진(成眞)이면 일찍이 행복을 누리며 성장하다가 운에서
막히면 애로를 겪게 되고, 비진(非眞)이면 어려서 곤고함을 면치 못하다가
이가성진운(以假成眞運)을 만나면 크게 발복하게 되는 것이다.

화신이 왕하면 설설하는 자로, 부족하면 생조하는 자로 용신을 삼는다.
또 건조하면 윤택하도록, 냉한하면 온난하도록 조화가 이루어져야 한다.
합화의 경우에 몇 가지 구체적인 예들을 살펴보자.

① 호양지의(好讓之誼)

예를 들어 甲일 己시가 합하고, 연간 甲과 월간 己가 합하여 서로 사이 좋게 짝을 이루는 것인데 이것을 서배(舒配)라고 한다.

② 자좌살(自坐殺)・절지(絶地)

예를 들어 甲己가 일간과 시간으로 합할 때 월주가 甲申이면 비록 甲이 방해가 되지만, 申 중 庚은 甲의 살(殺)이요 그 자체는 甲의 절(絶)이어서 甲이 영향을 미치지 못하는 것을 말한다.

③ 탐생(貪生)

예를 들어 乙庚이 일간과 시간으로 합할 때 월주가 庚子이면 비록 庚이 방해가 되지만, 水를 생하는 데 탐이 나서 庚이 영향을 미치지 않는다. 또 乙庚이 일간과 시간으로 합할 때 庚이 연간에 위치하고 壬이 월간에 있으면, 庚은 壬水를 생하는 데 탐이 나서 방해하지 않는다.

합화와 운(運)의 관계에 대해 살펴보자.

① 갑기합화토(甲己合化土)가 未・戌월 출생인 경우

화신인 土는 未・戌의 건조함으로 말미암아 왕하니, 이른바 '화신유여(化神有餘)'로서 설설(洩泄)해야 한다. 따라서 火土운은 불리하다. 金水운을 기뻐하는데 사주에 水가 있으면 金운에, 金이 있으면 水운에 발하지만, 金水가 없으면 癸酉・壬申・辛亥・庚子 등의 대수지금운(帶水之金運)이 조왕(燥旺)을 윤화(潤化)시켜야 한다.

② 갑기합화토(甲己合化土)가 丑・辰월 출생인 경우

화신인 土는 丑・辰의 습함으로 말미암아 허약하니, 이른바 '화신부족(化神不足)'으로서 보해야 한다. 사주에 金이 있으면 火운이 길하고, 水가 있으면 土운에 발한다. 만약 사주에 金水가 모두 있으면 丙戌・丁未・戊午・己未・戊戌・己巳 등의 대화지토운(帶火之土運)이 길하다.

③ 을경합화금(乙庚合化金)이 하월(夏月) 출생인 경우

화신인 金이 하월을 만나 가화(假化)를 이룬다. 토생금(土生金)으로 좋아질 수 있지만, 여름 土는 건조토가 되어 金을 생하지 못하므로 대수지토운(帶水之土運)을 만나야 火가 습토에 설이 되고, 그 土가 화신 金을 양(養)하여 길하다.

④ 을경합화금(乙庚合化金)이 동월(冬月) 출생인 경우

화신인 金이 동월 水에 설기되어서 화신부족(化神不足)이다. 土의 힘을 빌리려고 해도 얼어붙은 土는 생금(生金)과 제수(制水)의 능력이 없다. 대화지토운(帶火之土運)을 만나야 기화생금(氣和生金)을 할 수 있어 길하다.

⑤ 정임합화목(丁壬合化木)이 춘월(春月) 출생인 경우

춘목(春木)이 왕하여 스스로 생화(生火)할 수 있으므로 丁火는 壬을 만나도 木으로 화하려고 하지 않는다. 또한 丁火는 비겁의 도움이 있을 때에도 잘 화하지 않는다. 그러나 丁火는 운에서 水를 만나면 제화(制火)되어 木으로 화한다.

⑥ 병신합화수(丙辛合化水)가 동월(冬月) 출생인 경우

화신인 水가 동월을 만나 진화(眞化)를 이룬다. 사주에 土가 있으면 그 土는 동수(冬水)월의 습토로서 水를 제지하지 못하므로 겁날것이 없을 듯하지만, 水가 혼잡하여 맑지 못하므로 가화(假化)를 이룬다. 그러나 운에서 金土를 만나면 토생금(土生金), 금생수(金生水)로 기가 잘 유행되므로 가화위진(假化爲眞)이 되는 것이다.

이 사주에서는 일간과 시간이 甲己합을 이루고 있지만, 연간 乙과 월간 甲이 화(化)를 방해한다. 그러나 乙木은 丑 중 辛金의 살지에 위치하고, 甲木은 申 중 庚金의 살지에 위치하기 때문에 방해하지 못한다. 그러므로 진화(眞化)이다. 하지만 화신인 土가 申월 金에 설하니 화신부족(化神不足)이다. 午운에 화신을 조기(助起)하여 중시(中試)에 합격했고, 辛巳 火金운에 등과하여 중앙에까지 진출하였으며, 庚辰운에 방해 기운이 있는 乙木을 완전히 합거하여 벼슬이 크게 높아졌다.

🌿 **평주**

화격도 종격과 마찬가지로 일반격이 아닌 특수격이다. 화격에 대한 이석영 선생의 설명이 무척 자상하다. 잘 살펴서 예외적인 현상을 다루는 데 어긋남이 없도록 해야 한다.

申월의 甲木은 일반적으로 신강하면 庚金을 용신으로 쓰지만, 申월은 庚金이 강하므로 우선 丁火로 다스린다. 甲木과 庚金이 비슷하게 강해도 丁火를 보는 것이 중요하다. 신약하면 壬水와 甲木으로 도와준다.

이석영 선생은 원문에 소개한 사주를 화격으로 보았다. 그러나 이론을 전개하는 데 다소 무리가 있는 것 같다. "월간 甲이 화(化)를 방해하지만 申중 庚金이 이를 말린다"는 것까지는 좋다. 그러나 "연간 乙이 화(化)를 방해하지만 丑 중 辛金이 이를 말린다"는 것은 문제가 된다. 乙과 근는 거리가 너무 멀기 때문이다. 그리고 일간과 시간이 甲己합을 이룬다고는 하지만 각자 뿌리가 있어서 화하지는 않는다. 더구나 월지가 土가 아닌 金이다. 아무리 생각해도 이 사주를 화격으로 보는 것은 무리인 것 같다. 그래서 필자는 이 사주를 특수격이 아닌 일반격으로 본다.

이 사주는 신약이므로 壬水·甲木·丁火가 귀성이다. 午운이 좋은 것은 당연하다. 특히 壬午대운은 壬과 午가 함께 있다. 辛巳대운은 천간이 金이어서 부담스럽지만 지지가 火이므로 좋다. 庚辰대운은 천간의 庚金이 연간 乙과 사랑을 이루어 甲木의 매부가 되고, 지지의 辰이 申辰으로 壬水를 돋우어 甲木의 기를 살려주니 영화를 누릴 수 있다. 이렇게 해석하는 것이 더욱 자연스럽지 않을까.

12. 효자봉친(孝子奉親)

🌿 **원문 1**

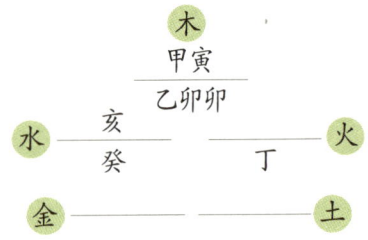

```
시   일   월   연
丁   甲   乙   癸
卯   寅   卯   亥

戊  己  庚  辛  壬  癸  甲
申  酉  戌  亥  子  丑  寅
```

효자봉친(孝子奉親)이란 자중모쇠(子衆母衰)에 재(財)가 없이 모자가 정답게 살아가는 것을 말한다. 자중모쇠라 함은 '자식은 많고 어머니는 쇠하다' 는 뜻인데, 예를 들어 일주는 비견·겁재와 더불어 왕하고 인수는 한두 개로 적은 경우 등이다. 이런 때에는 모성(母性)은 자식에게 의지하여 항상 평안하며, 자식 또한 어머니에게 귀의하는 형상이 되어 이것을 효자봉친이라고 하는 것이다.

효자봉친의 경우에 만약 자식이 어머니를 거스르는 마음이 생긴다면 그때는 크게 불길해진다. 예를 들어 甲이나 乙 일간 위주로 볼 때 사주의 간지가 대부분 木이고 그 중에 한두 개만이 水이면 효자봉친이다. 이때 土를 하나도 만나지 않으면 어머니가 되는 水는 항상 평안하지만, 土를 만나면 아들이 되는 木은 아내인 재성 土에 연정이 끌려서 어머니를 돌보지 않게 되므로 어머니가 불안해지게 된다. 그런데다가 金을 보면 안 되는데 만약 金을 보게 되면 그 金은 어머니인 水를 생하고, 어머니는 아들인 木을 용납하지 못하게 된다. 동시에 그 金은 아들인 木을 극하므로 아들에게 반드시 역심이 생겨 모자간에 불화가 생긴다. 이때 행운(行運)에서 대금수지운(帶金水之運)이 오면 그 金은 자식인 木을 극하지 않고 금생수(金生水), 수생목자(水生木子)로 이어지니 모정이 반드시 그 자(子)에 돌아서서 자식에 의지하게 되고, 또 자식 역시 모정에 귀의하게 되어 순풍을 만나 크게 성공하게 된다. 만약 대토지금운(帶土之金運)을 만나면 그때는 土가 아들 木의 처, 즉

어머니에게 며느리가 되어 어머니인 水를 극하는 형상이 되고, 그 며느리의 성질이 포악하여 토생금(土生金)으로 남편인 木까지 극하게 되니 모자가 다 평안하기 어렵다.

이 사주는 甲寅 일원(日元)이 음력 2월인 卯월에 생하고, 亥卯·寅亥로 합목(合木)을 이루었으며, 천간이 甲乙로서 천지(天地)가 木의 세상이다. 연간 癸水가 亥水에 뿌리는 있지만 그 세력이 없어 자중모쇠가 분명하다. 어머니의 정이 木에 의지하고, 木 역시 水의 정에 귀의하여 그야말로 모자의 정이 협화(協和)하고 있다.

초운(初運)인 甲寅·癸丑에 금이야 옥이야 귀하게 자랐고, 壬子운에는 등과했으며, 辛亥의 金水운에는 시장·지사 등 고관에 올랐다. 그러다가 庚戌운에는 土金이 모두 왕하여 모자가 불안해지는 운이 되었으므로 관직에서 물러난 것은 물론이요 급기야는 불귀지객(不歸之客)이 되고 말았다.

🌿 원문 2

```
        시  일  월  연
        甲  甲  己  乙
        子  寅  卯  亥

    壬  癸  甲  乙  丙  丁  戊
    申  酉  戌  亥  子  丑  寅
```

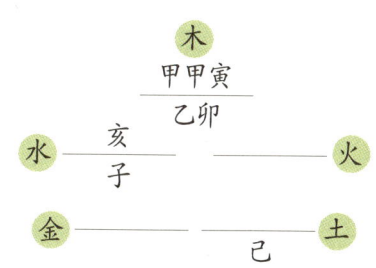

이 사주는 甲寅 일원(日元)이 卯월에 태어나서 亥卯 목국(木局)을 이루고 간두(干頭)에 甲乙이 투출하여 木의 세상이다. 그러므로 亥水 인(印)은 목국(木局)에 화(化)하고 시지 子水만이 외로워 분명히 자중모쇠(子衆母衰)이다. 그 정이 木인 자식에게 의지하게 되는데, 자식인 甲木은 그 모정을 아는지 모르는지 甲己합으로 연애만 하느라 모친을 돌보려고 생각하지도 않는다.

그런 가운데 丁丑운에 火土가 들어오니 그 어머니를 받아들이지 않아서 형상파산(刑傷破産)으로 고생하다가, 丙子운에는 火가 뿌리를 내리지 못하여 水운으로 무난하게 지냈다. 乙亥운에는 水木으로서 모정에 귀의한 까닭에 재명(財名)이 빛나다가, 다시 甲戌운에는 土가 왕하여 파산 등 풍파가 끊이지 않았다. 그러다가 癸酉 金水운을 만나 金水로 생화불패(生化不悖)하니 재혼하여 자식을 얻고 중류층으로 잘 살았고, 계속하여 壬申운에도 金水운으로 만복(晚福)을 누리고 잘 살았다. 그 뒤에 오는 未土운은 틀림없이 불록지운(不祿之運)이 된다.

🌸 평주

원문 1은 어머니(水)가 여러 아들들(木)과 더불어 안락한 삶을 누리는 모습을 묘사하고 있다. 그러면서 木의 재(財), 즉 여성인 土가 나타나면 그동안 사이좋게 지내던 아들들이 여자문제로 다투어 그만 가정이 엉망이 되며, 나아가 여기에 그 여성과 여성의 자식이 합세하면 더욱 문제가 복잡해진다는 것을 알려주고 있다. 이것은 다름 아닌 목다토경(木多土傾), 목다금결(木多金缺)을 일러주는 것이다. 그래서 水木운은 평화롭고 土金운은 풍파가 크다고 하였다. '귀성'론에서는 卯월의 甲木 일간에 대하여 "卯월은 양인(羊刃)월로서 목왕(木旺)하니 庚金으로 제(制)한다. 庚金이 약한 때이므로 戊己土로 도와준다"라고 하였다. 그러나 원문 1은 木이 너무 지나치게 왕한 경우이므로 이러한 원칙이 통하지 않는다.

원문 2는 己土 재성이 문제가 된다. 이석영 선생은 甲己합을 거론하였지만, 연간 乙과 지지 卯가 己土를 극하기 때문에 甲己합은 이루어질 수 없다. 그 결과 己土는 木과 유정하지도 못하여 목다토경(木多土傾)이 되어버렸다. 만신창이가 되어버렸으니 火운이 와서 어루만져준들 무슨 도움이 되겠는가. 오히려 생불여사(生不如死)의 아픔만 더할 것이다. 그리고 이 사주는 火운 자체를 꺼린다고 볼 수 있다. 왜냐하면 이 사주는 목화통명(木火通明)의 밝음보다는 목다화식(木多火熄)의 어두움을 염려하고 있기 때문이다. 그래서 선생은 丁丑대운을 火土가 갖추어진 나쁜 운이라고 하였다.

13. 모정유변(母情有變)

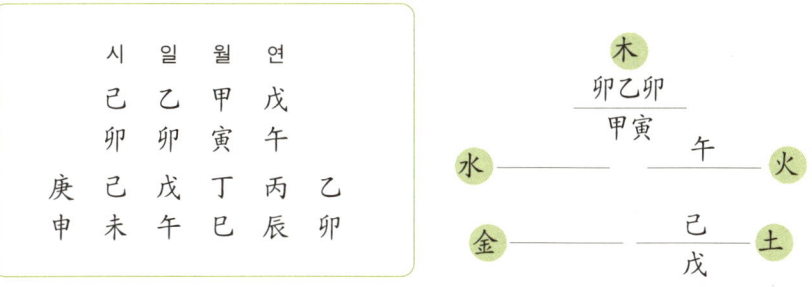

🌸 **원문 1**

시	일	월	연
己	乙	甲	戊
卯	卯	寅	午

庚	己	戊	丁	丙	乙
申	未	午	巳	辰	卯

모정유변(母情有變)이란 모다자고(母多子孤) 내지 모왕자고(母旺子孤)한 경우에 어머니는 자신의 자식에게 정이 쏠려 사랑하게 되고, 또 자식은 어머니의 정에 의지하여 다정하게 지내는 것인데, 그만 어머니의 정이 변하여 모자가 모두 멸하게 되는 경우를 말한다.

예를 들어 甲乙木일생에게 한두 개의 火가 있을 때 그 火는 甲乙 일간의 자식이 되고 甲乙은 火의 어머니가 되는데, 火인 자식 이외에 사주 전체가 木일 때에는 태왕한 어머니가 도리어 약한 자식에게 병(病)이 된다. 이런 때에 水를 보면 자식인 火는 반드시 상하게 되고, 또한 金을 보면 왕한 모성을 건드리게 된다. 그러면 모자가 불화하게 되어 자식의 기세가 더욱 고립된다. 물론 행운(行運)에 火土운이 오면 모정이 더욱 자애로워져서 자식에 대한 사랑이 커지고, 자식은 순모지의(順母之意)로 인해 자식을 얻어 자손이 뻗어나가는 경사가 생긴다. 그러나 만약 水를 대동한 土운이 오면 그 水가 어머니 되는 甲乙을 생하는 바람에 어머니의 정이 변하여 그만 그 水가 자식인 火를 극해도 모르게 되고, 또 미약한 火가 土에 설상(泄傷)되어도 모르게 되어 그만 자식을 보살피지 못하는 모정유변이 이루어지는 것이다.

이 사주는 乙卯일생이 甲寅월과 卯시를 만나 木이 많은데, 연지 午火가 하나 있어서 모왕자고(母旺子孤)이다. 다행스러운 것은 사주기둥에 水가 하나도 없는 것과, 寅午가 반회화국(半會火局)한 것이다. 모성이 자애로워서 자식인 午火를 향하여 생하고 있으며, 자식 또한 순모지의(順母之意)로 어머니의 사랑을 잘 받들고 일방 戊土를 생하니, 이것이 乙木 일간에게는 자식인 午火의 자식으로서 손(孫)이 되어 경사이다.

그러다가 또 다시 행운(運行) 火土를 만나서 자손이 왕하여 어려서 과거에 급제해 고위직에 올랐다. 하지만 庚申운을 만나서는 어머니 되는 木을 천간으로 지지로 충극(沖剋)해서 어머니의 성질을 건드려 곤두서게 하였다. 한편으로 이 사주는 가상관격(假傷官格)으로서 火가 용신인데, 申운은 병(病)이면서 신궁(申宮) 壬水가 火 용신을 극하니 불록지객이 되고 말았다.

어머니가 왕하고 자식이 매우 쇠고(衰孤)한 면에서는 이 모왕자고(母旺子孤)와 모자멸자(母慈滅子)가 똑같지만, 이 둘은 어머니의 위치가 서로 다르다. 모자멸자의 경우에 어머니의 위치는 인성에 있고 자식은 일주에 있는데 반해서, 모왕자고의 경우에는 어머니는 일주에 있고 자식은 식상에 있다. 모자멸자의 경우 왕한 어머니가 설기(泄氣)하면 순모지리(順母之理)로서 대길하고, 모왕자고의 경우 쇠약한 자식을 극하면 모정유변(母情有變)으로 불록(不祿)하게 된다.

모왕(母旺) 또는 모자(母慈)의 경우에 어머니를 극하는 것을 '역모지리(逆母之理)' 또는 '촉모지성(觸母之性)'이라고 하는데 그렇게 되면 수명이 다한다.

🌿 원문 2

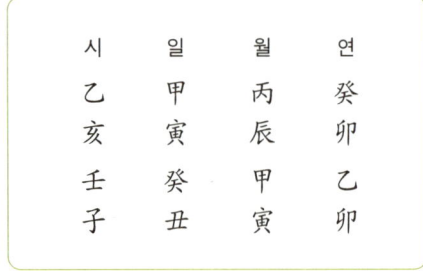

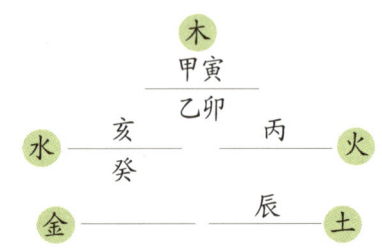

이 사주는 甲일생이 지지에 寅卯辰 목국(木局)을 이루었는데 허(虛)하게 노출된 丙火를 만나니 그야말로 모왕자고(母旺子孤)이다.

丙火는 습토 辰에 설하고 辰 중 癸水는 투출해서 亥에 뿌리를 내리고 丙火를 극하니, 어머니가 그만 자식인 丙火에 대한 자애휼고지심(慈愛恤孤之心)이 없어지고 도리어 멸자지의(滅子之意)가 생긴다.

그러나 초행(初行)인 乙卯·甲寅에는 아직 자식을 생하고 도우며 사랑하는 마음이 남아 있어서 즐겁게 생활하였다. 하지만 癸丑운에 들어서는 모정유변(母情有變)하여 자식이 안정을 취할 수 없으므로 재산을 잃고 정상적인 생활을 이루지 못하고 살았다. 그러다가 壬子운을 만나 자식인 火 용신을 극하니 그만 가족이 뿔뿔이 다 흩어지고 본인은 목매어 자결하고 말았다.

🌱 평주

원문 1과 원문 2 모두 사주원국에 식상인 火와 재성인 土를 어느 정도 갖추고 있기 때문에 火土운이 오면 발복(發福)을 누릴 수 있는 경우이다. 둘 다 木이 왕하고 火가 약한 경우이므로 水가 해롭고, 또 土의 경우에는 습토가 火를 양면으로 괴롭힌다는 것을 특히 유의해야 한다.

원문 1은 寅월의 乙木이다. 먼저 丙火를 써서 따뜻하게 해준 다음 癸水를 써서 윤택하게 해준다. 이석영 선생은 앞서 본 '상성오리(相成五理)'에서는 甲寅월 乙卯일은 寅월의 어린 나무이지만 목기(木氣) 원신(元神)이 천간에 투출하고 寅卯로 지지에 깊게 뿌리를 내리므로 오히려 金을 기뻐한다고 하였다. 그러나 여기에서는 똑같은 甲寅월 乙卯일 사주를 두고 설명을 달리하고 있다. 이는 사주의 구조가 달라졌기 때문이다. 庚申운은 천간과 지지가 힘을 합쳐 왕목(旺木)을 충하므로 좋은 운이라고 해도 바로 죽음으로 이어질 수 있는 운인 것이다.

원문 2는 辰월의 甲木이다. 辰월의 甲木은 木의 기가 극에 달하기 때문에 일단 庚金으로 다스린다. 그러나 이 사주에는 庚金이 없으므로 丙火가 용신이다. 만일 이 사주에 庚金이 있을 경우 과연 왕목(旺木)을 다스릴 수 있을지는 별개의 문제이다.

14. 군불가항(君不可抗)

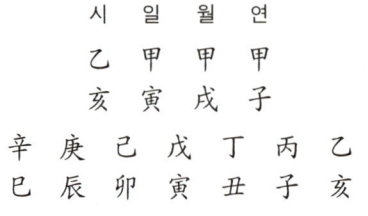

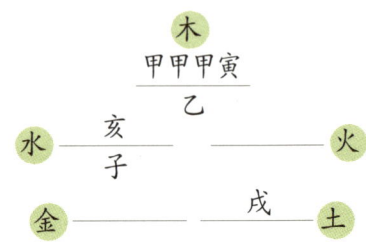

　군불가항(君不可抗)이란 군주(君主)에게는 절대로 대항하면 안 된다는 뜻이다. 여기서 군주라 함은 일주(日主)요, 신하라 함은 아극지신(我剋之神) 즉 재(財)가 된다. 예를 들어 木 일주라면 그 木은 군주요 木이 극하는 재(財) 즉 土는 신하가 되는 것이다.

　그런데 그 군주에게 대항해서는 안 된다는 뜻은 절대로 군주를 극하면 안 된다는 뜻으로 통한다. 『적천수』에 "군불가항야(君不可抗也)니 귀호손상이익하(貴乎損上而益下)라"는 말이 있다. 그 내용은 "군주는 절대로 극하면 안 되는 것이니 그 상(上)은 손(損)하여야 하(下)가 익(益)하다"는 뜻이다. 여기서 상(上)은 군주를 말하고 손(損)이란 극하는 것이 아니라 설하는 것을 말하는데, 상(上)이 설하면 이익을 얻는 자는 하(下)가 되는 것으로 이 하(下)는 신하를 의미한다.

　예를 들어 甲乙 일주가 군주가 되어 사주의 모든 국(局)이 木이고 다만 한두 개의 土기가 있다면 이것은 '군왕성이신쇠극(君旺盛而臣衰極)'이 되는 것이다. 오직 군주의 성질에 순응하여 火운으로 행한다면 군주인 木은 火에 설하여 火로 하여금 신하인 土를 돕는 법인즉, 이것을 일컬어 '손상이익하(損上而益下)'라고 하는 것이다.

　이와 같이 상(上)에 대항하지 않으면 신하는 안정을 얻지만, 만약 신하인 土가 金을 생하여 그 金으로 군주인 목성(木星)을 극하면 이것을 항군(抗君)이라고 한다. 이때는 그 왕성한 木에 미약한 金은 도리어 칼날이 망가져서 끝내는 불능항군(不能抗君)으로 신하는 설기(泄氣)만 되고, 군주의 노여움을 사서 무익(無益)은 고사하고 큰 벌을 받게 되므로 매우 해롭다. 이러하므로 어찌 상(上)이 평안하지 않은데 하(下)가 안전하겠는가, 따라서 상(上)이 평안해야만 하(下)가 안전한 법이므로 상(上)을 잘 보하면 상(上)은 왕한 기운을 설하여 하(下)에 혜택을 내려주니, 이것이 바로 군신순리지대도(君臣順理之大道)가 된다는 뜻인데, 이는 '가상관용재지격(假傷官用財之格)'과 동일한 것이다.

이 사주는 군성이신쇠(君盛而臣衰)가 분명하다. 그런데 화성(火星)이 결여되고 없어서 군비쟁재(群比爭財)이며 무이익신(無以益身)이기 때문에, 정의(情誼)가 없고 항상 상(上)이 불안하니 하(下)가 온전하지 못하다.

초행(初行)인 북방 水운에 조군지세(助君之勢)로 형상파재(刑傷破財)하여 조상 대대로 내려오는 가업을 지키지 못했고, 다음 丁丑운에는 火土가 상제래신(相濟來臣)하여 자수성가하였다. 그러나 그 다음 戊寅·己卯 운에는 戊己土가 욕심은 있지만 寅卯木에 뿌리를 내리지 못하고 木이 왕림하여 여러 번 패가(敗家)하고 기복이 심했다. 그 와중에 상처극자(喪妻剋子)하고 눈물로 한 많은 세월을 보내다가 卯운에 들어서 그만 죽고 말았다.

이 사주는 군겁쟁재(群劫爭財)에 비견이 병(病)인데 卯운을 만나 병이 겹쳐 죽은 사주로서, 항군(抗君)은 아니지만 손상익하(損上益下)가 제대로 안 되고 막힌 사주이다.

🌿 평주

일간이 군주이면 일간이 다스리는 재(財)는 신하이다. 군주는 식상의 형태로 신하에게 녹(祿)을 내린다. 신하는 임금의 처분에 순응할 따름이다. 이에 반하여 신하가 군주를 거역하면 재앙이 따른다. 위의 설명은 비겁이 지나치게 왕하고 재(財)가 미약하면 식상생재(食傷生財)가 무난하고 재관(財官)을 쓰는 것은 무리임을 일러준다.

이석영 선생은 丁丑대운을 火土가 갖추어진 좋은 운이라고 하였다. 그러나 이와 비슷한 경우인 '효자봉친(孝子奉親)'의 원문 2에서는 丁丑대운을 火土가 갖추어진 나쁜 운이라고 하였다. 무엇 때문에 다르게 설명했을까?

효자봉친의 원문 2에서는 재(財)가 만신창이가 되어버렸지만, 이 사주는 월지가 재(財)이기 때문에 火土운을 맞이하면 재(財)가 소생의 기쁨을 누릴 수 있다고 보았기 때문이다. 이처럼 사주간명에는 예리한 판단이 필요하다.

15. 신불가과(臣不可過)

 원문 1

```
      시  일  월  연
      庚  甲  甲  戊
      午  寅  寅  寅

  辛  庚  己  戊  丁  丙  乙
  酉  申  未  午  巳  辰  卯
```

신불가과(臣不可過)란 신(臣)이 태과하면 안 된다는 뜻이다. 사주에서 일주를 신하라고 하면 이를 다스리는 관살은 군주가 된다. 이 군신 관계에서 군주가 쇠약하고 신하가 지나치게 강하면 기회를 노려 반역할 우려가 있기 때문에 신(臣)이 너무 태과하면 안 된다고 하는 것이다. 예를 들면 甲乙일생의 사주 간지가 대부분 木인데 단지 1~2개의 약한 金이 있다면 신하인 木은 태과하고 군주인 金은 쇠약하다. 이 경우를 정리해보면 다음과 같다.

① 金운은 쇠약한 군주 金이 태과한 신하 木을 다스리려 하지만 그것이 어렵고, 오히려 하극상(下剋上)의 염려가 있어서 좋지 않다.
② 火土운은 신하인 木의 마음이 군주인 金에게 이어져 좋다.
③ 水木운은 군주인 金의 마음이 신하인 木에게 이어져 좋다.
④ 木火운이나 火운은 신하가 순한 마음으로 군주를 대하니 안정을 이루어 좋다.

⑤ 그러나 만약 土나 金으로써 木을 격하게 한다면 상하 모두 안정을 이루지 못하므로 좋지 않다.

이 사주는 천간과 지지가 대부분 木인데 庚金은 뿌리를 내리지 못하고 매우 쇠약하므로 신성군쇠(臣盛君衰)이다. 신하인 왕목(旺木)은 시지 午火에 그 정(情)을 유통시키게 되는데, 戊土는 극을 받고 뿌리가 약해서 戊土까지는 설설시킬 수 없다. 따라서 午火로 용신을 쓰지만 신하의 마음은 거칠지 않고 여전히 순하다.

丙辰·丁巳·戊午·己未 40년간은 대화토지대통운(帶火土之大通運)으로 신하는 순하고 군주는 안정을 얻어 생화불패(生化不悖)하여 과거에 급제하고 벼슬길에 오르며 잘 지냈다. 庚申운을 맞아서는 세력이 쇠약한 군주가 왕한 신하에게 위령(威令)을 행사하려다가 도리어 반격을 당하는 형상이 되어 그만 불록지객이 되고 말았다.

이 사주는 신성군쇠(臣盛君衰)로서 신불가과(臣不可過)이다.

🌱 원문 2

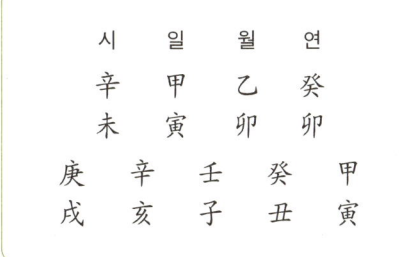

시	일	월	연
辛	甲	乙	癸
未	寅	卯	卯

庚	辛	壬	癸	甲
戌	亥	子	丑	寅

이 사주는 甲寅일생이 卯木년 乙卯木월에 출생하고 또 癸水년에 출생하여 목성(木星)이 사주에 가득하다. 그래서 신하는 왕하고 군주인 辛金은 건조한 未土 위에 위치하여 토생금(土生金)의 생기를 받지 못하고 있다. 군주인 辛金은 癸水를 생하여 癸水로 하여금 신하인 甲木을 생하니 군주는 무능하고 신하는 왕하다.

甲寅·癸丑 운에는 재물이 풍부하였고, 壬子·辛亥 운에도 군주인 辛金

이 水운을 생하여 甲木을 생하니 군주의 은혜가 큰 형상인지라 명리(名利)가 드높았다.

그러나 庚戌운에는 土金이 합세했는데도 쇠약한 군주가 왕한 신하를 다스릴 수 없어서 큰일을 저지르고 자리에서 물러나게 되었다. 여기서 주의할 점은, 약한 군주 辛金이 庚戌 土金운에 강한 신하인 木을 극하여 木이 피상(被傷)으로 죽은 것이 아니고, 그와 반대로 세력이 약한 군주가 강한 신하에게 위령(威令)을 부리려다가 서로 불화를 일으켰고, 비안상이비하전지리(非安上而非下全之理), 즉 상(上)인 군왕이 편안하지 못하니 하(下)도 편안하지 못하여 패망하게 되었다는 것이다.

🌿 원문 3

시	일	월	연
甲	戊	戊	戊
寅	午	午	午

乙 甲 癸 壬 辛 庚 己
丑 子 亥 戌 酉 申 未

이 사주는 간지 3개가 戊午로서 시간 甲木인 군(君)이 지지 寅에 뿌리를 내렸다고는 하지만, 水가 없고 火土가 조열(燥烈)하여 土는 왕하고 木은 약하여 신성군쇠(臣盛君衰)하니 신불가과(臣不可過)이다.

그런데 군주인 寅이 3개의 午와 寅午반합으로 화국(火局)을 이루어 신하인 戊土를 생하니 군은(君恩)이 매우 크다. 하지만 신하인 일간 戊土는 자왕(自旺)하여 군주의 은혜를 전혀 염두에 두고 있지 않다.

서방운에 신하 戊土가 金을 생하여 신순지심(臣順之心)으로 공명이 드높았다. 하지만 癸亥 水운에 군주인 甲木을 생하여 土를 극하므로 군신불화로 인해 서로 공존하지 못하는 형상이 되었고 그만 자리에서 물러나게 되었다.

🍀 평주

일간이 신하이면 일간을 다스리는 관살은 군주이다. 이 군신 관계에서 신하인 비겁이 태과하면 쇠약한 군주인 관살은 불안하다. 그렇다고 해서 군(君)인 관살이 재성의 도움을 받아 비겁인 신(臣)을 다스리려고 하다가는 신하의 역공을 받을 것이다. 그러므로 비겁인 木이 태과하면 이를 다스리려는 土金운은 오히려 나쁘다.

원문 1은 寅월의 甲木이다. 寅월의 甲木은 어린 싹과 같아서 庚金으로 극하면 불행하다. 그러나 여기서는 木이 태과하여 오히려 목다금결(木多金缺)이 이루어지고 있다. 그 결과 火土운에는 영광을 누렸으나 庚申운에는 그만 불록지객이 되었다.

원문 2는 卯월의 甲木이다. 卯월은 양인(羊刃)월로서 木이 왕하기 때문에 庚金으로 제(制)한다. 庚金이 약한 때이므로 戊己土로 도와준다. 그러나 여기서는 木이 태과하여 오히려 목다금결(木多金缺)이 이루어지고 있다. 그 결과 庚戌운에는 나빴다.

원문 3은 午월의 戊土이다. 午월은 양인(羊刃)월이며 중하(仲夏)라서 火가 성하기 때문에 먼저 壬水를 쓰고 癸水로 돕든지 아니면 수원(水源)을 마련한다. 다음에 甲木으로 제토(制土)한다. 그러나 여기서는 火土가 지나치게 강하여 화다목분(火多木焚)·토다목절(土多木折)이 이루어지고 있다. 그 결과 癸亥운에는 군주인 木을 생하여 나빴다.

16. 순모지리(順母之理)

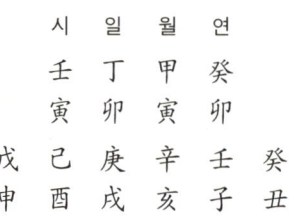

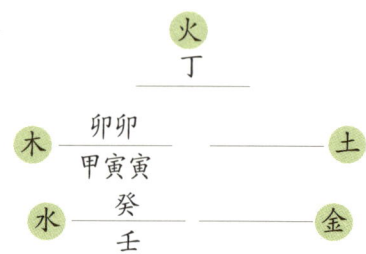

사주에 인성이 너무 많으면 어머니가 너무 인자하여 오히려 자식을 그르치게 하는 형상이 된다. 예를 들면 木 일주에 어머니 되는 인성 水가 너무 많을 경우에 水의 아들이 되는 木은 부목(浮木)이 되어버린다. 또 火 일주가 木이 너무 많으면 약한 불은 큰 나무를 만나 불길이 꺼져버린다. 이것을 모자멸자(母慈滅子)라고 한다. 그러나 이 경우에도 어떤 운을 기뻐하는지는 사주의 구체적인 상황에 따라서 다르다.

① 순모지리(順母之理)

　왕한 인성이 생하는 것을 비겁이 나누어 받아 왕한 인성이 분설(分泄)됨을 기뻐하는 것이 일반적이다. 이것을 순모지리라고 한다.

② 군뢰신생(君賴臣生)

　일간은 재성을 극하여 다스리니 일간은 군(君)이요 재성은 신(臣)이다. 재성이 힘이 있어서 왕한 인성을 다스려줄 수 있으면 군은 신의 힘을 빌려 위기를 모면할 수 있으므로 군뢰신생이 된다.

③ 역모지리(逆母之理)

　군뢰신생이 제대로 이루어지지 않고 약한 재성이 왕한 인성의 반극(反剋)을 받아서 오히려 어머니를 거스르고 풍파를 당하는 것이 역모지리다.

④ 종강(從强)

인성이 너무 많아서 권력을 마음대로 부리고 있다면 그에 종해야 하니 종강(從强) 혹은 종인(從印)이 된다.

이 사주에서 시간 壬水는 丁壬합으로 목(木)을 이루고, 연간 癸水는 丁火 일주의 살(殺)인데 오히려 甲寅卯木을 생하기 때문에 용신으로 작용할 수 없다. 그리고 월간 甲木이 투출하여 지지 전체가 목국(木局)을 이루어 木이 매우 왕하기 때문에 모자멸자(母慈滅子)로서 '화뢰목생(火賴木生)'이지만 목다즉화식(木多則火熄)'에 해당된다. 즉 火는 木 때문에 불길이 일어나지만, 이 경우에는 木이 너무 많아 오히려 불길이 꺼져버리는 것이다.

壬子·癸丑 水운에 생목극화(生木剋火)로 형상파산(刑傷破産)하였다. 辛亥·庚戌·己酉·戊申 운에는 金이 왕한 木을 건드려 金이 상하니 몸 붙일 곳 하나 없이 삶이 파란만장하였다. 만년에 丁未·丙午 운을 만나 왕한 인성이 분설(分泄)되니 부인을 얻어 자식을 낳고 많은 돈을 벌었으며, 90이 넘도록 장수하였다.

🌿 원문 2

시	일	월	연			
戊	甲	壬	壬			
辰	寅	子	辰			
戊	丁	丙	乙	甲	癸	
午	巳	辰	卯	寅	丑	

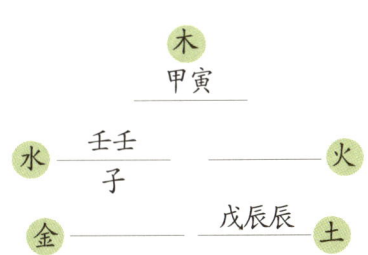

이 사주는 甲일생이 연간과 월간에 壬이 투출하고, 지지에 子辰 수국(水局)을 이루어 木이 표류하는 모자멸자(母慈滅子)이다. 다행히 甲木이 寅木 위에 앉아 있고, 寅辰으로 준(準) 목국(木局)이 이루어져 木이 표류하는 것은 면했는데, 시주인 戊辰土가 水를 제지하여 흉화위길(凶化爲吉)이 되니 군주인 木은 신하인 土의 힘을 빌려서 군뢰신생(君賴臣生)이 된다. 그러므로 火土운에 대부대귀하였다.

木이 水를 많이 만나면 부목(浮木)이 되는데, 사주나 운에서 土를 만나면 水를 제지하여 木이 뿌리를 내릴 수 있다. 원래 인성에는 재성을 꺼리지만 이런 경우는 흉화위길(凶化爲吉)이 된다. 그러니까 무조건 인수격에 재(財)는 괴인(壞印)하여 나쁘다고만 하지 말고 자세히 살펴보면 묘리에 통함이 있을 것이다.

🌿 평주

여기서는 사주에 인성이 너무 많은 경우에 이를 어떻게 다룰 것인가에 관하여 형태별로 나누어서 고찰하고 있다.

원문 1의 사주는 화목격(化木格)이다. 그런데 이석영 선생은 이 사주를 화목격으로 다루지 않았다. 그 이유는 무엇일까? 추측하건대 이 사주를 화목격으로 다루면 水운이 좋다고 해야 하는데 사실은 水운이 나빴기 때문이다. 필자는 화격이나 종격을 인정은 하면서도 잘 따르지 않는다. 그래서 이 사주 역시 일반격이며, 다만 木이 너무 많은 경우라고 본다. 水운은 생목극화(生木剋火)하여 원래의 목다화식(木多火熄)을 가중시키기 때문에 나쁘다. 金운 또한 왕목(旺木)을 극하여 목다금결(木多金缺)을 이루니 나쁘다. 그러나 火운은 목다(木多)를 순리에 따라 분설(分泄)할 수 있으므로 좋다.

원문 2의 사주는 戊辰土가 다소 힘이 있어서 火土운을 기뻐한다. 앞서 본 '효자봉친(孝子奉親)'의 원문 2 및 '군불가항(君不可抗)'과 비교해보기 바란다.

17. 역모지리(逆母之理)

원문

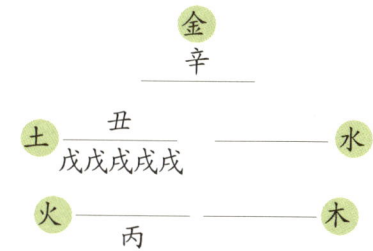

이 사주는 金이 많은 土에 매장되어 모자멸자(母慈滅子)이다. 신왕하니 丙火 관성을 용신으로 쓸 수 있을 듯하지만, 丙火가 직접 인성을 생해주고 있으므로 불가능하다.

亥·庚子·辛丑의 金水운에 윤토양금(潤土養金)으로 설정(泄精)하여 부귀한 가문에서 행복하게 잘 자랐다. 그러나 壬寅·癸卯운에 들어서는 水木이 왕하여 태왕한 인성 土를 극하니 어머니가 크게 노해 역모지리(逆母之理)가 되었고, 그 결과 재앙을 초래하여 죄를 저지른 후 파직을 당하고 말았다.

순모지운(順母之運)이란 왕한 인성이 인자한 마음으로 생해주는 것을 순리로 받아들이는 운을 말한다. 즉 비겁운이 되어 인성이 설정(泄精)하는 운이다.

역모지운(逆母之運)이란 왕한 인성이 인자한 마음으로 나를 생해주고 있는데, 재(財)운이 들어와서 완전한 괴인(壞印)은 아니고 재(財)와 인(印)이 싸움을 벌여 일대 파란이 일어나는 운이다.

평주

사주 중에는 종(從)이 될 것 같으면서도 안 되고, 화(化)가 될 것 같으면서도 안 되며, 목극토(木剋土)를 할 것 같으면서도 토다목절(土多木折)이 되는 경우가 있다. 그러면 올바른 판단기준은 무엇인가? 이에 대해 객관적인 기준을 제시할 수는 없다. 사주는 천지인(天地人)으로 구성되어 있는데 그 가운데서 특히 인(人)의 변화를 헤아리기 어렵기 때문이다. 생각하건대 인(人)이란 주권신이고, 시대적 사상이며, 주변 사람들의 정성이고, 자신의 마음가짐이라고 이해할 수 있다. 일단 사주 간명자의 '느낌'이 판단기준이 될 수밖에 없다.

이 사주에서는 水木운이 토다목절(土多木折)을 이루어 재앙을 불러일으켰다. 만일 土가 메마른 흙이 아니고 윤습한 흙이었다면 목극토(木剋土)를 할 수도 있었을 것이다. 필자의 느낌으로는 그렇다.

18. 아능생모(兒能生母)

 **원문 1**

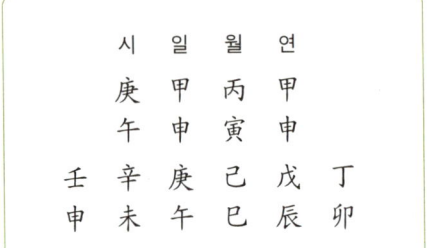
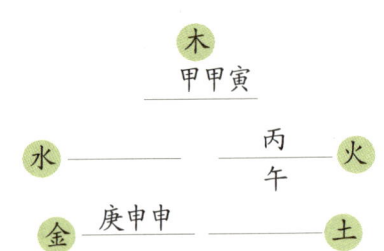

아능생모(兒能生母)는 일주의 아(兒)인 식상이 살(殺)을 제거할 뿐만 아니라, 사계절의 절기에 비추어서도 인성이 제 역할을 못하고 있는 것을 조정하여 살려냄으로써 나를 이중으로 적극 돕는 것을 말한다. 그러므로 아능생모는 살(殺)을 제(制)하는 한 가지 역할에 그치는 식신제살(食神制殺)과는 구별된다. 아능생모의 예를 살펴보자.

① 동월(冬月) 木 일주는 추위에 잎은 떨어지고 약한데 金을 만나면 금극목(金剋木)하며, 아울러 금생수(金生水)가 되어 피해가 극심하다. 이런 때에는 반드시 木 일주의 아(兒)가 되는 火를 얻어 극금살(剋金殺)

하고, 아울러 얼어붙은 水를 녹여 목득양화(木得陽火)로 木이 잘 생할 수 있게 해야 한다. 겨울철 木 일주한테는 水가 오히려 해가 된다.

② 겨울이 가고 봄이 시작되는 寅월의 火 일주는 목생화(木生火)의 관계이지만 불꽃이 약하다. 아직 추운 기운이 감돌 때이므로 火 자체가 힘이 없고 寅木은 어려서 火를 생하는 게 어려운데다, 火의 살(殺)인 차가운 水를 흡수하기는커녕 오히려 두려워하기 때문이다. 따라서 이런 때에는 반드시 火 일주의 아(兒)가 되는 土를 얻어 극수살(剋水殺)하고, 아울러 寅木을 북돋아 생화(生火)로 이어질 수 있도록 해야 한다.

이 사주는 寅월의 甲木이므로 아직 추위가 가시지 않은 때의 어린 나무이다. 그러므로 金을 무척 두려워하는데, 金이 많기 때문에 이것이 일주의 병(病)이다. 다행히 水의 극을 받지 않는 丙午火가 병인 金을 제(制)하는 약이 되고 있다[병약설(病藥說)]. 이런 경우를 식신제살격(食神制殺格)이라고 하는데, 아능생모는 이 식신제살격에서 한걸음 더 나아간 것이라고 볼 수 있다. 아능생모는 아능구모(兒能救母)라고도 한다.

이 사주는 火운을 기뻐한다. 巳운에 과거에 급제하였고, 午운에 한층 발복하였으며, 未운에 큰 벼슬을 하여 지방장관이 되었다. 申운에는 병이 중하여 불능제금(不能制金), 즉 아불능생모(兒不能生母)로 불록지객이 되고 말았다.

🌺 **원문 2**

시	일	월	연		
辛	己	乙	癸		
未	卯	卯	卯		
己	庚	辛	壬	癸	甲
酉	戌	亥	子	丑	寅

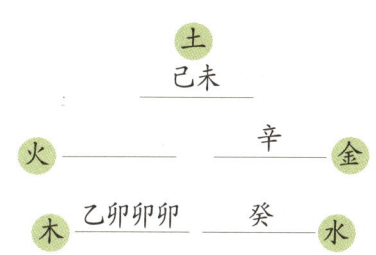

이 사주는 종살(從殺)같이 보인다. 하지만 木을 제(制)하는 辛金이 未土

의 생함을 받아 木을 제(制)하므로 종살이 이루어지지 않기 때문에 아능생모(兒能生母) 또는 아능구모(兒能救母)의 형태가 된다. 엄격하게 말하면 식신제살격(食神制殺格)이라고 할 수 있다.

19세가 된 辛酉년에 향시에 합격하였고, 48세인 庚戌운에 지방장관이 되었다.

이 사주에 癸水가 없었더라면 土는 습토가 되지 못하여 辛金이 土의 생함을 받지 못하고, 또 살(殺)이 되는 木이 성(盛)하지 못하여 불기(不奇)하였을 것이다(木은 사주의 병이요 병은 성할수록 좋다).

보통의 경우에는 금생수(金生水)의 관계이지만 이 사주에서는 수생금(水生金)의 관계이다. 水가 있어서 土의 건조함을 습하게 하여 생금(生金)으로 제살(制殺)의 공을 이루었다.

🌺 원문 3

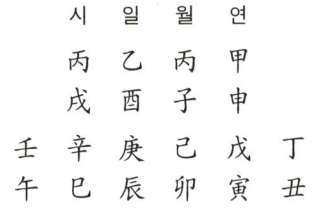

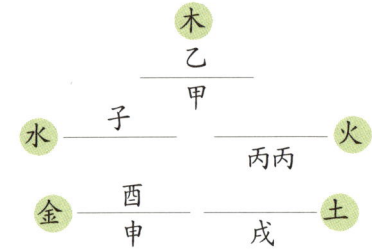

이 사주는 乙일생이 子水월에 출생했지만 신약하다. 申酉戌의 살국(殺局)에다 水는 동짓달의 차가운 水로서 수생목(水生木)은커녕 도리어 나무를 얼게 만들기 때문이다. 그러므로 일주의 병(病)이 되는 금살국(金殺局)을 제거하고 동한(凍寒)을 따뜻함으로 조화를 이루게 하는 丙火를 용신으로 써야 하니 아능생모(兒能生母)이다.

월간과 시간의 두 丙火가 戌 중 丁火에 뿌리를 내려 제살(制殺) 해동(解凍)은 좋지만, 火의 기운을 戌土가 설기시키고 申酉戌 합국을 이루므로 출세는 하지 못했다. 巳午 남방운에 큰 부자가 되었다.

丙火는 식신제살(食神制殺)의 공을 이룸과 동시에 子월의 냉랭함을 열

(熱)로 조화시킨 조후의 공도 이루었다.

 **평주**

아능생모(兒能生母)는 억부와 조후를 승화시킨 이론이므로 중요하다. 예로 든 내용을 잘 살펴서 사주 간명을 할 때 형식적인 억부의 논리로 흐르지 않도록 해야 한다.

원문 1의 경우는 아능생모(兒能生母)인데 형식적인 억부의 논리로만 판단하면 火운이 신약을 가중시켜 나쁠 것 같다. 그러나 사실은 그렇지 않으니 그 까닭을 잘 새겨두어야 한다.

원문 2의 경우도 형식적인 억부의 논리로만 판단하면 金운이 신약을 가중시켜 나쁠 것 같다. 그러나 이석영 선생은 癸水의 복합적인 작용을 설명하면서 이 경우를 아능생모로 파악하고 있다. 사주를 보는 안목이 넓고도 종합적이다.

원문 3 역시 아능생모의 좋은 예이다. 戌은 여러 가지 작용을 할 수 있는데 申酉戌로 金의 기를 도울 가능성이 많다.

19. 병약상제(病藥相濟)

 **원문**

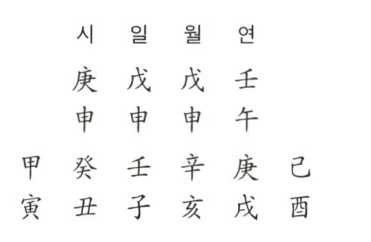

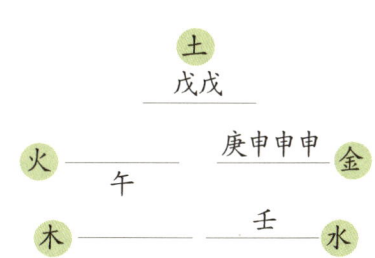

사주에서 木이 병(病)이라면 이를 다스리는 金은 약(藥)이다. 이 병과 약이 사주 내에 처음부터 함께 있으면 병약상제(病藥相濟)가 된다. 그런 중에

행운에서 金운이 오면 병을 완전히 제거하여 크게 발복하고, 木운이 오면 중병이 되어 생명이 위험해지는 것이다.

그런데 운에서 병이 제거되면 그것은 '제거기병(除去其病)'이라고 부른다. 그러므로 '병약상제(病藥相濟)'란 사주가 원유약격(原有藥格)으로 병을 제거하고 있는 상태이고, '제거기병'은 사주가 원무약격(原無藥格)으로 행운에서 병을 제거하는 행운지약(行運之藥)의 상태를 말하는 것이다. 병을 제거하는 데는 원유제병(原有制病)과 행운지제병(行運之制病)으로 과중제병(過重制病) 즉 병을 아무리 과하게 다스려도 오히려 좋다. 하지만 만약 원래부터 있던 병에 행운에서 오는 병이 겹쳐 중병이 되면 생명이 위험해진다.

이상과 같이 병을 제거할 때는 과중제병(過重制病)이 오히려 좋은데, 이 점은 칠살의 경우 제살태과(制殺太過)가 진법무민(盡法無民)이 되어 생명을 다하게 하는 것과 구별되는 점이다. 칠살이 곧 병이요 병이 곧 칠살이라고 착각했다가는 엄청난 오류를 저지르게 된다. 칠살의 경우에는 신왕살약(身旺殺弱)이냐 아니면 신약살강(身弱殺强)이냐 등에 따라 제살의 필요 여부와 제살의 정도가 결정된다. 따라서 병이 있는 사주에서 과중제병이 일률적으로 좋은 것과는 경우가 다르다.

이 사주는 식신인 金이 너무 많고 水가 있어 종아(從兒)의 형태를 취하고 있는데, 연지 午火가 종아를 방해하고 있어서 이 午火가 용신의 병이다. 다행히 연간 壬水가 신궁(申宮)에 장생(長生)하여 午火를 극제하니, 이는 곧 午火 병과 壬水 약으로 '병약상제'가 되는 것이다.

辛亥운에는 병(病)을 제거하여 큰 재산을 모았는데, 壬子·癸丑 운에도 계속 이어지리라고 본다. 그러나 寅운이 오면 寅申이 서로 충하고, 용신이 절(絶)이며, 병이 중해져서 생명이 위험할 것이다.

🌿 평주

이석영 선생은 원문에 실려 있는 사주를 종아격이라고 보아 연지 午火가 병이고 연간 壬水가 약이라고 하였다. 그러나 일반적으로 申월의 戊土는 火, 특히 丙火를 기뻐한다. 그래서 이 사주는 금다(金多)가 병이고, 이를 다스리는 午火가 약이라고 볼 수도 있다. 사실 이 사주에서는 午火가 금다(金多)를 다스리며 戊土를 도와줄 수 있다. 다만 午火가 약하여 장담할 수는 없다. 선생은 辛亥운에 큰 재산을 모은 것을 이유로 이 사주를 종아격이라고 하지만, 만일 辛亥운에 부모를 잃고 건강을 상하였다면 큰 재산을 모은 것이 종아격으로 판단한 이유가 될 수 없다. 그런 의미에서 이 사주를 판단할 때는 주인공에 대한 상세한 고찰이 필요하다고 본다.

寅운이 오면 신명(身命)이 위험하리라는 추리에는 동의한다. 왜냐하면 寅운이 비록 좋은 운이라 할지라도 甲寅의 형태로 천간과 지지가 힘을 합쳐 기존의 질서를 너무 급격하게 변화시키려고 하기 때문이다.

20. 녹록종신(碌碌終身)

 원문 1

시	일	월	연
丁	乙	辛	辛
亥	未	卯	未

癸	甲	乙	丙	丁	戊	己	庚
未	申	酉	戌	亥	子	丑	寅

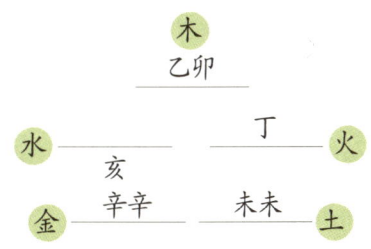

녹록종신(碌碌從身)이란 주관 없고 쓸모 없이 한세상을 보낸다는 뜻인데, 사주의 천간에 한두 개의 관살이 있어도 그 관살이 허탈무기(虛脫無氣)하여 명리를 이루지 못하고 삶을 마치는 경우를 가리킨다.

녹록종신의 경우에 운에서 근기(根基)가 없는 관살을 제거해버리면 발달할 수 있고, 사주에서 식신과 상관이 관살을 제(制)하고 있다가 운에서 다시 그 관살을 제거해버리면 명리를 이루게 되어 더욱 좋다.

이 사주는 乙木이 지지의 亥卯未 목국(木局)과 어울려 木의 기세가 왕성하다. 그러나 연간 辛金은 살지(殺地)에 앉아 있고, 월간 辛金은 절지(絶地)

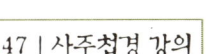

에 앉아 있어 금기(金氣)가 허탈한 상태에 처해 있다. 기쁜 것은 시간 丁火가 辛金을 제살(制殺)하고 있다는 점이다. 그래서 丁火로 용신을 삼는다.

초운(初運)인 土金운에는 동분서주하며 녹록부생(碌碌浮生)으로 살다가, 丁亥운에 이르러 木을 생하고 제살하여 크게 귀한 몸이 되었다. 丙戌운에 이르러서는 용신 丁火와 힘을 합쳐 辛金을 제거하니 더욱 귀한 몸이 되었다. 酉운에는 신살(辛殺)이 봉록왕(逢祿旺)으로 목국(木局)의 초점인 卯를 충하여 불록지객이 되고 말았다.

🌿 원문 2

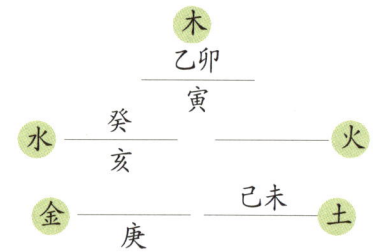

시	일	월	연
癸	乙	己	庚
未	亥	卯	寅

丁	丙	乙	甲	癸	壬	辛	庚
亥	戌	酉	申	未	午	巳	辰

이 사주는 乙일생이 亥卯未 목국(木局)을 이루고 재관(財官)인 己庚이 투출되어 좋아 보이지만, 좌우 모두 정(情)이 이르는 곳이 없다. 왜냐하면 庚金 관(官)은 절지인 寅木에 위치하고 있고, 己土는 卯木의 살지에 앉아 있으므로 관(官)을 생할 수가 없다. 따라서 녹록종신이 되는 것이다. 관(官)도 용신으로 하기 어렵고 재(財)도 용신으로 하기 어렵기 때문에 용신을 정착시킬 곳이 없다.

그 결과로 사람이 항상 소심하여 변천지심(變遷之心)이 많아서 가업은 파산했고, 중년 이후에는 의학을 공부하더니 성취하지 못하였으며, 마침내 가산은 흩어지고 사람을 멀리하여 머리 깎고 중이 되고 말았다.

🌿 평주

원문 1은 卯가 월지이면서 亥卯未의 삼합을 이루어 목기(木氣)가 지나치게 강하므로 이 목기를 설하는 火가 용신이다. 이석영 선생은 丁火가 제살신금(制殺辛金)하고 있다고 하지만, 丁火가 辛金과 멀리 떨어져 있기 때문에 그렇게 보는 것은 무리다. 土金운은 허탈한 금기(金氣)를 부추기는 운이어서 도움이 안 된다. 丁亥운은 지지가 亥卯未의 삼합을 이루어 천간의 丁火를 도우는 木火운으로서 길운이다. 丙戌운은 戌이 부담스러우나 천간으로 火가 솟아 있어서 길운이라고 볼 수 있다. 酉운은 목다금결(木多金缺)의 운이다.

원문 2는 용신이 없거나 분명하지 않은 경우인데, 土나 金 어느 하나가 용신이라 해도 목다토경(木多土傾)·목다금결(木多金缺)이어서 용신이라고 할 수 없다. 사주가 너무 일간 중심으로 이루어지면 고독한 운명이다.

21. 적수오건(滴水熬乾)

 **원문 1**

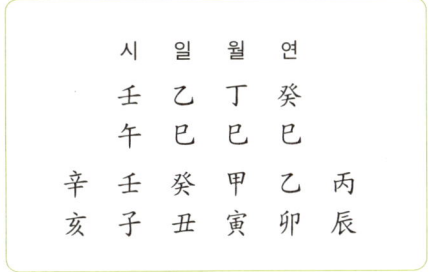

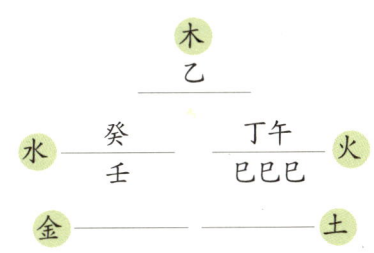

적수(滴水)란 한 방울의 물이며, 오건(熬乾)은 볶이고 말랐다는 뜻이다. 따라서 적수오건(滴水熬乾)이란 천간에 水가 한두 개 있어도 지지에 수기(水氣)가 없고 전화국(全火局)이 되어 뿌리가 없는 水를 용신으로 삼을 수 없는 경우이다.

적수오건이 이루어지려면 지지에 申子辰亥丑이 없어야 한다. 특히 辰丑土는 습토로서 화기(火氣)를 흡수하며, 아울러 壬癸水의 뿌리가 된다.

적수오건이 되었을 때는 아무리 천간에 水가 있어도 그 水를 용신으로 삼을 수 없다. 염상격(炎上格)이 되든가 종아(從兒)가 되든가 종재(從財)나 종살(從殺) 등으로 변하는 경우가 많기 때문에, 운에서도 순세(順勢)를 기뻐하고 역세(逆勢)를 꺼리는 것이 사실이다.

이 사주는 지지가 모두 火이고 천간의 壬癸水는 뿌리가 없어 적수오건이다. 火의 세력을 따라[從兒] 왕한 세력을 좇게 됨을 기뻐한다. 辰卯寅丑운에는 크게 성공했지만, 壬子운부터는 왕기역세(旺氣逆勢)로 왕한 火를 충극하여 일전(一戰)에 살신성인하고 말았다.

🌿 원문 2

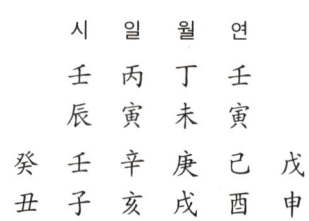

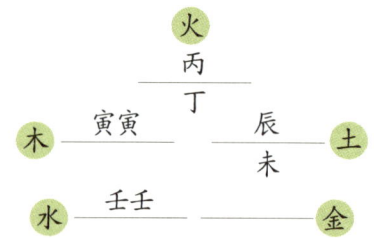

이 사주는 未월 丁火가 투출하고 두 寅木이 火를 생하고 있어서 火는 왕하고 水는 약하다. 그러나 이 사주는 적수오건((滴水熬乾)까지는 되지 않았다. 왜냐하면 연간 壬水는 寅木에 설이 되어 용신으로 쓰지 못한다고 하지만, 시간 壬水는 辰 中 癸水에 뿌리를 내리고 충을 만나지 않았기 때문이다. 그러므로 시간 壬水가 용신이다. 시간에 일위귀(一位貴)가 이루어져 6월 더위에 비를 내려주는 형상이 되었다.

운에서는 金水운에 크게 성공하였다.

🌿 평주

원문 1은 巳월의 乙木이다. 巳월은 巳 中 丙火가 왕하니 무엇보다도 癸水가 필요하다. 癸水만 있으면 증발될 염려가 있기 때문에 庚辛金의 도움이 필요하다. 이 사주는 천간에 癸水와 壬水를 지니고 있다. 그러나 지지의 도움이 없어서 문제이다. 그래서 이석영 선생은 이 사주를 종아격으로 보아서 辰卯寅丑운에 크게 성공하였다고 설명한다. 그러나 필자는 이 사주를 종아격으로 보지 않는다. 왜냐하면 辰운과 丑운은 모두 지지의 강력한 火를 빨아들이면서 천간의 癸水와 壬水를 도와주는 운이기 때문에 이 사주가 종아격이라면 흉운이 되어야 마땅하기 때문이다. 그런데 크게 성공하였다니 이상하지 않은가. 특히 丑운은 癸丑대운으로서 천간으로는 水를 도우면서 제화(制火)하고, 지지로는 巳午火를 빨아들이면서 천간의 水를 도와준다. 필자는 이 사주가 종아격이 아니었기 때문에 주인공이 癸丑대운에 성공의 정점에 도달할 수 있었다고 본다. 壬子대운은 무척 좋은 운이다. 그렇지만 천간과 지지가 힘을 합쳐 기존의 질서에 너무 급격하게 도전하므로 죽음으로 이어질 수 있는 바로 그러한 운이다.

원문 2는 未월의 丙火이다. 未월은 화염토조(火炎土燥)한 때이므로 壬水와 庚金이 모두 투출하면 아름답다. 壬水가 庚金의 도움을 받지 못하면 큰 부귀는 누릴 수 없다. 주인공이 金水운에 크게 성공한 것은 당연하다. 만일 이 사주가 초기에 적용되어 월지의 주권신이 丁火라고 하면 火의 세력이 더욱 뚜렷하게 돋보일 것이다.

🌿 글을 마치며

이 책은 사주학과 깊은 인연을 맺어온 내가 지난 60년 세월을 돌이켜보면서 사주와 인생의 관계를 논한 뜻있는 저술서이다. 그러므로 이 책에는 정열과 회한이 함께 담겨 있다.

사람의 한평생이란 과연 무엇인가? 어린 시절이 엊그제 같은데 벌써 회갑이라고 한다. 60갑자가 한 바퀴 돌았으니 사주와 인생을 논해보는 것이 무리는 아닐 것 같다. 나는 사주가 70% 정도는 맞고 나머지 30% 정도는 '심상(心相)'에 따라 달라진다고 본다. 석가모니는 팔정도(八正道)를 말했다. 사주학은 정(正)을 일러주는 학문이다. 그래서 사주학을 자평학(子平學)이라고도 한다.

　　　전생의 사연이 일상의 꿈 속 사연과 다를 바 없고, 다음 삶에서 돌이켜보면 현재의 삶 또한 꿈 속 사연일 수밖에 없다. 꿈을 깨고 나서 누구나 그 허망함을 절감하지만 꿈꾸는 동안은 모든 것이 생생한 현실이다. 꿈 속 사연이 즐거우면 꿈을 깨고 나서도 개운하고 즐겁듯이, 현재의 삶이 반듯하면 다음 생의 삶 또한 반듯해서 즐거울 것이다. 현재의 삶이 반듯하려면 자신의 전생 업습을 알아 착한 업습은 더욱 확충하고 악한 업습은 순치시켜야 한다.

사주학은 개개인의 전생 업습을 밝혀 알 수 있게 할 뿐만 아니라, 현재의 삶을 반듯하게 엮어 세세생생(世世生生) 즐겁고 편안한 삶을 영위할 수 있는 방안을 제시하는 이른바 인생 수업(修業)의 지침을 일깨워주는 학문이다. 스스로 잘 다스려 이웃과도 조화로운 삶을 영위하기를 바라는 마음에서 이 책을 출간하게 되었다. 나의 마음은 따사로우나 능력은 미력하기에 독자에게 어느 정도 유용한 지침서가 될지 자못 궁금하다. 이 책의 부족한 아쉬움은 후학들이 채워주길 바란다.

석오(石梧) 전광(錢洸)

참고 문헌

『궁통보감정해』, 최봉수 · 권백철 옮김, 명문당

『내 사주 내가 푼다』, 임태근, 여시아문

『대역학통서』, 양철암, 동방문화사

『동양사개론』, 신채식, 삼영사

『만문만답』, 조성우, 관음출판

『명』, 김상연, 갑을당

『명리요강』, 박재완, 역문관

『보기 쉬운 사주만세력』, 우리문화 기획팀 엮음, 동학사

『사주감정법 비결집』, 신육천, 갑을당

『사주감정 실천법』, 신육천, 갑을당

『사주명리학 대사전』, 신육천, 갑을당

『사주명리학 이야기』, 조용헌, 생각의 나무

『사주정설』, 백영관, 명문당

『사주첩경』, 이석영, 한국역학교육학원

『사주학 정론』, 김배성, 창해

『쉽게 배우는 천문학』, 채동현 · 안성민, 교육과학사

『심명철학』, 최봉수, 심학당

『알기 쉬운 역의 원리』, 강진원, 정신세계사

『알기 쉬운 용신분석』, 박주현, 동학사

『우주변화의 원리』, 한동석, 대원출판

『원효결서』, 김중태, 화산문화

『자기를 바로 봅시다』, 성철, 장경각

『자평진전평주』, 박영창 옮김, 신지평

『적천수 써머리』, 이수, 동학사

『적천수천미』, 예광해 옮김, 지남

『조화원약』, 정지호 옮김, 삼한

『천문학자와 붓다의 대화』, 이시우, 종이거울

『컴퓨터 만세력』, 김상연, 갑을당

『한권으로 완성하는 사주학』, 김광일 · 박영창, 책 만드는 집

『한시 미학 산책』, 정민, 솔

증보판_
새롭게 풀어 쓴
우리 사주학

글쓴이 | 전 광
펴낸이 | 유재영
펴낸곳 | 동학사

1판 1쇄 | 2004년 5월 15일
1판 7쇄 | 2017년 2월 28일
출판등록 | 1987년 11월 27일 제10-149

주소 | 04083 서울 마포구 토정로 53(합정동)
전화 | 324-6130, 324-6131 · 팩스 | 324-6135

E-메일 | dhsbook@hanmail.net
홈페이지 | www.donghaksa.co.kr
www.green-home.co.kr

ⓒ 전 광, 2004

ISBN 89-7190-178-0 03150